Sexuelle Gewalt in Kindheit und Jugend: Forschung als Beitrag zur Aufarbeitung

Reihe herausgegeben von

Sabine Andresen, Institut Sozialpädagogik & Erwachsenenbildung, Goethe-Universität, Frankfurt am Main, Deutschland

Peer Briken, Institut für Sexualforschung, Sexualmedizin und Forensische Psychiatrie, Universitätsklinikum Hamburg-Eppendorf, Hamburg, Deutschland

Barbara Kavemann, Sozialwissenschaftliches Forschungsinstitut zu Geschlechterfragen Freiburg, Berlin, Deutschland

Heiner Keupp, Reflexive Sozialpsychologie, Ludwig-Maximilians-Universität München, München, Deutschland

Sexuelle Gewalt wurde bis heute national und international häufig aus der Forschung ausgeblendet. Vor allem die Erfahrungen von Kindern und Jugendlichen mit sexueller Gewalt im familiären und privaten Umfeld, ebenso wie in Kontexten kirchlicher oder pädagogischer Institutionen gehörten lange zu den großen Tabus moderner Gesellschaften. Zur Überwindung dieser Defizite beizutragen, ist ein Anliegen dieser Buchreihe. Sie schließt dabei an die ersten Versuche durch mutige Initiativen von Betroffenen in den 1980er Jahren an. Diese haben die Ringe des Schweigens und Verleugnens zwar zunächst kaum durchbrechen können, aber seit einigen Jahren zeigen sich allmählich Veränderungen. Vor allem durch Betroffene von Missbrauch in Institutionen sind die ersten Schneisen für das Thema der sexualisierten Gewalt in die Öffentlichkeit, in das wissenschaftliche Aufmerksamkeitsfeld und in die politische Arena geschlagen worden. Einzelne Institutionen beginnen sich ihrer Verantwortung zu stellen und haben die bis heute nachwirkenden Spuren von Missbrauch und Misshandlungen in der Geschichte ihrer Institution erforschen lassen. Hier zeigt sich, dass Forschung einen wichtigen Beitrag zur Aufarbeitung leisten kann. Vor allem dann, wenn sie sich methodisch für die Erfahrungen der Betroffenen und für deren biografische Konsequenzen öffnet und sie in historische und systemische Kontexte einordnet. Es hat sich gezeigt, dass die Komplexität der damit gestellten Aufgaben am ehesten durch interdisziplinäre Kooperation von Pädagogik, Psychologie, Soziologie und Medizin bewältigt werden kann. Die neue Buchreihe will dies zeigen und deshalb sind alle vier Disziplinen im Gremium der Herausgeberinnen und Herausgeber vertreten.

In der Buchreihe werden Studien veröffentlicht, die auf unterschiedlichen Methoden und Herangehensweisen basieren, aber die der Aufarbeitung sexueller Gewalt verpflichtet sind.

Silke Birgitta Gahleitner · Maite Gabriel ·
Marilena de Andrade · Marie Martensen ·
Barbara Pammer

Sexualisierte Gewalt in der Heimerziehung der DDR

Bewältigungs- und Aufarbeitungswege anerkennen und unterstützen

 Springer VS

Silke Birgitta Gahleitner
Alice-Salomon-Hochschule
Berlin, Deutschland

Marilena de Andrade
Berlin, Deutschland

Barbara Pammer
Graz, Österreich

Maite Gabriel
Berlin, Deutschland

Marie Martensen
Hude, Deutschland

ISSN 2569-1260 ISSN 2569-1279 (electronic)
Sexuelle Gewalt in Kindheit und Jugend: Forschung als Beitrag zur Aufarbeitung
ISBN 978-3-658-40921-0 ISBN 978-3-658-40922-7 (eBook)
https://doi.org/10.1007/978-3-658-40922-7

Die Deutsche Nationalbibliothek verzeichnet diese Publikation in der Deutschen Nationalbiblio-
grafie; detaillierte bibliografische Daten sind im Internet über http://dnb.d-nb.de abrufbar.

Planung/Lektorat: Cori Antonia Mackrodt
Springer VS ist ein Imprint der eingetragenen Gesellschaft Springer Fachmedien Wiesbaden GmbH
und ist ein Teil von Springer Nature.
Die Anschrift der Gesellschaft ist: Abraham-Lincoln-Str. 46, 65189 Wiesbaden, Germany

Geleitwort

Welche Bilder fallen uns ein, wenn wir uns fragen, wo das Leid, die Erniedrigungen, die Gewalterfahrungen verborgen waren, die Menschen über Jahrzehnte in west- und ostdeutschen Heimen erlebt haben? „Darknet" verweist zwar auf eine aus dem öffentlichen Diskurs abgeschottete Eigenwelt, passte aber nicht auf die Besonderheit von ehemaligen Heimkindern, denn sie waren in dieser Eigenwelt nicht vertreten. Das Bild von „Dunkelräumen", das für die Missbrauchswelt der katholischen Kirche geprägt wurde (Aschmann, 2022) mag angemessen sein. Für viele Betroffene war das Weiterleben nach den Erfahrungen mit psychischer, physischer und sexualisierter Gewalt nur durch psychische Schutzmechanismen wie Abspaltung, Amnesie, Ablagerung der unerträglichen Erfahrungen in einem dicht verschlossenen Container möglich. Dafür werden in Interviewstudien immer wieder Bilder und Metaphern benannt: „geheimes Eck", „schwarze Kammer", „Bunker", „Mülleimer meines Unterbewusstseins" oder „ich habe es versenkt". Diese Schutzmechanismen der Betroffenen konnten aber die lebensgeschichtlichen Folgen von Jahren kindlichen und jugendlichen Aufwachsens in Heimen in staatlicher und kirchlicher Trägerschaft nicht verhindern. Ihre Schicksale erzwingen die Begegnung mit einem Teil der deutschen Nachkriegsgeschichte, der kaum zu ertragen ist, den wir aber als Gesellschaft aus dem Schweigecontainer herausholen müssen.

„Aufarbeitung der Vergangenheit" (Adorno, 1959, 1977) ist für die deutsche Nachkriegsgeschichte von großer Bedeutung, aber es gibt gesellschaftliche Bereiche, in denen sie spät und unzureichend erfolgt ist. Der Vergleich mit der Aufarbeitung der NS-Geschichte sollte nicht überstrapaziert werden, aber spätestens seit dem bahnbrechenden Buch von Alexander und Margarete Mitscherlich (1967, 2016) „Die Unfähigkeit zu trauern" wissen wir, wie wichtig es für eine

Gesellschaft ist, die Duldung von und die Beteiligung an Unrecht und Verbrechen aufzuarbeiten sowie die Trauer über das, was Menschen angetan wurde,
zuzulassen. Der Philosoph Hermann Lübbe (1983) hat eine Gegenposition zu den
Mitscherlichs eingenommen und betont, dass das „kommunikative[ ] Beschwei-
gen" (S. 594) der Vergangenheit einer Gesellschaft die Energie zum Neuaufbau
sichert.

Das hat unsere Gesellschaft mit den Heimkindern auf deren Kosten über
Jahrzehnte „erfolgreich" praktiziert. Neben der Analogie der Aufarbeitung der
jüngsten deutschen Geschichte gibt es auch einen direkten Bezug zur nationalso-
zialistischen Vernichtungspolitik. Sie betraf nämlich auch Kinder und Jugendliche, die den eugenischen und sozialen Normalitätsvorstellungen der Nazis nicht
entsprachen. Hinzu kommt, dass bis in die 1970er-Jahre ein erheblicher Anteil
des ärztlichen und Pflegepersonals in den Kinderheimen seine fachliche und ideologische Prägung in der NS-Zeit erfahren und seine Aufgaben aus einer solchen
Haltung heraus wahrgenommen hat.

Dass Betroffene jetzt über das ihnen angetane Unrecht sprechen können, hat
sicherlich mit der Tatsache zu tun, dass sie sich jetzt nicht mehr in den Schweigecontainer aus Tabus und Scham eingesperrt sehen. Aleida Assmann (2016,
2020, S. 55) spricht von einem „repressiven" oder einem „komplizitären Schweigen", das Täter geschützt und Betroffene in die Isolation traumatisierter Subjekte
gedrängt hat. Seit 2009 beginnt diese Schweigeordnung zu bröckeln, viele Betroffene überwinden die Ohnmacht, in die sie durch den „zerstörerischen Pakt des
Schweigens" (Assmann, 2017, S. 7) gezwungen wurden, und es sind vor allem
solidarische Netzwerke in Selbsthilfegruppen und im Austausch in Social Media,
die diesen Prozess ermöglicht haben. Aber letztlich bedurfte es „eines grundlegenden Wertewandels in der Gesellschaft und einer neuen Sensibilität für die
Abhängigkeit und Ausbeutung ihrer schwächsten Glieder" (Assmann, 2016, 2020,
S. 56). Die Bereitschaft, Menschenrechtsverletzungen wahrzunehmen und zu thematisieren, ist größer geworden. Dass dieser Prozess erst begonnen hat und noch
längst nicht die wirklich schwächsten Glieder erreicht hat, wird deutlich, wenn
man sich die bisherigen Aufarbeitungsprojekte vergegenwärtigt. Sie haben in Eliteinternaten begonnen und inzwischen auch den Sektor der Heime in kirchlicher
oder staatlicher Trägerschaft im Blick – die Einrichtungen der Behindertenhilfe
sind in diesen gesellschaftlichen Aufarbeitungsprozess noch kaum einbezogen.
Die notwendige Tiefenschärfe beginnt sich erst in kleinen Schritten herzustellen:
Erst die Kinder und Jugendlichen in den Eliteinternaten, dann die ehemaligen
Heimkinder und ganz zuletzt die Kinder und Jugendlichen, die wichtige Jahre
ihres Heranwachsens im Heimsystem der DDR verbrachten, die „Stiefkinder der
Republik", wie sie von Angelika Censebrunn-Benz (2022) genannt werden. Die

Schweigemauern sind längst noch nicht komplett durchbrochen, aber es gab diesen wichtigen kollektiven Disclosureprozess, den ehemalige Heimkindern zuerst begannen.

Dem Thema Heimkindheiten haben wir in dieser Reihe einen besonderen Stellenwert eingeräumt. Zur Lebenswirklichkeit ehemaliger Heimkinder aus Bayern ist eine Studie in die Reihe aufgenommen worden (Caspari et al., 2018, 2021b). Deren Befunde zeigen eine erschreckende Bilanz von physischer, psychischer und sexualisierter Gewalt, die von den meisten Betroffenen erst im fortgeschrittenen Lebensalter zur Sprache gebracht werden konnte, obwohl es ihrem Leben in der Regel eine schwere Hypothek auflud, Brüche und Abbrüche schuf und sie ins höhere Lebensalter mit einer völlig unzumutbaren Altersversorgung begleitete.

Heimkindheiten nach dem 2. Weltkrieg waren in den späten 1960er-Jahren kurzzeitig ein öffentliches Thema in Westdeutschland, aber mit der Entscheidung von Ulrike Meinhof für den politischen Untergrundkampf ist es aus dem öffentlichen Bewusstsein ausgeklammert worden. Im Bereich der stationären Heime gab es im Zuge der Jugendhilfereform deutliche Veränderungen. Es ging letztlich darum, die Heime von ihrer jahrelangen Imprägnierung durch die NS-Pädagogik bis weit in die Gegenwart zu lösen. Aber die konsequente Auseinandersetzung mit diesem Erbe hat erst durch Forderungen ehemaliger Heimkinder und einiger Fachleute am Runden Tisch begonnen. Der eingerichtete Fonds „Heimerziehung in der Bundesrepublik Deutschland in den Jahren 1949 bis 1975" hat in sehr bescheidenem Umfang Betroffenen aus den westdeutschen Heimen Anerkennungsleistungen zugesprochen.

Der Westblick hat allerdings große Ausfälle, wenn es um Zustände und Ereignisse in der ehemaligen DDR geht. Zwar wurde auch der Fonds „Heimerziehung in der DDR in den Jahren 1949 bis 1990" eingerichtet, von ihm wurden jedoch längst nicht alle Betroffenen erreicht, und die ausgezahlten Summen konnten kaum als angemessene Unterstützung für ein Leben betrachtet werden, das den Betroffenen wichtige Lebenschancen verbaut hat. Insbesondere das Thema sexualisierter Gewalterfahrung in ehemaligen DDR-Heimen ist kaum öffentlich zur Kenntnis genommen worden. Seit meinem Besuch in der Gedenkstätte Geschlossener Jugendwerkhof Torgau 2017 habe ich meinen westdeutschen Freund:innen und Kolleg:innen den Rat gegeben, diesen Ort zu besuchen, denn dort wurde mir bewusst, dass die DDR zwar ihren offiziellen Antifaschismus gefeiert, aber gleichzeitig ein brutales System der Entrechtung, Erniedrigung und Gewalt aufgebaut hat, das zuständig war für Kinder und Jugendliche, die nicht dem ideologischen Normbild der „sozialistischen Persönlichkeit" entsprachen. Entstanden ist in gestufter Form ein „Trichter des Ausschlusses", den Goffman (1959, 1972, S. 130) noch drastischer als „Trichter zunehmenden Verrats" bezeichnet. Als uns

Betroffene ihr Erleben in den „Jugendwerkhöfen" schilderten, wurde uns mit Erschrecken klar, was für ein euphemistischer Begriff unsere Vorstellung in eine ganz falsche Richtung lenkte.

Bei der Unabhängigen Kommission zur Aufarbeitung sexuellen Kindesmiss-brauchs hat sich schon nach dem ersten Aufruf 2016 eine Reihe von ehemaligen Heimkindern aus west- und ostdeutschen Kinderheimen zu vertraulichen Anhö-rungen gemeldet, und vor allem das weitgehend vernachlässigte Thema von Heimkindheiten in der DDR schien uns besonders relevant. Wir gaben eine Exper-tise in Auftrag, die Anhörungsprotokolle ausgewertet hat (Mitzscherlich et al., 2019, 2020). Klar wurde auch, dass noch erhebliche Forschungsanstrengungen notwendig sein würden, um die Schweigeringe um ostdeutsche Heimkindheiten zu durchbrechen. Der Forschungsverbund „Testimony" sollte dazu einen wichti-gen Beitrag leisten. Das Team von Silke Birgitta Gahleitner (mit Maite Gabriel, Marilena de Andrade, Marie Martensen und Barbara Pammer) hat in diesem Rahmen das wichtige Teilprojekt „Sexualisierte Gewalt in der Heimerziehung der DDR. Bewältigungs- und Aufarbeitungswege anerkennen und unterstützen" übernommen und mit seinen Forschungsergebnissen ein spezifisches Bild von ost-deutschen Heimkindheiten entstehen lassen, das einerseits auf den ersten Blick ähnliche Lebensgeschichten und Erfahrungen enthält, wie sie die Geschichten über Heimkindheiten in Westdeutschland aufweisen, andererseits aber spezifische Spuren des repressiven gesellschaftlichen Systems der DDR enthält.

Als im Mai 2022 der Spiegel einen Artikel unter der Überschrift „Sie verdankt dem System alles, er verflucht seine Peiniger bis heute" (Maxwill 2022) über DDR-Heimkindheiten veröffentlichte, habe ich mich zunächst darüber gefreut, dass das Thema aufgegriffen und auch auf Forschungsergebnisse von Testimony Bezug genommen wurde. Allerdings war die simple Aufteilung in schlimme und gute Erfahrungen keinesfalls zufriedenstellend und entsprach überhaupt nicht den differenzierten Befunden, die jetzt in diesem Buch vorgestellt werden.

Der Forschungsverbund Testimony trägt in eindrucksvoller Weise dazu bei, dass nicht nur über Einzelfälle zu sprechen und eine pauschale Sicht auf traumatisierte Opfer angemessen ist, sondern über ein System systematischer Menschenrechtsverletzungen, das nur durch weitere gute Forschung sichtbar gemacht werden kann. Die vorliegende Studie zeigt, wie nachhaltig die Heim-erfahrungen die Alltagsbewältigung der Betroffenen prägt, welch ein Bedarf an Unterstützung für sie unverzichtbar ist. Benötigt werden mehr qualifizierte Psychotherapie- und Beratungsangebote. Die Kontakte der Betroffenen unterein-ander sind zu stärken. Selbsthilfezusammenschlüsse sind die entscheidende Basis für Empowermentprozesse. Empowerment heißt, Betroffene in ihren Rechten zu stärken, es gilt aber auch der berühmte Satz von Julian Rappaport (1985, S.

286): „Rechte ohne Ressourcen zu besitzen, ist ein grausamer Scherz". Bei meinen Begegnungen mit Heimkindern aus Bayern, die sich beim Heimkinderfonds gemeldet haben, hat mich am meisten die Sorge der inzwischen alt gewordenen Heimkinder berührt, dass sie ihr Leben in einem billigen Heim vollenden sollten. Als Sozialwissenschaftler weiß ich, dass Forschung oft in Sprache und Ergebnisse über die Köpfe der Betroffenen hinweg rauscht und manche Betroffene verständlicherweise fordern, dass die Forschungsgelder besser für die Verbesserung ihrer oft prekären Lebensbedingungen eingesetzt werden sollten. Im Forschungsverbund Testimony zeigt sich aber eindrucksvoll, wie wichtig eine wertschätzende, achtsame, kompetente und partizipative Forschung sein kann. Sie kann dazu beitragen, dass Betroffene das Gefühl bekommen, dass ihre Lebensgeschichte und das mit ihr verknüpfte Leid und die an ihnen geschehenen Verbrechen ernst genommen werden und nicht im Müll abgehakter Geschichte landen. Das ist die wichtige Aufgabe guter Aufarbeitung für die Betroffenen. Wichtig ist aber auch, dass Staat und Gesellschaft die Befunde dieser Aufarbeitung zur Kenntnis bringen und deren Botschaft ernst nehmen müssen. Das war weder in der Bundesrepublik noch in der DDR der Fall.

Die Hauptanliegen der Betroffenen zielen bis heute auf eine umfassende Anerkennung des Unrechts an ihnen. Aber Anerkennung des Unrechts bedeutet nach wie vor auch einen finanziellen Ausgleich der systematisch verhinderten Lebenschancen. Die vielfältigen und oft brutalen Grenzverletzungen in der Heimerziehung sind als Menschenrechtsverletzungen zu werten. Mit ihren Forderungen und Vorschlägen zu einer konsequenten Aufarbeitung, zur Schaffung von Beratungsangeboten, Präventionsmaßnahmen oder Rentenzahlungen sind die Betroffenen auf Ablehnung gestoßen.

Es besteht die Notwendigkeit, die bislang nur „halbierte Aufarbeitung" konsequent weiterzuführen. Die Heimkinderfonds West und Ost waren unzureichender Anfang, und es bedarf weiterer kompetenter und ausreichender Unterstützung. Die Verantwortung des Staates ist mit der Fondslösung nicht abschließend erfüllt. Es bleiben wichtige Forderungen:

• Eine umfassende unabhängige Aufarbeitung der Heimerziehung in staatlichen und kirchlichen Institutionen und insbesondere des Nachwirkens des Nationalsozialismus ist notwendig.

• Zur Aufarbeitung gehört die Möglichkeit betroffener Menschen, angehört zu werden. Dies schafft auch die gesellschaftlichen Voraussetzungen, die Gewaltgeschichte auch aus der Perspektive der Betroffenen zu rekonstruieren.

- Sehr viele Betroffene lehnen eine Opferperspektive ab, aber sie benötigen kompetente professionelle Unterstützung für eine produktive Lebensbewältigung.
- Die Vernetzung der Betroffenen bedarf einer gezielten Unterstützung. Die Selbsthilfenetzwerke der Betroffenen sind die Bedingung für Empowermentprozesse.
- Viele betroffene Frauen und Männer, die als Kinder und Jugendliche in Heimen leben mussten, haben inzwischen das Rentenalter erreicht. Für sie ist die Vorstellung, erneut in einer Heimeinrichtung leben zu müssen, eine enorme Belastung. Es bedarf einer fachlich guten Beratung zu Alternativen eines menschenwürdigen Alterns und der Schaffung dazu erforderlicher materieller Leistungen.
- Den Betroffenen aus der Heimerziehung wurden systematisch Entwicklungsmöglichkeiten vorenthalten. Bildung und Ausbildung sind zentrale Bestandteile für eine auskömmliche Erwerbstätigkeit, und dies ist Betroffenen wissentlich vorenthalten worden. Dies muss systematisch bei der Entschädigung berücksichtigt werden.
- Betroffene Menschen aus der Heimerziehung erlebten als Kinder und Jugendliche und erfahren bis heute Stigmatisierung. Dies hat sich nicht nur auf ihre Chancen am Arbeitsmarkt, sondern auf alle Lebensbereiche ausgewirkt. Das damit verbundene Leid ist bislang nicht im öffentlichen Bewusstsein unserer Gesellschaft verankert. Die Sensibilisierung kann man nicht den Betroffenen aufbürden, sie geht alle an.

Diese Buchreihe trägt den Titel „Sexuelle Gewalt in Kindheit und Jugend: Forschung als Beitrag zur Aufarbeitung". Dieses Buch erfüllt diesen Anspruch in hohem Maße.

Heiner Keupp

Zur Einführung

„Das hier Geschriebene und Beschriebene sind Gedanken und Gefühle, Erfahrungen und Empfindungen, die oft stellvertretend für eine Gruppe von Berichtenden stehen, für Menschen, die Einladung zum Sprechen mit Slogans wie ‚Sprechen hilft‘ als Einladung in eine Welt der Teilhabe verstanden haben", resümiert Mehrick (2021, S. VII) in seinem Buch „Zerplatzte Sprechblasen. Zehn Jahre Aufarbeitung aus Erzählendenperspektive" desillusioniert. „Sie haben es als Versprechen verstanden, dass es möglich sein sollte, dazuzugehören, zu einer Welt, aus der sich viele ausgeschlossen und beschämt fühlten, gerade wegen ihrer Geschichten. Nun sollten diese Geschichten scheinbar genau das sein, das zählte: mit und durch die eigene Geschichte gehört, verstanden und angenommen werden. Das aber setzte doch stillschweigend voraus, dass es nach dem Sprechen weitergehen beziehungsweise dass sich etwas verändern muss oder es Konsequenzen geben würde. Aber so kam es längst nicht für alle" (ebd.). Gleichzeitig erhofft man sich, dass „das Wissen der Betroffenen durch Anhörungen und Forschung zugänglich zu machen, … die Grundlage für verbesserte Unterstützung und für Wiedergutmachung" (Kavemann et al., 2022, S. 14) bietet. Was also ist zu tun, damit Letzteres gelingt und möglichst viele sich dabei verstandener und angenommener fühlen können, gerade auch diejenigen, die es besonders hart getroffen hat? Diese Frage bildete den Ausgangspunkt für das vorliegende Teilprojekt des Verbundforschungsnetzwerks „Testimony" zur Erforschung der Erfahrungen ehemaliger Heimkinder in der DDR mit sexualisierten Gewalterfahrungen. Im Zentrum standen folgende Forschungsfragen:

- Wie haben ehemalige Heimkinder aus der DDR mit (sexualisierten) Gewalterfahrungen ihre Erfahrungen im weiteren Lebensverlauf bewältigt?

- Inwieweit hat der Fond „Heimerziehung in der DDR in den Jahren 1949 bis 1990" zur Milderung erlittenen Leids und zur gesellschaftlichen Anerkennung der Betroffenen beigetragen?
- Welche Unterstützungsbedarfe sehen Betroffene mit sexuellen Gewalterfahrungen im Nachgang des Fonds, und welche konzeptionellen Schlussfolgerungen können daraus gezogen werden?

Hintergrund

Die Heim- und „Fürsorge"-Erziehung hat in den 1940er- bis 1970er-Jahren in der damaligen BRD und bis 1989 in der ehemaligen DDR Kinder und Jugendliche nicht nur in ihren Menschenrechten nachweislich verletzt, sondern auch manifeste Folgeerscheinungen für die Betroffenen nach sich gezogen. Vielen Betroffenen ist es lange Zeit – zumeist ohne jede Unterstützung von öffentlicher Seite – gelungen zu überleben, und sie haben für ihr Leid, aber auch ihre Bewältigungsleistungen jede nur erdenkliche Form der Wiedergutmachung verdient. Dem gesellschaftlichen Umgang mit der Situation ehemaliger Heimkinder kam und kommt daher eine wichtige Bedeutung für den individuellen wie kollektiven Verarbeitungsprozess zu. In Überlegungen zu einem angemessenen Umgang mit den Verletzungen ging es folglich im bundesdeutschen Diskurs nicht allein um individuelle finanzielle Entschädigungsleistungen und auch nicht allein um Entschuldigungen seitens der verantwortlichen Institutionen, sondern auch um „ganz konkrete Hilfe bei der Bewältigung" (Künast, 2008, S. 35). Zwei Fonds – einer zur „Heimerziehung in der Bundesrepublik Deutschland in den Jahren 1949 bis 1975" und einer zur „Heimerziehung in der DDR in den Jahren 1949 bis 1990" – wurden errichtet, um unbürokratisch Hilfen in verschiedenen Lebenslagen zu gewähren. Entlang den Empfehlungen des Runden Tischs „Heimerziehung in den 50er und 60er Jahren" (RTH, 2010) sowie dem Bericht zur Aufarbeitung der Heimerziehung in der DDR (AGJ, 2012) sollten Betroffenen neben der Finanzierung von Therapien in erster Linie niedrigschwellige Informationen, Beratung, Begleitung und Betreuung zur Verfügung gestellt werden. Dafür wurden in allen Bundesländern Beratungsangebote eingerichtet. Zusätzlich sollten persönlich zugeschnittene materielle Hilfen und Rentenersatzleistungen die Folgeschäden mildern (Die Beauftragte des LAkD, 2019).
　　Es stellt sich daher die Frage, inwiefern das Signal der beiden Fonds „Heimerziehung in der Bundesrepublik Deutschland in den Jahren 1949 bis 1975" und „Heimerziehung in der DDR in den Jahren 1949 bis 1990" zu einer Anerkennung des erlittenen Leids durch den Staat wie die Gesellschaft geführt hat.

Maßgeblich dafür ist, ob es dabei für die Betroffenen selbst zu einer gewissen Herstellung von mehr Gerechtigkeit und vor allem zu einer Entstigmatisierung und Würdigung ihrer Überlebensleistungen gekommen ist. Die Situation der Betroffenen aus der ehemaligen DDR unterscheidet sich dabei gegenüber der Situation der Betroffenen aus der alten Bundesrepublik nicht grundsätzlich, aber dennoch in einigen wesentlichen Punkten (vgl. vor allem AGJ, 2012, bes. S. 58; vgl. auch Kittel & Wapler, 2013). Nicht alle Betroffenen aus der ehemaligen DDR sind unter dem Begriff Heimkinder zu subsumieren, da das System der DDR-Jugendhilfe ganz unterschiedliche Einrichtungstypen für Kinder und Jugendliche umfasste: vom Vorschulheim und Normalkinderheim über Spezialheime, Durchgangsheime, Jugendwerkhöfe bis hin zum Geschlossenen Jugendwerkhof Torgau, der haftähnliche Bedingungen aufwies (vgl. AGJ, 2012, S. 24). Das repressive System der Heimerziehung bestand zudem nicht nur bis in die 1970er-Jahre, sondern bis zum Ende der DDR 1989/90. Viele Betroffene bewegen sich daher heute auf das Alter zu und sind in den bisherigen Initiativen zum Thema als Gruppe nicht ausreichend repräsentiert. Eine Reihe ehemaliger Heimkinder und Bewohner:innen von Jugendwerkhöfen hatte sich daher an das Bürgerbüro gewandt, das sich für die Aufarbeitung von Folgeschäden der SED-Diktatur einsetzt. In Anbetracht der Tatsache, dass man bei ihnen von „Doppelt-Eingeschlossen" sprechen kann (Bergmann & Power, 2022), versuchten sie, sich für die Zeit ihres Heim- oder Jugendwerkhofaufenthalts nach den SED-Unrechtsbereinigungsgesetzen rehabilitieren zu lassen. Damit waren sie jedoch in der Regel nicht erfolgreich.

Entlang bisher angestellter Untersuchungen wird deutlich, dass auch der Fonds nicht für alle ehemaligen Heimkinder als gelungen betrachtet werden kann. Aus der Evaluation des Fonds durch das Institut für sozialpädagogische Forschung (Moos et al., 2018) kann man schließen, dass dies insbesondere eine Gruppe von ehemaligen Heimkindern betrifft, die in den Auswirkungen besonders stark von den Folgeerscheinungen betroffen waren und sind. Weitergehende Untersuchungen konnten jedoch damals nicht angestellt werden. Insbesondere das Thema sexualisierter Gewalterfahrung in ehemaligen DDR-Heimen hat – auch im Vergleich zu körperlichen oder psychischen Gewalterlebnissen – noch wenig in die Öffentlichkeit gefunden (AGJ, 2012, S. 38), weil es so stark tabuisiert ist. So ist dieser Bereich der Gewaltanwendung in der DDR nach wie vor wenig erforscht, obwohl immer wieder in Zeitzeug:innenberichten ehemaliger Heimkinder auch von sexuellen Gewalterfahrungen berichtet wird (Helming, 2011; Mitzscherlich et al., 2019, 2020, S. 195–213; Laudien & Sachse, 2012, S. 252 f.). Die Berichterstattung zu sexualisierter Gewalt in Heimen der DDR bleibt weit zurück hinter den Berichten über sexualisierte Gewalt in reformpädagogischen Schulen und

kirchlichen Institutionen im westlichen Teil des Landes (Sachse et al., 2018).
Dies führte und führt auch zur Benachteiligung der Betroffenen: „Sexueller Missbrauch an Kindern und Jugendlichen war in der DDR weder im öffentlichen noch
im privaten Raum ein Thema. … Sie passte nicht in das Bild der heilen sozialistischen Gesellschaft" (Bergmann, 2022, o. S.). So protestierte 2010 die Union
der Opferverbände kommunistischer Gewaltherrschaft gegen den Ausschluss der
DDR-Opfer vom Runden Tisch sexueller Missbrauch. Erst seit 2016 erhielt das
Thema durch die Unabhängige Kommission zur Aufarbeitung sexuellen Kindesmissbrauchs mehr Aufmerksamkeit. Seitdem entstanden zwei Untersuchungen,
die den Fokus speziell auf sexuelle Gewalt in der DDR legen und auch die spezifische Situation in den Heimen beleuchten (Sachse et al., 2018; UKASK, 2020).
Es bedarf daher weiterer Aufarbeitungsbemühungen, um das Thema sexualisierte
Gewalt in der DDR-Heimerziehung in den Fokus der gesellschaftlichen Aufmerksamkeit zu rücken, um einer Tabuisierung und Stigmatisierung der Betroffenen
entgegenzuwirken und die Notwendigkeit spezifischer Hilfs- und Unterstützungsangebote zu verdeutlichen und anzuregen. Die vorliegende Untersuchung widmet
sich daher spezifisch dieser Gruppe von ehemaligen Heimkindern.

Das Projekt „Testimony"

Seit April 2019 setzte sich der Forschungsverbund „Testimony" – gefördert vom
Bundesministerium für Bildung und Forschung (BMBF) und bestehend aus der
Universität Leipzig, der Alice Salomon Hochschule Berlin, der Medical School
Berlin und der Universität Düsseldorf – das Ziel, die noch nicht ausreichend
(vgl. u. a. Düring, 2021) explorierten Erfahrungen in DDR-Kinderheimen und
ihre Auswirkungen auf den Lebensverlauf zu untersuchen (vgl. für einen Überblick über den Gesamtforschungsverbund Glaesmer et al. in Vorb.). Im Zentrum
des Interesses steht, wie Betroffene heute auf ihre Heimerfahrungen zurückbli-
cken, jedoch auch, welche Unterstützungsmöglichkeiten helfen, mit dem Leid
eine möglichst gute Lebensqualität zu erreichen. Die Verbundkoordination des
Projekts war an der Universität Leipzig angesiedelt. Von dort aus wurde eine
umfassende Befragung ehemaliger DDR-Heimkinder zu ihren damaligen Erfahrungen und ihrer derzeitigen Lebenssituation durchgeführt. An der Medical
School Berlin wurde ein Online-Programm zur Unterstützung nach Heimerfahrungen entwickelt und angeboten. Das Institut der Universität Düsseldorf
untersuchte die medizinische und psychologische Betreuung von Kindern und
Jugendlichen, die in Kinderheimen der DDR gelebt haben. Das hier vorgestellte
Teilvorhaben der Alice Salomon Hochschule fokussiert – wie oben geschildert –

Betroffene mit frühen und schweren Gewalterfahrungen, insbesondere sexualisierter Gewalt. Das Projekt hatte zum Ziel, den Betroffenen selbst eine Stimme zu verleihen und über ihre Situation, Bewältigungsmöglichkeiten und Unterstützungsbedarfe Auskunft zu geben. Geklärt werden soll auch die Frage, wie erfolgreich und auf welche Weise der Fonds Heimerziehung bereits zur Aufarbeitung beigetragen hat bzw. welche anderen Lösungen in der Zukunft die Aufarbeitung weiter vorantreiben könnten.

Aufarbeitung verstehen wir hier mit Keupp (2020) in dem Sinne, „Verborgenes sichtbar werden zu lassen. Dies impliziert nicht einfach nur wissenschaftliche Erkenntnis. Der Zuwachs von Wissen ist hier nicht Selbstzweck und erschöpft sich auch nicht allein in Erkenntnisfortschritten, aus denen Lehren für die Zukunft gezogen werden können. Es geht auch um die Aufdeckung von Missständen. Das Verborgene blieb unentdeckt, weil es einen aktiv ausgeübten Zwang zur Geheimhaltung gab. Die Aufdeckung löst diesen Zwang auf; sie fungiert auch als Sprachrohr all jener, denen mit Macht und Gewalt ein jahrelanges oder jahrzehntelanges Schweigen auferlegt wurde. Forschung dieser Art ist psychologisch funktional und intentional. Sie ist insofern auch politisch, weil sie Unrecht benennt. Sie öffnet den Blick auf institutionelle Geheimhaltungen, Vertuschungen und Manipulationen. Sie benennt Taten und Täter*innen. Einer solchen Forschung geht es jedoch nicht um Anklage im juristischen und auch nicht im moralischen Sinne. … Es geht dabei um die (verspätete) Übernahme von Verantwortung. Das bedeutet, dass die Institution auf der Basis wissenschaftlicher Ergebnisse Formen des Ausdrucks finden muss, die von Betroffenen als echte, tatsächliche Übernahme von Verantwortung wahrgenommen werden. Juristische Konsequenzen und finanzielle Entschädigungen sind pragmatische Formen der Anerkennung vergangenen Leids. Eine nachhaltige Verständigung zwischen Vertreter*innen der Institution und Opfern bedarf aber mehr – nämlich der Anerkennung der Realität der Gewalt" (S. 308 f.). Auch der Runde Tisch „Heimerziehung in den 50er und 60er Jahren" (RTH, 2010) sowie der Bericht zur Aufarbeitung der Heimerziehung in der DDR (AGJ, 2012) hatten diese Ziele in ihren Empfehlungen damals maßgeblich formuliert.

Gewählt wurden daher von uns „methodische Zugänge zu Subjekterfahrungen" (Keupp, 2020, S. 309) aus dem Bereich der Qualitativen Sozialforschung. Anhand 20 biografisch orientierter problemzentrierter Interviews mit einer offenen Eingangsfrage und ebenso offenen Erzählanstößen zu Erfahrungen in den Heimen, zu Folgen, Bewältigung, Erfahrungen mit dem Fonds und zur professionellen und sozialen Unterstützung wurde ein Zugang zur Lebenswirklichkeit der Betroffenen gesucht (Witzel, 1982, 2000). Ausgewertet wurde mit der Qualitativen Inhaltsanalyse (Mayring, 2020), ergänzt durch ein fallkontextualisiertes Verfahren

(Mayring & Gahleitner, 2010). Auf diese Weise wurden die Lebensgeschichten als Einzelfälle und in einer vergleichenden Systematisierung herausgearbeitet. Die Auswahl der Untersuchungsteilnehmer:innen erfolgt entlang eines theoretischen Samplings (Glaser & Strauss, 1967, 2010), um möglichst viel Breite in der Erhebung zu erzielen. Die Ergebnisse wurden mit Stakeholdern (Expert:innen aus Erfahrung, Praktiker:innen, Wissenschaftler:innen) einer kommunikativen Validierung zugeführt und alle Einzelfälle mit den Interviewten rückgekoppelt, sie wurden also aktiv in die Auswertung einbezogen. Damit sollte dem Phänomen vorgebeugt werden, dass im Gewaltforschungsbereich „Machtbeziehungen Artikulationsmöglichkeiten einschränken oder kulturelle Normen einen Sprechverzicht auferlegen" (Hartmann & Hoebel, 2020, S. 75): „Dabei manifestiert sich die Schweigsamkeit des Sozialen hier geradezu paradigmatisch als ... ein Nicht-darüber-sprechen-Wollen, -Können, -Dürfen". Gewaltphänomene können daher nicht „verstanden werden, wenn man nicht dem Umstand Rechnung trägt, dass für sie ein (beredtes) Schweigen von Dritten konstitutiv ist" (ebd., S. 77). Assmann (2016, S. 52–57) etabliert dafür die Begrifflichkeit des „repressiven" bzw. „komplizitären" Schweigens. Es isoliert und manifestiert Betroffene in der Opferrolle und schützt Täter:innen und das Umfeld (vgl. auch Keupp, 2020, S. 307). Gewaltphänomene müssen daher – unter Berücksichtigung ihrer „Indexalität" (Hartmann & Hoebel, 2020, S. 68; unter Bezug auf Hoebel & Koloma Beck, 2019) partizipativ rekonstruiert werden. Im Zentrum der Untersuchung sollte daher stehen, wie die Betroffenen selbst ihre Situation erlebt haben und welche Anregungen sie aus dieser Situation heraus äußern.

Übersicht über die Kapitel

Nach der vorliegenden Einführung werden in den folgenden vier Kapiteln die Ergebnisse bisheriger Untersuchungen und Publikationen zum Thema Heimaufenthalt in der DDR und sexualisierte Gewalt erarbeitet. Das erste Kapitel widmet sich dem Thema der Heimerziehung in der DDR und gibt einen Einblick in die damalige Kultur und Alltagsrealität dortiger Heimerziehung. Sexualisierte Gewalt als Phänomen inkl. ihrer Ursachen und Ausformungen in der Heimerziehung wird im zweiten Kapitel entfaltet. Das dritte Kapitel thematisiert die Folgeerscheinungen der sexualisierten Gewalt im Heimkontext und darüber hinaus und reflektiert, wie diese Erfahrungen im weiteren Lebensverlauf bewältigt werden (können). Im vierten Kapitel werden Möglichkeiten und Grenzen von Aufarbeitungsprozessen im individuellen, institutionellen und gesellschaftlichen Rahmen vorgestellt und für den Heimkontext reflektiert. Auf den theoretischen Teil folgen die Vorgehensweise und Ergebnisse der empirischen Untersuchung. Im Diskussionsteil werden die empirischen Ergebnisse mit der bestehenden Forschung und Literatur in Beziehung gesetzt und daraus sechs prägnante Thesen erarbeitet, die neben der Bereitstellung von Wissen zum Thema auch sozialpolitische und versorgungsrelevante Implikationen beinhalten. Um die Thesen kleinschrittig und differenziert zu erarbeiten, kommt es zeitweise zu Wiederholungen im Text, insbesondere von Zitaten Betroffener. Diese Wiederholungen sind bewusst eingesetzt, um eine bessere Transparenz bei der Erarbeitung der Thesen herzustellen und diese an das Originalmaterial der Betroffenen zurückzubinden. Eine kurze Schlussüberlegung beendet den Band.

Abschließend sei noch bemerkt, dass die vorliegende Untersuchung ausdrücklich nicht zum Ziel hat, die aufgezeigten Problemlagen der damaligen Heimerziehung einseitig in der DDR zu verorten. Die zahlreichen Quellen bisheriger Forschung im Bereich der Heime in den alten Bundesländern zeigen auf traurige Weise (RTH, 2010), dass die Problematik sich in beiden Landesteilen gleichermaßen erschütternd ereignet hat. Es geht vielmehr darum, die Komplexitäten bzgl. des Gesamtsystems DDR nicht zu nivellieren, aber dennoch Missstände aufzuzeigen, die bisher nicht angemessen bearbeitet wurden (vgl. zu diesem Diskurs Laudien, 2015; Miethe, 2019; Sachse et al., 2017; Sippel et al., 2022). Wie eingangs bereits betont, geht es darum, Betroffenen in Bezug auf ihre Situation, Bewältigungsmöglichkeiten und Bedarfe der Unterstützung eine Stimme zu verleihen und herauszuarbeiten, was bisher getan werden konnte sowie was noch offen ist und künftig angestrebt werden könnte.

Berlin
im Januar 2023

Silke Birgitta Gahleitner
Maite Gabriel
Marilena de Andrade
Marie Martensen
Barbara Pammer

Inhaltsverzeichnis

Heimerziehung in der DDR

Von 1949 bis 1989 wurden etwa eine halbe Million Kinder und Jugendliche in Heimen der DDR untergebracht. Davon lebten etwa 135.000 in Spezialheimen und Jugendwerkhöfen und etwa 3500 im Kombinat der Sonderheime (Laudien & Sachse, 2012, S. 255). Die Zahl der Kinder und Jugendlichen in Durchgangsheimen ist nicht erfasst (AGJ, 2012, S. 23). Mittlerweile nehmen einige Publikationen das Heimsystem der DDR in den Blick (u. a. AGJ, 2012; Dreier & Laudien, 2012; Sachse, 2010; UKASK, 2020; Jenaer Zentrum für empirische Sozial- und Kulturforschung, 2012). Deutlich zeigt sich die Verzahnung von politischen Interessen und Vorgaben mit dem System der Heimerziehung, während das Individuum mit seinen Bedürfnissen kaum im Fokus stand. Im folgenden Kapitel werden das bestehende Heimsystem in der DDR und die bisherigen Erkenntnisse über die konkrete Ausgestaltung des Heimalltags beschrieben, vor allem in Bezug auf die dort erfahrene physische und psychische Gewalt.

1.1 Heimsystem

In der DDR gab es eine kollektivistische Rechtsauffassung. Das Recht war ausgerichtet am Aufbau der sozialistischen Gesellschaft und weniger am Schutz des Individuums vor ungerechtfertigten Eingriffen des Staats. So hieß es in Artikel 2 Absatz 4 der Verfassung der DDR: „Die Übereinstimmung der politischen, materiellen und kulturellen Interessen der Werktätigen und ihrer Kollektive mit den gesellschaftlichen Erfordernissen ist die wichtigste Triebkraft der sozialistischen Gesellschaft" (Verfassung der Deutschen Demokratischen Republik, 1968). Diese Auffassung spiegelte sich auch in der Heimerziehung der DDR wider. So verlagerte sich spätestens in den 1960er Jahren im Zuge der zweiten großen Heimerziehungsreform der Schwerpunkt der Heimerziehung weg von einem Fürsorgeauftrag hin zu einem Auftrag der Umerziehung (AGJ, 2012, S. 22 f.). Die Vorstellung einer positiven Erziehung orientierte sich an der Herausbildung der „sozialistischen Persönlichkeit" (Poppe & Poppe, 2021, S. 17). Im Philosophischen Wörterbuch des DDR-Verlags von 1974 wird die Sozialistische Persönlichkeit beschrieben als „das sich im Prozeß der gesellschaftlichen Arbeit selbst gestaltende und entwickelnde Individuum, das unter der Führung der marxistisch-leninistischen Partei in Gemeinschaft mit anderen Menschen seinen Lebensprozeß in ständig wachsendem Maße unter Kontrolle nimmt und in diesem Prozeß seine individuellen Fähigkeiten, seine produktiven Kräfte immer allseitiger entfaltet" (zit. n. Wapler, 2012, S. 25).

Die Heimerziehung in der DDR war zentralistisch organisiert und unterstand dem Ministerium für Volksbildung. Die Heime waren unterteilt in „Normalheime" und „Spezialheime" (s. Abb. 1.1). Zu den Spezialheimen gehörten auch die Jugendwerkhöfe. Neben diesen beiden Heimformen existierten für Kinder unter drei Jahren sogenannte Dauerheime für Säuglinge und Kleinkinder. Darüber hinaus wurden Durchgangsheime eingerichtet für die Unterbringung von „Ausreißer:innen" sowie jenen Kindern und Jugendlichen, denen kriminelle Handlungen vorgeworfen wurden (AGJ, 2012, S. 10 ff.). Die Einweisung in ein Spezialheim unterlag einer zentralen Lenkungsstelle im Ministerium für Volksbildung. Ab 1965 entschied diese nur noch über Einweisungen nach Torgau, in das Kombinat der Sonderheime und in das Aufnahme- und Beobachtungsheim Eilenburg (Wapler, 2012, S. 71). Über die Einweisung in ein Normalheim entschieden ab 1952 nicht mehr die Gerichte, sondern Organe der Jugendhilfe, die sogenannten Jugendhilfeausschüsse. In diese Ausschüsse wurden ehrenamtliche Mitarbeiter:innen berufen. Welche Kriterien dabei eine Rolle spielten, ist nicht bekannt, vermutlich stand jedoch politische Opportunität im Vordergrund (AGJ, 2012, S. 15). Dieses Vorgehen ließ den Eltern und den betroffenen Jugendlichen keinerlei Möglichkeit, mit gerichtlichen Rechtsmitteln gegen die Einweisung vorzugehen.

Die Frage nach der „Erziehbarkeit" war, neben Alter und Schulform, ausschlaggebend für die Zuordnung eines Kindes zu einer bestimmten Heimform. Ein Kind wurde als „normal erziehbar" eingestuft und in ein Normalheim eingewiesen, wenn es als milieugefährdet galt und seine Eltern aus verschiedenen Gründen ihrer Erziehungspflicht nicht nachkommen konnten oder ihnen die Erziehungsfähigkeit abgesprochen wurde (u. a. aus politischen Gründen). Galt ein Kind jedoch als „schwer erziehbar", kam es in ein Spezialheim (AGJ, 2012, S. 10; Wapler, 2012, S. 49). Der Begriff der „Schwererziehbarkeit" war juristisch

Heime der Jugendhilfe im Jahr 1965

3 bis 14 Jahre		14 bis 18 Jahre
Normalheime		
Normalkinderheime		Jugendwohnheime
normal erziehbar	Normalschule	normal erziehbar
anormal erziehbar	Hilfsschule	anormal erziehbar

| **Durchgangsheime** |
| **Spezialheime** |
| Aufnahme- und Beobachtungsheime |

Spezialkinderheime		Jugendwerkhöfe
schwer erziehbar	Normalschule	schwer erziehbar
schwer erziehbar	Hilfsschule	schwer erziehbar

Abb. 1.1 Heime der Jugendhilfe im Jahr 1965. (Quelle: Laudien & Sachse, 2012, S. 181)

und pädagogisch unbestimmt. Mannschatz (1979), von 1957 bis 1977 Leiter der Abteilung Jugendhilfe im Ministerium für Volksbildung, versuchte, den Begriff stärker zu rahmen: „Schwererziehbarkeit" liege vor, wenn

- „Handlungsweisen vorliegen, die als wiederholte grobe Verletzung der gesellschaftlichen Disziplin angesehen werden müssen,
- damit verbunden psychische Besonderheiten auftreten, die Ausdruck und zugleich Ursache sind für einen sich zuspitzenden Konflikt des Kindes mit seiner unmittelbaren personalen Umgebung,
- nach Lage der Dinge außerordentliche Maßnahmen zur gesellschaftlichen Unterstützung der Erziehenden im Hinblick auf die Verwirklichung ihrer Verantwortung zur Gewährleistung einer positiven Persönlichkeitsentwicklung der Kinder erforderlich sind" (ebd., S. 11).

Eine „individualistische Gerichtetheit" (Mannschatz, 1979, S. 29) wurde als besondere Eigenschaft von „schwer erziehbaren" Kindern und Jugendlichen gesehen. Zu Abweichungen von der gesellschaftlichen Disziplin zählten z. B.

Disziplinschwierigkeiten zu Hause, in der Schule oder bei der Arbeit. Auch häufiges Fernbleiben von Schule oder Arbeit, „sexuelle Haltlosigkeit" (vorwiegend bei Mädchen) und der Anschluss an eine als negativ eingestufte Gruppierung konnten zu einer Unterbringung im Spezialheim führen (Schierbaum, 2011, S. 226). Zusätzlich muss festgehalten werden, dass die finanzielle, bauliche und personelle Ausstattung der Heime sehr mangelhaft war, auch wenn dies in der DDR anders dargestellt wurde (Laudien & Sachse, 2012, S. 161 ff.; Dreier & Laudien, 2012, S. 80 f.; AGJ, 2012, S. 43).

Es herrschte große Personalnot, und bis Mitte der 1950er-Jahre hatten 60 bis 80 % des Personals keine pädagogische Ausbildung (AGJ, 2012, S. 35 ff.). Es kam zu Strafversetzungen von Lehrer:innen, zum Einsatz von ausgedienten Berufssoldaten als Führungspersonen und zur „Absolventenlenkung", wenn Lehrer:innen oder Absolvent:innen der Erzieherausbildung direkt nach der Ausbildung befristet für ein oder zwei Jahre als Erzieher:innen in der Heimerziehung eingesetzt wurden (Dreier & Laudien, 2012, S. 63., Laudien & Sachse, 2012, S. 185). In den Spezialheimen und im Kombinat für Sonderheime waren bis zu 60 % der Erzieher:innen zwangsabgeordnet (Laudien & Sachse, 2012, S. 185). Die genannten Faktoren führten zwangsläufig zu einer hohen Personalfluktuation. Auf die Lebenssituation der Kinder wirkte sich die angespannte Personalsituation auf verschiedenen Ebenen ungünstig aus. Hier sollen nur einige genannt werden: In der Regel war eine Fachkraft für eine große Gruppe von Kindern zuständig, was ein individuelles Eingehen auf die Kinder deutlich erschwerte. Zugleich war der Aufbau verlässlicher Beziehungen zu den Erzieher:innen erschwert, da diese häufig wechselten. Der allgemeine Personalmangel und die oft geringe Qualifikation des Personals führten zu Überlastungs- und Überforderungserleben, was wiederum Disziplinierungsmaßnahmen und Delegation von Erziehungsmaßnahmen an die Kinder förderte (Dreier & Laudien, 2012, S. 64).

Normalkinderheime. Zu den Normalkinderheimen zählten Normalheime für Kinder von 3 bis 6 Jahren, Normalheime für Kinder von 6 bis 14 Jahren und die Jugendwohnheime für Jugendliche ab 14 Jahren (ebd., S. 78). Normalheime waren für zwei Gruppen von Kindern und Jugendlichen vorgesehen. Eine bildeten die Kinder und Jugendlichen, die als „anhanglos[] und milieugefährdet[]" (AGJ, 2012, S. 25) eingestuft wurden, bei denen jedoch keine Erziehungsschwierigkeiten vorlagen. Die zweite Gruppe waren Kinder von Eltern, die wegen beruflicher Tätigkeiten, Krankheit oder aus sonstigen Gründen ihren Erziehungspflichten nicht nachkommen konnten. Der Tagesablauf in den Normalheimen war stark reglementiert und vollzog sich weitgehend im Kollektiv. Die Herkunftsfamilie spielte eine untergeordnete Rolle, Besuchskontakte waren selten, und an einer Verbesserung der Situation in der Herkunftsfamilie wurde nicht gearbeitet, diese wurde jedoch auch nicht als Aufgabe der Heimerziehung beschrieben. Kinder und Jugendliche in Normalheimen besuchten die allgemeinbildenden Schulen im Umkreis (ebd., S. 79 ff.).

Dauerheime für Säuglinge und Kleinkinder. Die Dauerheime für Säuglinge und Kleinkinder unter 3 Jahren unterstanden dem Ministerium des Gesundheitswesens, wobei dem Ministerium für Volksbildung die Anleitung und Aufsicht über die pädagogische Arbeit oblag. In den Heimen waren Säuglinge und Kleinkinder untergebracht, die von ihren Eltern nicht adäquat versorgt und betreut wurden (Dreier & Laudien, 2012, S. 119 ff.). Darüber hinaus wurden ab 1950 mit Verabschiedung des Gesetzes über den Mutter- und Kinderschutz und die Rechte der Frau auch Kinder aufgenommen, um alleinerziehenden Müttern eine Arbeit in Vollzeitbeschäftigung oder im Schichtdienst zu ermöglichen. Die DDR-Pädagogik orientierte sich auch beim Umgang mit Säuglingen und Kleinkindern an der Herausbildung der sozialistischen Persönlichkeit. Im Vordergrund standen die Sicherung hygienischer Standards und eine altersadäquate Ernährung. Schon in den 1950er Jahren waren häufige Entwicklungsrückstände bis hin zu Hospitalismus in den Dauerheimen bekannt und wurden mit Erkenntnissen der Bindungstheorie in Zusammenhang gebracht, doch wurde dies von staatlicher Seite abgelehnt und nicht beachtet (Kittel, 2016, S. 127 ff.).

Spezialheime. In Spezialheime wurden Kinder und Jugendliche eingewiesen, die als schwer erziehbar galten oder straffällig geworden waren. Aber auch starke Lern- und Leistungsschwächen konnten Gründe für eine Aufnahme in ein Spezialheim sein (Dreier & Laudien, 2012, S. 31; Jörns, 2006, S. 34). Aufgabe der Spezialheime war eine „Umerziehung" dieser Kinder, die zu folgendem Ziel führen sollte:

- Herstellung der Bereitschaft des Kindes, sich erziehen zu lassen,
- Neuorientierung der „inneren Welt" des Kindes,
- Übereinstimmung der subjektiven Interessen mit den Interessen des Kollektivs,
- vollwertige Mitgliedschaft und Teilhabe in der sozialistischen Gesellschaft.

Um diese Ziele zu erreichen, wurde auch auf Methoden zurückgegriffen, die die Integrität der betroffenen Kinder und Jugendlichen stark verunsicherte und beschädigte (Dreier & Laudien, 2012, S. 31 ff.). Die meisten Spezialheime wiesen haftähnliche Zustände auf, wie vergitterte Fenster bis mindestens in den ersten Stock, verschlossene Eingangstüren und Mauern oder Zäune, die das Grundstück umschlossen (Sack & Ebbinghaus, 2012, S. 322).

Jugendwerkhöfe. Zu den Spezialheimen gehörten auch die Jugendwerkhöfe. Dort konnten Jugendliche zwischen 14 und 20 Jahren eingewiesen werden,

die in anderen Einrichtungen als „erziehungsschwierig" eingestuft wurden oder
straffällig geworden waren (AGJ, 2012, S. 26). Eine große Rolle spielte die
„Arbeitserziehung" in den Jugendwerkhöfen, weshalb Letztere häufig an Pro-
duktionsbetriebe angegliedert waren. Ab 1956 konnten die Jugendlichen dort
jedoch keine vollständige Berufsausbildung mehr machen, sondern wurden im
Rahmen von Teilausbildungen oft zu schwerer körperlicher Arbeit herangezogen (Dreier & Laudien, 2012, S. 106 f.). Die Jugendwerkhöfe waren auf die
Einnahmen durch die Arbeit der Jugendlichen angewiesen, da sie sich teilweise
refinanzieren mussten (Sachse, 2010, S. 81). Der Geschlossene Jugendwerkhof
Torgau galt als Endstation im Jugendhilfesystem. Hier wurden Jugendliche für
mindestens zwei und höchstens sechs Monate untergebracht, die in Spezialheimen
und Jugendwerkhöfen als verhaltensauffällig eingestuft waren, häufiger weglie-
fen, sich nicht an die Heimordnung hielten und sich allgemein nicht anpassten
(Wildt, 2010, S. 184; Sack & Ebbinghaus, 2012, S. 336). Der Alltag war hier
geprägt von totaler Kontrolle, Isolierung von der Außenwelt und entwürdigenden
Strafen (Reininghaus & Schabow, 2013, S. 18).

Durchgangsheime. Zu den Spezialheimen gehörten auch die Durchgangsheime. Sie waren zuständig für die Unterbringung von „Ausreißer:innen" sowie
von Kindern und Jugendlichen, denen kriminelle Handlungen vorgeworfen wurden, und sollten als vorübergehende Notunterkunft für Kinder dienen, die schnell
aus ihren Familien genommen werden mussten. Diese sehr unterschiedliche
Zusammenlegung von Kindern vom Vorschul- bis zum Jugendlichenalter führte
zur Überforderung des Personals und zur Einführung gefängnisähnlicher Sicher-
heitsbestimmungen. Aus internen Berichten geht hervor, dass die vorgeschriebene
maximale Aufenthaltsdauer von 14 Tagen häufig überschritten wurde (AGJ, 2012,
S. 27 f.).

Weitere Heimformen. Zu Beginn der Heimerziehung in der DDR wurden
sogenannte Aufnahme- und Beobachtungsheime eingerichtet, in denen alle Kinder und Jugendliche zur Begutachtung und Weiterleitung in die verschiedenen
Heimtypen aufgenommen werden sollten. Da die entsprechenden Einrichtungen
mit dieser Aufgabe jedoch überlastet waren, wurden sie nach kurzer Zeit wieder aufgelöst (AGJ, 2012, S. 26). Aus der Struktur der Spezialheime bildete sich
das Kombinat der Sonderheime für psychisch geschädigte Kinder und Jugendliche heraus (vgl. Hottenrott, 2012; AGJ, 2012; Methner, 2016). Neben staatlichen
Einrichtungen existierten auch konfessionelle Heime, deren Zahl jedoch durch
mangelnde Belegung deutlich zurückging und denen zunehmend Kinder und
Jugendliche mit schwerer geistiger Behinderung zugewiesen wurden (AGJ, 2012,
S. 30 f.; vgl. auch Poppe & Poppe, 2021).

1.2 Erziehung in den Heimen

Durch die klare ideologisch-politische Zielstellung der Kollektiverziehung konnte die Heimerziehung als staatliches Instrument genutzt werden (Krause, 2004, S. 85). In allen Heimformen wurde im Rahmen der Kollektiverziehung die Individualität der Kinder dem Kollektiv untergeordnet. Eigenschaften wie Fleiß, Gehorsam, Ordnung und Unterordnung waren angestrebte Ziele in der Erziehung. Die Methoden, mit denen diese erreicht werden sollten, waren geprägt von Härte und Zwang (BMFSFJ & Fonds Heimerziehung, 2019, S. 22 f.; Sack & Ebbinghaus, 2012, S. 316). Eine Untersuchung der Arbeiter und Bauerninspektion von 1974 fasst die Situation zusammen: „In der Mehrheit der Heime und Jugendwerkhöfe entsprechen aber die Lebensbedingungen nicht den Anforderungen, die vom Staat für die Erziehung und Bildung der Kinder und Jugendlichen gestellt werden" (Komitee der ABI, 1974, zit. n. Laudien & Sachse, 2012, S. 246). Bemängelt wurden vor allem eine hohe Überbelegung, unzumutbare Lebens-, Betreuungs- und Wohnbedingungen, eine nicht ausreichende schulische Förderung, gesetzlich nicht zu vereinbarende Kürzungen von Verpflegung und Ausstattung und eine ungenügende medizinische Betreuung (ebd.).

In einigen Publikationen (Kappeler, 2008; Laudien & Sachse, 2012, S. 137 f.; Dreier & Laudien, 2012, S. 89 ff.) wird das System der DDR-Heimerziehung mit „totalen Institutionen" (Goffmann 1973, 2018) verglichen, also einem abgeschlossenen System, das von der Gesellschaft abgeschnitten ist und in dem ein formal reglementiertes Leben geführt wird. So sind die Aktivitäten der „Insassen" (ebd., S. 18) durch einen strikten Tagesablauf vorgeplant, ihr Handeln wird durch das Personal ständig kontrolliert, reguliert und durch Sanktionen unterbrochen. Die „Insassen" haben keine Möglichkeit, ihr Handeln nach ihren Bedürfnissen auszurichten. Eine besondere Rolle spielen in totalen Institutionen besonders zu Beginn des Aufenthalts Aufnahmeprozeduren und Gehorsamsproben, die geprägt sind von Erniedrigung und Demütigung des Selbst. Zusammen mit dem häufigen Kontaktabbruch zu den bisherigen sozialen Bezügen soll dies dazu führen, dass die Person einen Bruch mit den früheren Rollen erlebt und sich in das System der totalen Institution einordnet. Als besonders perfide Demütigung in totalen Institutionen wird das Bestrafen von Abwehrreaktionen bei Demütigung des Selbst beschrieben. Menschen haben in der Regel die Möglichkeit, sich in demütigenden Situationen zu wehren, z. B. indem sie die Situation verlassen, die eigene Verstimmung darüber ausdrücken, Ironie oder Spott äußern. In totalen Institutionen wird auf solche Reaktionen jedoch mit Bestrafung reagiert und den Menschen dadurch jede Möglichkeit genommen, sich vor Angriffen auf ihr Selbst zu schützen (Kappeler, 2008).

Bisher liegen vor allem Untersuchungen zu Spezialheimen vor, die bestätigen, dass dort demütigende Strafen und Gewalt zum Alltag gehörten und auch sexualisierte Gewalt häufig vorkam (Arp, 2017, S. 244; Arp, 2012, S. 90–92; Reininghaus & Schabow, 2013; Sachse, 2013). Über die Normalheime existieren bisher wenige Berichte, die vorliegenden deuten jedoch darauf hin, dass es dort ebenfalls zu psychischer, physischer und sexueller Gewaltanwendung kam. Es gibt jedoch auch Berichte über positive Erfahrungen in den Normalheimen, zumeist jedoch eher mit einzelnen Erzieher:innen, die eine Ausnahme bildeten. Sicher ist jedoch, dass es in allen Heimformen an emotionaler Zuwendung fehlte, was sowohl auf Erziehungsvorstellungen als auch auf den allgemeinen Personalmangel zurückgeführt werden kann (Sack & Ebbinghaus, 2012, S. 338 f.).

1.2.1 Einweisung

Schon die Heimeinweisung selbst stellte für einige Kinder und Jugendliche eine existenzielle Erfahrung von Angst, Bedrohung, Unsicherheit und Hilflosigkeit dar. Herausnahmen waren mitunter sehr plötzlich, Geschwister wurden in der Regel getrennt voneinander untergebracht, manchmal wurden den Kindern die Einweisungsgründe nicht oder erst deutlich nach der Einweisung mitgeteilt, und oft hatten die Kinder keine einfühlsamen Ansprechpartner:innen im Heim, denen sie ihre Erlebnisse und Fragen mitteilen konnten. Diese erste Erfahrung erschütterte bei vielen Betroffenen das Vertrauen in eine gerechte Gesellschaft dauerhaft (Dreier & Laudien, 2012, S. 132 f.; Ebbinghaus & Sack, 2013, S. 111). In Bezug auf die Normalheime ist bisher wenig untersucht, wie häufig eine derartige Heimeinweisung vorkam. In den Spezialheimen scheint sie jedoch gängige Praxis gewesen zu sein. In einer Untersuchung von Arp (2017) zu Gewalterfahrungen in Spezialheimen berichten die Interviewten von diesen emotional überfordernden Einweisungssituationen, die sie in eine Art Schockzustand versetzten. Darüber hinaus folgten in der Regel sehr demütigende, oft traumatisierende Aufnahmerituale, sowohl durch die Erzieher:innen als auch durch die anderen Heimkinder.

1.2.2 Die vier Säulen der Erziehung

Es lassen sich vier Säulen der Erziehung in den DDR-Heimen differenzieren: Kollektiverziehung, Arbeitserziehung, Disziplinerziehung und politisch-ideologische Erziehung (Sack & Ebbinghaus, 2012, S. 306).
Die Kollektiverziehung. Die Kollektiverziehung sprach nicht nur dem Heimpersonal, sondern insbesondere dem Heimkollektiv, also den anderen Kindern und Jugendlichen, eine bedeutende Rolle im Rahmen der Erziehung zu. Sie sollte sich in einem Dreischritt vollziehen: Erziehung *im* Kollektiv, Erziehung *durch* das Kollektiv, Erziehung *zum* Kollektiv. Grundgedanken waren, dass sich die Interessen der Einzelnen und des Kollektivs decken und sich in einem gemeinsamen Ziel bündeln. Das Kollektiv regulierte und verwaltete sich dabei selbst, den Erzieher:innen wurde eher eine untergeordnete, begleitende Rolle zugesprochen. Ziel der Kollektiverziehung war das Einfügen in die sozialistische Gesellschaft, die sich selbst als aus vielen Kollektiven bestehend betrachtete (Dreier & Laudien, 2012, S. 43 f.). Im Heimalltag wurde die Kollektiverziehung von den Erzieher:innen jedoch in der Regel gezielt genutzt, um ihre Anweisungen durchzusetzen und Regeln des Heims umzusetzen (Sachse, 2010, S. 205). Dafür wurden die Kinder und Jugendlichen bewusst in hierarchische Gruppen eingeteilt: Führer:innen, Reserve (sollten zu einem späteren Zeitpunkt in die Führungsrolle treten) und Rest oder „Sumpf". Der letztgenannten Gruppe sprach man ein Entwicklungspotenzial ab. Darüber hinaus geschah alles im Heimalltag im Kollektiv (AGJ, 2012, S. 33). Auch intime Tätigkeiten wie Körperpflege und Toilettengang fanden in der Gruppe und unter Aufsicht der Erzieher:innen statt. Viele Betroffene erlebten dies als besonders beschämend und erniedrigend (Benz, 2016, S. 209). Nicht nur die gesamte Alltagsgestaltung fand in der Gruppe statt, auch Strafen trafen oft die gesamte Gruppe. Zwei wesentliche Komponenten der Kollektiverziehung waren die bedingungslose Unterordnung und das Kommandieren. Diese Erziehung im und durch das Kollektiv förderte gewaltsame Akte und Selbstjustiz unter den Kindern und Jugendlichen (AGJ, 2012, S. 33 ff.). Die Einbeziehung der Heimgruppe in die Bestrafung von Einzelnen verhinderte zudem jede Solidarität untereinander, was viele Betroffene als äußerst belastend empfanden (Benz, 2016, S. 203 f.). Das Misstrauen und auch die Konkurrenz untereinander wurden zusätzlich gefördert durch „Gruppenversammlungen". Diese Versammlungen dienten der Auswertung des Verhaltens jedes einzelnen Heimkindes vor den anderen. Es ging darum, sich gegenseitig zu bewerten. In diesem Rahmen kam es oft zu Bloßstellungen (Arp, 2017, S. 250; AGJ, 2012, S. 36). Der Aufbau von Freundschaften war in dieser durch Misstrauen und Konkurrenz geprägten Umgebung ohne jegliche Möglichkeit zur Privatsphäre für persönliche Gespräche schwer möglich

(Arp, 2017, S. 240). Es ist anzunehmen, dass Gruppenbildungen bewusst unterbunden wurden, um u. a. die Kontrolle über das Kollektiv zu bewahren: „Unter den Kindern und Jugendlichen bilden sich manchmal Gruppen und Gemeinschaften, die gemeinsam Taten vollbringen, zusammenhalten und sich gegenseitig unterstützen. Solche Gruppen tragen nicht immer den Charakter des Kollektivs. Oft richtet sich ihre Zielsetzung gegen die Forderungen des Erziehers. In diesem Falle stellen sie einen Bazillus dar, der in kurzer Zeit ein bestehendes Kollektiv zerstören oder die Entwicklung eines solchen verhindern kann. Der Erzieher muss sich der Bildung dieser ‚negativen Vereinigungen' gegenüber sehr wachsam und aufmerksam verhalten. Er muss die Herde solcher Gruppierungen aufdecken und unschädlich machen, bevor sie zur Wirkung kommen" (Mannschatz, 1952, zit. n. Kappeler, 2008, S. 73).

Berichte lassen darauf schließen, dass es sogar zu Verlegungen von einzelnen Jugendlichen in andere Einrichtungen kam, um aufkeimende Gruppenbildungen zu zerschlagen (Sachse, 2013, S. 103).

Die Arbeitserziehung. Ende der 1950er-Jahre wurde in den Heimen die Arbeitserziehung neben der Kollektiverziehung eingeführt. Ziel der Arbeitserziehung war die Aneignung von Sekundärtugenden wie Fleiß, Ordnungsliebe, Pünktlichkeit und Aufopferungsbereitschaft für die Produktionsziele (AGJ, 2012, S. 34). Es gibt kein einheitliches Konzept der Arbeitserziehung, jedoch ist zu unterscheiden zwischen der allgemeinen Arbeitserziehung, wie sie in allen Heimen praktiziert wurde, und der spezielle Arbeitserziehung in den Jugendwerkhöfen. Bei der allgemeinen Arbeitserziehung handelte es sich um unentgeltliche Arbeitseinsätze, z. B. für die Heimeinrichtung, die Kommune oder bei der Ernte. In den Jugendwerkhöfen handelte es sich dabei oft um unterbezahlte, schwere körperliche Arbeit in umliegenden Betrieben, z. B. in Zementfabriken, im Gleisbau sowie Kalk- und Sandsteinabbau (Laudien & Sachse, 2012, S. 224 ff.). Erst in den 1970er-Jahren wurde die Ausbildung und damit berufliche Zukunft der Jugendlichen wieder in den Blick genommen und zumindest eine Ausbildung zum Teilfacharbeiter eingeführt (AGJ, 2012, S. 34). Die Vergütung, die die Jugendlichen erhielten, mussten sie zum Großteil an die Jugendwerkhöfe abführen, als Beitrag zu den Unterkunftskosten. In der Regel wurden zudem keine Sozialversicherungsbeiträge für die gewerblichen Tätigkeiten der Jugendlichen abgeführt. Dies hat zur Folge, dass sie heute für die geleistete Arbeit keinen Anspruch auf Rente haben (BMFSFJ & Fonds Heimerziehung, 2019, S. 23).

Disziplinerziehung. Diszipliniertheit galt als „sittliche Qualität der sozialistischen Persönlichkeit" (Böhme et al., 1972, 1973, zit. n. Sachse, 2013, S. 100). Sie war damit ein zentraler politischer Terminus, ein diszipliniertes Verhalten war ein maßgebliches Ziel der Erziehung. Durch permanentes Wiederholen und Üben von einfachen Abläufen sollte sich das Kind an das unbedingte Befolgen von Anweisungen gewöhnen (Sachse, 2013, S. 101). Daher herrschte in allen Heimformen ein strenges Regime (Mitzscherlich et al., 2019, 2020, S. 196 f.). Es gab rigide Tages- und Wochenpläne, in denen kaum Raum für die Sorgen und emotionalen Bedürfnisse der Kinder und Jugendlichen (vorgesehen) war (Sack & Ebbinghaus, 2012, S. 325).

In den Spezialheimen war der Alltag geprägt von ritualisierten Aufgaben, Pflichten und Beschäftigungen mit minutengenauer Taktung. Es gab hochformalisierte Regeln für Hygiene und Sauberkeit in den Räumen. Die Aussage eines Ehepaars, das als Erzieher:innen in einem Spezialheim gearbeitet hatte, verdeutlicht diese Alltagsstrukturierung: „Durch diese straffe Strukturierung, durch diesen straffen Tagesablauf war kaum Platz für-für-für irgendwelche Spielchen. Der Wochenplan war durch- ... von morgens vom Aufstehen bis Sonntagsabends in Bett gehen" (Arp, 2017, S. 239). In diesem engen Rahmen war es kaum möglich, eigenständige Erfahrungen zu machen und Entscheidungen über das eigene Leben zu treffen (ebd.).

Der Geschlossene Jugendwerkhof Torgau galt als „Disziplinareinrichtung im System der Spezialheime" (Benz, 2016, S. 198) und stellte die letzte Station im Jugendhilfesystem der DDR dar (Hottenrot, 2016, S. 104). Hier war der Tagesablauf besonders straff geregelt. Selbst in den Pausen während der Schulausbildung überwachten die Erzieher:innen die korrekte Einnahme der Mahlzeiten und die Durchführung des vorgeschriebenen Pausensports (Oleschinski et al., 1997, S. 117). Zur Disziplinerziehung in allen Spezialheimen gehörte zudem, dass die Kinder und Jugendliche militärähnlichen Unterordnungsriten sowie physischen und psychischen Grenzerfahrungen ausgesetzt wurden (Sachse, 2013, S. 101).

Politisch-ideologische Erziehung. Im Rahmen von Zusammenkünften und festgelegten Riten wurden politische Themen vermittelt. Regelmäßiger Konsum von Nachrichten über Zeitung, Radio und Fernsehen war in den Alltag aller Heime integriert. In den Normalheimen scheint die ideologische Schulung jedoch nicht so stark ausgeprägt gewesen zu sein wie in den Spezialheimen. Entziehen konnten sich die Kinder und Jugendlichen jedoch in keiner Heimform der ideologischen Wissensvermittlung, ihnen standen vonseiten des Heims keine alternativen Informationsmöglichkeiten zur Verfügung. Inwieweit religiöse Bücher in den Heimen erlaubt waren, ist bisher nicht bekannt. Die ideologische Einstellung spielte bei der Bewertung der Kinder und Jugendlichen eine maßgebliche Rolle und entschied mit über ihren weiteren Verlauf (Laudien & Sachse, 2012, S. 217 f.). In den Jugendwerkhöfen gehörte darüber hinaus die vormilitärische Ausbildung zum Alltag. Dadurch sollten neben der Erhöhung der Wehrbereitschaft auch Disziplin, Ein- und Unterordnung gefördert werden. Durchgeführt wurden die vormilitärischen Übungen durch Erzieher, die Reserve-Offiziere oder Unteroffiziere der Nationalen Volksarmee waren (Jahn, 2010, S. 87 f.).

1.2.3 Der Einsatz von Gewalt

Die Heimordnung vom 1. Dezember 1969 verbot jeglichen Einsatz von körperlicher Gewalt in der Heimerziehung (AGJ, 2012, S. 36; Sachse, 2010, S. 205). Nur für den Geschlossenen Jugendwerkhof Torgau galt das Züchtigungsverbot nicht (BMFSFJ & Fonds Heimerziehung, 2019, S. 24). Der Einsatz von Gewalt in Spezialheimen war jedoch bekannt und wurde auch aus allen anderen Heimformen berichtet (Laudien & Sachse, 2012, S. 254; Sack & Ebbinghaus, 2012, S. 328; Arp, 2017; Wapler, 2012, S. 88 f.). So fassen Sack und Ebbinghaus (2012) im Aufarbeitungsbericht zur DDR-Heimerziehung zusammen: „Sie wurden von den Erziehern getreten, mit Händen, Fäusten oder Gegenständen geschlagen, ihnen wurden die Arme umgedreht. Beliebt war es bei den Erziehern und Lehrkräften, einen schweren Schlüsselbund wahllos nach Kindern zu werfen, dabei kam es häufig auch zu körperlichen Verletzungen" (S. 328). Die Gewalt ging vom Heimpersonal wie auch von den anderen Heimkindern aus.

Strukturelle Gewalt. Arp (2017, S. 255 f.) verweist in ihrer Untersuchung darauf, dass strukturelle Gewalt, vor allem physische Gewalt, verankert war. Dazu lassen sich formale Routinen und Strafen zählen, die die Bedürfnisse der Kinder und Jugendlichen außer Acht lassen und letztlich zu einem Gefühl der totalen Hilflosigkeit und des Ausgeliefertseins führen. Strafen wie Schlafentzug, Essensentzug, Trinkverbot z. B. bei Bettnässern, Duschen mit eiskaltem Wasser und Zwang zum Essen waren weit verbreitete Praktiken (Sack & Ebbinghaus, 2012, S. 328). Diese Praktiken verstießen schon damals gegen geltendes Recht, inwieweit jedoch gegen entsprechende Verstöße vorgegangen wurde, ist nicht bekannt (AGJ, 2012, S. 36). Auch Strafsport bis zum Kollabieren wurde häufig zur Disziplinierung eingesetzt (Mitzscherlich et al., 2019, 2020, S. 198; AGJ, 2012, S. 36 f.). Erniedrigende Strafen, wie Zwangsputzen, meist vor der gesamten Gruppe, gehörten ebenfalls zu den Strafpraktiken (Arp, 2017, S. 245). Bisher kaum erforscht ist die Frage, inwieweit es gerade im Kombinat der Sonderheime zu einem systematischen Einsatz von Medikamenten gegen den Willen der Betroffenen kam (AGJ, 2012, S. 29; vgl. für die westdeutsche Heimerziehung Wagner, 2016).

Arrest. Der Arrest war zu Sicherungszwecken erlaubt, ab den 1960er-Jahren auch als Sanktionsmöglichkeit in den Spezial- und Durchgangsheimen. Eine Regelung in den Normalheimen dazu ist nicht bekannt. Arrest durfte nur ab einem Alter von 14 Jahren, in Ausnahmefällen von 12 Jahren, angewendet werden. Ohne Erlaubnis des Referats für Jugendhilfe durfte der Arrest eine Dauer von drei Tagen nicht überschreiten. Es sind jedoch viele Fälle bekannt, in denen der Arrest diesen Auflagen nicht entsprach. Ebenfalls gibt es Beispiele vom Einsperren der Kinder und Jugendlichen in nicht für den Arrest vorgesehenen „Räumen" wie zwischen Doppeltüren, in Waschtrommeln oder engen Speisekammern. Im Geschlossenen Jugendwerkhof Torgau und in vielen Durchgangsheimen kamen alle Kinder und Jugendlichen nach der Einweisung sofort für einige Tage in den Arrest, unabhängig davon, ob ein Fehlverhalten vorlag (AGJ, 2012, S. 37 f.). Manche Arrestzellen stellten besonders unmenschliche Bedingungen dar, wie der „Fuchsbau" im Geschlossenen Jugendwerkhof Torgau: ein Kellerraum ohne Fenster, der so klein war, dass man nicht aufrecht darin stehen konnte (Benz, 2016, S. 201).

Entindividualisierung. In den Spezialheimen und vor allem in den Jugendwerkhöfen zielten die Methoden auf eine Entindividualisierung ab. So wurden z. B. alle persönlichen Gegenstände abgenommen, die Jugendlichen erhielten Heimkleidung, und im Geschlossenen Jugendwerkhof Torgau wurden ihnen die Haare kurzgeschoren (Arp, 2017, S. 245; Sack & Ebbinghaus, 2012, S. 323). Ziel dieser oft schockartigen Aufnahmeprozeduren war es, den Ankommenden zu vergegenwärtigen, dass sie keine persönlichen Rechte mehr besaßen, sondern allein die Eingliederung ins Heimkollektiv von Bedeutung war (Sack & Ebbinghaus, 2012, S. 323). Ihr bisheriges Selbst- und Rollenbild sollte dadurch gebrochen werden (Dreier & Laudien, 2012, S. 91). Dass die Bedürfnisse und Interessen einzelner Individuen nicht beachtet wurden, zeigt auch die Verrichtung aller Tätigkeiten in der Gruppe, wobei es permanent zu einer Überschreitung von persönlichen Grenzen kam, wie beim gemeinsamen Toilettengang oder Duschen vor Erzieher:innen, mitunter des anderen Geschlechts (Benz, 2016, S. 209).

Delegierte Gewalt. Neben der Gewalt durch das Heimpersonal kam es zu „delegierter Gewalt" durch die anderen Heimkinder (Arp, 2017, S. 255 f.). Im Rahmen der Kollektiverziehung wurde meist die gesamte Gruppe für Vergehen Einzelner bestraft. War ein Kind der Gruppe zu langsam bei der Arbeit oder beim Gruppensport, wurde nicht selten die gesamte Gruppe sanktioniert. Dies führte oft zu Wut der anderen Kinder gegen die Person, die die Strafe verursacht hatte, und förderte Selbstjustiz. Diese Kollektivstrafen waren häufig nicht nur sehr brutal, sondern ebenfalls geprägt von sozialer Isolierung, Beschämung und Demütigung (Dreier & Laudien, 2012, S. 92 f.). Es entstanden ritualisierte Gruppenstrafen mit

Bezeichnungen wie „U-Boot", das Untertauchen des Kopfes des Opfers in eine Wasserwanne oder Toilettenschüssel (Sack & Ebbinghaus, 2012, S. 329). Auch die hierarchische Einteilung der Heimgruppe förderte Machtkämpfe und Gewalt unter den Heimkindern. Die Erzieher:innen sahen dabei oft absichtlich weg oder forderten direkt und indirekt zu solchen Strafen auf. So kam es vor, dass nach dem Aussprechen einer Kollektivstrafe die Gruppe in einen Raum gesperrt wurde (Dreier & Laudien, 2012, S. 94). Auch über von den Erzieher:innen angeordnete Boxkämpfe in den Heimgruppen wurde berichtet (Sack & Ebbinghaus, 2012, S. 329). Die Gewalt unter den Heimkindern, auch das Beobachten von Gewalttaten, wurde als sehr belastend erlebt. Damit einher ging eine ständige Angst, selbst gewalttätigen Übergriffen ausgesetzt zu werden (Arp, 2017, S. 248).

1.2.4 Bildung und Ausbildung

In der DDR gab es eine schulische Grundversorgung für jedes Kind, die aus der zehnklassigen polytechnischen Oberschule und einer einfachen Berufsausbildung bestand. Weitere Bildungsmöglichkeiten, wie Abitur und Studium, kamen denen zugute, die sich dem politischen System gegenüber loyal zeigten (Sachse, 2013, S. 105).

Kinder aus Normalheimen gingen in die ortsansässigen Schulen und konnten dort die 10. Klasse abschließen. Nicht selten wurden sie als Heimkind stigmatisiert und von den anderen Mitschüler:innen gehänselt und gedemütigt (Sack & Ebbinghaus, 2012, S. 338). Ob Jugendliche aus Normalheimen die Möglichkeit eines höheren Bildungsabschlusses hatten, ist bisher nicht bekannt. In der Regel absolvierten die Jugendlichen in den Jugendwohnheimen eine Ausbildung, wobei sie in manchen Wohnheimen ihre Ausbildung frei wählen konnten, während in anderen nur eine oder wenige Ausbildungen möglich waren (BMFSFJ & Fonds Heimerziehung, 2019, S. 26). Einige Berichte sprechen jedoch von Jugendlichen, die zur Ausbildung in einen Jugendwerkhof überwiesen wurden, ohne dass ein klarer erzieherischer Bedarf formuliert wurde (Sack & Ebbinghaus, 2012, S. 338 f.).

In den Spezialheimen waren die Schulen integriert und wiesen deutliche Mängel gegenüber den öffentlichen Schulen auf. Es fehlte an Fachlehrer:innen, es gab weniger Lehrmaterial als an anderen Schulen, und es kann kaum davon ausgegangen werden, dass die betroffenen Kinder und Jugendlichen sich ausreichend Schulmaterial von ihrem Taschengeld kaufen konnten (Laudien & Sachse, 2012, S. 227 f.). Zudem war in den meisten Spezialheimen seit Mitte der 1980er-Jahre nur der Abschluss der 8. Klasse möglich. Obgleich es eine allgemeine

Schulpflicht gab, fand in den Durchgangsheimen in der Regel überhaupt kein Schulunterricht statt. In den Jugendwerkhöfen gab es seit Mitte der 1950er-Jahre nur noch die Möglichkeit, eine Ausbildung zum:r Teilfacharbeiter:in zu machen, die jedoch nach der Wiedervereinigung nicht als Ausbildung anerkannt wurde (BMFSFJ & Fonds Heimerziehung, 2019, S. 26).

1.2.5 Kontrolle und mangelnde Beschwerdemöglichkeiten

Kam es zu einer Heimeinweisung, hatten die Kinder, Jugendlichen und Eltern keine rechtlichen Möglichkeiten, dagegen vorzugehen. Die einzige Möglichkeit der Beschwerde bestand in einer Eingabe beim Referat der Jugendhilfe des Kreises oder des Bezirks, also den Stellen, die auch über die Heimeinweisung entschieden, wobei bis zu 90 % abgelehnt wurden (AGJ, 2012, S. 19).

Kinder und Jugendliche, die physische und psychische Gewalt in Heimen erlebten, waren mit ihren Erfahrungen meist auf sich allein gestellt. Die Kontakte zur Familie waren sehr begrenzt und hingen vom guten Willen der Erzieher:innen ab. In Durchgangsheimen waren Kontakte zu den Eltern grundsätzlich untersagt. Geschwister wurden meist getrennt. Ein- und ausgehende Briefe wurden vom Erziehungspersonal gelesen und gegebenenfalls zurückgehalten. So stand die Familie als soziale Ressource fast nicht mehr zur Verfügung. Durch die Abgeschiedenheit der Heime und die straffe Tagesstrukturierung blieben kaum Möglichkeiten, Beziehungen zu Personen außerhalb des Heims aufzubauen (Dreier & Laudien, 2012, S. 81 f.; BMFSFJ & Fonds Heimerziehung, 2019, S. 25; Arp, 2017, S. 253; May, 2011, S. 29–30).

Gewalttätiges Verhalten vonseiten der Erzieher:innen wie auch unter den Heimkindern scheint häufig gedeckt und vertuscht worden zu sein: „Offiziell seien Gewalt und Demütigungen nicht gestattet gewesen, kein Erzieher hätte das in der Öffentlichkeit ausgeübt. Beschwerdemöglichkeiten über die ausgeübte Gewalt habe es nicht gegeben, auch keine Kontrollen durch das Kreisschulamt" (Bericht eines Erziehers, Knorr, 2018, S. 217). Es ist jedoch davon auszugehen, dass den Verantwortlichen in Partei und Regierung die Gewalt in den Heimen durchaus bekannt war, wurde diese doch im Rahmen von Kontrollen durch die Zentrale Kommission für staatliche Kontrollen und später die Arbeiter- und Bauerninspektion festgestellt und berichtet. Maßgebliche Veränderungen folgten darauf jedoch nicht (BMFSFJ & Fonds Heimerziehung, 2019, S. 27). Sachse (2010, S. 210 ff.) listet eine ganze Reihe damaliger Eingaben von Eltern auf, mit Beschwerden über Missstände und Gewalt, denen ihre Kinder in der Heimerziehung ausgesetzt waren. Häufige Reaktionen darauf waren die Bagatellisierung entsprechender Ereignisse, eine Unterstellung von (Mit-)Schuld der Kinder und Jugendlichen an der Situation, ein Unterdrucksetzen der sich beschwerenden Eltern oder eine Verlegung der Kinder und Jugendlichen in zum Teil noch restriktivere Einrichtungen. In den seltensten Fällen kam es zu disziplinarischen Maßnahmen gegen die verantwortlichen Erzieher:innen.

Es ist bekannt, dass es auch in den Heimen Personen gab, die für das Ministerium für Staatssicherheit arbeiteten bzw. Informationen sammelten. Über das Ausmaß und die Funktion lassen sich noch keine sicheren Aussagen treffen, jedoch scheint dadurch auch versucht worden zu sein, Unruhen aufzulösen und zu kontrollieren, welche Informationen an die Öffentlichkeit kommen (Laudien & Sachse, 2012, S. 236 f.).

Sexualisierte Gewalt

2

2.1 Begrifflichkeiten und Definition

Die Begrifflichkeiten rund um das Thema „sexualisierte Gewalt" werden sehr heterogen genutzt. Mitte der 1980er-Jahre wurde der Begriff „sexueller Missbrauch" in Deutschland häufig verwendet und hat sich auch bis heute gehalten, obwohl er vor allem vonseiten der Beratungsstellen und feministisch orientierten Wissenschaftler:innen kritisiert wurde, „weil er die Möglichkeit eines richtigen beziehungsweise legitimen (sexuellen) ‚Gebrauchs' von Kindern suggeriere" (Bange, 2017, S. 29). Der Begriff „sexuelle Misshandlung", der ursprünglich aus der Kinderschutzbewegung kommt, wird heute kaum noch verwendet. Aktuellere Begriffe sind „sexuelle Gewalt" bzw. „sexualisierte Gewalt", die in der Bedeutung des Begriffs gesellschaftliche Bedingungen und Gewaltverhältnisse angemessen berücksichtigen. Insbesondere der Begriff „sexualisierte Gewalt" impliziert, dass bei den Taten Sexualität benutzt und instrumentalisiert wird, um Gewalt auszuüben (ebd.). Die Aufmerksamkeit wird damit von der sexuellen Handlung auf die ausgeübte Gewalt gelenkt. „Diese These blendet aber aus," so kritisiert Hagemann-White (2016, S. 15), „wie sehr die Sexualität sowohl des Täters als auch (infolge der Tat) des Opfers im Gewaltgeschehen involviert ist". Retkowski et al. (2018) nehmen eine übergeordnete Perspektive ein: „Die Betrachtung des Zusammenhangs von Sexualisierung und Vergeschlechtlichung wird in einer Analyseperspektive auf sexualisierte Gewalt nicht zurückgestellt, sondern als potenziell macht- und gewaltvoll interpretiert, zumal Sexismus und Heteronormativität sowohl in ihrer veralltäglichten als auch in ihrer institutionell geronnenen Form Ausdruck dieses Gewaltverhältnisses sind" (S. 23). Im Folgenden wird daher in der Regel von „sexualisierter Gewalt" gesprochen, in

© Der/die Autor(en), exklusiv lizenziert an Springer Fachmedien Wiesbaden GmbH, ein Teil von Springer Nature 2023
S. B. Gahleitner et al., *Sexualisierte Gewalt in der Heimerziehung der DDR*, Sexuelle Gewalt in Kindheit und Jugend: Forschung als Beitrag zur Aufarbeitung, https://doi.org/10.1007/978-3-658-40922-7_2

Einzelfällen werden jedoch auch die anderen Begrifflichkeiten genutzt, da insbesondere der Ausdruck „sexueller Missbrauch" den Mediendiskurs bestimmt und damit den größten Bekanntheitsgrad erreicht hat.

Unabhängig vom Begriff wird in der Literatur außerdem meist zwischen Gewalthandlungen mit Körperkontakt (hands on) und ohne Körperkontakt (hands off) unterschieden. Häufig wird in Studien erhoben, ob in den Körper der betroffenen Person eingedrungen wurde oder nicht. Bei Gewalterfahrungen in der Kindheit gibt es außerdem in internationalen Studien ganz unterschiedliche Altersgrenzen (vor dem 15., 16., 17. oder um das 18 Lebensjahr herum; Lalor & McElvaley, 2010). Bei der Beurteilung eines Vorfalls als Akt sexueller Gewalt gibt es also, je nach den angelegten Definitionskriterien, große Divergenzen. Problemdefinitionen konstruieren unterschiedliche Wirklichkeitsfelder, auf denen sexualisierte Gewalt wahrgenommen und gedeutet wird. „Dies trägt mit dazu bei, dass die Ergebnisse der Studien teilweise erheblich divergieren" (Bange & Deegener, 1996, S. 95). Es ist daher wichtig, die verwendeten Definitionskriterien und das Verständnis sexueller Gewalt offenzulegen. Für wissenschaftlich orientierte Definitionen im klinischen Bereich werden dabei die folgenden Kriterien empfohlen: Altersunterschied zwischen Betroffenem:r und Täter:in, Art der Handlungen, Missachtung des kindlichen Willens bzw. Ausübung von Zwang und Gewalt, Auswirkungen (vgl. u. a. Bange, 1992, S. 50 ff.; Julius & Boehme, 1997, S. 23 ff.; Brockhaus & Kolshorn, 1993, S. 21 ff.).

In der vorliegenden Betrachtung wird ein Altersunterschied von mindestens vier Jahren vorausgesetzt. Als Missbrauchshandlung wird ein breites Spektrum an Handlungen zugrunde gelegt. Folglich wird unter sexualisierter Gewalt eine sexuelle Handlung eines Erwachsenen an einem mindestens vier Jahre jüngeren Kind verstanden, die entweder gegen den Willen des Kindes vorgenommen wird oder der das Kind aufgrund seines Entwicklungsstands nicht frei und informiert zustimmen konnte. Das Spektrum der Handlungen reicht dabei von explizit sexuell motivierten Aussagen über Manipulationen des Kinderkörpers bis hin zum Geschlechtsverkehr. Für die Bestimmung der Folgen sexueller Gewalt werden sowohl Selbst- als auch Fremdeinschätzungen zugrunde gelegt, da ein Bewusstsein des Opfers über den vollen Umfang der Auswirkungen nicht immer angenommen werden kann (angelehnt an Gahleitner, 2005).

2.2 Erste Untersuchungen

Das Thema sexualisierte Gewalt wird in größerem Ausmaß erst seit 2010 in der Öffentlichkeit diskutiert, obwohl seit den 1990er-Jahren Forschung zu sexualisierter Gewalt vorliegt (Hagemann-White, 2016). Dies gilt insbesondere für den internationalen Bereich. So konnte Finkelhor bereits 1984 international das große Vorkommen von sexualisierter Gewalterfahrung in der Kindheit veranschaulichen und stellte dabei fest, dass Forschungsstudien in 19 weiteren Ländern ähnliche Ergebnisse festgestellt hatten (Inzidenzraten von 7 bis 36 % für Frauen und 3 bis 29 % für Männer): „Studies from a variety of countries suggest that sexual abuse is indeed an international problem. In every locale where it has been sought, researchers have demonstrated its existence at levels high enough to be detected through surveys of a few hundred adults in the general population. ... As such epidemiological findings are available for more and more countries, the responsibility of proof shifts to anyone who would argue that sexual abuse is rare or nonexistent in their locale" (Finkelhor, 1984, S. 412).

Die erste repräsentative Befragung zu sexualisierter Gewalt in Deutschland wurde 1992 vom Kriminologischen Forschungsinstitut Niedersachsen (KFN) durchgeführt, gestützt auf Drittmittel vom Bundesministerium für Familie, Senioren, Frauen und Jugend (BMFSFJ), mit einer Befragung von ca. 3300 Personen (Wetzels, 1997). Anknüpfend an diese Untersuchung wurde vom KFN ca. 20 Jahre später eine erweiterte Befragung initiiert, diesmal mit 11.428 Personen (Stadler et al., 2012). Eingeschlossen wurden Menschen von 16 bis 40 Jahren. Der Schwerpunkt der Studie beleuchtete, inwieweit Personen von verschiedenen Straftaten im innerfamiliären Bereich betroffen sind, insbesondere mit der Fokussierung auf sexualisierten Gewalterfahrungen. Untersucht wurden hierbei die Bereiche sexueller Missbrauch in der Kindheit, innerfamiliäre Gewalterfahrungen, emotionale und physische Vernachlässigung in der Kindheit und Jugend, körperliche Gewalt in Paarbeziehungen, Vergewaltigung (innerhalb und außerhalb der Beziehung/Ehe), Erziehungsverhalten bei den eigenen Kindern und Stalking. Kolshorn (2018) konstatiert für den deutschen Sprachraum: „Das wahre Ausmaß ist lange bekannt, wird aber gesellschaftlich immer noch nicht zur Kenntnis genommen" (S. 139).

Sexualisierte Gewalt durch Fachkräfte in Institutionen erfuhr in Deutschland erst in den letzten Jahren größere Aufmerksamkeit, obwohl bereits 2002 Fegert und Wolff (Fegert & Wolf 2002, 2006) darüber berichteten. Auslöser für den Beginn der Thematisierung im Mainstream der Fachwelt waren die Vorfälle an der Odenwaldschule sowie am Canisius-Kolleg, an denen sexualisierte Übergriffe von Fachkräften an ihren Schüler:innen öffentlich wurden. Eine Reaktion auf diese Vorfälle war das Amt des:r *Unabhängigen Beauftragten für Fragen des sexuellen Kindesmissbrauchs* (UBSKM). Dieses berief im Januar 2016 die *Unabhängige Kommission zur Aufarbeitung sexuellen Kindesmissbrauchs* (UKASK) ein, zu deren wesentlichen Aufgaben die Untersuchung von Ausmaß, Art sowie Folgen von Kindesmissbrauch zählt (Retkowski et al., 2018). Im selben Jahr entstand die erste umfangreiche deutsche wissenschaftliche Studie, die sich mit sexualisierter Gewalt in pädagogischen Kontexten auseinandersetzte. Das Forschungsprojekt *Sexuelle Gewalt gegen Mädchen und Jungen in Institutionen* des Deutschen Jugendinstituts (Helming et al., 2011; Helming & Kindler, 2011) erhob von 2010 bis 2011 Daten für den Raum Deutschland, um festzuhalten, wie häufig institutionelle Einrichtungen (Schulen, Internate und Heime) mit Verdachtsfällen von sexualisierter Gewalt konfrontiert sind. Zudem wurde im gleichen Jahr zum ersten Mal in Deutschland eine Forschungsförderlinie spezifisch für diesen Kontext kreiert. Inzwischen liegen zahlreiche Ergebnisse vor (vgl. u. a. Allroggen & Jud, 2018; Kindler & Fegert, 2015; Überblick Fegert & Wolff, 2015).

2.3   Aktuelle Datenlage

Als sexualisierte Gewalt in Institutionen öffentlich wurde, konnten erstmals Erfahrungen sichtbar gemacht werden, die bislang nur in Dunkelziffern von Statistiken erfasst wurden. Bei der neu eingerichteten Hotline des:r Bundesbeauftragten für Missbrauchsfälle gingen zwischen April 2010 bis März 2011 4055 Anrufe ein. 63,8 % der Anrufenden waren Betroffene, 15,7 % Kontaktpersonen, 19,3 % hatten spezifische Anliegen zur Thematik, 6 % waren Täter:innen und 0,4 % Kontaktpersonen von Täter:innen. Es meldeten sich etwas mehr Frauen (63,2 %) als Männer. Im Mittel waren die Personen 46 Jahre alt, mit einer Spanne von 6 bis 89 Jahren (UBSKM, 2011, S. 42 f.). In den ersten vier Monaten sprachen 60 % der Anrufenden der Hotline dort erstmalig über den Missbrauch (Harnach, 2011, S. 120). Aktuell widmet sich eine Reihe von Publikationen diesem Thema (vgl. zur Übersicht Fegert & Wolff, 2015). Die wissenschaftliche Begleitevaluation von Fegert et al. (2011) verdeutlicht, dass sich die Zahlen inzwischen verändert haben: Das Geschlechterverhältnis insgesamt weist mit 35 % Männern (N = 1945) und 65 % Frauen (N = 3674) einen wesentlich höheren Frauenanteil auf (S. 11; vgl. auch Rassenhofer et al., 2015). Bereswill (2018) betont jedoch, „die ungleiche Verteilung von Opfer- und Täter_innenpositionen [sei] keinesfalls Ausdruck einer fest umrissenen, im Subjekt verankerten Geschlechtsspezifik der Gewalt. Sie verweist vielmehr auf das Beharrungsvermögen einer durch Hierarchisierungen und Polarisierungen gekennzeichneten Geschlechterordnung, in der Weiblichkeit und Männlichkeit entsprechend einseitig ausbuchstabiert werden" (S. 113; Erg. v. Verf.). Bei den Schulabschlüssen überwiegen bei den 1832 Personen, die Angaben dazu machen, sehr deutlich die höheren Abschlüsse (z. B. Abitur: 46,5 %). Der überwiegende Anteil der Berichte von Fällen sexualisierter Gewalt bezieht sich auf den innerfamiliären Kontext (vgl. auch Lalor & McElvaley, 2010). 56,6 % (N = 3712) berichteten von sexualisierter Gewalt in der Familie, 29,3 % über Vorfälle in Institutionen und nur 8,4 % erwähnten Übergriffe im weiteren Umfeld, sexualisierte Gewalterfahrungen durch Fremdtäter:innen werden am seltensten berichtet (5,7 %) (Fegert et al., 2011, S. 20).

Auch wenn die Bereitstellung genauer Zahlen zum Vorkommen sexualisierter Gewalt weiterhin schwierig ist, da noch immer von einem Dunkelfeld ausgegangen wird (Fegert et al., 2013), zeigen verschiedene aktuellere Studien ähnliche Ergebnisse. Die Prävalenz für sexualisierte Gewalt (weltweit) liegt drei Metaanalysen zufolge durchschnittlich bei 15 bis 18 % für Mädchen und etwa 8 % für Jungen als Opfer von sexualisierter Gewalt (Pereda et al., 2009; Stoltenborgh, et al., 2011; Barth et al., 2013). Zimmermann et al. (2010) fassen bezugnehmend auf Prävalenzraten große deutsche Studien zusammen und kommen auf sehr ähnliche Ergebnissen (s. Tab. 2.1). Demnach beträgt die Prävalenz bei Männern 4,0 % bis 8,2 %, bei Frauen 12,5 % bis 29 % (S. 11). Auch eine aktuelle repräsentative Studie von Witt et al. (2017) (N = 2510) zu emotionaler und körperlicher Misshandlung, sexuellem Missbrauch, emotionaler Vernachlässigung und körperlicher Vernachlässigung weist die weite Verbreitung von Kindesmisshandlung, insbesondere körperlicher Vernachlässigung, in der deutschen Bevölkerung nach. Insgesamt berichteten 2,6 % (weiblich: 3,9 %, männlich: 1,2 %) aller Teilnehmenden über schweren emotionalen Missbrauch, 3,3 % (weiblich: 3,4 %, männlich: 3,3 %) über schweren körperlichen Missbrauch, 2,3 % (weiblich: 3,7 %, männlich: 0,7 %) über schweren sexuellen Missbrauch, 7,1 % (weiblich: 8,1 %, männlich: 5,9 %) über schwere emotionale Vernachlässigung und 9 % (weiblich: 9,2 %, männlich: 8,9 %) über schwere körperliche Vernachlässigung. Festgehalten wird außerdem, dass Menschen mit sexualisierten Gewalterfahrungen häufig auch andere Formen von Gewalt erlebt haben. So hatten in dieser Untersuchung von 186 Personen mit sexuellen Gewalterfahrungen 63 auch körperliche Gewalt erlebt und 110 körperliche oder emotionale Vernachlässigung.

Mit dem Fokus auf sexualisierte Gewalt in Institutionen zeigen Fegert et al. (2011) in einer Untersuchung mit 1490 Personen, wie vielfältig das Institutionsspektrum zu sehen ist (s. Abb. 2.1). Vorfälle sexualisierter Gewalt untersuchen auch Rau et al. (2016, S. 639) in einer bundesweiten Stichprobe von 322 Jugendlichen (Durchschnittsalter 16,69 Jahre, 43 % weiblich) aus 20 Institutionen (Schule,

Tab. 2.1 Übersicht über größere deutsche Studien zur Prävalenz sexueller Gewalt gegen Kinder

Studie	befragte Personen	Prävalenz	
		Männer	**Frauen**
Schötensack et al. 1992 (Bayern)	1841 Berufsschüler:innen	5,8 %	16,1 %
Bange 1992 (Nordrhein-Westfalen)	861 Studierende (Fragebögen)	8,2 %	25,1 %
Raupp und Eggers 1993 (Nordrhein-Westfalen)	1009 Studierende und Berufsschüler:innen	6,3 %	25,2 %
Richter-Appelt 1995 (Hamburg)	1068 Studierende	4,0 %	23,0 %
Bange und Deegener 1996 (Saarland)	869 Studierende und Berufsschüler:innen	5,0 %	22,0 %
Wetzels 1997 (Deutschland, repräsentativ)	3241 Erwachsene	6,2 %	18,1 %
Lange 2000 (Großstädte in West- und Ostdeutschland)	687 16- bis 17-jährige Jugendliche	4,0 %	29,0 %
Krahé und Scheinberger-Olwig 2002 (Berlin und Potsdam)	980 Jugendliche und junge Erwachsene	7,1 %	12,5 %
	Männer als Opfer von Frauen (N = 648)	8,3 %	–
	Männer als Opfer von Männern (N = 310)	20,7 %	–

Quelle: Zimmermann et al. (2010, S. 12)

Sportvereine, stationäre Jugendhilfeeinrichtungen) und 12 Internaten. Jugendliche in Einrichtungen wie auch in Internaten weisen demnach eine höhere Lebenszeitprävalenz sexualisierter Gewalterfahrungen auf als in anderen landesweiten Stichproben. Die hohe Rate sexueller Viktimisierung direkt nach der Aufnahme in die jeweilige Einrichtung, so ein zentrales Ergebnis der Studie, lässt darauf schließen, dass institutionelle Faktoren eine bedeutende Rolle spielen. Solche Faktoren können laut Bundschuh (2011) fehlende Auseinandersetzung mit der Thematik, Machtgefälle in der Institution, spezifische Leitungsstrukturen und Beziehungsstrukturen sowie mangelndes Fachwissen sein. Kindler und Fegert (2015) bestätigen diese Ergebnisse in einem Übersichtsartikel und konstatieren etwa bei 0,38 % der Bevölkerung die Erfahrung sexueller Übergriffe in Institutionen (S. 170, unter Bezug auf Stadler et al. 2012). Allerdings ist hier nur von Hands-on-Handlungen die Rede. Bei Einbezug von Hands-off-Handlungen erhöht

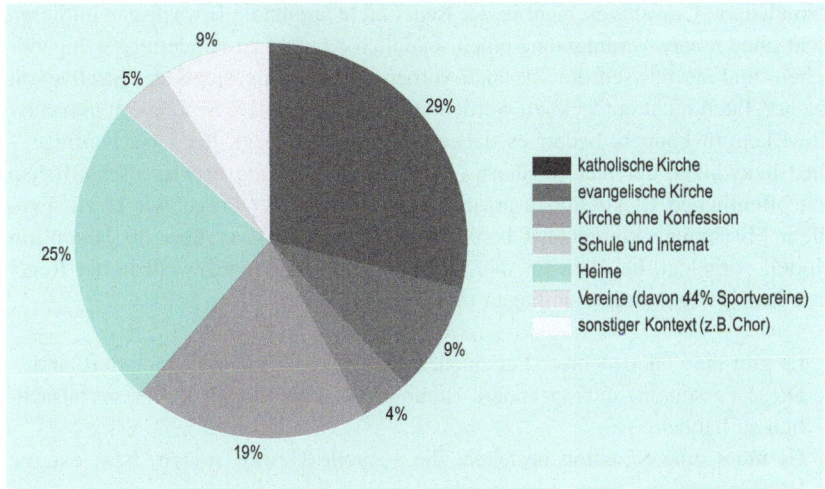

Abb. 2.1 Verteilung der benannten unterschiedlichen Institutionen nach Berichten von Betroffenen und Kontaktpersonen von Betroffenen (N = 1490). (Quelle: Fegert et al. 2011, S. 37)

sich diese Einschätzung dramatisch. Eine Verteilung der benannten Institutionen, in denen sexualisierte Gewalt stattfand, wird in Abb. 2.1 dargestellt.

Dies zeigt nochmals die Problematik von Hellfeld- im Kontrast zu Dunkelfeldstudien. Denn die Zahlen der Polizeilichen Kriminalstatistik (BMI, 2022) zu kindlichen Gewaltopfern machen deutlich, dass im Jahr 2021 15.507 Ermittlungs- und Strafverfahren bei sexuellem Kindesmissbrauch vorlagen (S. 12). Hinzu kamen 638 angezeigte Fälle von sexuellem Missbrauch gegen Schutzbefohlene sowie Fälle von sexuellem Missbrauch an Jugendlichen nach § 182. Zusätzlich sind die in der Polizeilichen Kriminalstatistik erfassten Fallzahlen zu Herstellung, Besitz und Verbreitung von Missbrauchsabbildungen (sogenanntes kinderpornografisches Material) im Vergleich zum Vorjahr um 108,8 % auf 39.171 Fälle gestiegen (BMI, 2022, S. 13). Die Anzahl der Opfer von sexuellem Missbrauch von Kindern in Deutschland betrug 2021 insgesamt 17.498, das entspricht durchschnittlich etwa 48 Fällen pro Tag (Statista, 2022).

2.4   Ursachen

Sexualisierte Gewalt geschieht in der Regel nicht spontan: „Erwachsene initiieren nicht ohne innere Veranlassung einen sexuellen Kontakt zu Kindern oder Jugendlichen, und sie müssen die Tat auch vorbereiten, um angesichts der Strafbarkeit solcher Taten nicht entdeckt zu werden" (Bundschuh, 2015, S. 37). Um präventiv einwirken zu können, bedarf es daher Überlegungen bzgl. der Ursachenfrage – ein Blickwinkel, der laut Kolshorn (2018) noch zu wenig in wissenschaftlichen und öffentlichen Diskussionen präsent ist. Bezüglich der Frage, wie es zu sexuellem Missbrauch kommt, hat bereits Finkelhor (1984) vor über 30 Jahren ein Modell vorgelegt, bei dem für die Ausübung sexualisierter Gewalt in der Regel vier Bedingungen zugrunde liegen (S. 55):

- Es gibt eine oder mehrere Personen, die zu sexueller Gewalt motiviert sind.
- Diese Person(en) müssen innere Hemmungen überwinden, bevor sie tatsächlich so handeln.
- Es muss eine Situation bestehen, die sexuelle Gewalt zulässt, bzw. externe Hürden müssen überwunden werden.
- Der Widerstand der Opfer muss ausgeschaltet oder überwältigt werden.

Dieses Modell haben Brockhaus und Kolshorn (1993, S. 216–259) zu einem komplexen, feministisch geprägten Ursachenmodell für sexualisierte Gewalt weiterentwickelt, das die fehlenden intrapsychischen und interindividuellen Faktoren im Modell von Finkelhor (1984) ergänzt. Sie betrachten die Dynamik sexualisierter Gewalt aus der Perspektive von Tätern (hier explizit Männern), Betroffenen und dem sozialen Umfeld: Von den Tätern aus betrachtet entsteht sexualisierte Gewalt, wenn Kinder als Quelle der Befriedigung sexueller oder nichtsexueller (z. B. Macht-)Bedürfnisse angesehen werden. Die angewandte Gewalt muss mit ihren zentralen Repräsentationen im Einklang stehen, und die erwartete Befriedigung aus der Gewalt muss die Kosten wie z. B. das Risiko der Entdeckung(sfolgen) übersteigen. Nur dann wird sexualisierte Gewalt angewandt.

Aus einer zweiten Perspektive spielt eine Rolle, wie Kinder sich gegen sexualisierte Gewalt zur Wehr setzen könnten, welche Bedingungen den Widerstand begünstigen bzw. hemmen. Die Gegenwehr erleichtern können beispielsweise ein angemessenes Situationsverständnis oder Wissen über sexualisierte Gewalt. Den Widerstand erschweren bzw. verhindern können Faktoren wie fehlendes Wissen über sexualisierte Gewalt, die Intensität der Gewalthandlungen, die soziale Position des Täters wie auch junges Alter der Kinder. Auch Kinder stellen die Kosten

(Verlust der Beziehung zum Täter oder der Familie, Schuldvorwürfe, Intensivierung der Gewalt) den Nutzen (Beendigung des Missbrauchs) gegenüber. Eine Gegenwehr erfolgt nur, wenn die Möglichkeiten dazu gegeben sind. Im dritten Schritt wird die Perspektive sozialer Unterstützung analysiert. Damit adäquate Interventionen stattfinden können, muss das Umfeld die sexualisierte Gewalt wahrnehmen und eine Bewertung bezüglich der Notwendigkeit zur Unterstützung und zum Schutz des Kindes vollziehen. Die Kosten (z. B. zeitlicher, psychischer Einsatz der intervenierenden Person, Rache durch Täter, negative Stigmatisierung der Betroffenen, zusätzliche Gewalt, Statusverluste, Strafverfolgung) müssen mindestens ebenso hoch oder geringer sein als der Nutzen (z. B. soziale Unterstützung, Beendigung der Gewalt, Erleben und Erweiterung von Handlungskompetenzen für die intervenierende Person, Schutz, Durchbrechen patriarchaler Strukturen), damit eine Intervention möglich wird.

Neben diesen expliziten Modellen, die die Ursachenfrage in den Fokus stellen, beschäftigt sich eine Reihe von Studien mit den Ursachen sexualisierter Gewalt. Zimmermann et al. (2010) resümieren die Ergebnisse mehrerer internationaler Studien, die die Risikofaktoren für sexuelle Gewalt untersucht haben. Einige Studienergebnisse zeigen, dass das Risiko, von sexualisierter Gewalt betroffen zu sein, mit steigendem Alter der Kinder zunimmt, Mädchen sind in der Regel zudem häufiger von sexueller Gewalt betroffen als Jungen (3- bis 6,7-fach erhöht) (S. 34). Das Risiko, Opfer sexualisierter Gewalt zu werden, ist außerdem für Kinder mit Behinderung höher, hier vor allem bei Jungen. Sexualisierte Gewalt erlebten zudem häufiger Kinder, die bei Alleinerziehenden und Stieffamilien aufwuchsen, als bei Kernfamilien. Aufseiten der Eltern finden sich häufiger psychische Probleme, Alkohol- und Drogenmissbrauch, kriminelles Verhalten und Missbrauchserfahrungen (vgl. auch Bender & Lösel, 2016). Der sozioökonomische Status zeigt zwar prinzipiell einen geringen Zusammenhang mit sexualisierter Gewalt, es wurden jedoch überproportional viele Fälle sexualisierter Gewalt in niedrigen sozial-ökonomischen Klassen der Kinderschutzbehörde gemeldet. Krahé (2010, 2018) verweist auf einen Zusammenhang zwischen emotionaler Vernachlässigung und sexualisierter Gewalt in der Kindheit und späterer sexueller Reviktimisierung. Das erhöhte Risiko einer Reviktimisierung bei Kindern mit sexuellen Gewalterfahrungen betonen ebenfalls Kindler und Derr (2018).

2.5   Sexualisierte Gewalt in der Heimerziehung der DDR

Sexualisierte Gewalt war in der DDR ein Tabuthema. Wenn sie thematisiert wurde, ordnete man sie häufig Unterschichtsphänomenen und dem Einfluss des Westens zu, obwohl diese These wissenschaftlich nie belegt, sondern eher widerlegt wurde. Entsprechend wurden sexuelle Gewaltdelikte auch selten mitgeteilt und angezeigt (Sachse, 2018, bes. S. 30 f., 54–59). Dieser grundlegende Umgang mit sexueller Gewalt spiegelt sich auch in der Heimerziehung wider. In der Erzieher:innenausbildung spielte die Thematik keine Rolle. Daher kann nicht davon ausgegangen werden, dass die Heimerzieher:innen Wissen über sexuelle Gewalt, die Folgen und eine Sensibilität für die Signale Betroffener hatten (Mitzscherlich et al., 2019, 2020, S. 212 f.). Tatsächlich gibt es aus allen Heimformen Berichte über sexuelle Gewalt sowohl vonseiten des Heimpersonals als auch von den Kindern und Jugendlichen untereinander (AGJ, 2012, S. 38). Am häufigsten sind Berichte sexueller Gewalt in Spezialheimen, Jugendwerkhöfen, Jugendheimen und Durchgangsheimen (Laudien & Sachse, 2012, S. 252). Eine im Jahr 2010 von der „Bundesstiftung zur Aufarbeitung der SED-Diktatur" in Auftrag gegebene Studie (Reininghaus und Schabow, 2013) wies sexuelle Gewalt erstmalig als ein häufiges Phänomen in Spezialheimen und Jugendwerkhöfen aus. 23 % der befragten ehemaligen Heimkinder waren Opfer oder Zeug:innen sexueller Gewalt. Einen ersten Eindruck über das Vorkommen sexualisierter Gewalt in der Heimerziehung der DDR gibt die Zahl der Betroffenen, die sich im Zuge eines Aufrufs an die Gedenkstätte Torgau wandten. Etwa 100 ehemalige Heimkinder, die sexualisierte Gewalt erlebt hatten, nahmen innerhalb weniger Monate Kontakt auf (Helming, 2011, S. 28). Caspari et al. (2018, 2021b) kommen in ihrer Studie zur Heimerziehung in der BRD zu einem Wert von 36,4 % (N = 412) selbst erlebter oder beobachteter sexualisierter Gewalt (S. 173), dies zeigt, dass die sexualisierte Gewalt in den Heimen der BRD und der DDR gleichermaßen stattfand.

Sachse (2018, S. 50 ff.) verweist zum Verständnis des hohen Anteils Betroffener auf die besonderen Rahmenbedingungen der Heime, besonders der Spezialheime, die Gelegenheitsstrukturen für Täter:innen schufen. „In Totalen Institutionen bildet ein Privilegiensystem, bestehend aus Hausordnung, Strafen und Belohnungen den Rahmen für die Reorganisation der Bewohner" (Backes, 2015, S. 264; vgl. auch Goffman 1961, 2020). In allen Heimformen fehlte es an einer Intimsphäre für Kinder und Jugendliche im Rahmen der räumlichen Ausstattung und der Arbeitsabläufe. Gemeinsames Duschen, gemeinsamer Toilettengang vor Erzieher:innen, Anfassen der Genitalien bei sogenannten „Sauberkeitskontrollen" und das Nackt-Antreten sind Beispiele hierfür. In diesem

Rahmen konnten individuelle Schamgrenzen der Kinder und Jugendlichen überschritten werden (Knorr, 2018, S. 218; Mitzscherlich et al., 2019, 2020, S. 199;
Sachse et al., 2017, S. 45 f.). „Den Mädchen und Jungen wurde das Recht auf den
eigenen Körper, auf die eigene Intimsphäre versagt" (Caspari et al., 2018, 2021b,
S. 173), sodass sie keine Möglichkeiten hatten, selbstbestimmtes Gestalten von
Nähe und Distanz zu Mitmenschen zu erlernen und zu praktizieren (ebd.). Neben
den genannten, als sexuelle Grenzverletzungen zu wertenden Arbeitsabläufen,
gehörte es in Durchgangsheimen und Jugendwerkhöfen zum Aufnahmeablauf,
alle Körperöffnungen zu untersuchen: „Als ich in das Durchgangsheim gekommen bin, wurde ich wieder geläust und desinfiziert …, wieder ein Mann, der
mich untersucht hat, ob ich irgendwelche Dinge versteckt habe – in sämtlichen
Körperöffnungen. Wenn ich das jetzt erzähle, ich könnte schreien!" (Bericht einer
Betroffenen, Mitzscherlich et al. 2019, 2020, S. 199).

Zudem war es für die Betroffenen schwer, sich über ihre Wahrnehmungen
klar zu werden. Die Abgeschlossenheit der Heime und besonders der Spezialheime erschwerten einen Vergleich mit dem Außen. Dadurch wurden sexuell
übergriffige Verhaltensweisen häufig als „Normalität" eingestuft (Sachse et al.,
2017, S. 46). Erschwert wurde eine Einordnung auch durch die Tabuisierung
von Sexualität in den Heimen. Ein Betroffener der DJI-Studie (Helming et al.,
2011) erinnert sich: „Ich war mir dessen ja gar nicht bewusst, was da passiert. Das Ausmaß dessen, was mir da passiert ist, das hab ich damals gar nicht
registriert. … Wir wussten als Kinder gar nicht, was ist recht, was ist unrecht"
(S. 174). Knorr (2018, S. 218) verweist zudem auf Stigmatisierungserfahrungen,
die sexuelle Gewaltprozesse begünstigen können. Da diese Kinder und Jugendlichen von der Öffentlichkeit als „‚Hilfsschüler' und ‚Schwererziehbare[]'", als
„verhaltensauffällig, gefährlich und delinquent" (ebd.) wahrgenommen wurden,
hatten Täter:innen leichtes Spiel, denn „wer schlecht ist, verdient auch schlechte
Behandlung" (ebd.; vgl. auch Sachse et al., 2017, S. 45–47). Ein weiterer Aspekt
besteht darin, so Caspari et al. (2018, 2021b, S. 173 f.), dass die Kinder und
Jugendlichen in der Regel auf sich allein gestellt waren und von keiner Instanz
Schutz und Hilfe erhielten; nur in wenigen Fällen gab es Eltern, die sich um ihre
Kinder bemühen (konnten). Ein Betroffener in der DJI-Studie (Helming et al.,
2011) formuliert es so: „In den Heimen war es damals so, dass ich einfach auch
dachte: Ich gehöre denen, die haben die Freiheit, die können mit mir machen,
was sie wollen. Das gehörte dazu" (S. 174). Und das strenge Tabu der sexualisierten Gewalt verstärkte den Ring des Schweigens weiter (vgl. Caspari et al.,
2018, 2021b, S. 173 f.). In dem meist wenig liebevollen und wenig fürsorglichen
Heimumfeld erhöhte sich zudem das Risiko, dass Betroffene die als Zuwendung

verschleierte sexualisierte Gewalt aus mangelnder Kenntnis wirklicher Liebes-
beziehungen als eine „normale" Beziehungsform ansahen (Sachse et al., 2017,
S. 45 f.).

2.6 Sexualisierte Gewalt unter Gleichaltrigen

Erst langsam stellt sich eine Aufmerksamkeit ein für Vorfälle unter Gleichaltrigen. Auch wenn Jugendliche, die sexuell grenzverletzendes Verhalten zeigen,
im Praxisalltag schon lange Thema sind, beginnt die wissenschaftliche Auseinandersetzung damit stockend. Die Zahlen hierzu variieren im internationalen Raum
aufgrund forschungsmethodischer Unterschiede sowie unterschiedlicher Definitionen besonders stark: Es lassen sich Werte zwischen 10 und 80 % festhalten
(Übersicht Allroggen et al., 2014). Studien wie die von Leitenberg und Saltzmann
(2000) oder Ackard und Neumark-Sztainer (2002) zeigen jedoch deutlich, dass
unfreiwillige sexuelle Handlungen auch unter Jugendlichen ein relevantes Thema
sind. Insbesondere für den deutschsprachigen Raum liegen hierfür aber nur wenig
Informationen vor. Aus der Untersuchung von Krahé (2009) mit jungen Erwachsenen lassen sich folgende Zahlen festhalten: 6,9 % der Frauen und 34 % der
Männer gaben an, in ihrer Jugend mittelschwere sexuelle Aggressionen gezeigt
zu haben, 3,6 % (Frauen) und 12,4 % (Männer) sogar schwere (S. 175). „Nur
35.7 % der weiblichen Jugendlichen hatten bislang ausschließlich konsensuelle
sexuelle Erfahrungen gemacht, alle anderen bejahten zumindest eine der erfragten
Formen unfreiwilliger Sexualkontakte" (ebd., S. 176). Bei der DJI-Studie (Helming et al., 2011, S. 62) wurden mehr Vorfälle sexualisierter Gewalterfahrung
unter Peers verzeichnet als durch Fachpersonen (39 % Verdachtsfälle zu 10 %).
Auch Finkelhor et al. (2014) sowie Gewirtz-Meydan und Finkelhor (2020) stellen fest, dass sexualisierte Übergriffe während des Jugendalters im Verhältnis
zur Kindheit zunehmen und dann am häufigsten von Gleichaltrigen ausgehen.
Präventions- sowie Interventionskonzepte bezüglich sexualisierter Gewalt unter
Kindern in Institutionen fehlen jedoch bisher weitgehend.

Auch unter den ehemaligen Heimkindern berichten viele Betroffene von
sexualisierter Gewalt unter den Heimkindern (AGJ, 2012, S. 38). Nicht selten waren die Übergriffe gekoppelt an Bestrafungs- und Unterdrückungsriten
im Heimalltag, die sich infolge der Kollektiverziehung und der damit verbundenen Rangordnung etablierten (Sachse, 2018, S. 50 ff.). Bei der Ankunft in der
Heimeinrichtung waren Kinder besonders gefährdet, vor allem, wenn sie jünger,
kleiner und schwächer waren. Nach anfänglichen physischen und psychischen
Demütigungen und Übergriffen stellte die sexuelle Gewalt meist den Gipfel der

Gewalterfahrung dar. Ein Betroffener, der mit neun Jahren aus einem Normalheim in ein Spezialheim verlegt wurde, schildert seine Erfahrungen: „Meine schlechten Erfahrungen gingen im Heim nicht vom Personal aus, von den Betreuern, sondern von anderen Kindern. Also, es fing eigentlich harmlos an, dass ich halt derjenige war, der aufräumen musste, der saubermachen musste, der den Leuten alles hinterhertragen durfte und ging dann irgendwann bis zur Gewalt, Schläge und nach anderthalb vielleicht zwei Jahren dann sexueller Missbrauch. Es waren immer einzelne Zimmer, die abgetrennt waren …, mit eigener Toilette und allem. Die waren dann abends auch irgendwann zugeschlossen. Und da waren vier Leute drin, jedes Mal vier Kinder. Ich war mindestens drei, vier Jahre jünger zum Nächstjüngeren. Und die Ältesten dann teilweise 17 oder 18 …, da fing das halt irgendwann an, Stück für Stück. Also, bis ich 15 war" (Mitzscherlich et al., 2019, 2020, S. 202).

Neben dem Ausleben sexueller und aggressiver Energie dienten die Übergriffe unter den ehemaligen Heimkindern auch der Etablierung und Aufrechterhaltung der Gruppenhierarchie. In dieser hierarchischen Ordnung konnte es dazu kommen, dass Betroffene im Zuge des Älterwerdens selbst sexuelle Gewalt ausübten (Sachse et al., 2017, S. 46; Sachse, 2018, S. 50 ff.; Caspari et al., 2018, 2021b, S. 203–208). Schwächere Jugendliche wurden zudem zur Beteiligung an sexuellen Gewalttaten gezwungen: „Wir hatten auch Mädchen im Jugendwerkhof. Ich kann mich dran erinnern, dass ich krank war und in meiner Gruppe waren auch noch mehrere krank. Und dann sind die Mädels zum Putzen gekommen. Ein Mädel wurde dann angewiesen, mit mir zu schlafen vor den anderen. Die war auch in der Hierarchie ziemlich weit unten. Und dann mussten wir, ja, vor allen, die geguckt haben, musste ich dann mit der sexuelle Handlungen vollziehen. Auch unter Gewaltandrohung, wenn ich es nicht tue und wenn sie merken, ich habe keinen Spaß dran" (Bericht eines Betroffenen aus einem Jugendwerkhof, Mitzscherlich et al., 2019, 2020, S. 204). Das Heimpersonal bemerkte die (sexuelle) Gewalt unter den Kindern und Jugendlichen nicht oder schaute bewusst weg. „Es spricht einiges dafür, dass Kinder und Jugendliche zur Ausübung sexualisierter Gewalt gegen andere Kinder ermuntert wurden oder teilweise sogar von den Erzieher*innen an den sexuellen Misshandlungen beteiligt wurden" (Caspari et al., 2018, 2021b, S. 176). Dies spiegelt das Muster der forcierten Reinszenierung wider (Keupp et al., 2017a), die das Ausführen einer impliziten Aufforderung zur Ausübung von Gewalt beschreibt. Die Nächte waren meist der Selbstorganisation der Gruppe überlassen, so wurden die Schlafräume nachts auch oft abgeschlossen. „Aber dass die Stärkeren sich an den Schwächeren vergreifen – die Erzieher wussten um diese Rituale, aber sie haben sie ganz einfach brutal weggekehrt" (Bericht einer Betroffenen, Helming et al., 2011, S. 175).

2.7   Umgang mit sexualisierter Gewalt im Heimkontext der DDR

Obwohl es bereits zu DDR-Zeiten in Berichten immer wieder Hinweise auf sexuelle Gewaltdelikte in den Heimen gab, scheint dies – ähnlich wie im ehemaligen Heimkontext der westdeutschen Bundesländer – nicht zu grundlegenden Veränderungen geführt zu haben (vgl. u. a. Backes, 2015). Fälle von sexualisierter Gewalt wurden, wenn es denn überhaupt zur Offenlegung kam, in der Regel verharmlost oder verleugnet. Das Machtmonopol lag bei den Erzieher:innen, und die Kinder und Jugendlichen hatten nur selten Möglichkeiten, sich zu wehren. Durch Beschämung, Bestechung und Bedrohung konnten die Kinder und Jugendlichen zudem zum Schweigen gebracht werden (Sachse, 2018, S. 50 ff.; AGJ, 2012, S. 38; Mitzscherlich et al., 2019, 2020, S. 214–219). Viele schwiegen aus Angst vor den Konsequenzen, nicht nur vonseiten des Heimpersonals, sondern auch der Gruppe: „Wenn einer das gemeldet hat, musste derjenige, der das meldet, mit Repressalien rechnen in doppelter Hinsicht: einerseits von dem, den er angezeigt hat, und vom Erzieher, denn der Erzieher wollte eine saubere Gruppe haben" (Bericht einer Betroffenen, Helming et al., 2011, S. 175). Zahlreiche Berichte zeugen davon, dass Betroffenen nicht geholfen, nicht geglaubt oder sie gar bestraft wurden, wenn sie von den sexuellen Gewalterfahrungen erzählten.

Eine Folge der Offenlegung von sexuellen Gewalterfahrungen konnte auch die Verlegung in ein Spezialheim oder einen Jugendwerkhof sein. „Mich hat der Heimleiter gefragt, was los ist. Und ich hatte so Wut. Mir tat wirklich immer noch alles weh, das war ja noch keine Woche her. Und da habe ich dem gesagt, was passiert ist. Da sagte er: ‚Du spinnst doch.' Und dann bin ich in den Jugendwerkhof gekommen. Die haben einen Eilantrag gestellt, wegen des starken Rückfalls und weil der Erziehungserfolg doch nicht eingetreten ist, ich unbedingt in einen Werkhof muss" (Mitzscherlich et al., 2019, 2020, S. 201). Sachse (2018, S. 110 f.) berichtet in der Untersuchung zu sexueller Gewalt in der DDR auch von Fällen, in denen das Wissen über die Täter:innen von der Staatssicherheit für die operative Verwertung genutzt wurde. Im Bereich der Heimerziehung verweisen z. B. einige Presseberichte darauf, dass ein Inoffizieller Mitarbeiter von sexuellen Gewaltdelikten des Heimleiters des Jugendwerkhofs Torgau wusste. Der Heimleiter hatte seine Position bis zum Fall der Mauer inne, was darauf hindeutet, dass dieses Wissen keine strafrechtlichen Konsequenzen nach sich zog (Schlegel, 2010).

Zur Verleugnung der Gewalttaten trug auch bei, dass Verhaltensveränderungen in der Regel nicht als Folge sexualisierter Gewalt verstanden wurden. „Ich hab's ja versucht …, ist man ja auf taube Ohren gestoßen. Man wurde abgewiesen: ‚Lass mich in Ruhe, ich will damit nichts zu tun haben'. Ich hab versucht, mit einer Erzieherin darüber zu reden, die ist aber absolut nicht darauf eingegangen. An wen sollt ich mich wenden? An die Heimleitung? Wenn die Erzieherin das schon nicht hören will, wird die Heimleitung doch nichts anderes erzählen. … Ich bin ja ständig ohnmächtig geworden. Meine schulischen Leistungen sind abgefallen, keine Reaktion. Es hieß nur: die ist faul" (Bericht einer Betroffenen, Helming et al., 2011, S. 174 f.). Unter den Kindern und Jugendlichen war das Misstrauen meist so groß, dass sie sich selbst Gleichaltrigen nicht anvertrauten: „Ich wurde öfter rausgeholt … und noch ein anderes Mädchen. Wir haben uns nicht darüber unterhalten. Weil jede Angst hatte, dass die andere dich anschwärzt …, um Vorteile zu erhalten" (Bericht einer Betroffenen, Helming et al., 2011, S. 175).

Folgen und Bewältigung

3

Bisherige Untersuchungen zeigen, dass eine Reihe von Gewalthandlungen in allen Heimformen vorkam und viele ehemalige DDR-Heimkinder davon betroffen waren (Sack & Ebbinghaus, 2012, S. 327–332; Mitzscherlich et al., 2019, 2020, S. 220–223; Laudien & Sachse, 2012, S. 131; Arp, 2017). Vereinzelt beleuchten Studien auch das Vorkommen sexualisierter Gewalt in den Heimen (Mitzscherlich et al., 2019, 2020, S. 205 f.; Sachse et al., 2018, S. 39–52). Deutlich zeigen bisherige Untersuchungen, dass die Gewalterfahrungen oft lebenslängliche Folgen nach sich ziehen (Sack & Ebbinghaus, 2012, S. 341–350). Dabei ist schwer trennbar, auf welche Art der erlebten Gewalt die Folgen zurückzuführen sind und inwieweit Gewalterfahrungen in der Herkunftsfamilie dabei eine Rolle spielen. Denn die meisten Heimkinder scheinen schon in ihrer Familie Vernachlässigung und Gewalt erlebt zu haben (Arp, 2016, S. 42). Nachfolgend wird deshalb auf das Spektrum der psychischen, (psycho)somatischen, sozialen und sozioökonomischen Folgen im Allgemeinen eingegangen, anschließend auf spezifische Folgen sexualisierter Gewalterfahrungen. Da bisher nur sehr wenige Erkenntnisse zu den spezifischen Folgen sexualisierter Gewalt, die in Heimen der DDR erlebt wurde, vorliegen (vgl. UKASK, 2020; Sachse et al., 2018; Sack & Ebbinghaus, 2012; Censebrunn-Benz & Wenzel, 2021), werden diese neben den mittlerweile gut untersuchten allgemeinen Folgen sexualisierter Gewalt dargestellt. Zu beachten ist, dass einige der Folgen, gerade im psychischen und sozialen Bereich auch als Versuche der Bewältigung der leidvollen Erfahrungen zu sehen sind und vor dem Hintergrund der traumatischen Erfahrungen verständlich und eventuell sogar zumindest kurzfristig sinnvoll sein können. Denn auch Symptomentwicklung lässt sich als Versuch der Bewältigung verstehen, „der die Veränderung eines andernfalls unerträglichen Zustandes zum Ziel hat" (Butollo & Gavranidou, 1999, S. 467). Im abschließenden Teil des Kapitels wird durch eine

S. B. Gahleitner et al., *Sexualisierte Gewalt in der Heimerziehung der DDR*, Sexuelle Gewalt in Kindheit und Jugend: Forschung als Beitrag zur Aufarbeitung, https://doi.org/10.1007/978-3-658-40922-7_3

salutogenetische und Resilienzperspektive auf Ressourcen fokussiert, die eine konstruktive Weiterentwicklung unter den jeweils gegebenen Bindungen ermöglichen (Fröhlich-Gildhoff & Rönnau-Böse, 2015, 2022, S. 81–84). Betrachtet man allein die Symptomatik, so reduziert man die Betroffenen auf die Erfahrung der (sexuellen) Gewalt und ignoriert ihre Überlebenskraft.

3.1   Folgen von Gewalterfahrungen

3.1.1   Psychische Folgen

Um die gewaltvollen Erlebnisse ehemaliger Heimkinder nachzuvollziehen, ist ein vertieftes Verständnis von Traumaphänomenen hilfreich. Unter einer traumatischen Belastung versteht man die Folgen eines Ereignisses, das den Rahmen alltäglicher Erfahrung und Belastung bei Weitem übersteigt. Die natürlichen menschlichen Selbstschutzstrategien angesichts von (Lebens-)Gefahr, Flucht und Widerstand erweisen sich als sinnlos, vorherrschend sind Ohnmacht, Entsetzen und (Todes-)Angst. Durch ein „vitales Diskrepanzerlebnis zwischen bedrohlichen Situationsfaktoren und den individuellen Bewältigungsmöglichkeiten" (Fischer & Riedesser, 2020, S. 88) kommt es zu einer Erschütterung der psychischen Struktur. Als besonders gravierend erweisen sich dabei interpersonelle, von Menschenhand verursachte Traumatisierungen (Maercker & Augsburger, 2019, S. 16). Die Posttraumatische Belastungsstörung (PTBS) umfasst eine große Spannbreite von Reaktionen, die sich zu charakteristischen Symptomen verdichten, jedoch nicht als getrennte Symptomcluster zu verstehen sind (Fischer & Riedesser, 2020, S. 45–60). Ein frühes Trauma im Lebenszyklus beeinflusst dabei zudem die Entwicklung psychologischer und physiologischer Regulationssysteme und damit die gesamte Persönlichkeitsentwicklung eines Menschen (Irle et al., 2022).

Herman (1992, 2018) konstatiert: „Bei Erwachsenen greift wiederholtes Trauma eine bereits geformte Persönlichkeit an, bei Kindern dagegen prägt und deformiert wiederholtes Trauma die Persönlichkeit. Das Kind, das in einer Missbrauchssituation gefangen ist, muss ungeheuerliche Anpassungsleistungen erbringen. … Obwohl das Kind sich nicht schützen, nicht allein für sich sorgen kann, muss es den Schutz und die Fürsorge, den die Erwachsenen ihm nicht bieten, mit den einzigen Mitteln ausgleichen, die ihm zur Verfügung stehen: mit einem unausgereiften System psychischer Abwehrmechanismen. … Die Symptome verbergen ihren Ursprung und enthüllen ihn gleichzeitig; sie berichten verschleiert von schrecklichen Geheimnissen, die nicht in Worte zu fassen sind"

(S. 109). Neben internationalen Ergebnissen dazu bestätigen auch größer ange-
legte Traumafolgestudien in Deutschland, dass frühe traumatische Erfahrungen
gravierende Auswirkungen auf den weiteren Lebensverlauf nach sich ziehen können. Witt et al. (2019) haben aktuell eine Studie zum Zusammenhang zwischen
psychosozialen Auffälligkeiten und frühen traumatischen Erfahrungen vorgelegt.
Befragt wurden 2531 Personen ab 14 Jahren. Fast 44 % berichteten von mindestens einem belastenden Kindheitserlebnis (adverse childhood experience, ACE),
knapp 9 % von vier oder mehr. Diese Hochrisikogruppe zeigte ein deutlich erhöhtes Risiko in Bezug auf Depressivität, Drogengefährdung, Ängstlichkeit, nach
außen wie nach innen gerichtete Aggressivität und eine verminderte Lebensqualität. Die Studienergebnisse „unterstreichen den Dosis-Wirkungs-Effekt, indem mit
steigender Anzahl belastender Kindheitserlebnisse das Risiko für Auffälligkeiten
steigt" (ebd., S. 468). Ein besonderes Augenmerk sollte nach den Ergebnissen
der Studie emotionalen Misshandlungsformen zukommen, die bisher in ihrem
Ausmaß an Folgeerscheinungen unterschätzt werden (vgl. bereits Völker, 2002).

Ein Großteil der beobachteten Folgen früher misslungener Heimerziehung
lässt sich daher dem Spektrum der Traumafolgestörungen zuordnen, insbesondere
der PTBS. Dies ist eine „verzögerte Reaktion auf ein belastendes Ereignis oder
eine Situation außergewöhnlicher Bedrohung katastrophenartigen Ausmaßes …
mit wiederholte[m] Erleben des Traumas in sich aufdrängenden Erinnerungen,
Träumen oder Albträumen, während die allgemeine emotionale Ansprechbar-
keit herabgesetzt ist. Die Vermeidung von Aktivitäten und Situationen, die mit
dem Trauma im Zusammenhang stehen, wird versucht" (Harnach, 2021, S. 177)
gemäß der Internationalen Klassifikation psychischer Störungen (ICD-11; WHO,
2019) und dem Diagnostischen und Statistischen Manual für psychische Störungen (DSM-5; APA, 2013, 2018). Die traumatische Belastung umfasst das Trauma
selbst sowie Phänomene, die zu einem späteren Zeitpunkt in Anknüpfung an das
Trauma auftauchen. Die primären Traumatisierungen und Retraumatisierungen
greifen ineinander und bestimmen gemeinsam mit vielen anderen Faktoren – wie
häufig vorkommenden Komorbiditäten (z. B. Depressionen, psychosomatischen
Erscheinungen, Drogenabusus, Angsterkrankungen) – den Grad der Auswirkungen im Leben der Betroffenen. Die Folgen extremer und lang anhaltender
Traumatisierung (Typ-II-Traumata; Terr, 1991, 1995), wie sie in der Regel bei
früher sexualisierter Gewalt entstehen, werden daher als Komplexe Posttraumatische Belastungsstörung bezeichnet (kPTBS) und wurden im DSM-IV (APA,
2000) noch als „Disorders of Extreme Stress Not Otherwise Specified (DES-
NOS)" zusammengefasst (Flatten et al., 2001, S. 35 ff.; Herman, 1993). Die
kPTBS ist durch psychische Fragmentierung gekennzeichnet, durch Phänomene
der Desintegration und Dissoziation, in denen die Verbindungen von Erleben,

Erinnern, Wissen und Fühlen aufgelöst sind – eine ursprüngliche Überlebens-strategie, die sich autonom fortsetzt (Flatten et al., 2001, S. 35 ff.; Kolk et al., 1996). Im Extremfall kann diese Spaltung des Selbst- und Identitätserlebens eine Persönlichkeitsspaltung auslösen. Die ICD-11 (WHO, 2019), im Mai 2019 von der Weltgesundheitsversammlung verabschiedet und am 1. Januar 2022 in Kraft getreten, führt die kPTBS als eigene Klassifikation auf (vgl. jedoch zur Kritik am Traumabegriff und traumatheoretischen Überlegungen im Feld sexualisierter Gewalt Caspari, 2021, S. 219–238).

Nach traumatischen Erfahrungen ist zudem die Resilienz (Fröhlich-Gildhoff & Rönnau-Böse, 2015, 2022) geschwächt. Diese Tatsache weist darauf hin, dass nicht nur die Traumatisierung die Betroffenen vor schwierige Bewältigungsaufga-ben stellt. Auf diese immense Bedeutung der Zeit vor und nach den traumatischen Erfahrungen wies bereits sehr früh Keilson (1979, 2005) mit dem Konzept der sequentiellen Traumatisierung hin. Er arbeitet heraus, dass das Trauma der Kinder und späteren Erwachsenen nicht aus einer, sondern vielmehr aus drei Sequen-zen besteht: aus einer Anbahnungsphase, den traumatogenen Momenten selbst und der Sequenz danach. Es geht also nicht nur um das einzelne Ereignis und dessen mehr oder weniger gelungene individuelle Bearbeitung, sondern um eine Abfolge von Ereignissen in einem gesellschaftlichen Kontext. Deutlich wurde dabei, dass viele Betroffene die Zeit, wenn die traumatischen Geschehnisse auf-hören, „als die eingreifendste und schmerzlichste ihres Lebens" (ebd., S. 58) bezeichnen. Das bedeutet eine erhebliche Gewichtsverschiebung auf die Zeit nach der Traumatisierung und die dabei bestehenden Lebensbedingungen, eine fort-gesetzte Bedeutung der Reaktionen des sozialen Umfelds (Schönbucher et al., 2014). Letzteres zeigt sich auch deutlich bei ehemaligen Heimkindern, z. B. an den verinnerlichten Schuld- und Schamgefühlen, von denen viele berichten. Ein Heimkind zu sein, wurde (und wird teilweise bis heute) von vielen Betroffe-nen als ein Stigma erlebt, das ein Sprechen und damit auch eine Bearbeitung der traumatischen Erfahrungen deutlich erschwert. So haben viele Betroffene selbst im engsten Familien- und Freundeskreis jahrzehntelang über ihre Heimzeit geschwiegen (Sack & Ebbinghaus, 2012, S. 341; Censebrunn-Benz & Wenzel, 2021, S. 103 ff.).

Auch die oben aufgeführten Auffälligkeiten aus dem Traumafolgestörungs-spektrum lassen sich in zahlreichen Untersuchungen aufzeigen. So beschreiben z. B. Sack und Ebbinghaus (2012, S. 345; vgl. auch Wustmann & Eisewicht 2019, 2020, S. 264 f.) in ihrer Expertise zu Folgen und Bewältigung der DDR-Heimerziehung bei ehemaligen Heimkindern anhand von Betroffenenberichten und Experteninterviews eine erhöhte Stressvulnerabilität. Betroffene von DDR-Heimerziehung leiden auch häufig unter den oben genannten Ängsten, Panik und damit verbundenen starken Vermeidungstendenzen. Typisch sind u. a. Ängste vor (geschlossenen) Räumen, öffentlichen Verkehrsmitteln, Dunkelheit, (autoritären) Menschen, aber auch vor Behörden und Krankenhäusern. Viele berichten von depressiven Störungen, geringem Selbstwert, Schwierigkeiten mit der Emotionsregulation und Wut (Censebrunn-Benz & Wenzel, 2021, S. 103–107). Den nur schwer zu ertragenden Gefühlen versuchen einige mit Selbstverletzung, suizidalem Verhalten oder Sucht zu begegnen. Aufgrund der rigiden Ordnungs- und Sauberkeitsmaßnahmen in den Heimen entwickeln nicht wenige von ihnen Zwänge und Tics bzgl. Sauberkeit und Ordnung (Sack & Ebbinghaus, 2012, S. 343 f.). Kantor et al. (2022) verweisen in ihrer Studie zudem darauf, dass es sich bei institutionellem Missbrauch um eine besondere Form des interpersonellen Traumas handelt. In einem institutionellen Setting Gewalt zu erfahren und in vielen Fällen zu erleben, dass Versuche der Offenlegung ignoriert oder bagatellisiert werden, führt häufig zu einem hohen Misstrauen gegenüber professioneller Hilfe.

3.1.2 (Psycho-)Somatische Folgen

Traumatische Erfahrungen wirken sich nicht nur auf psychischer Ebene aus, sondern ziehen meist auch (psycho)somatische Folgen nach sich. Die longitudinal abgefasste, inzwischen als viel zitierter Klassiker gehandelte umfassende Studie zu frühen Traumata in der Kindheit (ACE-Studie; Felitti, 2002) zeigt, dass Menschen, die früh traumatischen Erfahrungen ausgesetzt waren, eine geringere Lebenserwartung aufweisen als Menschen ohne entsprechende Belastungen. In einer Metaanalyse unter Einbezug von 37 Studien (Hughes et al., 2017) zeigen sich starke Zusammenhänge früher traumatischer Erfahrungen mit Drogenkonsum und anderen gesundheitsschädlichen Verhaltensweisen, die als Bewältigungsstrategien zu verstehen sind. Caspari et al. (2018, 2021b) untersuchten unter anderem die Auswirkungen und Bewältigungspfade von Menschen mit BRD-Heimsozialisation zwischen 1949 und 1975. Neben manchen Unterschieden, wie der religiösen Prägung vieler Heime und dem politischen System, zeigen sich etliche Parallen zu den Erlebnissen von Menschen mit DDR-Heimerfahrung, gerade bezüglich des Gewalterlebens (vgl. auch Poppe & Poppe, 2021, S. 341–344). Im quantitativen Teil ihrer Untersuchung gaben 80 % der befragten Personen an, sie fühlten sich gesundheitlich beeinträchtigt, wobei die Belastung umso höher ist, je mehr Gewaltformen sie in den Heimen ausgesetzt waren (Caspari et al., 2018, 2021b, S. 225–227). Untersuchungen, die die Auswirkungen

der DDR-Heimerziehung auf den weiteren Lebensverlauf in den Blick nehmen, zeigen ebenfalls vielfältige gesundheitliche Folgen (Sack & Ebbinghaus,
2012, S. 345; Mitzscherlich et al., 2019, 2020, S. 220–223; Censebrunn-Benz
und Wenzel 2021, S. 103). Viele Betroffene berichten von (psycho)somatischen
Beschwerden, wie Magen-Darm-Problemen, Kopfschmerzen und Verspannungen.
Auch die psychischen Folgen, wie Süchte und Essstörungen, wirken sich auf
physischer Ebene aus (Sack & Ebbinghaus, 2012, S. 343 ff.). In der Untersuchung von Mitzscherlich et al. (2019, 2020, S. 220) berichten Betroffene in
den Anhörungen auch von den Spätfolgen schwerer Misshandlungen, wie Seh-
störungen aufgrund von Kopfverletzungen oder vernarbten Verletzungen. Zudem
hat die oft schwere körperliche Arbeit bei vielen zu Folgeerscheinungen geführt,
wie Gelenkbeschwerden, Wirbelsäulenschäden und rheumatischen Erkrankungen.
Einige Betroffene berichten zudem von Folgen mangelnder ärztlicher Behandlung
in den Heimen, gerade bezüglich der zahnärztlichen Versorgung. Darüber hinaus fehlt es oft an Selbstfürsorge, die die Betroffenen nie gelernt haben. Eigene
Beschwerden werden nicht ausreichend wahrgenommen und erst spät darauf reagiert. Dabei spielt auch eine Rolle, dass vielen Betroffenen Arztbesuche schwer
fallen aufgrund von Ängsten und Vermeidungsverhalten (Sack & Ebbinghaus,
2012, S. 343 ff.).

3.1.3 Soziale Folgen

Die psychischen Auswirkungen traumatischer Erfahrungen, wie Vermeidungsverhalten, Rückzug, Ängste und Schwierigkeiten in der Emotionsregulation, führen
meist auch zu Schwierigkeiten in Beziehungen zu anderen Menschen (Sack &
Ebbinghaus, 2012, S. 345–348; Arp, 2016, S. 42 f.; Censebrunn-Brenz & Wenzel, 2021, S. 106 f.). Die Metaanalyse von Hughes et al. (2017) verweist z. B. auf
ein erhöhtes Vorkommen zwischenmenschlicher Gewalt (S. 363). In der Studie
„Zur sozialen Lage ehemaliger DDR-Heimkinder in Thüringen" (Hofmann et al.,
2012) zeigt sich deutlich, dass ein zentrales Problem vieler Betroffener im Aufbau
stabiler Sozialbeziehungen besteht (Arp et al., 2012, S. 31–41). Oft versuchten Betroffene, das Stigma des Heimkinds zu überwinden, indem sie möglichst
schnell ihrer Vorstellung von Normalität nachkamen, eine Partnerschaft suchten
und eine Familie gründeten. Dadurch suchten sie auch, neben stabilen Lebensverhältnissen und klaren Strukturen, bisher kaum erfahrene Zuneigung (ebd.). Die
mangelnden positiven Bindungserfahrungen während der Heimzeit sowie traumatische Erlebnisse im zwischenmenschlichen Bereich führen bei vielen jedoch zu
Verlustängsten, Misstrauen, Schwierigkeiten mit Nähe und der Affektregulation.

Nicht selten führte dies letztlich zu Trennungen, Scheidungen, Kontaktabbruch und sozialem Rückzug (Sack & Ebbinghaus, 2012, S. 345 f.). Censebrunn-Benz und Wenzel (2021, S. 106–110), die lebensgeschichtliche Interviews mit ehemaligen Heimkindern aus Spezialheimen und Jugendwerkhöfen führten, berichten ebenfalls von entsprechenden Problemen. Verstärkt werden die Schwierigkeiten im zwischenmenschlichen Bereich durch das häufige Schweigen über die Heimzeit. Bei vielen ist die Angst vor Stigmatisierung so groß, dass sie selbst im engsten Kreis nicht über ihre Erfahrungen sprechen können. Dadurch bleiben Verhaltensweisen für Außenstehende unerklärbar, werden missverstanden und verstärken Konflikte. Andere Betroffene suchen erst gar nicht den Kontakt zu anderen Menschen, lehnen Unterstützung und Hilfe ab und versuchen, ihre Gefühle und Erinnerungen zu unterdrücken und nicht selten durch Suchtmittel zu betäuben. Bei manchen führt ein mangelndes Kontrollverhalten zu kriminellen Handlungen, die in Gefängnisaufenthalte münden (Sack & Ebbinghaus, 2012, S. 346). Die frühe Konfrontation mit Gewalt, so ist zu beachten, konnte – oft als (das einzige) Mittel, sich in der Gruppe zu behaupten – dazu führen, dass Gewaltanwendung zu einem Verhaltensmuster wurde, das sich im Erwachsenenalter fortsetzte. Eine andere Strategie, mit der versucht wurde, das Überleben in einer ausweglosen Situation zu sichern, war die vorauseilende Unterwerfung. Dadurch bestand die Chance, ein Mindestmaß an Kontrolle zu behalten und das Risiko einer Schädigung abzuschwächen (Caspari et al., 2018, 2021b, S. 246–249). Dreier und Laudien (2012, S. 135 f.) unterscheiden dabei zwischen einer äußeren und einer inneren Anpassung. Die äußere Anpassung ist mit einer Kränkung verbunden, da sich der junge Mensch entgegen eigenen Wünschen, Werten oder Vorstellungen über sich selbst verhält. Dem inneren Konflikt, der daraus entsteht, kann er entgehen, indem er sich auch innerlich anpasst, also letztlich die Überzeugungen der macht- und gewaltausübenden Person annimmt. Dies kann auch ein Erklärungsansatz für die oft tief verinnerlichten Schuld und Schamgefühle vieler ehemaliger Heimkinder sein. Auch entsprechende Anpassungsstrategien manifestieren sich bei einigen Interviewten in der Studie von Caspari et al. (2018, 2021b) und prägen die weitere Biografie. Diese Menschen orientieren sich stark an den Erwartungen anderer, stellen eigene Grenzen und Bedürfnisse in den Hintergrund und geraten dadurch schnell in Abhängigkeits- und Ausbeutungsverhältnisse (ebd., S. 246–249). Entsprechende Verhaltensmuster beschreiben auch Sack und Ebbinghaus (2012, S. 343) in ihrer Expertise. Die Folgen der Heimzeit wirken oft noch bis in die nächste Generation (ebd., S. 379). Neben den Auswirkungen auf enge soziale Beziehungen berichten viele auch von Problemen im Arbeitskontext, u. a. durch traumabedingte Schwierigkeiten mit Autoritätspersonen (Censebrunn-Benz & Wenzel, 2021, S. 103 ff.).

3.1.4   Sozioökonomische Folgen

In der inzwischen als viel zitierter Klassiker gehandelten umfassenden Studie zu frühen Traumata in der Kindheit (Felitti, 2002) zeigt sich überdies: Menschen, die frühes Trauma erlitten haben, leiden ungleich häufiger an Armut, Arbeitslosigkeit, Mittellosigkeit, unzureichender oder unsicherer Unterkunft bzw. Wohnungslosigkeit und sind damit neben psychischen und physischem Krankheitsrisiko auch stärker sozial gefährdet. Entsprechende Befunde zeigen auch Studien zur sozioökonomischen Situation ehemaliger DDR-Heimkinder (Gebauer, 2012, S. 74; Censebrunn-Benz & Wenzel, 2021, S. 106 f.; Sack & Ebbinghaus, 2012, S. 372 f.; Mitzscherlich et al., 2019, 2020, S. 221–223). In der größer angelegten Studie zur sozialen Lage ehemaliger Heimkinder in Thüringen gaben fast drei Viertel an, dass ihnen monatlich weniger als 2000 € zur Verfügung stehen, zwei Drittel der Personen im erwerbsfähigen Alter sind nicht erbwerbsfähig, darunter beziehen 23 % eine Rente. Gerade Letzteres verweist auch auf die schlechtere gesundheitlichen Situation (Arp, 2016, S. 47 ff.). Neben traumatischen Erfahrungen, die sozioökonomisch lebenslange Auswirkungen haben können, spielen jedoch auch die besonderen Voraussetzungen der Heimerziehung eine Rolle. So war häufig die Schulbildung gering, und Ausbildungsmöglichkeiten waren eingeschränkt. Hier zeigt sich ein Unterschied zwischen Spezialheimen und Normalheimen, da in den Letztgenannten ein Fokus auf die schulische und berufliche Bildung lag, während Spezialheime auf Arbeitserziehung fokussierten. Selten jedoch konnte der Wunschberuf gewählt oder gar studiert werden (Arp, 2016, S. 46 ff.; Censebrunn-Benz & Wenzel, 2021, S. 103 ff.; Sack & Ebbinghaus, 2012, S. 347). In der Thüringer Studie zur sozialen Lage ehemaliger DDR-Heimkinder hatten 65 % keinen oder einen einfach qualifizierenden Berufsabschluss. Außerdem zeigt sich, dass es die Betroffenen im Vergleich zu Gleichaltrigen deutlich schwerer hatten, nach der Heimzeit eine adäquate Stelle zu finden, da die entsprechenden Kaderabteilungen über die Heimzeit informiert wurden. Neben den schlechteren beruflichen Voraussetzungen berichten Betroffene auch von generellen Problemen in der alltäglichen Lebensführung. Im Heim wurden viele nicht auf ein selbstständiges Leben vorbereitet (Arp, 2016, S. 46 ff.). In der Studie von Caspari et al. (2018, 2021b, S. 288) zeigte sich, dass der Bezug von Transferleistungen und geringem beruflichen Erfolg im späteren Leben umso wahrscheinlicher wurde, je größer das Ausmaß der erlebten Gewalt war.

3.2 Spezifische Folgen sexualisierter Gewalt

Die Folgen der erfahrenen sexualisierten Gewalt und die der physischen und psychischen Gewalterfahrungen in der Heimerziehung lassen sich schwer trennen. Dennoch ist es sinnvoll, die Auswirkungen sexualisierter Gewalt detaillierter zu betrachten, da sich hier bestimmte Spezifika erkennen lassen.

3.2.1 Stand der Forschung zu Folgeerscheinungen

Inzwischen existiert eine Vielzahl von Veröffentlichungen zu den Folgeerscheinungen sexueller Gewalt, die inhaltlich nur geringfügig differieren. Die Spannbreite reicht von wissenschaftlichen Überblicksarbeiten (u. a. Briere & Elliott, 1994; Felitti, 2002; Witt et al., 2019) und Metaanalysen (u. a. Chen et al., 2010; Hughes et al., 2017; Neumann et al., 1996) über umfassende Arbeiten aus der therapeutischen und traumapädagogischen Praxis und Theoriebildung (u. a. Weiß, 2021; Wirtz, 1989, 2005) bis hin zu Erfahrungsberichten Betroffener und zu empirischen Aufarbeitungsberichten (u. a. Armstrong, 1978, 1985; Maschke & Stecher, 2017; Piontek, 1992). Zu den Klassikern empirischer Untersuchungen zur sexuellen Ausbeutung von Kindern gehört die retrospektive Studie von Russel (1986) im Großraum San Francisco. 47 % der Frauen berichteten von sexuellen Gewalterfahrungen in der Kindheit, 98 % der Betroffenen gaben starke Beeinträchtigungen bis schwere psychische Störungen an. Die erste Longitudinalstudie einer Geburtskohorte zu den Folgen sexualisierter Gewalt in der Kindheit stammt aus Neuseeland (u. a. Fergusson et al., 1996, 2013) und stellt fortlaufend ein breites Spektrum an Folgeerscheinungen im Traumafolgestörungsbereich fest (Depressionen, Angststörungen, Suizidgedanken und -versuche, Drogenproblematiken, Selbstwertprobleme, Lebensunzufriedenheit). Bislang existieren kaum Untersuchungen, die sich spezifisch dem Phänomen der sexualisierten Gewalt in Heimeinrichtungen der DDR widmen. Mitzscherlich et al. (UKASK, 2020) untersuchten sexuelle Gewalt in Familien und Heimeinrichtungen der DDR, indem sie Anhörungen bei der Unabhängigen Kommission zur Aufarbeitung sexuellen Kindesmissbrauchs auswerteten. Sachse et al. (2018) verfassten eine Expertise zu den historischen, rechtlichen und psychologischen Hintergründen von sexuellem Kindesmissbrauch in der DDR. Einige weitere Publikationen nehmen zumindest zum Teil auch sexualisierte Gewalt in Heimen in den Blick (Sack und Ebbinghaus, 2012, S. 330; Censebrunn-Benz & Wenzel, 2021, S. 106, 109). Deutlich wird schon entlang dieser wenigen Untersuchungen, dass die Betroffenen unter massiven Folgeerscheinungen aus dem oben dargestellten Folgespektrum leiden.

Dabei dominieren psychische Symptome und vor allem Auswirkungen im zwischenmenschlichen Bereich. In der Studie von Caspari et al. (2018, 2021b), die sich zwar auf Heimerfahrungen in der BRD bezieht, jedoch einige Parallelen zur DDR-Heimerziehung aufweist, wird deutlich, dass Menschen, die von sexualisierter Gewalt in Heimerziehung betroffen waren, im Vergleich zu anderen Gewaltformen ein höheres Risiko in verschiedenen Bereichen aufweisen, z. B. ein deutlich höheres Risiko für Belastungen auf der Beziehungsebene (ebd., S. 230).

Das Ausmaß der Folgen wird häufig in Abhängigkeit von den Tatumständen – Intensität des Sexualkontakts, Alter und Entwicklungsstand des Kinds, Beziehung zu dem:r Täter:in, Art der sexuellen Beziehung, Altersunterschied zwischen Betroffenem:r und Täter:in – und der Dauer der sexuellen Beziehung bzw. der Häufigkeit der sexuellen Kontakte betrachtet (u. a. Bange, 1994, S. 138 ff.; Finkelhor & Browne, 1985). Dennoch konnte der eindeutige Schluss von den Tatumständen auf das Ausmaß der Schädigungen nicht durchgängig bestätigt werden (u. a. Kendall-Tackett et al., 1993, 2005, S. 199–201; Paolucci et al., 2001). Die Auswirkungen sexueller Gewalt hängen offenbar von Faktoren ab, die nicht nur das Ereignis selbst und die beteiligten Personen betreffen, sondern ebenso die Umstände, die dem Ereignis vorausgingen und nachfolgten. „Ob und wie ein Kind auf ein solches Verbrechen vorbereitet ist, und in welcher Weise die Umwelt reagiert, wenn es davon erzählt, spielt eine entscheidende Rolle" (Kavemann et al., 2016, S. 25, unter Bezug auf Henry, 1997; vgl. auch Schaumann et al., 2022). Resümierend kann festgehalten werden: Eindeutige Zuordnungen und Rückschlüsse sind nicht möglich. Jeder Einzelfall entwickelt seine spezifische Dynamik und Phänomenologie. Es gibt kein charakteristisches „Sexual-abuse-Syndrom", wie man eine Zeit lang unter Verwendung von Checklisten in der Praxis annahm (z. B. Wirtz, 1990, S. 76 f.). Die Umstände der Tat und andere multikausale Faktoren und die daraus resultierenden äquifinalen Auswirkungen erweisen sich als viel zu komplex, um lineare Kausalitäten zu definierten Symptomkomplexen formulieren zu können (Kratzer et al., 2022). Auch die eigene Einschätzung und Wahrnehmung der Betroffenen bestimmt zu einem gewissen Grad, wie die Gewalt erlebt wird und welche Folgen sich entwickeln (Spaccarelli & Fuchs, 2005). Die Auswirkungen zeigen jedoch – abgesehen von individuellen, konstitutionellen und biografischen Variabilitäten und von einer Anlehnung an die oben aufgeführten Traumafolgestörungsbereiche – eine gewisse Phasen- und Altersspezifik (ausführlich Gahleitner, 2005; s. Abb. 3.1).

Wichtig ist zum Verständnis: Sexuelle Gewalt verläuft meist ohne sichtbare Verletzungen. Dies bedeutet nicht, dass es nicht zuweilen auch zu schweren körperlichen Beeinträchtigungen kommen kann (Trube-Becker, 1992, S. 55).

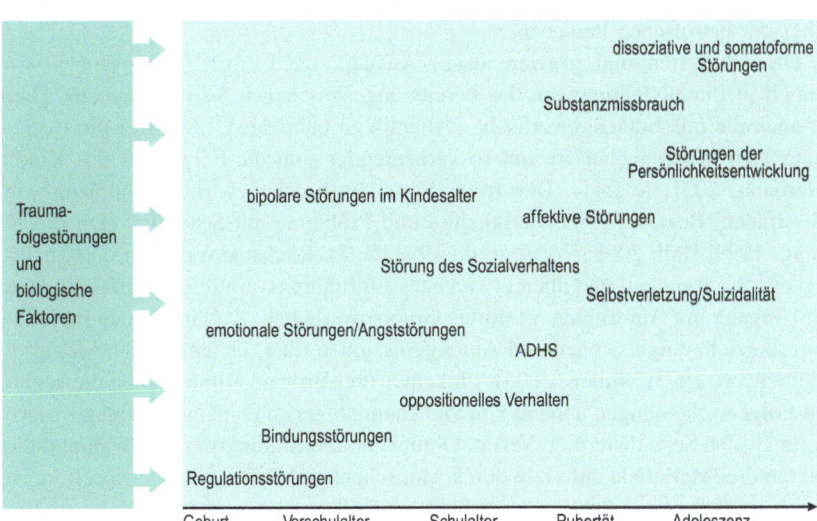

Abb. 3.1 Trauma-Entwicklungsheterotropie. (Nach Schmid et al., 2010, S. 49)

Zudem zeigt die neurowissenschaftliche Forschung, dass frühe Stresserfahrungen wie Gewalt oder sexualisierte Gewalt auch auf dieser Ebene anhaltende biologische „Narben" hinterlassen. Diese lassen sich jedoch nicht nachweisen und verstärken für die Betroffenen die Unsichtbarkeit und das umgebende belastende Schweigen. Ein großer Teil der Kinder und Erwachsenen reagiert daher mit den bereits genannten psychosomatischen Beschwerden. Dazu gehören u. a. Unterleibsschmerzen, Hauterkrankungen, Hals-, Kopf- und Magenschmerzen, Schlafstörungen, Enuresis, Enkopresis und psychogene Stuhlverhaltung, Erstickungsanfälle, Asthma, Lähmungen und Essstörungen (Kinzl et al., 1991). Betroffene sexueller Gewalt zeigen auch signifikant häufiger psychiatrische Auffälligkeiten als entsprechende Kontrollgruppen. In klinischen Stichproben findet sich ein hoher Prozentsatz Patient:innen, die sexualisierte Gewalt erfahren haben. Auch die Metaanalyse von Chen et al. (2010) zeigt, dass sexualisierte Gewalt mit einem erhöhten Risiko für einige anhaltende psychiatrische Problematiken verbunden ist. Statistisch signifikant waren hierbei der Zusammenhang zwischen sexuellem Missbrauch und lang anhaltenden Diagnosen von traumaassoziierten Störungen, wie der bereits genannten kPTBS, Angststörungen, Depressionen,

Essstörungen, posttraumatischer Belastungsstörung, Schlafstörungen und Selbst-
mordversuchen. Diese Signifikanzen bestanden unabhängig von Geschlecht und
Alter der betroffenen Personen.

Die häufigsten und gravierendsten Auswirkungen sexueller Gewalt liegen
jedoch in Beeinträchtigungen des bereits angesprochenen Sozialverhaltens. Hier
ist auch die missbrauchsspezifische Dynamik zu betrachten. „Je enger die Beziehung zum Missbraucher ist, um so verheerender sind die Folgen für das Kind"
(Harnach, 2021, S. 241). Der frühe Vertrauensbruch bewirkt Phänomene wie
Misstrauen, Beziehungsschwierigkeiten und Probleme mit Sexualität (DiLillo &
Long, 1999; Hall, 2008; Wyatt et al., 1993, S. 7), Rückzugsverhalten, Distanzlo-
sigkeit, Wachsamkeit und überentwickeltes Einfühlungsvermögen, Auffälligkeiten
im Umgang mit Autoritäten, gestörtes Gruppenverhalten, Auffälligkeiten im Leis-
tungsbereich, Aggressionen und Autoaggressionen (u. a. Fonagy, 1999; Moggi &
Clémençon, 1993; Mullen, 2005). Finkelhor und Browne (1986) haben die sozialen Folgeerscheinungen anhand von vier traumatogenen Dynamiken kategorisiert:
traumatische Sexualisierung, Verrat, Ohnmacht und Stigmatisierung. Während die
letzten drei Merkmale auf viele durch Menschenhand Traumatisierte zutreffen, ist
die Beeinträchtigung der Sexualität für Betroffene sexualisierter Gewalt besonders
häufig (Hall, 2008). Auf diese besonderen Dynamiken der Folgen sexualisierter
Gewalt soll im Folgenden näher eingegangen werden.

3.2.2 Die spezifische Ausgestaltung von Folgeerscheinungen sexualisierter Gewalt

Wie bereits deutlich wurde, entwickelt die Symptomatik nach Erfahrungen von
sexualisierter Gewalt ein äußerst breites Spektrum, das in Abhängigkeit vom Alter
stark variiert. Kein Symptom tritt bei allen Betroffenen auf. Am häufigsten und
auch in allen Altersstufen zeigen sich jedoch Problematiken aus dem Bereich der
Traumafolgestörungen (Überblick über verschiedene Studien: Sosic-Vasic et al.,
2015). Bei sexualisierter Gewalt lassen sich allerdings bestimmte Kernbereiche
und emotionale Grundstimmungen erkennen, die hier besonders häufig vorkommen (u. a. Briere, 1992; Herman, 1992, 2018, S. 109–128). Im Folgenden sollen
einige zentrale Bereiche sexueller Traumatisierung erläutert werden.

Erschütterung des Selbstkonzepts, Depressivität. Aufgrund ihrer prägenden
Wirkung auf die Persönlichkeit verzerren frühe traumatische Erfahrungen die
Erwartungen von Betroffenen in Bezug auf die Welt und in zwischenmenschli-
chen Interaktionen sowie das persönliche Integritätsgefühl (u. a. Riedesser et al.,

1999). Janoff-Bulman (1985) beschreibt dieses Phänomen als „shattered assumptions": eine fundamentale Erschütterung grundlegender Überzeugungen wie der eigenen Unverletzbarkeit, des Gefühls der Sicherheit und Geborgenheit in der Welt und der positiven Selbstwahrnehmung. Die Fähigkeit, sich als autonomes Wesen zu empfinden, wird schwer beeinträchtigt, es kommt zu Dysfunktionen und Symptombildungen. Dies führt nicht nur zu einem Gefühl von Hilflosigkeit und Ohnmacht, sondern auch zu Beeinträchtigungen der Selbstregulation und einer Tendenz zur Isolation (Kolk et al., 1996). Die grundlegende Missachtung des eigenen Willens und die oft über Jahre andauernde Verletzung ihrer körperlichen Integrität lässt Betroffene spüren, dass ihnen ihr Recht auf Selbstbestimmung genommen ist. (Auto-)Aggressionen, Depressionen und daraus resultierende Stigmatisierungen sind die Folge (Witt et al., 2019).

Ängste. Betroffene sexueller Gewalt haben ein Klima dauernder Gefahr durchlebt, in dem sie jedes noch so kleine Anzeichen des:der Täter:in zu deuten lernten und in einem ständig erhöhten Erregungsniveau lebten. Einige erreichen nie mehr ein körperliches Grundgefühl von Entspannung. Durch einen unbedeutenden Trigger kann die Erinnerung an die erfahrene Gewalt reaktiviert werden. Alle sensorischen und gedanklichen Bahnen, die jemals mit dem Ereignis verknüpft waren, werden dabei reaktiviert (Terr, 1991, 1995, 2001). Die jahrelang erlebte Angst führt zu einer Ausbreitung der Angstproblematik auf viele Lebensbereiche: Albträume, Phobien, Konzentrationsstörungen, Schulversagen, psychosomatische und Zwangsstörungen können die Folge sein. Manche transformieren die Angst in dissoziales Verhalten (Fonagy, 1999). Empirische Studien belegen signifikant mehr Ängste bei Betroffenen als bei den jeweiligen Vergleichsgruppen (u. a. Beitchman et al., 1992; Witt et al., 2019). Die Ängste können auch aggressive oder depressive Grundstimmungen hervorrufen und eine aktive Hilfesuche verhindern.

(Auto-)Aggressionen. Eine empirisch besonders häufig belegte Folgeerscheinung sexueller Gewalt ist (Auto-)Aggression, die sich nicht gegen den:die Täter:in, sondern gegen die Betroffenen selbst oder andere richtet (Überblick Bange, 1994, S. 45 f.; Bretz et al. 1994; Witt et al., 2019). Bereits als Kinder haben Betroffene von Gewalttaten oft die Fähigkeit verloren, ihre Gefühle zu regulieren, und fühlen sich ihnen schutzlos ausgeliefert (Fonagy, 1999; Shipman et al., 2000). Manche, jedoch keineswegs alle (Rossilhol, 2002; S. 133 ff.), werden aufgrund ihrer Traumatisierung selbst zu Täter:innen sexueller Gewalt – auch darüber werden unkontrollierbare Ängste gebannt. Letzteres gilt insbesondere für Jungen. Mädchen und Frauen neigen dagegen häufiger zu Autoaggressionen. Allerdings werden Jungen mit Autoaggressionen und Mädchen mit Aggressionen auch schlechter von der Umgebung wahrgenommen. Autoaggressionen können

Ausdruck eines Bedürfnisses sein, sich selbst zu bestrafen, diesmal aber die
Kontrolle über das Geschehen zu behalten (Tameling & Sachsse, 1996). Sie können jedoch auch den Zweck haben, in der Abspaltung und Abwesenheit einer
dissoziativen Welt Kontakt zu sich und anderen über die Selbstverletzung und
den Schmerz aufzunehmen und stehen damit „im Dienst der Suizidprophylaxe"
(Olbricht, 1997, S. 55). Bei den meisten – männlichen wie weiblichen – Betroffenen schwerer sexualisierter Gewalterfahrung kommt es im weiteren Lebensverlauf
zu Suizidgedanken, -versuchen oder -umsetzungen (u. a. Paolucci et al., 2001;
Ullmann & Brecklin, 2002). Auch Suchtverhalten kann in diesem Zusammenhang
auftreten (u. a. Kreyssig, 2005; Witt et al., 2019).

Vertrauensverlust. Sexuelle Gewalt setzt an vitalen Bedürfnissen nach Nähe
und Vertrauen an. Der unbelastete Zugang zu diesen Grundbedürfnissen wird
dabei gerade durch jene Menschen zerstört, von denen das Kind am stärksten
abhängig ist. Das Kind verliert das Vertrauen in sein Umfeld, durch das es aktiv
misshandelt oder zumindest nicht geschützt wird. Ergebnisse aus der Bindungs-
forschung zeigen, dass Kinder mit traumatisierenden Lebenserfahrungen einen
spezifischen, chaotisch-desorganisierten Bindungsstil entwickeln (u. a. Riedesser
et al., 1999). Durch die entstehenden Schuld- und Schamgefühle, die gesellschaftliche Tabuisierung und die von dem:der Täter:in erzwungene Geheimhaltung wird
die Verbindung zu sich selbst und anderen Personen zusätzlich beeinträchtigt
(u. a. Enders, 2012, S. 63 ff.). Die Angst vor erneuter Ausbeutung, Verletzung
und Kontrollverlust in einer Beziehung hat einen großen Anteil an der Entstehung
von Beziehungs- und Kontaktproblemen, Selbstwertproblematiken und depressiven Verstimmungen. Bei Versuchen, Beziehungen einzugehen, kommt es häufig
zu Enttäuschungen und Reviktimisierungen, da es an gesunden Bindungsmustern
fehlt (z. B. DiLillo & Long, 1999).

Scham- und Schuldgefühle. Aufgrund der soeben geschilderten Dynamik halten Betroffene sexueller Gewalt sich häufig für mitschuldig, da sie bei dem:der
Täter:in Liebe, Zuneigung, Vertrauen und Zugewandtheit gesucht haben. Um die
lebenswichtige Bindung zur Bezugsperson aufrechtzuerhalten, idealisieren miss-
handelte Kinder häufig die Misshandler:innen und suchen die Verantwortung
für die Übergriffe bei sich selbst (bereits Ferenczi, 1933, S. 11). Drohungen
und Schuldzuweisungen des:r Täter:in verstärken die negativen Selbstgefühle.
Eine weitere Ursache für dieses Phänomen ist die Verleugnung der absoluten
Ohnmacht, die oft schwerer zu ertragen ist als die Übernahme einer eigenen
Beteiligung. Dies führt häufig zu einer Identifikation mit dem Aggressor (u. a.
Finkelhor & Browne, 1985; Hirsch, 1996) und in der Folge zu einer Erschütterung
des Selbstwertgefühls (Briere, 1992, S. 23). Summit (1983) nannte diese Dyna-
mik sexueller Gewalt und die darauf folgenden typischen Reaktionsweisen der

Betroffenen „sexual abuse accomodation syndrome". Dies kann zu einer zeitverzögerten konfliktreichen Aufdeckung führen, häufig mit Widerruf, und wirkt sich destruktiv und stigmatisierend auf die Betroffenen aus. Diese Auswirkungen werden durch die Tendenz der Gesellschaft zur Tabuisierung unterstützt (Birck, 2001, S. 34; Roth, 1997, S. 72). Für Jungen und Männer gilt dies aufgrund geschlechtsspezifischer Rollenanforderungen in besonderem Maße (Scambor et al., 2018, S. 164).

Verwirrung. Aufgrund der Überforderung während der Übergriffe, der physiologischen Folgereaktionen, des häufig daran anschließenden konstriktiven Umgangs und daraus resultierender Erinnerungsschwierigkeiten und -lücken sind sich die Betroffenen zuweilen selbst im Unklaren über die genauen Zusammenhänge der Vorgänge. Einzelne zusammenhangslose Details sind dagegen häufig gut erinnerbar und durch spezifische Situationen oder Sinneseindrücke leicht zu triggern. Dieser Sachverhalt wird in der „False-Memory-Debatte" kontrovers diskutiert. Nach aktuellen Erkenntnissen sind sowohl Amnesien nach Traumata als auch Falscherinnerungen möglich (u. a. Schneider & Sack 2000; Staniloiu et al., 2018). Diese Verwirrung wird von den Täter:innen unterstützt (u. a. Enders, 2012, S. 63 ff.). Berührungen erfolgen wie zufällig, werden als Spiel, Erziehungsmaßnahme oder liebevolle Zuwendung in den Alltag eingebaut. Findet die Gewalt nachts statt, kann dies für Betroffene zu einer Verwirrung zwischen Traum und Wirklichkeit führen. Auch hier kann für betroffene Jungen und Männer eine besondere Dynamik wirken (Scambor et al., 2018, S. 93, 104 f.). Zuweilen erhalten Betroffene von dem:r Täter:in in der Familie eine bevorzugte Stellung, damit die Tat nicht aufgedeckt wird. Auch die gesellschaftliche Tabuisierung verbannt das Thema in einen diffusen Raum (ebd., S. 71).

Sprachlosigkeit und Sprachstörungen. Das Übergewicht von Bildern und körperlichen Empfindungen bei Fehlen einer verbalen Äußerungsmöglichkeit ist häufig charakteristisch für das Auftauchen von Erinnerungen an frühe traumatische Szenen (Terr, 2002). Neurophysiologischen Forschungsergebnissen zufolge werden traumatische Erinnerungen zudem auf einem somatosensorischen, nichtverbalen Niveau gespeichert. Die Affektgeladenheit der Erinnerungen macht es daher auch neurophysiologisch schwer, sie mit Sprache zu verbinden (Kolk et al., 1999). Häufig sind Sprachstörungen die Folge, manche Kinder reagieren mutistisch. Viele betroffene Kinder leben in einer tiefen inneren Ambivalenz zwischen Nicht-reden-Können bzw. -Dürfen und Reden-Wollen und haben gleichzeitig Angst vor, aber auch Hoffnung auf eine baldige Aufdeckung der sexuellen Übergriffe. Für Jungen entsteht dabei häufig ein Gefühl besonders großer Ausweglosigkeit (Bange, 1994, S. 92 ff.; Scambor et al., 2018, S. 131–131). Auf der einen Seite lässt ihnen das Geschehene „keine Ruhe, auf der anderen Seite

versuchen sie, Angst und Schmerz abzuwehren und verwenden auf diese Abwehr
so viel Energie, dass sie so gut wie gar nichts mehr spüren können" (Kavemann & Rothkegel, 2014, S. 208). Herman (1992, 2018) spricht von einer
„Dialektik des Traumas" (S. 59–62), Birck (2001) bezeichnet dieses Hin und Her
zwischen Annäherung und Vermeidung als „dyadischen Angelpunkt posttraumatischer Bewältigungsversuche" (S. 48). „In den Reaktionen der Umwelt spiegeln
sich meist ebenfalls die gleichen Impulse, nämlich entweder die Ermutigung zur
aktiven Auseinandersetzung (‚Sprich drüber, lass es raus') oder zur Verleugnung
(‚Lenk dich ab' oder ‚Lass es endlich mal gut sein')" (Kavemann & Rothkegel,
2014, S. 208, unter Bezug auf Reddemann & Sachsse, 1997, S. 116).

Umgang mit Sexualität. Als Eingriff in eine sich entwickelnde Sexualität wirkt
sich sexualisierte Gewalt für die meisten Betroffenen gravierend auf die Entfal-
tung ihrer Sexualität aus. Spätere sexuelle Beziehungen werden häufig aus der
Perspektive der damaligen Extremsituation gestaltet (Hall, 2008). Viele mit der
Gewalt zusammenhängende Probleme kulminieren daher insbesondere in diesem
Bereich. Durch empirische Studien belegt ist einerseits die Vermeidung von inti-
men Beziehungen und körperlichen Berührungen, also die Negierung sexueller
Bedürfnisse, andererseits die Sexualisierung von sozialen Beziehungen, wie sie
sich z. B. in Reinszenierungen, Reviktimisierungen, Promiskuität und Prostitu-
tion niederschlägt (v. a. Classen et al., 2005; Fergusson et al., 1996; Finkelhor
et al., 2013; Überblick Messman-Moore & Long, 2002). Für Betroffene ist es
folglich kaum möglich, Sexualität als etwas Unbelastetes zu erleben. Probleme
treten insbesondere dann auf, wenn emotionale Nähe entsteht, da hier ein erneuter Vertrauensmissbrauch befürchtet werden muss. Auf der anderen Seite fühlen
sich viele Betroffene sexualisierter Gewalttaten von sexuellen Fantasien gepeinigt,
die ihrer eigentlichen Vorstellung von Sexualität widersprechen. Erneut erleben
sie ein Gefühl des Ausgeliefertseins und der Ohnmacht, diesmal jedoch ausgelöst durch eine innerpsychische Dynamik. Finkelhor und Browne (u. a. 1985,
S. 530, 1986, S. 181) bezeichnen diesen Vorgang als „traumatische Sexualisierung" („traumatic sexualization"). Diese Vorgänge spielen auch eine Rolle bei
den bereits angesprochenen Reviktimisierungen. Eine aktuelle Studie zu Revik-
timisierungsaspekten in der Jugendhilfe nach sexueller Gewalt legten Kindler
et al. (2018) vor. Zu der Dynamik und den Mechanismen, die dazu führen, dass
Betroffene sexueller Gewalt selbst zu Sexualtäter:innen werden, gibt es bisher
noch keine ausreichenden Erkenntnisse, die eindeutige Schlüsse zulassen. Ebenso
umstritten ist die Anzahl derer, bei denen sich eine solche Entwicklung vollzieht.
Es ist also anzunehmen, dass Viktimisierung einen Einflussfaktor für eine spätere Entwicklung zu dem:r Täter:in darstellt, jedoch keine linearen Kausalitäten
bestehen (Rossilhol, 2002, S. 143 ff.). Auch die wenigen Untersuchungen zu

sexualisierter Gewalt, die in der DDR-Heimerziehung erlebt wurde, beschreiben Schwierigkeiten, Intimität und Nähe zuzulassen, von einer sehr eingeschränkten sexuellen Genussfähigkeit bis hin zur gänzlichen Ablehnung von Sexualität. Einige Frauen berichten auch von Reviktimisierungserfahrungen (Mitzscherlich et al., 2019, 2020, S. 221; Sack & Ebbinghaus, 2012, S. 345).

3.3 Bewältigungsressourcen und Bewältigungsstrategien

Sowohl in Untersuchungen zu Bewältigungsverläufen nach Gewalterfahrung als auch in Untersuchungen, die sich spezifisch mit der Bewältigung nach sexualisierter Gewalt auseinandersetzen, wird deutlich, dass es vielen Betroffenen gelingt, trotz der massiven Gewalterlebnisse ein relativ normales Funktionsniveau beizubehalten bzw. konstruktive Bewältigungsstrategien zu entwickeln (Collishaw et al., 2007; Dufour et al., 2000; Hille, 2001; Kendall-Tackett et al., 1993, 2005, S. 199 f.). Einer aktuellen Übersichtsstudie (Domhardt et al., 2015) zufolge liegt der Anteil Betroffener von sexueller Gewalt, die von konstruktiver Bewältigung sprechen, bei 10 bis 53 %. Resilienztendenzen werden dabei, so ist hervorzuheben, zunehmend mehr entlang von Umfeldfaktoren betrachtet statt nur aus der Perspektive individueller oder gar biologischer Anpassungsfähigkeit: „There is a growing consensus to consider resilience as a two-dimensional construct that encompasses both aspects of victims' life circumstances *and* evidence of positive adaptation" (Domhardt et al., 2015, S. 476, unter Bezug auf Luthar et al., 2000, S. 546). Als protektive Faktoren nach sexueller Gewalterfahrung wurden genannt: Bildung, interpersonale und emotionale Kompetenz, positive Kontrollüberzeugungen, aktives Coping, Optimismus, konstruktive Bindungsverhältnisse und externale Schuldzuweisungen. Mit Abstand der wichtigste Faktor jedoch waren soziale Unterstützungsprozesse aus dem Familienkreis und dem sozialen Umfeld (Domhardt et al., 2015; Schönbucher et al., 2014). Auch in den Anhörungen der Kommission zur Aufarbeitung sexuellen Kindesmissbrauchs, die Mitzscherlich et al. (UKASK, 2020) auswerteten, gab es Berichte von gelungener Bewältigung. In Bezug auf (sexuelle) Gewalterfahrungen in (DDR-)Heimerziehung werden nachfolgend einige Bewältigungsressourcen und konstruktive Bewältigungsstrategien vorgestellt. Da bislang Bewältigungsverläufe nach Gewalterfahrungen in DDR-Heimerziehung nur als wenig detaillierte Teilaspekte in Untersuchungen vorkommen und noch weniger Erkenntnisse zur Bewältigung sexueller Gewalt in DDR-Heimen vorliegen, werden auch Ergebnisse über Bewältigungsbiografien von Menschen mit BRD-Heimsozialisation zwischen 1949 und 1975 aus

der Studie von Caspari et al. (2018, 2021b) mit aufgenommen. Die geschilderten Gewalterfahrungen und der Kontext, in dem diese stattfanden, weisen viele
Parallelen auf, diese sind daher auch bezüglich des Bewältigungsverhaltens zu
vermuten.

Grundhaltungen, Werte, Glaubenssätze. Caspari et al. (2018, 2021b, S. 342–
358) stellten im qualitativen Teil ihrer Untersuchung fest, dass einige Interviewte
klar umrissene innere Werte hatten, aus denen sie Kraft und Zuversicht schöp-
fen konnten, um mit den Folgeschäden der Heimsozialisation umzugehen. Einige
orientierten sich z. B. an dem Wunsch, nicht so zu werden, wie ihnen in ihrer
Heimzeit prognostiziert wurde, also letztlich nicht dem Stigma des „Heimkinds"
zu entsprechen. Andere entwickelten ein Bewusstsein für die eigene Überlebenskraft. Bei vielen von ihnen stand die eigene Autonomie und Unabhängigkeit von
anderen Menschen im Vordergrund. Der Wunsch, alles aus eigener Kraft zu schaffen, setzt zwar einerseits Kräfte frei, andererseits fällt es den Menschen schwer,
Unterstützung von anderen anzunehmen und sich überhaupt auf andere einzulassen. Manche finden auch im Glauben Halt und Kraft. Dadurch konnten sie trotz
all der Belastung einen Sinn in ihrem Leben finden (Mitzscherlich et al., 2019,
2020, S. 223 f.; Caspari et al., 2018, 2021b, S. 356–358).

Soziale Unterstützung und Einbettung. In einigen Biografien werden Erfahrungen sozialer Unterstützung berichtet, die eine bedeutende Rolle bzgl. der
eigenen Bewältigung einnahmen. Manche Personen hatten das Glück, in ihrer
Kindheit zumindest eine korrigierende Erfahrung mit einer anderen Person zu
erleben. Diese Kinder konnten dadurch die Erfahrung machen, gesehen und
anerkannt zu werden. Daran konnten sie sich in dem sonst von Abwertung
und Entmutigung geprägten Alltag klammern. Für einige stellen Partnerschaften und Familie auch im Erwachsenenalter eine wichtige Bewältigungsressource
dar. Besonders bedeutsam ist dabei das Erleben von Anerkennung und Zugehörigkeit, das für die meisten eine neue Erfahrung bedeutet. Gleichzeitig stellt
die Familie ein Stück Normalität dar und steht damit gesellschaftlichen Ausgren-
zungserfahrungen entgegen (vgl. auch Mitzscherlich et al., 2019, 2020, S. 223 f.;
May, 2011, S. 41). Caspari et al. (2018, 2021b) sprechen von „signifikanten
Unterstützer*innen" (S. 358–362).

Professionelle Unterstützung. Der Weg in ein hilfreiches professionelles
Unterstützungssetting wird durchgehend als steinig und kräftezehrend beschrieben. Für die wenigen, die jedoch z. B. eine hilfreiche Therapie erhielten, stellte
diese eine wichtige Bewältigungsressource dar. Wirksam scheint auch hier vor
allem die erlebte Anerkennung und Wertschätzung zu sein (Mitzscherlich et al.,
2019, 2020, S. 229–234; Caspari et al., 2018, 2021b, S. 367 f.). Eine entsprechende korrigierende Erfahrung konnten viele in den damaligen Anlauf- und

Beratungsstellen machen, die im Rahmen des Fonds Heimerziehung eröffnet wurden, besonders weil die dortigen Erfahrungen den (biografisch geformten) Erwartungen der Antragstellenden, auf einem Amt sei nichts Gutes zu erwarten, zuwiderliefen (ebd., S. 83–85).

Auseinandersetzung mit der eigenen Biografie. Ein retrospektives Verstehen der eigenen Biografie kann Bewusstwerdungsprozesse und Neuorientierung fördern und konstruktive Bewältigungsstrategien unterstützen. Wenige berichten, dass ihnen dadurch letztlich eine Aussöhnung mit der eigenen Geschichte gelungen ist (Mitzscherlich et al., 2019, 2020, S. 224; Caspari et al., 2018, 2021b, S. 347 f.; vgl. auch Moos et al., 2018, S 13 f.). Bewusstwerdungsprozesse sind jedoch meist mit Belastungserleben sowie mit der Möglichkeit der Verarbeitung verbunden. Vor diesem Hintergrund wird auch das häufig zu beobachtende Wechselspiel aus Annäherung und Vermeidung erklärbar, das viele dieser Menschen zeigen (Caspari et al., 2018, 2021b, S. 352). Da aufgrund der tiefen Verunsicherung durch das Thema sexualisierte Gewalt das soziale Umfeld meist ebenso widersprüchlich mit Aufforderungen zur Auseinandersetzung oder Verleugnung reagiert (s. o.), lässt sich „die unterschiedliche Intensität von Auseinandersetzung (aktive Auseinandersetzung oder Verleugnung) auch als Folge dessen interpretieren, was ein bestimmtes soziales Umfeld den Betroffenen nahelegt oder ermöglicht" (Kavemann & Rothkegel, 2014, S. 208).

Selbsthilfestrukturen. Viele Menschen in der Untersuchung von Mitzscherlich et al. (2019, 2020, S. 228) erlebten Selbsthilfezusammenhänge als unterstützend, gerade bezüglich der Alltagsbewältigung. In diesen Zusammenhängen haben viele den Eindruck, verstanden zu werden und sich nicht erklären zu müssen. Auch hier ist jedoch die Dialektik aus Annäherung und Vermeidung zu beobachten (vgl. Birck, 2001). Manche nutzen die Gruppen auch zur Auseinandersetzung mit ihrer eigenen Biografie, andere vermeiden dies und suchen vorwiegend Zugehörigkeit im Rahmen gemeinsamer Aktivitäten (Caspari et al., 2018, 2021b, S. 368–370).

Interessen, Beruf und soziales Engagement. Manche Interviewte in der Untersuchung von Caspari et al. (2018, 2021b, S. 375 f.) hatten schon in der Kindheit besondere Interessen, die ihnen die Möglichkeit gaben, wenigstens kurzzeitig aus dem tristen Alltag in eine andere Welt zu fliehen. Auch im Erwachsenenalter finden einige in Hobbys wie kreativen Beschäftigungen die Möglichkeit für Freude und Sinn. Manche engagieren sich als Zeitzeug:innen und erleben darüber Anerkennung und Sinnhaftigkeit (Mitzscherlich et al., 2019, 2020, S. 224). Auch soziales Engagement im Allgemeinen kann eine wichtige Bewältigungsstrategie darstellen, denn es bietet die Möglichkeit, die Anerkennung der eigenen Fähigkeiten, die Sinnhaftigkeit des eigenen Handelns und eine Zugehörigkeit zu erfahren (Caspari et al., 2018, 2021b, S. 368–370). Trotz der schlechten Startvoraussetzungen schaffen es einige, beruflich erfolgreich zu sein. In diesen Fällen stellt der Beruf eine wichtige Bewältigungsressource dar. Dadurch erfahren sie Anerkennung, Sinn, Zugehörigkeit (zur „normalen" Gesellschaft) und letztlich eine nachträgliche Entwicklung von Selbstbewusstsein (Caspari et al., 2018, 2021b, S. 379).

Gesellschaftlicher Umgang. Die Bedeutung des gesellschaftlichen Umgangs mit dem Thema DDR-Heimerziehung für die individuelle Bewältigung wird vielfach betont. Denn nach wie vor haben viele Menschen mit DDR-Heimsozialisation Angst, stigmatisiert zu werden, und schweigen über ihre Vergangenheit (Sack & Ebbinghaus, 2012, S. 351 f.; Arp, 2016, S. 48 f.; Ebbinghaus & Sack, 2013; Censebrunn-Benz & Wenzel, 2020, S. 110 f.). Eine öffentliche Thematisierung und Aufarbeitung kann eine Entstigmatisierung unterstützen und bei Menschen mit DDR-Heimerfahrung letztlich das Sich-Öffnen und Unterstützung-Suchen fördern. Mit einer stärkeren gesellschaftlichen Entstigmatisierung darf jedoch nicht die Erwartung an die Betroffen einhergehen, sich dann sofort mit allem zu öffnen. Möglichkeiten zur Eröffnung bereitzustellen, Schweigen jedoch auch als eine (bisherige oder zeitweilige) Entscheidung von Betroffenen zu akzeptieren und ein tieferes Verständnis dafür zu entwickeln, gehört daher zu den zentralen Kompetenzen im Umgang mit Betroffenen und mit dem Thema in der Gesellschaft (vgl. ausführlich die Studie von Kavemann et al., 2016; vgl. auch Keupp et al., 2017a, b). Neben der thematischen Aufarbeitung der DDR-Heimgeschichte ist auch die Bereitstellung ausreichender finanzieller und psychosozialer Unterstützungsmöglichkeiten als gesellschaftlicher Beistand als eine wichtige Bewältigungsressource zu betrachten (Sack & Ebbinghaus, 2012, S. 351–357).

Wie aber muss man sich Bewältigungsprozesse nach sexualisierter Gewalterfahrung vorstellen, wie sind sie zu beschreiben? Vor einem breiten Erfahrungshintergrund zahlreicher sozialwissenschaftlicher Studien im Bereich sexualisierter Gewalt in Institutionen stellt Caspari (2021, S. 197–218) metatheoretische Überlegungen für eine sozialwissenschaftliche Theorie sexualisierter Gewalt, ihrer Folgen und ihrer Bewältigung an. In einer Verschränkung individueller und kontextbezogener Aspekte unterscheidet er dafür eine Entwicklungsperspektive über den Lebensverlauf (vertikale Dimension) und ein sich jeweils formierendes multisystemisches Kontextgeschehen (horizontale Dimension). Dafür zieht er biografie- und bewältigungstheoretische Modelle (u. a. Antonovsky, 1987, 1997; Böhnisch, 2019; Schrapper & Schröer, 2021) heran. Die Theorie bietet gute Möglichkeiten, die Verknüpfung von Subjekt und Struktur deutlich zu machen, die in vielen Erklärungsansätzen zu sexualisierter Gewalt aus dem Fokus gerät und psychopathologisch orientierten Individualkonzepten Vorrang gibt (vgl. zur Kritik daran Caspari, 2021, S. 219–238): Sexualisierte Gewalt ist jedoch keine Krankheit, sondern ein von außen zugefügtes Lebensereignis, sie „wird nicht kontextfrei verübt, sondern geschieht unter sie ermöglichenden Verhältnissen" (S. 99 f.). Die beiden Diskursstränge sind jedoch noch recht unverbunden. „Betroffene werden vor diesem Hintergrund entweder als ‚traumatisierte Patient*innen' oder ‚Opfer gesellschaftlicher Macht- und Geschlechterverhältnisse' betrachtet" (S. 9).

Der Zugang über diese Theorie erlaubt u. a. eine Unterscheidung verschiedener Umfeldaspekte, so z. B. unterschiedlicher institutioneller Missbrauchszusammenhänge. Am Vergleich ehemaliger Heimkinder im Kontrast zu Internatskindern macht Caspari (2021) beispielhaft anschaulich, wie sehr sich die beiden Gruppen bezüglich der Selbstorganisation Ehemaliger, der Kompensationsmöglichkeiten, der Zugänglichkeit zu professionellen Hilfen, der gesellschaftlichen Wahrnehmung und der Anerkennung durch eine adäquate Erinnerungskultur unterscheiden (S. 214). Die ehemaligen Heimkinder weisen auf allen diesen Dimensionen eine deutliche Benachteiligung gegenüber den Internatskindern auf. Ein Beispiel soll hier als Veranschaulichung dienen: „In einem zum Teil zähen Ringen gelang es den Betroffenen aus den Eliteeinrichtungen in Ettal und Kremsmünster, am Ort der Gewalt eine für alle sichtbare Form eines Mahnmals zu errichten. Nichts davon findet sich in den Heimen, in denen zwischen 1949 und 1975 weit mehr Kinder und Jugendliche als in den Internaten Gewalt erfahren mussten. Somit fehlt, was für viele Opfer institutioneller Gewalt ein wichtiges Element der Aufarbeitung darstellt: ein auch später noch sichtbarer und Erinnerung bewahrender Ort, an dem das Unrecht der Institution symbolisch dokumentiert ist" (Caspari, 2021, S. 217). Und an anderer Stelle: „Fasst man den Begriff der Hilfe sehr weit, so besteht eine relevante Wahrscheinlichkeit, dass ehemalige Heimkinder mit Formen der Unterstützung in Berührung kommen, die einen gewichtigen Charakter von Sanktion und Kontrolle beinhalten. Praktiken von Sozialämtern, Arbeitsagenturen, Jugendämtern oder Psychiatrien, die von ihren Klient*innen als etwas gänzlich anderes denn als Hilfe erlebt werden, entfalten sich vor allem unter den Bedingungen ökonomischer Not, psychischer Belastung und fehlender sozialer Ressourcen aufseiten der Betroffenen" (S. 215 f.).

Das Modell erlaubt zudem, Missbrauchserfahrungen, überhaupt „kritische Lebensereignisse als Potenzial für Zuwachs an Kompetenz und Lebenserfahrung zu konzipieren" (ebd., S. 206). Zur Beschreibung zentraler Bewältigungsaspekte wird – in Anlehnung an Grundmann (2006, 2008, 2010), Straus und Höfer (2017) sowie Straus (2013, 2015) – das Konzept der Handlungsbefähigung herangezogen, das auf den Dimensionen Sinnhaftigkeit, Verstehbarkeit, Selbstwirksamkeit, Optimismus und Soziale Zugehörigkeit operiert und damit ein „vielversprechendes Spektrum zum Verständnis der Bewältigung sexualisierter Gewalt zur Verfügung" (Caspari, 2021, S. 201) stellt (s. auch Kap. 7). Das Konzept verbindet weitere zentrale Konzepte aus dem Lebensbewältigungsbereich wie den Agency-Ansatz (vgl. Glöckler, 2011; Homfeldt, 2014), den Capability-Approach (Nussbaum, 2006, 2022; Sen 2009, 2010), Netzwerk- und Soziale-Unterstützungs-Ansätze (Kupfer, 2015; Nestmann, 2010) und den Salutogenesegedanken (Antonovsky, 1987, 1997). Hilfreich an dem Konzept (vgl. umfassend den Zeitschriftenband Caspari et al., 2022; zur Entstehung des Konzepts Keupp, 2022; zur Anwendung des Konzepts auf den Bereich sexualisierten Gewalterfahrung Caspari, 2022) ist, dass hier im „Zentrum nicht die klinisch relevanten Folgen von Belastungen im Sinne von Krankheiten und Störungen standen, sondern die Fragen, wie Bewältigungsprozesse möglich sind und welche Ressourcen dafür erforderlich sind und gefördert werden sollten" (Keupp, 2022, o. S.).Diese „Erweiterung des Blickwinkels ist in Deutschland von hoher Aktualität, da durch die Arbeit der Unabhängigen Aufarbeitungskommission ein veränderter gesellschaftlicher Umgang mit sexualisierter Gewalt markiert wird und Betroffene – nicht als ‚Opfer', sondern als politische Akteure (Keupp, 2017) – gesellschaftliche Strukturen mitgestalten, die zum Schutz vor sexualisierter Gewalt beitragen und bessere Bedingungen zur Bewältigung solcher Erfahrungen ermöglichen sollen" (Caspari, 2021, S. 211). Wie sich Bewusstwerdung, Erinnerung, Aufdeckung und Hilfesuche bzw. Inanspruchnahme gestalten, unterliegt zahlreichen Dynamiken, an denen der gesellschaftliche Kontext stark beteiligt ist. Das bedeutet: „Aufarbeitung und Bewältigung bringen … sowohl individuelle als auch kollektive Anforderungen mit sich" (ebd., S. 9). Im anschließenden Kapitel soll dies verdeutlicht werden.

Aufarbeitung

4

„Wer sich auf die Aufarbeitung der in unserem Lande seit Jahrzehnten unzureichend beachteten sexualisierten Gewalt an Kindern einlässt, auf eine Aufarbeitung, die direkt auf den betroffenen Menschen zugeht und sie [sic] einlädt, sich zu öffnen, muss sich folglich auch auf diese Menschen einlassen und mit diesen Menschen dann auch umgehen, und zwar sozial, im Sinne von hilfsbereit, karitativ, selbstlos, vertrauensvoll, und im Umgang verlässlich. Dabei ist vertrauensvoll und verlässlich unabdingbar! Sonst darf man nicht einfach auf betroffene Menschen zugehen, sie zum Sprechen auffordern, mit Vertrauen werben und damit, dass das dann hilft und vieles besser wird oder macht. Denn das Sprechen ist oft für die betroffenen Menschen nicht das Zentrale! Es ist die Beziehung" (Mehrick, 2021, S. 3).

4.1 Was beinhaltet Aufarbeitung?

Am 23. April 2020 veröffentlichte die Unabhängige Kommission zur Aufarbeitung sexuellen Kindesmissbrauchs (UKASK, 2020) in einer Stellungnahme: „Vor dem Ausmaß und den Folgen der Gewalt gegenüber Kindern und Jugendlichen in diesen geschlossenen Systemen – die in der DDR erst 1989 überwunden wurden – verschließt die Gesellschaft in Deutschland nach wie vor die Augen. … Diese gesamtdeutsche Geschichte muss umfassend aufgearbeitet werden" (S. 1). Diese Aufarbeitung hat jedoch sowohl in den ehemals westdeutschen Bundesländern als auch in den neuen Bundesländern sehr lange auf sich warten lassen (Caspari et al., 2018, 2021b): „Es hat lange gedauert bis sich die betroffenen Institutionen, Träger und auch die gesellschaftlichen Instanzen und die Politik bereitgefunden

© Der/die Autor(en), exklusiv lizenziert an Springer Fachmedien Wiesbaden GmbH, ein Teil von Springer Nature 2023
S. B. Gahleitner et al., *Sexualisierte Gewalt in der Heimerziehung der DDR*, Sexuelle Gewalt in Kindheit und Jugend: Forschung als Beitrag zur Aufarbeitung, https://doi.org/10.1007/978-3-658-40922-7_4

haben, sich mit dem Unrecht auseinanderzusetzen, das durch die Praxis der stationären Einrichtungen der Jugendhilfe in der Zeit nach 1945 bis 1975 verübt
wurde. Aus Sicht der Betroffenen hat dies unbegreifbar und unvorstellbar lange
gedauert" (S. 399). Betrachtet man die Fakten für die DDR, so setzten politische
Aufarbeitungsbemühungen im Bereich der DDR-Heimerziehung zwar relativ bald
nach dem Fall der Mauer ein, konnten aber zunächst wenig Kraft entwickeln.
Erste Untersuchungen und Anklagen im ehemaligen Geschlossenen Jugendwerkhof Torgau zeigten schon damals, dass es sehr schwierig für die Betroffenen ist,
die strafbaren Handlungen in den Heimen nachzuweisen und eine Verurteilung
der Täter:innen zu erwirken (Feldhoff, 2016, o. S.). Die erste Aufarbeitungswelle
der Heimerziehung in der DDR verlief in den nachfolgenden Jahren eher im
Sande. Erst ab 2010/2011 erhielt sie neuen Schwung und berührt nun umfassender
die verschiedenen Heimtypen der DDR sowie die Folgen der dort praktizierten
Erziehung (u. a. AGJ, 2012; Wapler, 2012; Laudien & Sachse, 2012).

Was aber bedeutet überhaupt „Aufarbeitung"? „Als ein Handlungskomplex
von gesamtgesellschaftlicher Bedeutung" (Vergau, 2000, S. 167) erfährt die
Vergangenheitsaufarbeitung in Deutschland „innerhalb der Zuständigkeitsradien
von Exekutive, Legislative und Rechtsprechung institutionelle Normierung und
Umsetzung" (ebd.). „Gleichzeitig existiert sie als reflexiver Prozess in der öffentlichen und veröffentlichten Meinung" (ebd.; vgl. auch Feldhoff, 2016). Keupp
(2020) spricht – u. a. in Anlehnung an Adorno (1959, 1977), Assmann (2016,
2020) und Andresen (2020) – von einer „Trias der Aufarbeitung" (Keupp, 2020,
S. 312; vgl. auch Caspari et al., 2018, 2021b; vgl. zu einer anderen Systema-
tik Pampel, 1995) und unterscheidet dafür – ganz ähnlich wie die Betroffenen
selbst in den vorliegenden Interviews – drei Ebenen. Die erste Ebene ist die
individuelle Aufarbeitung in einem möglichst geschützten Setting, die pass-
fähig, bewältigungs- (Böhnisch, 2019) und lebensweltorientiert (Grunwald &
Thiersch, 2016) angeboten werden muss. Die zweite Ebene betrifft die institutionelle Aufarbeitung, also die Suche nach den damals gewaltunterstützenden
Strukturen. Diese wird nicht selten den Betroffenen „überlassen". Eine Ausnahme
machen hier ausdrückliche Gedenkstätten wie der Geschlossene Jugendwerkhof Torgau (nachfolgend GJWH Torgau). Als eine dritte Ebene nennt Keupp
(2020) die gesellschaftliche Aufarbeitung, „eine glaubwürdige und öffentlich
sichtbare Übernahme der Verantwortung für das erlittene Leid der Betroffenen"
(S. 313; vgl. auch Andresen, 2020). Aufarbeitung ist daher zwar nicht gleichzusetzen mit rechtsstaatlichem Vorgehen gegen Unrecht, jedoch beteiligt an der
gesellschaftlichen Definition von Unrecht. Aufarbeitung verschafft individuellen
Bewältigungsprozessen damit einen gesellschaftlichen Rahmen, ist aber nicht mit
individuellen Klärungsprozessen zu verwechseln. „Im Fokus stehen die Klärung

von Schuld und Verantwortung, die Anerkennung von Leid sowie die Überwindung wirkmächtiger Strukturen, die Unrecht ermöglichen" (Andresen, 2019, S. 25).

Ebene 1. Die individuelle Dimension kann psychotraumatologisch beantwortet werden: Traumatisierte Menschen fühlen sich häufig von der Gesellschaft „disconnected" und „disempowered" (Herman, 1992, S. 51 ff.). Stauffer (2015) hat für Betroffene von Verbrechen gegen die Menschlichkeit die Begrifflichkeit „ethical loneliness" geprägt, um für das umfassende Verlassenheitsgefühl und die toxische Einsamkeit zu sensibilisieren – für den Verlust des Vertrauens, je wieder Teil einer von Mitmenschlichkeit geprägten Gesellschaft sein zu können (S. 15). Überlebende sind daher auf Mitmenschen angewiesen, die ihre Geschichten als Zuhörende bezeugen, dableiben und sich damit nicht überfordert zeigen (ebd., S. 109 f.). Früh verletzte Menschen müssen folglich in der Bewältigung ihrer Traumata unterstützt werden, was von allen in den Prozess der Begleitung Involvierten eine „reflektierte Parteilichkeit" (Oelschlägel, 2005, S. 275 f.) erfordert. Für diesen individuellen Bewältigungsprozess bedarf es geschützter Räume (Assmann, 2016, 2020, S. 36 f.). Eine Möglichkeit besteht hierbei in der Therapie, aber häufig werden auch niedrigschwelligere Angebote benötigt. Letztlich geht es daher nicht selten um eine bedarfs- und alltagsorientierte, betroffenenkontrollierte Unterstützung. Denn die Betroffenen müssen zunächst wieder Vertrauen in zwischenmenschliche und gesellschaftliche Prozesse entwickeln. Daher eignet sich – angeleitete – Selbsthilfe als „Grenzbereich" (Mosser, 2020, S. 339) häufig sehr gut für einen ersten Schritt. „Bei der Aufarbeitung der Vergangenheit geht es folglich nicht nur um die Auseinandersetzung mit Vergangenem, sondern in besonderem Maße auch um den ‚Umgang mit dessen Nachwirkungen in der Gegenwart' (Pampel, 1995, S. 30). Aufarbeitung zeichnet sich durch eine starke Orientierung auf die nachwirkende Relevanz der Vergangenheit in Gegenwart und Zukunft aus" (Feldhoff, 2018, S. 14).

Ebene 2. Aufarbeitung ist jedoch nicht gleichzusetzen mit einer Dokumentation der Ereignisse und einer individuellen Therapie oder Beratung von Betroffenen, sondern ist – auf der zweiten Ebene – auch mit der Aufgabe verbunden, die institutionellen Strukturen zu beleuchten, die diese Gewalt begünstigt und ermöglicht haben. Letztlich geht es darum, in einem umfassenden, nicht nur individualisierten Aufarbeitungsprozess echte Anerkennung (Honneth, 1992, 2021) bereitzustellen, die durch eine klare Haltung der Institutionen nach außen tritt, zur öffentlichen Entschuldigung inklusive der Chance von Gedenkveranstaltungen, Erinnerungsformen sowie der Einrichtung von Präventions- und Schutzkonzepten (UKASK, 2019, S. 97). Dies gelingt keineswegs immer. Keupp (2020) arbeitet heraus, welche Gelingensbedingungen sich hier zeigen: „Es geht ... um die (verspätete) Übernahme von Verantwortung. Das bedeutet, dass die Institution auf der Basis wissenschaftlicher Ergebnisse Formen des Ausdrucks finden muss, die von Betroffenen als echte, tatsächliche Übernahme von Verantwortung wahrgenommen werden. Juristische Konsequenzen und finanzielle Entschädigungen sind pragmatische Formen der Anerkennung vergangenen Leids. Eine nachhaltige Verständigung zwischen Vertreter*innen der Institution und Betroffenen bedarf aber mehr – nämlich der Anerkennung der Realität der Gewalt" (S. 308). Letztlich eine Tatsache, die bereits Adorno (1959, 1977) zur Aufarbeitung des Holocaust konstatierte. „Diese externe Bestätigung, dass das erfahrene Unrecht war und dass dieses Unrecht ein Grund für viele negative individuelle Folgen war, muss in jedem Einzelfall erneut vollzogen werden. ... Für viele war eine der Folgen der fehlenden öffentlichen und sozialen Anerkennung, dass sie immer wieder an ihren Erinnerungen zweifelten" (Caspari et al. 2018, 2021b, S. 401). Es geht daher darum, für Betroffene den „Wirklichkeitskonstruktionen des Täters" (Caspari et al., 2021a, S. 194) eine Alternative entgegenzusetzen.

Ebene 3. Befragt man die Betroffenen selbst, weisen diese stetig auf die Verknüpfung der individuellen mit der gesellschaftlichen Dimension hin (vgl. u. a. Caspari et al., 2018, 2021b). Die Unabhängige Kommission zur Aufarbeitung sexuellen Kindesmissbrauchs hat daher 2019 die Erwartungen Betroffener an Aufarbeitung untersucht. Ein Interviewter sagte aus: „Schonungsloses Offenlegen, ... schonungslos. ... Das ist für mich nicht einfach, ... überhaupt nicht einfach, und dass – ... aber, ... ja, da müssten alle zusammenarbeiten irgendwie auch. Opfer so wie auch der Staat. Der Staat muss auch auf die Opfer eingehen" (Kavemann et al., 2019, S. 35). Aufarbeitung zielt demzufolge auf soziale Zusammenhänge. In diesem Prozess können individuelle Aspekte einfließen, die Begrifflichkeit „Aufarbeitung" verweist jedoch auf ein gesellschaftliches Unrechtsgeschehen, das Grundrechts- und Menschenrechtsverletzung beinhaltet. Adorno (1959, 1977) zufolge basiert Aufarbeitung auf der Einsicht, dass vergangenes Unrecht eine Bedeutung für die kollektive Gegenwart wie Zukunft besitzt. Aufarbeitung umfasst daher die Aufarbeitung von Erinnerungs- und Gedenkräumen sowie -aktivitäten, die Aufdeckung struktureller Ursachen von geschehenem Unrecht, aber auch politische Bildungsaktivitäten. Sie ist dabei angewiesen auf „klare Verantwortlichkeit und institutionelle Unabhängigkeit" (Andresen, 2019, S. 32) und auf die „Vermittlung und Verständigung zwischen den Generationen" (ebd., S. 33). Im Hinblick auf diese gesellschaftliche Dimension hat die Begrifflichkeit „Transitional Justice" (Mihr et al., 2018) den Aufarbeitungsbegriff daher in einen weiteren Kontext gefasst und im Fachdiskurs weiterentwickelt. Die Herstellung von Gerechtigkeit erfolgt dabei durch die Verurteilung der Täter:innen, die Wahrheitsfindung über das Unrecht und die Ursachen, die Wiedergutmachung gegenüber den Betroffenen sowie durch Maßnahmen, die eine Wiederholung verhindern (vgl. auch Andresen, 2019, S. 25 f.).

Verknüpfung der Ebenen. Ehemalige Heimkinder haben ohne Frage ein „Recht auf Aufarbeitung" (Schrapper & Schröer, 2021, S. 94), um nach den schweren Schädigungen wenigstens teilweise eine „Rückgewinnung der Deutungshoheit über einen Teil der Lebensgeschichte" (ebd., S. 94) zu erhalten. Worin aber bestehen hierbei entlang der Studie der UKASK (2020) die Erwartungen? Die Aussagen der Interviewten dieser Studie spiegeln wider, wie sehr es ehemaligen Heimkindern um eine Verknüpfung der individuellen mit der öffentlichen Dimension geht. Von Staat und Gesellschaft – und von Professionellen – muss also das jeweilige Vertrauen der Betroffenen erst wiedergewonnen werden, für eine angemessene Aufarbeitung bedarf es daher eines proaktiven Verhaltens von Politik und Gesellschaft sowie Fachcommunity, eines Aufbrechens „viktimisierender Kultur" (Briere, 1996, S. 84; vgl. auch Herman 1992, 2018, z. B. S. 89, 278; Keilson, 1979, 2005, z. B. S. 427–430). Für manche Betroffenen gelingt dies in Selbsthilfezusammenhängen besonders gut und macht diese so wertvoll. Wenn sie einen angeleiteten Schutzraum bereitstellen, bieten sie einen „Grenzbereich zwischen ‚anvertrauen' und ‚veröffentlichen'" (Mosser, 2020, S. 339; vgl. auch Schlingmann, 2000). So können in einem sicheren Rahmen konstruktive Disclosure-Erfahrungen gemacht werden. Insofern bedarf es insbesondere bei dieser schwer belasteten Zielgruppe eines breiten Spektrums an professioneller wie selbsthilfeorientierter Unterstützung, die individuell und bedarfsorientiert auf den Bewältigungsprozess der Betroffenen zugeschnitten ist. Dabei geht es jedoch nicht darum, Selbsthilfegruppen sich selbst zu überlassen. Aufarbeitung ist mit erheblichen psychischen Belastungen und Schmerzen verbunden. Soll Aufarbeitung daher gelingen, muss sie auch Ressourcen zur Unterstützung der Betroffenen bereitstellen und in Beziehung bleiben (Mehrick, 2021; vgl. auch Oppermann & Schröder, 2021). Gelangen die Betroffenen in passfähige, soziale Unterstützungsbedingungen (Kupfer, 2015, bes. S. 165–170; Nestmann, 2010, bes. S. 16; vgl. dazu auch das Konzept des „social acknowledgement" bei Woodhouse et al., 2018; Maercker & Horn 2012), so entstehen Möglichkeiten wie die von Busch, Dill und Mosser (2020) herausgearbeitete „public individuation" (S. 319), also ein Auftreten als „professionalisierte Betroffene" (ebd.), die den Aufarbeitungsprozess in der Öffentlichkeit aktiv mit vorantreiben. Dies unterstreicht auch der Zeitschriftenband von Forum Erziehungshilfen zum Thema „Erinnern, aufklären, anerkennen, Perspektiven gewinnen" (Schröer & Schrapper, 2021) sehr eindrücklich.

4.2   Aufarbeitungsbemühungen für ehemalige Heimkinder der DDR

Betroffenen der Heimerziehung in der DDR haben auf vielfache Weise Wege zum Umgang und zur Verarbeitung ihrer Geschichte gesucht, einige waren unwegsam, andere vielleicht „nur" steinig, geebnet war keiner. In vielen Fällen war das bestehende Unterstützungsangebot sehr dürftig, und es fehlte an Fachwissen zum Thema Heimerziehung (Keupp, 2020). Zunächst begannen die politischen Aufarbeitungsbemühungen der DDR-Heimerziehung durchaus zügig, im August 1990 wurde bereits ein unabhängiger Untersuchungsausschuss von Kreistag und Stadtverordnetenversammlung in Torgau gebildet. Er sollte die Vorgänge im ehemaligen Geschlossenen Jugendwerkhof bewerten und aufklären (Beyler, 2018). Einige ehemalige Bewohner:innen hatten Strafanzeigen gestellt. „Strafbare Handlungen ließen sich jedoch in den seltensten Fällen nachweisen. Verurteilungen beschränkten sich auf Einzelfälle, wenn ZeugInnen Fälle von Körperverletzung und Nötigung bestätigen konnten. In diesen Fällen verhängte das Gericht Geldstrafen. Insgesamt muss jedoch davon ausgegangen werden, dass von 1990 bis heute kaum DDR-ErzieherInnen verurteilt worden sind" (Feldhoff, 2016, o. S.). Die ersten Expertisen und Studien entstanden (Hannemann, 1995; Sengbusch, 1995). „Im Rahmen der Enquete-Kommission erfolgten somit erste, recht holzschnittartige Untersuchungen zur Jugendhilfe und zur Heimerziehung in der DDR, die als Grundlage für eine weiterführende Aufarbeitung durch die Wissenschaft herangezogen werden konnten" (Feldhoff, 2016, o. S.). An eine Entschädigung der Betroffenen der DDR-Heimerziehung wurde jedoch noch nicht gedacht, die Impulse waren noch nicht stark genug, um eine umfassende Aufarbeitung in Gang zu setzen, obwohl auch die Bundesbeauftragten für die Unterlagen des Staatssicherheitsdiensts der ehemaligen DDR (BStU) sowie die Landesbeauftragten zur Aufarbeitung der SED-Diktatur sich dafür einsetzten. Eine umfassende Aufarbeitung wurde erst ab 2010/2011 mit der Einrichtung des Runden Tischs initiiert (AGJ, 2012, S. 8 f.).

Inzwischen jedoch ist eine große Anzahl von Studien und Publikationen entstanden, von denen nur einige beispielhaft genannt werden sollen. „Den Anfang machte das Dokumentations- und Informationszentrum (DIZ) Torgau, das 1991 als Förderverein gegründet und seit 1995 eine staatlich geförderte Gedenkstätte … ist" (Feldhoff, 2016, o. S.). Daran schlossen sich die bereits oben genannten Expertisen zur Heimerziehung in der DDR (Hannemann, 1995) und zu den Jugendwerkhöfen in der DDR (Sengbusch, 1995) an. Zu nennen sind auch die Publikationen von Sachse (2010) sowie von Dreier und Laudien (2012).

Neben zahlreichen Qualifikationsarbeiten entstanden 2012 drei weitere Expertisen im Rahmen der „Aufarbeitung der Heimerziehung in der DDR" von Wapler
(„Rechtsfragen der Heimerziehung in der DDR"), Laudien und Sachse („Erziehungsvorstellungen in der Heimerziehung der DDR") sowie von Sack und
Ebbinghaus („Was hilft ehemaligen Heimkindern bei der Bewältigung ihrer komplexen Traumatisierung?"; vgl. dazu Beauftragter der Bundesregierung für die
Neuen Bundesländer, 2012). Einen Überblick gibt der Bericht „Aufarbeitung
der Heimerziehung in der DDR" (AGJ, 2012). Auch Forschungsprojekte wurden initiiert, u. a. das Projekt „Heimerziehung in Berlin West 1945–1975 und
Berlin Ost 1945–1990" von der Berliner Senatsverwaltung für Bildung, Wissenschaft und Forschung (Berliner Regionalgruppe Ehemaliger Heimkinder et al.,
2011), ebenfalls Projekte vom Bundesministerium des Inneren (vgl. u. a. Laudien
und Dreier-Horning, 2016). Mit einer Förderinitiative des Bundesministeriums
für Bildung und Forschung (BMBF), die eine stärkere Verankerung der DDR-
Forschung in der deutschen Hochschul- und Forschungslandschaft zum Ziel hat,
werden seit 2019 verschiedene weitere Projekte gefördert. Zu den Forschungsfragen zählen begangenes Unrecht, etwa in Haftanstalten, Erziehungsheimen, im
Gesundheitswesen sowie gegen Ausreisewillige, aber auch Modernisierungsblo-
ckaden in Politik, Wissenschaft, Wirtschaft und Gesellschaft. Hierzu gehört auch
das vorliegende Testimony-Projekt.

Dennoch steht die Frage im Raum, ob es inzwischen bereits ein befriedigen-
des Aufarbeitungsklima und -umfeld für die Zielgruppe ehemaliger Heimkinder
gibt. Wie beschrieben, ist eine Verknüpfung der individuellen und gesellschaftlichen Dimensionen für die Aufarbeitung sinnvoll. Am Beispiel der ehemaligen
Heimkinder hat die individuelle Leistung eingereichter Petitionen zu einer Sam-
melpetition geführt, die den Auftakt für eine gesellschaftliche Kenntnisnahme der
Geschichte der Heimerziehung bildet. Da viele derzeitige Angebote und Veränderungen auf die Öffentlichmachung der Geschichte der Heimerziehung aufbauen
und auch auf die Probleme und Fehler, die in dieser Zeit gemacht wurden, und
man daraus lernen konnte und kann, steht die Dimension der gesellschaftlichen
Aufarbeitung in der nun folgenden Betrachtung an erster Stelle.

4.2.1 Ebene 3: gesellschaftliche Aufarbeitung

Entstehung der Fonds und Zielsetzung. Während der Runde Tisch „Heimerziehung in den 50er und 60er Jahren" (RTH) Anfang 2009 die Aufarbeitung der
Heimerziehung in der BRD von 1949 bis 1975 aufnahm, sollte in diesem Rahmen die DDR-Heimerziehung ausdrücklich nicht behandelt werden (Dreier und

Laudien, 2012, S. 9; vgl. auch Deutscher Bundestag, 2008). Doch schon während der fast zweijährigen Arbeit des RTH wurde die Forderung von Betroffenen, ostdeutschen Betroffenenverbänden und Politiker:innen laut, auch die Heimerziehung der DDR in die Aufarbeitung einzubeziehen. So wurde Mitte 2011 – nach der Vorlage des Abschlussberichts des RTH (2010) – das Projekt „Unterstützungsstelle zur Aufarbeitung der DDR-Heimerziehung" eingerichtet (AGJ, 2012). Sehr schnell wurde deutlich, dass in der BRD wie auch in der DDR viele Kinder und Jugendliche schweres Leid und Unrecht in den Heimen erleben mussten. Die im Abschlussbericht vorgestellten Lösungsvorschläge des RTH (2010) führten nach Beschluss des Deutschen Bundestags zur Umsetzung (für weitere Informationen BT-Drs. 17/6143 2011), sodass ab 2012 für beide Betroffenengruppen – mit einer Verzögerung von sechs Monaten – die Fonds „Heimerziehung in der BRD in den Jahren 1949 bis 1975" (Fonds West) und „Heimerziehung in der DDR in den Jahren 1949 bis 1990" (Fonds Ost) eingerichtet wurden, die über die regionalen Anlauf- und Beratungsstellen erreichbar waren. Die Aufgabe der Fonds Heimerziehung bestand darin, „die Folgeschäden und die beeinträchtigten Lebenschancen der Betroffenen [zu] mildern" (Dreier & Laudien, 2012, S. 10; Erg. v. Verf.). Der RTH steuerte durch die rehabilitativen und finanziellen Maßnahmen für Betroffene Aufarbeitung an. Ziel sollte sein, dass die Verantwortung für die menschenunwürdigen Situationen, denen Betroffene im Heim ausgesetzt waren, von den (damals) zuständigen Stellen übernommen und so eine gesellschaftliche Anerkennung des Leids für die Betroffenen ermöglicht würde. Die Betroffenen sollten unterstützt und aktiviert werden, die eigene Biografie aufzuarbeiten, sowie Begleitung und Unterstützung im Umgang mit Behörden und Ämtern erhalten. Betroffene sollten außerdem bei der Bewältigung ihres Lebensalltags mit den Kindheitstraumatisierungen unterstützt werden (für weitere Informationen RTH, 2010).

Abwicklung der Fonds. Zur Abwicklung wurden 2012 in den einzelnen Bundesländern Anlauf- und Beratungsstellen eingerichtet – und Ende 2018 wieder geschlossen. Dort konnten verschiedene Leistungen vereinbart werden. Die *materiellen Leistungen* waren Unterstützungsleistungen bei bestehenden Folgeschäden aus der Heimerziehung und hatten zum Ziel, diese zu mildern. Sie waren in Form von Sachleistungen in Höhe von bis zu 10.000 EUR zu vereinbaren und abzurechnen. Die *Rentenersatzleistungen* bestanden in einer einmaligen Ausgleichszahlung, wenn für erbrachte Arbeitsleistungen während des Heimaufenthalts nach dem 14. Lebensjahr keine Einzahlungen in die Sozialversicherung erfolgten oder diese Beiträge durch die Rentenversicherung nicht anerkannt wurden. Die *überindividuellen Leistungen* konnten Betroffene zur gesellschaftlichen

Aufarbeitung der Heimerfahrungen beantragen, z. B. für wissenschaftliche Aufarbeitung, Gedenken oder Ausstellungen und Dokumentationen über die damalige Heimerziehung (vgl. RTH, 2010). Während der Fondslaufzeit und darüber hinaus wurden jedoch immer wieder Stimmen laut, die das Verfahren für die Leistungen aus dem Fonds kritisierten und zu einigen Anpassungen und Vereinfachungen im laufenden Verfahren führten. Ein wirklich niedrigschwelliges und betroffenenorientiertes Angebot von entschädigungsähnlichen Leistungen war der Fonds allerdings zu keiner Zeit (vgl. auch Moos et al., 2018, bes. S. 61, 64; Schruth, 2021b). Die zwischenzeitlich eingeführte Meldefrist zum Erhalt der Leistungen wird ebenfalls kritisiert. Sie führt bei einigen Betroffenen zu dem Gefühl, dass es nicht um die Anerkennung ihres Leids, sondern um ein politisches „Reinwaschen" (Caspari et al., 2018, 2021b, S. 54) geht. Viele Betroffene äußern außerdem Kritik an der mangelnden Öffentlichkeitsarbeit, wodurch die Fonds vor allem über soziale Netzwerke und Zufälle bekannt wurden (ebd., S. 53 f.). Moos et al. (2018) zeigen in ihrer Studie, dass ein Großteil der Befragten dem Fonds dennoch eine positive Wirkung zuschreibt: „Für viele Betroffene hat es einen hohen Stellenwert, dass ihr Leid erstmalig öffentlich anerkannt wurde und ihnen Unterstützungsmöglichkeiten eröffnet wurden" (S. 151; vgl. auch BMFSFJ & Fonds Heimerziehung, 2019; für die BRD Caspari et al., 2018, 2021b). Die öffentliche Anerkennung des den Betroffenen angetanen Unrechts kann „einen ersten Schritt zur Entstigmatisierung jener … bedeuten. Somit könnte der Makel ‚Heimkind' … seine negative und destruktive Aura wesentlich verlieren" (Arp, 2016, S. 53). Dennoch wird die Nachhaltigkeit der öffentlichen Anerkennung von Betroffenen infrage gestellt, es wird skeptisch hinterfragt, wie lange die Problematik politisch relevant erscheinen wird und welche weitere Unterstützung Betroffene der Heimerziehung erwarten können (vgl. Caspari et al., 2018, 2021b).

Erfahrungen mit dem Fonds Ost. Die positive Einschätzung über die Fonds Heimerziehung teilen allerdings nicht alle Betroffenen. „Etwa 10 bis 15 % der Betroffenen bewerten die Fonds sehr negativ", so Moos et al. (2018, S. 151; vgl. für die BRD auch Caspari et al., 2018, 2021b, S. 49 f.). Als unangemessen erlebten diese Betroffenen dabei das Verfahren, aber auch die Hilfsmöglichkeiten allgemein. Sie fühlten sich durch das Verfahren bezüglich der materiellen Leistungen bevormundet und als Bittsteller. Kritisiert wird auch, dass in den Rentenersatzleistungen die erzwungene Kinderarbeit nicht berücksichtigt wurde, die oft zu Lasten der Schulbildung ging (ebd. S. 47 ff.). Interessanterweise handelt es sich bei einigen dieser kritischen Gruppe um Betroffene, die – aufgrund des verlorenen Vertrauens in andere Menschen – sozial isoliert und „in sehr prekären Lebensverhältnissen" (Moos et al., 2018, S. 151) leben, „die (auch) auf Folgen ihrer Heimzeit zurückzuführen sind" (ebd.). Das genannte Ziel zur Aufarbeitung der Heimerfahrungen, Unterstützung und Begleitung bei der Bewältigung wurde somit nicht erreicht, vor allem für diese Gruppe von Betroffenen, die deutlich mehr finanzielle und alltägliche Hilfe benötigte. Höhere Unterstützungserwartungen wurden häufig enttäuscht, da weiterführende Gespräche und Begleitung oder Unterstützung bei einer ausführlichen Aktenrecherche oft aufgrund von knappen zeitlichen Ressourcen der Berater:innen nicht durchgeführt werden konnten. Der UKASK (2020) zufolge führte beim Fonds „der Umgang mit Betroffenen [der Heimerziehung] … zu vielfachen neuerlichen Verletzungen" (S. 2, Erg. v. Verf.; vgl. auch May, 2018), denn auch eine Verschlechterung der psychischen Situation bei Betroffenen, die sich während des Fondsverfahrens – zum Teil erstmalig – mit ihrer eigenen Heimgeschichte auseinandersetzen (mussten), konnte durch die Fachkräfte in den Anlauf- und Beratungsstellen häufig nicht angemessen begleitet werden. Und dennoch ist es – trotz sehr einschränkender Rahmenbedingungen – „den Beraterinnen und Beratern mehrheitlich gelungen, dass sich Betroffene mit ihrer Geschichte angenommen und verstanden gefühlt haben und sie die Gespräche als hilfreich und entlastend erlebt haben" (Moos et al., 2018, S. 155). Eine der wichtigsten Errungenschaften der Fonds besteht wahrscheinlich darin, dass die Berater:innen Betroffenen einen Raum bieten konnten, in dem sie ihre Geschichte erzählen durften – ohne Angst vor Unglauben und Kritik. Denn es darf nicht vergessen werden, dass die Anlauf- und Beratungsstellen erstmalig einen Ort für die Zielgruppe „Betroffene der Heimerziehung" boten, an dem diese Zuwendung und „reflektierte Parteilichkeit" (Oelschlägel, 2005, S. 275 f.) erleben durften (vgl. auch May, 2018). Allerdings wurden mit der flächendeckenden Schließung der Anlauf- und Beratungsstellen Ende 2018 dieser Raum und das vorherige Beziehungsangebot wieder entzogen. Die eigentliche Wirkung des Fonds stand daher als Frage weiterhin im Raum.

Andere Entschädigungsleistungen. Der rechtsstaatliche Umgang ist Teil der gesellschaftlichen Definition von Unrecht und somit wichtig für die Aufarbeitung. Betroffene der Heimerziehung haben sich schon (lange) vor dem Fonds Heimerziehung auf verschiedenen Wegen bemüht, das Unrecht der Heimerziehung rechtsstaatlich anerkennen zu lassen. Versuche, Entschädigung über das Opferentschädigungsgesetz (OEG) zu erhalten, sind für Betroffene der DDR-Heimerziehung jedoch nur über die Härteregelung möglich, wenn ein gesundheitlicher Schaden durch die erlebte Gewalttat entstanden ist (Niedersächsisches Landesamt für Soziales, Jugend und Familie, o. J.). Größere Erfolgsaussichten hat eine Rehabilitierung über das Strafrechtliche Rehabilitierungsgesetz (StrRehaG): 2004 wurde der erste Betroffene erfolgreich für seinen Aufenthalt im GJWH Torgau rehabilitiert. Nach der Argumentation der Richter könnten auch andere Heimaufenthalte rehabilitierungsfähig sein, „wenn … nachweisbar ist, dass die

Unterbringungsbedingungen ... menschenrechtswidrig waren bzw. sich das Verfahren ... als rechtsstaatswidrig darstellt" (Reininghaus & Schabow, 2013, S. 22). In der Realität jedoch ist die Bewilligung eines Rehabilitierungsantrags abhängig von den unterschiedlichen Einschätzungen der zuständigen Gerichte in den jeweiligen Bundesländern. Dies bleibt für Betroffene – zu Recht – unverständlich und wird als ungerecht empfunden, ebenso wie die Tatsache, dass Aufenthalte im GJWH Torgau grundsätzlich rehabilitiert, andere in ähnlich menschenrechtswidrigen Einrichtungen jedoch abgelehnt werden (vgl. ebd.). Zwar hat sich die Situation mit der neuen Rechtslage des StrRehaG seit 2017 und den Änderungen von November 2019 verbessert, z. B. durch Aufhebung der Antragsfrist, Gewährung von Opferrente ab 90 Tagen Heimaufenthalt, Vermutung der Rechtsstaatswidrigkeit bei Aufenthalten in Spezialheimen sowie für die Heimeinweisung von Kindern politisch verfolgter Eltern, allerdings ist der Leistungszugang für einen Großteil der Betroffenen immer noch sehr hochschwellig, da einerseits die Beweislast oft kaum zu bewältigen ist, andererseits fehlt vielen Betroffenen eine gute rechtliche Vertretung ihrer Interessen vor Gericht (Schruth, 2021a). Der „erforderliche langjährige Kampf um Rehabilitierung" (ebd., S. 124) stellt daher eine große Hürde dar.

4.2.2 Ebene 2: institutionelle Aufarbeitung

Anerkennung, Entschuldigung und Verantwortungsübernahme. Die institutionelle Aufarbeitung der Heimerziehung in der DDR wurde zwar schon relativ bald nach dem Mauerfall begonnen, begrenzte sich allerdings zunächst vor allem auf den Geschlossenen Jugendwerkhof Torgau. Dies führte unter anderem zur Einrichtung der „Erinnerungs- und Begegnungsstätte im ehemaligen Geschlossenen Jugendwerkhof Torgau", in der dieser Teil der Geschichte bewahrt wird, damit das schwere Schicksal der Jugendlichen an diesem Ort nicht in Vergessenheit gerät. Bundesweit ist dies die einzige Gedenkstätte, die sich am realen Ort des damaligen Geschehens befindet und die staatliche Gewalt über die Kinder und Jugendlichen öffentlich macht (vgl. Feldhoff, 2018, S. 24, unter Bezug auf BT-Drs. 16/9875 2008). Da nicht alle ehemaligen Kinderheime zu Gedenkstätten gemacht werden können, wurden auch andere Wege gefunden, die Orte zugänglich zu machen: Das Projekt „Virtuelle Gedenkstätten: Ort der Heimerziehung in Thüringen, 1945 bis 1990" will die verschiedenen Orte virtuell begehbar machen, auch Filme, Fotos und Zeitzeugenberichte sollen dann abzurufen sein. Darin sind vor allem alle bisher bekannten Kinderheime des Gebiets Thüringen in der DDR verzeichnet. Diese Öffentlichkeitsarbeit fehlt an vielen anderen Orten.

Denn in der Debatte um die Aufarbeitung der Heimerziehung in BRD und DDR ging es den Betroffenen immer auch um eine wirkliche Anerkennung und Verantwortungsübernahme: „Manche der damaligen Heimleiter und Erzieher", so eine betroffene Person, „sitzen noch in den Jugendämtern. Die sollen nicht auch noch Geld, also Rente, für die damalige Arbeit und das Unrecht bekommen" (Sack & Ebbinghaus, 2012, S. 351). Eigentlich sind die Institutionen gefordert, ihre eigene Vergangenheit aufzuarbeiten und die Verantwortung für das dort erlittene Leid zu übernehmen sowie zu hinterfragen, welche Strukturen den Missbrauch und die Misshandlungen zugelassen haben. Dennoch gibt es „kaum eine Institution, die die Initiative zur institutionellen Selbstreflexion und Aufarbeitung der eigenen Geschichte ergriffen hätte. Es waren in aller Regel einzelne Betroffene und vor allem Selbsthilfenetzwerke von ihnen" (Keupp, 2020, S. 312).

Vielen Betroffenen ist es darüber hinaus ein Anliegen, dass durch die institutionelle Aufarbeitung die Misshandlungen und Missbrauch ermöglichenden Strukturen auch aktuell entdeckt und geändert werden können, also aus der Erfahrung gelernt werden kann und sich damit die heutige Kinder- und Jugendhilfe ändert. Dies formulieren auch Schrapper und Schröer (2021): „Dies bleibt … eine grundlegende Kritik der Praxis der Aufarbeitungsprozesse der vergangenen Jahre: … Sie werden kaum aufeinander bezogen und in das Transferwissen der Gegenwart integriert. Es liegen wichtige Aufarbeitungsbefunde vor, die allerdings kaum in das kollektive Wissen der Heimerziehung eingegangen sind … und bisher nur wenig Resonanz in der aktuellen Fachentwicklung gefunden haben" (S. 96). Es ist an den Institutionen, die Möglichkeiten der Verbesserung heutiger Inobhutnahme durch die Aufarbeitung der Vergangenheit zu nutzen. Schutzkonzepte und Präventionsprojekte sind dabei relevant und profitieren von diesen Prozessen, ersetzen allerdings nicht die Aufarbeitung (vgl. Keupp, 2020). „Mein größter Wunsch ist, dass ich nie wieder in einer Gesellschaft leben muss, die sich so wenig um ihre Schutzbefohlenen kümmert" (Sack & Ebbinghaus, 2012, S. 351), so eine betroffene Person. Und so „bleibt der zivilgesellschaftliche Auftrag, die Aufmerksamkeit und Bereitschaft weiterhin aufzubringen, die Bedingungen öffentlicher Erziehung junger Menschen kritisch zu beobachten, geschlossene Unterbringungen in der Jugendhilfe zu skandalisieren und gegebenenfalls junge Menschen zu stärken, sich gegen institutionelle Betreuungswillkür im angeblichen erzieherischen Kindeswohlinteresse erfolgreich wehren zu können" (Schruth, 2021b, S. 93).

4.2.3 Ebene 1: individuelle Aufarbeitung

Unterstützung, Beratung und Therapie. Die flächendeckende Schließung der Anlauf- und Beratungsstellen in ganz Deutschland hat ein großes Loch in die Unterstützungslandschaft für Betroffene der Heimerziehung gerissen. Auch wenn sie die oben genannten Anforderungen nicht (alle) erfüllt haben, so ist doch deutlich geworden, wie wichtig die Beratung und auch das Fachpersonal an diesen Orten für die Betroffenen waren. Schruth (2021b) drückt das Ende sehr prägnant aus: „Den ehemaligen Heimkindern wurde mit der ‚Genugtuung' im abgeschlossenen Aufarbeitungsprozess ehemaliger Heimerziehung in Deutschland im Sinne einer eigenmächtigen Satisfaktion erklärt, wir haben genug getan, … es ist wie ein letztes Wort, ein Schlussstrich" (S. 93). Dabei, so Schrapper und Schröer (2021) haben nur die Betroffenen selbst das Recht, den Aufarbeitungsprozess abzuschließen. Schon 2011 formulierten Gahleitner und Loerbroks Anforderungen an eine „Stelle zur Information, Beratung und Unterstützung" (S. 226): Betroffenen soll helfen, ihr Leben eigenständig und verantwortungsvoll zu gestalten und sie in der Arbeit vor Ort konkret mit einbeziehen, konzeptuell sowie personell (ebd.). „Im Angebotsspektrum für ehemalige Heimkinder ist … eine engagierte und partizipative Grundhaltung sämtlicher beteiligter Institutionen und Professioneller erforderlich, … obgleich es im jeweiligen Einzelfall aufgrund der Multikausalität und Äquifinalität von Traumaursachen und -folgen – medizinisch und psychiatrisch betrachtet – häufig keine objektivierbare Eindeutigkeit in der Schadenszuordnung geben kann" (ebd., S. 237). Ein angemessenes Wissen der Professionellen über die sozialen, historischen und gesellschaftlichen Zusammenhänge der Heimgeschichte und der dort herrschenden Pädagogik sowie über die komplexen Traumatisierungen, die Betroffene der Heimerziehung erlitten haben, ist dabei unabdingbar (ebd.). Diese Anforderungen wurden z. B. bei dem Projekt „Unser Haus – Projekt für und von Menschen mit Heimerfahrung", dauerhaft gefördert vom Land Berlin, vorbildlich aufgegriffen. Das Projekt führte die Unterstützungsarbeit der „Anlauf- und Beratungsstelle für ehemalige Heimkinder in Berlin" weiter und baute sie kontinuierlich aus (vgl. auch Schruth, 2021b). Damit wurde an dieser Stelle der Wegfall der Anlauf- und Beratungsstellen aufgefangen und der individuellen Aufarbeitung ein neuer – und auch fonds-unbelasteter – Raum zur Verfügung gestellt.

Selbsthilfe. Der Selbsthilfeaspekt wird von vielen Betroffenenorganisationen engagiert verfolgt, ist aber auch in vielen Unterstützungsstellen – wie „Unser Haus" – ein wichtiger Aspekt. Gepaart mit Solidaritäts- und Selbstwirksamkeitserfahrungen erleben Betroffene die Möglichkeit, ihre Biografie aktiv und selbstbestimmt gestalten zu können und so die Deutungshoheit über ihre Vergangenheit (wieder) zu erlangen (vgl. Schrapper & Schröer, 2021). Gerade für Betroffene der Heimerziehung, die in geschlossenen Institutionen aufwuchsen, in denen sie wenig bis kein Mitspracherecht über ihr Leben hatten, ist dies eine wertvolle Erfahrung. Außerdem empfinden einige Betroffene Selbsthilfegruppen als eine niedrigschwellige Anlaufstelle. Psychotherapie ist die reguläre vom Versorgungssystem vorgesehene Hilfe, die an vielen Stellen greift, aber Kantor et al. (2022) zeigen in ihrer Studie über Menschen, die institutionellen Kindesmissbrauch in Pflegefamilien in Österreich erlebten, dass es hierbei auch Probleme gibt, zum einen aufgrund der schlechten Verfügbarkeit von Therapieplätzen und der Finanzierung langanhaltender Therapien, zum anderen wegen der negativen Erfahrungen mit professioneller Hilfe innerhalb des Fürsorgesystems. Nach-außen-Gehen und Sprechen können nur gelingen, wenn der Einflussbereich der Täter:innen nicht mehr besteht (vgl. dazu die Überlegungen zur „Indexikalität von Gewalt" bei Hartmann & Höbel, 2020, S. 68, unter Bezug auf Hoebel & Koloma Beck, 2019). Es bedarf also als Grundlage einer gesellschaftlichen Verantwortungsübernahme und einer angemessenen Resonanz den Sprechenden gegenüber (Schaumann et al., 2022; Kavemann et al., 2016). Für die Betroffenen der Heimerziehung ist dies eine neue Erfahrung, da sie während des Heimaufenthalts meistens im Einflussbereich der Täter:innen verblieben und als Resonanz auf „Sprechversuche" Unglauben und Strafen ernteten (vgl. Sack & Ebbinghaus, 2012). Hier ist offenbar noch viel zu tun (vgl. für einen Einblick in den Prozess des Sprechenkönnens nach sexueller Gewalterfahrung Draucker & Martsolf, 2008).

Entwicklung der Fragestellung und methodisches Vorgehen

5

Wie in den vorangegangenen Kapiteln deutlich wurde, blieben im bisherigen gesellschaftlichen Aufarbeitungsprozess viele Forderungen und Wünsche Betroffener der Heimerziehung unerfüllt oder wurden ignoriert (Schruth, 2021a). Es stellt sich die Frage, ob das bürokratische Konstrukt der Fonds Heimerziehung es den Betroffenen möglicherweise schwer gemacht hat, durch die Leistungen eine wirkliche Genugtuung oder Unterstützung zu erhalten. Kontinuierliche Hilfen – wie z. B. Leistungen nach dem OEG oder Rentenzahlungen nach dem StRehaG – könnten theoretisch mehr „zur psycho-sozialen Stabilisierung" (Reininghaus & Schabow, 2013, S. 26) Betroffener beitragen als einmalige Unterstützungssummen (ebd.). Die Hochschwelligkeit dieser Leistungen und die häufig langjährigen Verfahren zermürben jedoch das – oft angeschlagene – Selbstvertrauen und die Kraft Betroffener, die in dieser Zeit ihren Erfahrungen ausgesetzt sind und zugleich erneut darum kämpfen müssen, Gehör zu bekommen und ihre Glaubhaftigkeit angezweifelt sehen (Schruth, 2021b). Dies weist darauf hin, wie bedeutsam die gesellschaftliche Rezeption des Themas für die Betroffenen ist, um sich nicht immer wieder aufs Neue vor Gericht oder medial erklären und mitteilen zu müssen. Betroffenen ist es wichtig, „dass nicht über uns hinwegentschieden, sondern gemeinsam mit uns nach Lösungen gesucht wird" (Gorrissen & Lohest, 2021, S. 89), dass sie also eine „mitentscheidungsrelevante Stimme" (ebd.) haben.

Daraus lässt sich schließen, dass es nach wie vor an Information in der Gesamtbevölkerung fehlt, um die Situation ehemaliger Heimkinder (an)erkennen, verstehen und ihr unterstützend begegnen zu können. Wie bereits in der Einleitung angesprochen, widmete sich der hier vorgestellte Projektteil des Verbundprojekts „Testimony" daher der Erforschung der Bewältigung der Aufenthalte in den Heimen, den Erfahrungen mit dem Fonds „Heimerziehung in der DDR in den Jahren 1949 bis 1990" und künftigen Unterstützungsbedarfen von betroffenen ehemaligen Heimkindern mit sexualisierten Gewalterfahrungen. Im Zentrum standen folgende Fragestellungen:

- Wie haben ehemalige Heimkinder aus der DDR mit (sexualisierten) Gewalterfahrungen ihre Erfahrungen im weiteren Lebensverlauf bewältigt?
- Inwieweit hat der Fond „Heimerziehung in der DDR in den Jahren 1949 bis 1990" zur Milderung erlittenen Leids und zur gesellschaftlichen Anerkennung der Betroffenen beigetragen?
- Welche Unterstützungsbedarfe sehen Betroffene mit sexuellen Gewalterfahrungen im Nachgang des Fonds, und welche konzeptionellen Schlussfolgerungen können daraus gezogen werden?

Die Annäherung an die Problematik erfolgte adressat:innenorientiert. Zielsetzung war, den Betroffenen eine Stimme zu geben, biografische Verläufe mit dem Fokus auf Bewältigungsanstrengungen zu rekonstruieren und auf notwendige Unterstützungsbedarfe aufmerksam zu machen (vgl. die Überlegungen sozialwissenschaftlicher Studien als Instrument zur Aufarbeitung bei Caspari, 2021, S. 253–261, sowie bei Keupp, 2020). Dafür wurden zwanzig Interviews mit ehemaligen Heimkindern aus der DDR geführt, die sexualisierte Gewalt erlebt und Erfahrungen mit dem Fonds „Heimerziehung in der DDR in den Jahren 1949 bis 1990" gemacht haben. Um sich auf der einen Seite dem Feld anzunähern und auf der anderen Seite die Ergebnisse der vorliegenden Studie zu validieren, wurden Gruppendiskussionen mit Expert:innen (Expert:innen aus Erfahrung, Wissenschaftler:innen, psychosozialen Fachkräften) geführt. Die Interviews und Gruppendiskussionen dienten der Entwicklung von Thesen im Diskussionsteil als Antwort auf die oben genannten Fragestellungen. Adressat:innenorientierte Forschung aus der subjektiven Perspektive Betroffener ist im Bereich der Gewaltforschung unterrepräsentiert (vgl. Empfehlungen früherer Forschungsprojekte im Gewaltbereich, z. B. COM/2004/824 2004) und in diesem Bereich besonders notwendig (vgl. die Begrifflichkeit des „repressiven" bzw. „komplizitären" Schweigens bei Assmann, 2016, S. 52–57). Die zwanzig Interviews mit Betroffenen wurden daher bewusst problemzentriert (Witzel, 1982, 2000) mit einer sehr offenen Eingangsfrage und explorativen Erzählanstößen durchgeführt, um den Befragten viel Raum für ihre subjektiven Erzählungen zu geben.

Der Zugang zu den Interviewpartner:innen gelang zum einen über Beratungseinrichtungen bzw. Personen, die langjährig mit ehemaligen Heimkindern gearbeitet hatten. Zum anderen wurden Personen kontaktiert, die ihre Biografie veröffentlicht hatten. Zudem meldeten sich Personen über Empfehlungen durch

andere Betroffene. Im späteren Erhebungsverlauf konnten auch über die Stichprobe eines weiteren Teilprojekts im Testimony-Verbund Interviewpartner:innen
gewonnen werden. Vorteilhaft war an diesem Zugang, dass die Möglichkeit
bestand, gezielt Personen nach bestimmten Kriterien auszuwählen (s. u., Sampling) und dadurch eine möglichst große Differenz abzubilden. Der Nachteil dieses
Zugangs bestand darin, dass die Quell-Stichprobe bereits Einschränkungen unterlag, da davon auszugehen ist, dass z. B. Personen nicht erreicht wurden, die zu
keinem Zeitpunkt psychosoziale Unterstützung erhalten haben und ausschließlich
mit anderen Betroffenen (oder niemandem) in Austausch stehen. Es ist jedoch
fraglich, ob diese Personen über andere Zugänge erreichbar gewesen wären.

Das theoretische Sampling (Glaser & Strauss, 1967, 2010) erfolgte – im Rahmen der coronabedingten Einschränkungen – schrittweise anhand der jeweils
bereits erarbeiteten Ergebnisse. Ausgangspunkt war ein typischer Fall, der von
erfahrenen Expert:innen als solcher eingeschätzt wurde. Anschließend wurde darauf geachtet, dass die Aspekte Alter, Geschlecht, Heimform, Alter bei erster
Heimeinweisung, Dauer des Heimaufenthalts, Form der erlebten (sexualisierten) Gewalt, sozioökonomische Situation und das Gesprochen-Haben in der
Öffentlichkeit gleichermaßen in der Studie berücksichtigt wurden. Darüber wurde
zudem versucht, Gender- und Diversity-Kriterien vielgestaltig einzubeziehen und
zu berücksichtigen. Um möglichst viele verschiedene Eindrücke zu gewinnen
(Cohen et al., 2011, S. 18), wurden wie erwähnt in zwei Gruppendiskussionen Expert:innen, Betroffene und weitere Stakeholder aus dem Feld befragt
(Lamnek & Krell, 2016, S. 384–446). Dies geschah zu Beginn, um einen sinnvol-
len Einstieg in die Interviewphase zu gestalten, und zum Ende des Projekts, um
mit erfahrenen Stakeholdern und Betroffenen die Ergebnisse auf den Prüfstand zu
stellen. An der ersten Gruppendiskussion nahmen ausschließlich Fachexpert:innen
aus Praxis und Forschung teil, in der zweiten waren Betroffene inkludiert.

Die erhobenen Interviews und Gruppendiskussionen wurden mit der Qualitativen Inhaltsanalyse nach Mayring (2000) ausgewertet, für die Berücksichtigung der adressat:innenorientierten Tiefenhermeneutik der Betroffeneninterviews
wurden die zwanzig Interviews zudem durch einen fallkontextualisierten Zwischenschritt präzisiert (Mayring & Gahleitner, 2010). Aus diesem Zwischenschritt
wurden zehn Einzelfalldarstellungen erarbeitet, die das Spektrum der befragten
Personen mit einer Reihe verschiedener Besonderheiten angemessen repräsentieren. Die dargestellten Fälle zeigen eine gewichtete Reihenfolge auf – die ersten
Fälle repräsentieren die Interviewergebnisse am umfassendsten, während die letzten dargestellten Fälle eher Besonderheiten des gesamten Samplings wiedergeben
und es damit vervollständigen. Die Gruppendiskussionen wurden ebenfalls nach
Mayring (2022) ausgewertet und fanden Eingang in den Gesamtvergleich sowie

Methodisches Design

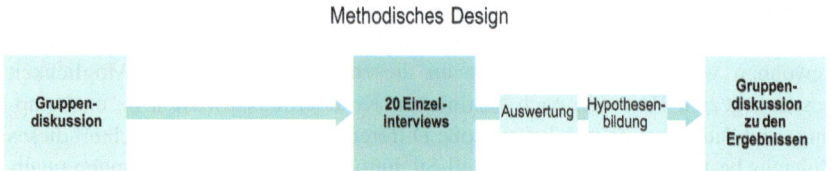

Abb. 5.1 Methodisches Design des vorliegenden Projekts

die Diskussion. Allerdings wurden nach der Auswertung ausschließlich Zitate aus der zweiten Gruppendiskussion gewählt, da die Aussagen der ersten ausreichend von den Interviewten selbst abgedeckt schienen. Die zweite Gruppendiskussion, die spezifisch zur Überprüfung und Ergänzung der Thesen geführt wurde, konnte an verschiedenen Stellen neue Perspektiven für die Diskussion aufzeigen (s. Abb. 5.1).

Eine Besonderheit stellte in diesem Kontext das häufig befürchtete Risiko dar, im interpersonalen Gewaltbereich Forschung durchzuführen. Um auftretende Risiken ethisch angemessen auszubalancieren, waren in diesem Forschungsprojekt von Beginn an ethische Überlegungen zentral. Insbesondere durch das vorab eingeholte Ethik-Approval, das auch ein Datenschutzkonzept beinhaltete, wurde versucht, mögliche Risiken abzusichern und stets im Sinne der Sicherheit der Betroffenen zu handeln. Ebenso zentral waren die Einbindung und der Austausch der beteiligten Praxisstellen und deren Praxisvertreter:innen. Auch in der Vorauswahl der Interviewpersonen durch Kolleg:innen aus dem anderen Teilprojekt konnten die Risiken bereits reduziert werden. Darüber hinaus wurden immer telefonische Vorgespräche mit den Betroffenen geführt, die u. a. mögliche Belastungen durch das Interview und vorhandene (psychosoziale) Unterstützung abklärten. Die Interviewsituation wurde stets traumasensibel gestaltet – z. B. oblag es den Interviewten, den Ort zu wählen, an dem das Interview geführt wurde, sie hatten jederzeit die Möglichkeit, Pausen zu machen oder das Interview zu beenden und wurden vor Beginn ausführlich über den Ablauf des Interviews und die Verwendung der Daten aufgeklärt. Zudem wiesen alle Interviewer:innen traumaspezifisches Wissen und Beratungskompetenzen auf, und Interviewsituationen wurden regelmäßig nachbesprochen und bei Bedarf supervidiert (vgl. Helfferich, 2016). Daten und Fakten aus den Interviews, die zu einer Identifizierung der Betroffenen führen könnten, wurden zudem entfernt oder verändert. Die Veröffentlichung der Ergebnisse erfolgt in anonymisierter Form und ermöglicht keinen Rückschluss auf die einzelnen an der Untersuchung beteiligten Personen.

Alle Interviewten konnten bis zum Ende der Erstellung der Einzelfalldarstellungen über die Publikation der Falldarstellungen mitbestimmen. Auch in diesem Projekt – ähnlich vorangegangenen – konnten dadurch nicht nur die Risiken minimiert, sondern für die Interviewten auch völlig neue Erfahrungen ermöglicht werden: Heilungsfördernde und positive Effekte waren durch die narrativ angelegten Interviews im Verlauf des Projekts keine Seltenheit (vgl. auch Bar-On, 1996; Gahleitner, 2002).

Im Sinne einer Triangulation (Denzin, 1970; vgl. Flick, 2011) wurde mit mehreren Interviewer:innen und Auswerter:innen gearbeitet. Während des Forschungsprozesses wurde zudem regelmäßig mit zugehörigen Praxisstellen und dem Beirat Kontakt aufgenommen. Regelmäßige virtuelle wie real stattfindende Konferenzen mit Stakeholdern – Betroffenen wie Expert:innen – gewährleisteten eine angemessene kommunikative Validierung der Auswertungsergebnisse. Im nachfolgenden Kapitel werden zunächst die Ergebnisse in Form der Einzelfalldarstellungen präsentiert. Die zehn ausgewählten Fälle lösen den Anspruch ein, ein angemessenes Bild des Gesamtsamples zu zeichnen. Über den Gesamtvergleich der Interviews entsteht anschließend ein breiter Zugang zu allen Erhebungen. Aus diesen Ergebnissen wurden die bereits angesprochenen Aufmerksamkeitslinien bzw. Thesen für den Diskussionsteil erarbeitet.

Ergebnisse aus den Einzelinterviews und Gruppendiskussionen 6

6.1 Zehn Falldarstellungen ehemaliger Heimkinder

6.1.1 Martina Jopmann: „Hab ich dann ehrenamtlich angefangen in dem Haus zu arbeiten …, sieben Tage pro Woche …, für mich ja, ist meine Familie"

Martina Jopmann hat viele weitere Geschwister und wird bereits vier Monate nach ihrer Geburt in einem kirchlichen Adoptivheim untergebracht. Während dieser Zeit wurden 15 Versuche unternommen, sie bei Pflegeeltern unterzubringen. Schließlich wird sie im Alter von sechs Jahren von einer Pflegefamilie aufgenommen und lebt dort sieben Jahre. Während ihr Pflegevater gewalttätig ist, wird die Pflegemutter zu ihrer wichtigsten Bezugsperson. Aufgrund verschiedener Verhaltensauffälligkeiten kommt Martina in ein Heim für Schwererziehbare, in dem sie weitere fünf Jahre bleibt. In diese Zeit fällt ein vierwöchiger Aufenthalt im JWH Torgau. Martina Jopmann hat sexualisierte Gewalt erlebt, hat bezüglich der Taten große Erinnerungslücken, beschreibt die Folgeerscheinungen aber eingängig. Nach der Heimunterbringung erlernt sie einen Beruf, mit dem sie jedoch nie glücklich wird, und schlägt sich in verschiedensten Branchen durch. Während dieser Zeit entwickelt sie eine Alkoholabhängigkeit und erlebt schwere körperliche, auch sexualisierte Gewalt durch verschiedene Ehemänner. Sie wird Mutter zweier Kinder, trennt sich vom gewalttätigen Vater der Kinder und versucht zunächst, nichts nach außen durchdringen zu lassen. Als das nicht mehr gelingt, sucht sie Hilfe bei einer stationären Einrichtung und später bei einer Suchttherapeutin. Auf diese Weise beginnt sie, ihre Geschichte aufzuarbeiten. Heute arbeitet sie in einem Heim für psychisch kranke Menschen und hat sich darüber sowie über den Klinikaufenthalt und die Suchttherapie sehr stabilisiert.

6.1.1.1 Erfahrungen vor und während der Heimzeit

Adoptivheim. Martina Jopmann wird bereits früh – wie all ihre Geschwister – in einem katholischen Adoptivheim untergebracht (Abs. 12, 18). Aufgenommen wird sie im Heim auf Initiative ihrer leiblichen Mutter. Von ihr spricht sie als *„biologische Erzeugerin, die mich mit vier Monaten weggegeben ... hatte"* (Abs. 12). Die Atmosphäre in diesem Heim beschreibt sie als sehr gewalttätig (Abs. 10): *„Dann hatten wir damals auch so eine kleine Besenkammer, ein Meter mal ein Meter, wo ich auch sehr oft und viel drinnen stand. Kein Fenster, kein gar nichts"* (ebd.). Darüber hinaus ist es üblich, die Kinder ans Bett zu binden (Abs. 16) oder sie unter Wasser zu halten. Dies wird Stuken genannt: *„Ich war sehr ungestüm und hatte mir oft die Strumpfhosen kaputtgerissen ..., und dafür gabs dann ..., Sonnabend war Badetag, dann wurde ich sehr lange und sehr intensiv gestukt im Wasser"* (Abs. 10). Eine Erzieherin hat Martina Jopmann jedoch als schützend in Erinnerung: *„Ich hatte damals eine Erzieherin ..., aber die lebt leider nicht mehr, die wollte mich ja damals zu sich nehmen. ... Aber durfte sie nicht, weil sie nicht verheiratet war. Ja und die hat mich dann mal ab und zu Wochenende mit rausgenommen, und wenn Badetag war und die hatte Dienst, hat sie mich verschont"* (Abs. 39–43). Dieser Schutz verkehrt sich jedoch ins Gegenteil: *„Aber das wusste unsere Nonne. ... Und die kam dann extra noch rein und hat dann kräftig mich ... immer gestukt, und immer wieder"* (ebd.). Während dieser Zeit wird stetig versucht, sie bei einer Pflegefamilie unterzubringen (Abs. 10). Mit sechs Jahren kommt sie schließlich in einer Pflegefamilie unter.

Pflegefamilie. *„1966 kam ich dann nach 15 Familien ... zu Pflegeeltern, die ganz stark in der Partei integriert waren"* (Abs. 29). Bei dieser Pflegefamilie lebt Martina Jopmann sieben Jahre. Die Pflegeeltern sind bereits älter: *„Die waren auch über 50 Jahre älter. Ne, also geschämt hat man sich ..., weil sie dann alle gefragt haben: ‚Du, sind das deine Eltern, oder ist das Oma und Opa?' Ich hab dann ... Oma und Opa gesagt, und mein Pflegevater hat ... mich dann den ganzen Flur ... geschlittert"* (ebd.). Einerseits findet das Erleben von Gewalt hier eine Fortsetzung durch den Pflegevater, andererseits erlebt sie die Pflegemutter gänzlich anders: *„Was meine Mama anbetraf, war schön. Die hat mich so was von verwöhnt"* (Abs. 235). Zusammenfassend führt Martina Jopmann dazu aus: *„Anstand hat sie mir beigebracht ..., zwei Mal im Jahr sind wir auch ... in die Ferien weggefahren. Ne, zusammen. Und Ferienlager hatte ich, also das war schon eine schöne Zeit gewesen. Mit ... ihr. Haben wir viel unternommen. Sie hat mir viel mitgegeben"* (Abs. 243). Sie berichtet, dass ihre Sprachentwicklung als Kind extrem verzögert war. Während der Zeit in der Pflegefamilie spricht sie ihren ersten Satz: *„Mein erster Satz ..., den hab ich zu meiner Pflegemama gesagt, ... und das mit knappen sieben Jahren"* (Abs. 230). Daher wird sie zunächst in eine besondere Schulform eingeschult: *„Da war ich noch nicht reif für die Schule. Absolut nicht. Und als ich dann eingeschult wurde, wollten sie mich dann auch in eine Hilfsschule stecken, haben sie das ausprobiert ..., da bin ich wieder zu schlau. Für die Hilfsschule. Dann hab ich normal die Schule besucht"* (Abs. 232).

Heim für Schwererziehbare und Torgau. Grund für die Heimeinweisung, so sagt Martina Jopmann, war ihr auffälliges Verhalten während der Schulzeit: *„Ich hab sie wirklich in den sieben Jahren, ich hab sie beide fertig gemacht, ihn gewollt, aber sie nicht gewollt. ... Die damalige Jugendleiterin ..., die hatte dann ... organisiert, dass ich dann ins Heim für Schwererziehbare kam. ... Aber ich war auch unmöglich. Ich bin zur Schule gegangen, wann ich wollte. Ich hab Haushaltstage genommen [lacht]. Hab mich nachts rumgetrieben, ich habe dann in der Schule geschlafen, wenn ich wach geworden bin, standen Zettel vor mir: ‚Bitte nicht stören, die schläft'* (Abs. 248 f.). Im Heim für Schwererziehbare setzt sich die Gewalt fort: *„Da war noch eine Erzieherin im Haus, die war eine ganz ... Schlanke und hatte so'ne Plateauschuhe immer an. Und die hat mich dann mit ihren Schuhen schön kräftig in die Nieren reingetreten, sodass ich dann den Flur langgerollt bin"* (Abs. 29). Martina setzt sich zur Wehr: *„Hab sie dann mit ... mit der Hand am Hals gegen eine Wand gedrückt. Hätte sie nicht geschrien, ich weiß nicht, was passiert wäre, aber ... andere Kinder kamen dann ... und haben mich von ihr weggezogen"* (ebd.). Dies führt zu einer vierwöchigen Unterbringung in Torgau: *„Das war auch schrecklich da, da hat man nur in einer Zelle gesessen"* (ebd.). *„Ich hab dann nur noch funktioniert, ja ich hab dann das alles gemacht, das was sie wollten"* (Abs. 46 f.). Bis zu ihrem Auszug aus dem Heim, so Martina Jopmann, verändert sich daran nichts mehr (ebd.).

6.1.1.2 Auswirkungen

Soziale Auswirkungen. Obwohl sie selbst an die sexualisierten Gewaltübergriffe nur vage Erinnerungen hat (Abs. 8), schildert Martina Jopmann eindrücklich deren Einfluss auf ihr heutiges Leben: *„Ich bin 15 Pflegefamilien durchlaufen. Und hatte höllische Angst vor Männern gehabt. Ja also sobald ich da im Ehebett lag und der Mann kam ins Bett, war Terror angesagt, also das konnte ich nicht ab, und das hab ich auch nicht vertragen, Männer küssen, na um Gottes willen, das ging gar nicht. Ja ich denke, dass da was vorgefallen ist"* (Abs. 10). Dennoch kann sie sich nicht eingestehen, dass es sexualisierte Gewalt in ihrem Leben gab: *„Aber ich selber ... merkte das eventuell, was ich mir aber auch nicht eingestehen wollte, selber auch später an meinem Sexualleben. Ja es war, bei mir war keine Lust da,* *es musste, es gehörte einfach zur Ehe zu, ja man gebar dann auch Kinder, aber von mir aus konnte Sex wegfallen. Weil war immer mit Schmerzen verbunden"* (ebd.). Ihre Paarbeziehungen sind insgesamt durch Gewalt charakterisiert, die sie jedoch lange Zeit als normalen Teil einer Partnerschaft versteht: *„In meinem Leben bis zur zweiten Ehe lief ja auch immer mit Gewalt. Ja das war eigentlich was, ich weiß nicht, viele sagen immer: ‚Ja Martina, das haste rausgestrahlt, dass du dir so'ne Männer immer gesucht hattest'. Aber das gehörte irgendwie zu meinem Leben. Das war Standard, also ich fand das als normal"* (Abs. 57). Die Gewalt schließt auch erneute sexualisierte Gewalt ein und steigert sich bis zu einem Mordversuch an Martina Jopmann: *„Weil ich habe ja in meiner ersten Ehe ... sehr viel Gewalt erfahren. Von diesem Mann. Der hatte mich geschlagen, der hat mich vergewaltigt. Der wollte mich umbringen ..., mit'ner Mistforke. ... Die ist ja dreizinkig. Gott sei Dank fehlte der ... Mittelzinken, ansonsten wär der hier voll durchgegangen"* (Abs. 97). Auch in der Beziehung zu ihren Kindern spielt das erlittene Leid eine große Rolle, ihr fallen Wärme und Zärtlichkeit auch hier enorm schwer. Dies bedauert sie bis heute: *„Das ... war bei mir sehr rar ..., die haben drunter gelitten ..., ja definitiv"* (Abs. 82, 173).

Psychische Auswirkungen. Schließlich flüchtet sich Martina Jopmann in den Alkohol. Unter dem steigenden Alkoholeinfluss wird sie selbst gewalttätig: *„Als ich noch reichlich oder viel getrunken habe, hat man aber auch dann ..., also es durfte mich keiner provozieren. ... Ich habe so was überhaupt nicht vertragen. Dann hab ich auch ... zugeschlagen"* (Abs. 88 f.). Dieses Verhalten führt sie auf verinnerlichte Gewalterfahrungen zurück: *„Wofür man sich da natürlich dann geschämt hatte ..., weil man das ja eigentlich selber erfahren hat und auch gar nicht weitergeben wollte. Aber irgendwie ... war man innen drinnen da auch selber ein Schweinehund geworden und ... hat dann vieles angewendet, was man selber auch erlebt hat"* (ebd.). In der Folge bleibt sie in einer Dynamik aus Scham, Aggression und Alkoholabhängigkeit gefangen, die sie bis zu ihrem 40. Lebensjahr begleitet (Abs. 106 f.). Als eine Situation fast eskaliert, kann sie gerade noch den Rückzug antreten: *„Da hat er mich so provoziert. Und da hab ich mich richtig erschrocken, auf einmal hatte ich das Messer in der Hand gehabt. ‚Wow', dachte ich„nein, das geht jetzt gar nicht.' Das Messer sofort ins Waschbecken geschmissen, raus aus dem Haus"* (Abs. 282). Eine Reihe weiterer psychischer Folgeerscheinungen umgeben ihr Leben, z. B. massive Schlafstörungen: *„Ich schlafe sehr unruhig, aber heute komischerweise noch, ich wackele mit dem Kopf. Immer noch, ... kriege ich auch nicht raus, das mache ich alles im Schlaf. Oder wenn ich auf dem Bauch liege, gehen meine Füße immer hoch und runter. Entweder mal das rechte Bein, oder ..., das merk ich alles gar nicht, ja. Aber ... wenn ich mal auf das Holz komme, mit meinem Fuß, werd ich wach. Dann weiß ich: Hat es ... wieder mal geklappt"* (Abs. 31).

Sozioökonomische und umfassende Auswirkungen. Martina Jopmanns beruflicher Wunsch ist es, Polizistin zu werden: *„Das wollte ich werden, das war mein Wunsch"* (Abs. 69). Wegen der Heimvergangenheit wird ihr dies aber verwehrt (ebd.). Schließlich erlernt sie einen Beruf, den sie nie ausübt, und arbeitet in der Folge in einer Reihe verschiedener Branchen – von der Gastronomie bis zur Landwirtschaft. Nach einer ehrenamtlichen Mitarbeit in einem Wohnheim für psychisch kranke Menschen wird sie dort eingestellt: *„Dann ist es mein Beruf geworden. Also ich war so ein Quereinsteiger"* (Abs. 144). Nach vielen Jahren schon fühlt sie sich dort sehr wohl, und es gibt ihr Halt: *„Macht heute noch Spaß. … Ist meine Familie"* (Abs. 144–154). Neben ihrem mittlerweile guten Arbeitsleben verfolgen sie die Erfahrungen im Heim bis heute und beeinflussen ihre Lebenswelt. Bei der Internetrecherche zu ihrer Heimbiografie stößt sie auf Informationen zu dem Adoptivheim: *„Es war ganz, ganz, ganz, seltsam, ich konnte nicht aufstehen, wo ich mir das, also zehn Minuten lang hab ich da vor dem PC gesessen [beginnt zu weinen], konnte mich nicht bewegen"* (Abs. 16). Die Lähmungserscheinung dauert mehr als zehn Minuten: *„Dann konnte ich auch wieder, aber ich hab mindestens 10 min gedauert, die Füße waren auf dem Boden fest, die waren aneinander, … es gibt noch manche, in der heutigen Zeit, manche Situationen, die merkt man einfach"* (ebd.). Einige solcher Situationen zählt sie auf. So erträgt sie es z. B. nicht, wenn jemand ihre Haare berührt: *„Bis heute noch sehe ich rot. Da hat keiner drinnen zu suchen und geschweige zu ziehen"* (Abs. 57). Für diese ‚Zustände' genügt eine kleine Sinneswahrnehmung, wie ein Geruch, der sie an die Zeit im Heim erinnert: *„Ich war unten in der Waschküche, auf einmal kam mir ein Geruch entgegen, was ich aus dem katholischen Kinderheim hatte. Das war ganz komisch"* (Abs. 259).

6.1.1.3 Bewältigung
Veränderungsprozess – vom Schweigen zum Sprechen. Nach außen gelingt es Martina Jopmann für lange Zeit, eine Fassade aufrechtzuerhalten, um den Anschein zu erwecken, es gehe ihr gut, auch wenn sie *„innerlich zerrissen ist"* (Abs. 91). Inzwischen hat sich dies geändert, und sie kann Verletzungen auch wahrnehmen. Dennoch sind innere Mauern und Erinnerungslücken geblieben. So kann sie sich z. B. nur an wenig Peers aus der Heimzeit erinnern, *„an Kinder so selber habe ich ausgeblendet"* (Abs. 53). *„Denn ich kann mich auch nicht erinnern, dass wir mal zusammen gespielt haben oder irgendwie was, gar nicht mehr…. Ich denke, ich hab's Gedächtnis rausgedrückt. Dass da nicht mehr Sonne ist. Ja eben bloß das Bösartige, das konnte ich leider nicht so schön rausschieben"* (Abs. 55). Langsam jedoch brechen die Erinnerungen wieder auf: *„Irgendwann wollte ich nicht mehr stark sein. Ja? Äh, heute dann die Leute zu mir immer noch:,Martina,*

... du bist einfach eine starke Frau.' Ja? Aber ich hatte, ich war an einem Zeitpunkt gekommen, da wollt ich gar nicht mehr stark sein. Ja, da wollt ich wie die anderen ticken. Ja. Was von einem preisgeben, aber das hat man sich dann aber auch wieder sehr schnell abgewöhnt" (Abs. 302). Aufgrund von enttäuschenden Reaktionen bei ersten Öffnungsversuchen kann Martina Jopmann sich erst spät dazu durchringen, wirklich über ihre Heimerfahrungen zu sprechen, z. B. ihren erwachsenen Kindern gegenüber: *„Ich wollte das, man kann ja nie das wiedergeben, was verloren ist. Ne? Aber man kann da wenigstens versuchen, Ansatz zu geben, dass sie auch sehen:,Halt. Mutter ist ja nicht so'"* (Abs. 175).

Auseinandersetzung und Umgang mit der Vergangenheit. Einmal besucht Martina Jopmann den ehemaligen Jugendwerkhof Torgau: *„2010 glaub ich, bin ich hingefahren. Da ... war so ein Ehemaligentreffen ... ich bin da echt hingefahren und hab mir das alles nochmal ..., was ich mir nicht mehr angeguckt hatte, was ich auch nicht mehr wollte, waren die Zellen. Die existieren ja auch noch, aber ... als ich da eine Tür gesehen habe, die Zellen nicht mehr, das muss ich nicht haben. Ja und bin dann zum Zug gelaufen und ist mir alles so schön von den Schultern gefallen, immer mehr, wie ich zum Zug kam, umso gelassener wurde ich und hab das einfach nach hinten geschoben"* (Abs. 23). Im Nachgang ihres Besuchs in Torgau spürt sie, sie sei *„auch kein Mensch ..., der sich damit ständig nur auseinandersetzen wollte"* (Abs. 263). Nach diesem Besuch lässt sie sich aktiv aus E-Mail-Verteilern ehemaliger Heimkinder abmelden: *„Nochmal, hab ich gedacht, mach ich das nicht, ich hab jetzt damit abgeschlossen"* (Abs. 23). Stattdessen benennt sie innere Vorsätze, die für sie bei diesem Prozess hilfreich waren: *„Ich hab dann mit den Jahren gelernt, mir einfach, das war dann auch später mein Leitsatz die ganzen Jahre:,Jeder ist seines Glückes Schmied'"* (Abs. 117). Den Entscheidungsprozess zur Veränderung ihres Alkoholkonsums charakterisiert sie ähnlich: *„Ich fand das immer hässlich, wenn man besoffen war. ... Dachte ich:,Nee. Nee. Das ... brauchst du alles nicht mehr. Bist ein erwachsener Mensch. Jetzt kannst auch langsam mal vernünftig werden'"* (Abs. 106 f.). Sie trifft die Entscheidung, professionelle Hilfe in Anspruch zu nehmen, um ihre Abhängigkeit zu bearbeiten.

Austausch mit anderen und Solidaritätserfahrungen. An ihre leibliche Mutter hat Martina Jopmann eine Reihe von Fragen, die sie schließlich dazu bewegen, diese mit Unterstützung einer Freundin aufzusuchen. Der Kontakt scheitert jedoch: *„Ich hab noch fünf Geschwister, und alle sind sie dran schuld. ... Ich sag:,Erzähl doch keine Lügen ..., steh doch einfach dazu', oder:,Stehen Sie einfach dazu!' ... Und dann immer das Lügen, das Lügen ..., und dann bin ich so was von ausfallend, das war überhaupt nicht meine Art, aber wie gesagt, das Lügen ..."* (Abs. 186). Schließlich entscheidet sie sich, Hilfe im professionellen Umfeld zu suchen. Da sie *„als Alkoholkranke alleine dastand"* (Abs. 142), beschließt sie, sich – zunächst ehrenamtlich – in einem Wohnprojekt für psychisch kranke Menschen zu engagieren: *„Dadurch, dass ich ja nun arbeitslos war und alleine zu Hause ..., dachte ich: ‚Nee, alleine zu Hause geht gar nicht. Dann ziehste dich an, gehst runter zur Kneipe ..., geht gar nicht. Da hab ich mich an den Typen erinnert und hab ihn mal in dem Haus besucht. Ne? Dann bin ich auch mit dem Chef ... ins Gespräch gekommen und hab gefragt: ‚Du, hör mal zu‘ – oder ‚hören Sie mal zu‘, war ja ein Doktor –, ‚kann ich hier ehrenamtlich tätig werden? Ich will raus aus der Hütte. Ist mir zu, zu belastend.‘ Ne, und dann sagt er: ‚Was wollen Sie denn machen?‘ – Ich sag: ... ‚Für Leute da sein, denen es nicht gut geht, alles so was‘ –‚Ja‘, sagt er. ... Hab ich dann ehrenamtlich angefangen, in dem Haus zu arbeiten. Und hab das sieben Tage pro Woche gemacht"* (ebd.). Die Beschäftigung hat ihr, wie sie beschreibt, auch dabei geholfen, ihren Alltag zu strukturieren und so möglichen Rückfällen vorzubeugen. Seit nunmehr über zehn Jahren arbeitet sie in dem Wohnheim und ist mittlerweile sozialversicherungspflichtig beschäftigt: *„Für mich ... ist meine Familie"* (Abs. 147–154).

6.1.1.4 Soziales, professionelles und gesellschaftliches Umfeld
Professionelles Umfeld. Irgendwann kann Martina Jopmann ihre Fassade nicht mehr aufrechterhalten: *„Mir durfte keiner mehr in dem Sinne wehtun. Ja. Und das war dann irgendwann mal zusammengebröckelt, die Mauer. Dann bin ich empfindlich geworden"* (Abs. 291). An dieser Stelle sucht sie gezielt professionelle Hilfe: *„Da wollt ich mir beim Psychologen Hilfe holen"* (Abs. 111). Der Psychologe erklärt ihr jedoch, sie solle zunächst eine stationäre Entgiftung durchlaufen. Nach erfolgreicher Entgiftung wird sie erneut beim Psychologen vorstellig, der sie weiterhin nicht behandeln will: *„Ich bin dann wieder zu dem Psychologen zurück .... ‚Nein‘, sagte er, ‚denn Sie müssen zur Langzeittherapie‘"* (ebd.). Resigniert entscheidet sie sich: *„Wenn er dir nicht hilft, dann machst du es anders, dann hab ich drei Tage hintereinander gesoffen ..., dann bin ich in eine Klinik rein"* (Abs. 112). In dieser Klinik erlebt sie einen Wendepunkt und entscheidet: *„Die Mauer ..., die man sich ja über die ganzen ... Jahrzehnte aufgebaut hatte. Die in Angriff zu nehmen"* (Abs. 112). Vier Jahre nach dem Klinikaufenthalt beginnt sie eine ambulante Suchttherapie: *„Das war dann über anderthalb Jahre und einmal in der Woche für circa zwei Stunden ging die Gruppe, und dann hatte man noch Einzelgespräche bei ihr"* (ebd.). Die Suchttherapeutin hat sich besonders dadurch ausgezeichnet, dass sie die Problematik angemessen erfasste: *„Nach einer Weile hatte die zu mir auch gesagt: ‚Also das Alkoholproblem scheint ja wirklich bei Ihnen gar nicht so immens zu sein, bei Ihnen ist das einfach die Psyche‘"* (ebd.). Die

traumaorientierte Arbeit an ihrem Heimaufenthalt hat Martina Jopmann sehr wei-tergeholfen: *„Das hat sie halt super gemacht, und dann hab ich auch so einiges auch so wieder über mich noch erfahren"* (ebd.). **Soziales Umfeld.** Martina Jopmanns Partnerschaften sind, wie bereits beschrieben, fast ausschließlich durch Gewalt gekennzeichnet. Immer wieder jedoch schafft sie den Ausstieg: *„Ich meine, ich hab dann aus diesen Ehen immer nochmal die Flucht gefunden, ja. Wo ich mir dann selber gedacht habe, na das kann ja nun nicht alles gewesen sein, vom Leben"* (Abs. 282). In diesem Zusammenhang misst sie der Ehe mit dem Vater ihrer Kinder ein besonderes Gewicht zu. Dieser sei ihr *„gegenüber ein schrecklicher Mensch"* (Abs. 97) gewesen. Den Kindern gegenüber sei er jedoch nicht gewalttätig geworden. Diese hätten ihn retrospek-tiv *„auf ein Podest gehoben"* (ebd.). Dieser Umstand ist für sie nur schwer zu ertragen, und sie sucht das Gespräch mit ihren Kindern: *„,Jetzt nimmste keine Rücksicht mehr, jetzt erzählste alles, was du erlebt hast bei diesem Mann.' Ne? Ja und hat dann meine Tochter gesagt:,Ja das wussten wir ja nicht, hättste mal früher ...' Sag ich:,Ich wollte euch damit nicht belasten'"* (ebd.). Als Jahre nach der Scheidung der Vater der Kinder mit dem Auto tödlich verunglückt, wird die Beziehung zu ihren Kindern dadurch sehr belastet: *„War schon schlimm. Wo der Vater dann tödlich verunglückte. Und ... meine Große mir dann einen Brief schrieb zu Weihnachten:,Es wär viel schöner gewesen, wenn du verreckt wärst. Und nicht Papa'"* (Abs. 83–85). Das Thema Vater ist bis heute zwischen Mutter und Tochter aktuell. Beide haben jedoch einen Umgang damit gefunden: *„Meine Tochter hat sich dann doch, doch geändert. Die sagte:,Ich werde meinen Papa immer lieben.' Ich sag:,Kannst du auch. Da hab ich auch gar nichts dagegen. Ne, aber ich wollte eigentlich nur, dass du weißt, wie es mir geht'"* (Abs. 98–101). Auch das Sprechen über die Heimvergangenheit führt zu tieferen Beziehungen mit ihren Kindern: *„Wo die ja auch gesagt haben, besonders die Große:,Ja Mama, das versteh ich auch. So gewisse Arten, wie du auch bist'"* (Abs. 173).

Pflegemutter. Heute arbeitet Martina Jopmann an ihren sozialen und fami-liären Beziehungen – um wieder gutzumachen, was versäumt wurde: *„Ich hab meine Kinder geliebt, aber auf meine Art. Ja, nicht so, wie sie sich das vielleicht gewünscht hätten ..., aber [heute] drücken wir uns, alles. Ja. Also ich hab daran sehr, sehr gearbeitet"* (Abs. 83–85, 173; Erg. v. Verf.). Auch zu ihrer Pflegemutter hat sie bis zu deren Tod Kontakt. Sie beschreibt sie als eine wesentliche soziale Unterstützung über den ganzen Zeitraum hinweg: *„Die hab ich geliebt. Das war eine ... Topfrau"* (Abs. 200). Der Kontakt zur Pflegemutter bestand über das 18. Lebensjahr hinaus und wurde bis in die neue Kernfamilie hinein weitergetragen: *„Die war auch die Oma für meine Kinder gewesen, die hat sich wirklich, also ... die war top"* (Abs. 202). Als die Pflegemutter erkrankt, sind Martina Jopmann

die Hände gebunden, ihr zu helfen: *„Sie war ja dann auch an Krebs erkrankt, ...
da sagte meine Mama noch zu mir:‚Martina, sieh zu, dass ich zu dir komme. Ich
will nicht in ein Pflegeheim'. ... Dann kam der Neffe, ... und der war der einzige
lebende Verwandte noch von ihr, ja und der hat sie dann ins Pflegeheim gesteckt,
und das genau an ihrem Geburtstag damals. ... Da war ich sauer ..., elf Monate
später war sie dann verstorben, der Krebs kam auch wieder zurück [beginnt zu
weinen, Stimme bricht]"* (ebd.). Die genannten Umstände bewegen sie bis heute
stark und machen deutlich, wie wichtig die Pflegemutter für sie war: *„Mich hat
das nur alles so traurig gemacht, ich konnte mich von der Frau nicht verabschieden,
das hat man mir nicht vergönnt. Und deswegen ... ist das bei mir heute immer noch
so ein wunder Punkt"* (Abs. 243).

6.1.1.5   Erfahrungen mit dem Fonds und offene Bedarfe

Fonds mit Unterstützung. Durch die erwähnte Suchttherapeutin wird Martina
Jopmann auf den Fonds hingewiesen und beschließt, die finanzielle Unterstützung zu beantragen. Da sie bereits in entsprechende professionelle Netzwerke
eingebettet ist, nimmt sie keine weitergehenden Beratungs- oder Selbsthilfeangebote in Anspruch. Sie denkt zwar, dass es keine Wiedergutmachung geben kann
(Abs. 263), aber sie beschreibt die finanzielle Zuwendung als sehr hilfreich: *„Es
war ein schöner Tropfen, also ich habs genossen"* (ebd.). Dennoch empfindet sie
es nicht als eine *„direkte ... Gutmachung ..., weil man kann mit Geld nichts gut
machen, das geht einfach nicht"* (Abs. 264 f.). In diesem Zusammenhang fällt es
ihr schwer, die finanziellen Interessen anderer Betroffener zu ertragen: *„Ich kann
das nicht mehr hören! ‚Ich brauche, ich brauche, ich brauche' ... Ich freue mich
drüber, dass der Fonds entstanden ist, ich freue mich drüber, dass ich Glück habe,
auch mit dabei sein zu dürfen, ... aber das ist es dann"* (Abs. 309 f.). Entsprechend beschreibt sie auch das Prozedere der Antragsstellung zwar als *„komisch"*
(Abs. 265), aber letztlich als funktional. Dies gilt auch für die Abrechnung der
bewilligten Gelder, die bei ihr in ein hilfreiches Betreuungsverhältnis eingebettet
ist: *„Ich hatte es ganz easy gehabt, ich hatte da jemanden, ... die haben das Geld
verwaltet ..., und der hatte mir erklärt: ‚Gehen Sie einkaufen, reden Sie mit denen,
dass Sie uns die Rechnung zuschicken, und dann bekommen Sie das Geld!' Und
so hab ich das gehandhabt. Ja, also ich hatte überhaupt gar keine Hunzeleien mit
denen gehabt"* (Abs. 266–271). Darüber hinaus hat sie auch andere Betroffene
dabei unterstützt, ihre Ansprüche geltend zu machen: *„Hab vielen geholfen zu
ihrem Glück"* (Abs. 265).

Bedarfe und Wünsche. Martina Jopmann wünscht sich, dass Heime, in denen
Gewalt ausgeübt wird, abgeschafft werden: *„Heime abschaffen, es sollen ja noch
welche existieren, die ... körperlich auch die Kinder angreifen, das würde ich sofort*

erst mal stoppen, die Heime würde ich dicht machen" (Abs. 330). Darüber hinaus wünscht sie sich, dass *„kirchliche Träger oder die anderen göttlichen Dinger einfach verschwinden. Ja, das wäre so mein größter Wunsch"* (ebd.). Verantwortlichkeiten sollten ihrer Meinung nach klar benannt werden. Für das während der Heimzeit erlittene Leid sieht sie die Verantwortung bei den damaligen Erwachsenen: *„Das sage ich auch immer wieder ...: ,Ihr wart daran schuld. Nicht ich'"* (Abs. 33). Während der Zeit der Unterbringung und auch danach hat sich niemand gefragt, *„warum ist das Mädchen so? Was sind die Ursachen? Dann ohne Grund war ich nicht so. Denke ich mir zumindest"* (Abs. 31). Umso mehr ärgert es sie, wenn bis heute davon gesprochen wird, dass die Heimkinder selbst Schuld trifft: *„Man ist ja selber dran schuld, dass man da rein, ... bin ich mal in so ein Forum rein ..., wo man sich so ein bisschen austauschen konnte, ja und da hat die dann, die eine drunter geschrieben, die hat noch nie so was wahrscheinlich erlebt:,Ja da warste selber dran schuld!'"* (Abs. 262 f.). Daher plädiert sie für eine Erinnerungskultur: *„Ist ja genauso wie mit dem Krieg, man hat ja kaum noch Zeitzeugen, ... und das wird mit diesen schlimmen Heimen auch irgendwann stattfinden, und ... in der Geschichte von der DDR, die soll man ja sowieso nie ausblenden"* (Abs. 342). Denn auch wenn Martina Jopmann für manche Aspekte, die sie erfahren hat, dankbar ist – wie z. B. die Begegnung mit ihrer Pflegemutter –, sind die negativen Folgen nicht zu leugnen, und es *„überwiegt meine Wut"* (ebd.).

6.1.2 Andrea Manthay: *„Vom Emotionalen her, glaub ich, hilft einer Betroffenen oder einem Betroffenen am besten ein Betroffener oder eine Betroffene ..., weil sie verstehen am besten, was war"*

Andrea Manthays Eltern trennen sich früh. Der Vater erwirkt als Angehöriger der Stasi, dass ihm das alleinige Sorgerecht seiner Tochter zugesprochen wird. Von klein auf erleidet Andrea Manthay sexualisierte Gewalt durch den Vater. Bereits als Kind zeigt sie eine Reihe von Verhaltensauffälligkeiten, die verzweifelten Hilferufe werden jedoch von niemandem erkannt oder aufgegriffen. Die neue Partnerin des Vaters, die sich ein Zusammenleben mit der Stieftochter auf Dauer nicht vorstellen kann, erwirkt die Überführung in ein Heim. Dennoch wird Andrea Manthay gegen ihren Willen zu regelmäßigen Wochenendbesuchen bei ihrem Vater und der Stiefmutter gezwungen. Die Gewalt eskaliert zunehmend, und Andrea Manthay wird von Heim zu Heim bis in Jugendwerkhöfe verlegt. Auch in den Jugendwerkhöfen, Durchgangsheimen und Heimen erleidet sie eine Vielzahl von Gewaltformen und erlebt ihr Leben als davon deutlich geprägt.

Durch die Arbeit an sich selbst, das Aufsuchen professioneller Hilfe, vor allem aber durch Selbsthilfezusammenhänge und Solidarität mit anderen Betroffenen hat sie seit einigen Jahren für sich Wege gefunden, mit den Erfahrungen zu leben und für ihre eigenen Rechte wie auch für die Rechte anderer einzustehen und sie zu erstreiten.

6.1.2.1 Erfahrungen vor und während der Heimzeit

(Sexualisierte) Gewalt in der Familie. Andrea Manthay beginnt ihre biografische Erzählung mit der Trennung von der Mutter: *„Ich bin ja von meiner Mutter weg, die waren ja geschieden, mein Vater war neu verheiratet. … Er war bei der Stasi damals und hat halt alles in Bewegung gesetzt, um meiner Mutter zu schaden und mich wegzunehmen. Und das ist dann halt auch passiert"* (Abs. 19). Wenn sie mit ihrem Vater alleine ist, missbraucht er sie sexuell (ebd.). Ihre Stiefmutter erwirkt nach einiger Zeit den Heimaufenthalt der Stieftochter, da sie sich ein Zusammenleben mit dem verhaltensauffälligen Kind nicht vorstellen kann: *„Mein Vater hat dann halt, beziehungsweise meine Stiefmutter, die ja gar nicht wusste, um was es da eigentlich geht, hat dann … gesagt, entweder sie oder ich, und daraufhin bin ich … ins Kinderheim gekommen"* (Abs. 23). Der Heimaufenthalt bringt jedoch keine Entlastung von den sexuellen Übergriffen des Vaters (ebd.). Immer wieder wird sie am Wochenende zu ihm geschickt. Verzweifelt beginnt sie, kurz vor den Wochenendterminen wegzulaufen: *„Wurde dann halt immer wieder von der Polizei aufgegriffen, und natürlich nach etlichen Malen … bin ich dann halt weggekommen. Also ich bin dann über Durchgangsheime, über drei Stück, bin ich dann in den Jugendwerkhof gekommen"* (ebd.).

Verrat. Bevor Andrea Manthay in ein anderes Heim verlegt wird, versucht sie sich mit der Bitte, nicht mehr nach Hause fahren zu müssen, zu öffnen und wird an den gewalttätigen Vater verraten: *„Da gabs eine Heimdirektorin in dem Heim, die ist heute die Chefin von einem sozialen Träger in Hamburg …. Und dann hat mein Vater wohl mit ihr vorher kommuniziert, wie auch immer. Auf jeden Fall, … dieses Heim … war zweigeschossig, und oben waren halt die Zimmer …, und dann kam halt die Heimdirektorin hoch und hat alle runter geordert, und vor mich hat sie sich hingestellt und gesagt: ‚Du bleibst hier!' Und da hab ich halt nur gesagt: ‚Warum?' Also das hab ich wie damals noch vor mir. ‚Äh, warum? – Das wirst du gleich sehen.' Und … ich musste in mein Zimmer gehen, und sie hat die Tür zugemacht. Ja, und auf einmal sprang die Tür auf, mein Vater kam rein! Und hat mich … angeschrien, was das soll, und ich hab nach Hause zu kommen …, und dann hat er mich genommen und hat mich verdroschen bis zum Gehtnichtmehr, hat mich gegen unseren Kleiderschrank gehauen, und in diesem Kleiderschrank waren so spitze Metallschlüssel, und da hab ich heut noch eine Narbe …, die geht von* *hier bis hier. Und da bin ich, hat er mich halt rangeknallt ..., dann hab ich auf dem Boden gelegen, hat noch gegen mich getreten und [5 s Pause, schluckt] ist dann aus dem Zimmer raus .... Und ja irgendwann kam eine Erzieherin hoch [atmet tief ein] ..., und ich hab halt aufm Boden gelegen und hab geweint, mir tat halt alles weh, und ich hatte Unterleibsschmerzen, und dann hab ich halt drum gebeten, dass ich zum Arzt komme, und dann kam auch die Heimdirektorin schon hoch und hat gesagt: ‚Du kommst nicht zum Arzt, du gehst in dein Bett, und du kommst hier auch nicht mehr raus.‘ Ja, und die Mädels kamen dann alle hoch, keiner durfte mit mir reden, es hat auch keiner mit mir geredet ..., und man hat mir halt verweigert, zum Arzt zu gehen"* (Abs. 23–25).

Gewalt in Einrichtungen. Danach befindet sich Andrea Manthay nur noch auf der Flucht. Immer wieder wird sie von der Polizei aufgegriffen: *„Irgendwann kam aber die Polizei und hat mich weggeholt, und dann bin ich verhaftet worden ..., und von dort aus bin ich dann halt auf Transport gegangen über drei Tage und dann im Jugendwerkhof, und da ging halt das Martyrium weiter"* (Abs. 25). Sie berichtet von einer endlosen Reihe von Gewalttaten, die sie in den verschiedenen Heimen und dem Jugendwerkhof erfahren hat, angefangen mit Essenszwang über Freiheitsentzug, Demütigung, körperliche Gewalt bis hin zu grausamen Vergewaltigungsszenarien: *„Der Diebstahl der Kindheit. Einfach alles. ... Aber man kann es nicht splitten. ... Es gab Heime, die waren extrem schlimm ..., es gab Jugendwerkhöfe, die waren extrem schlimm. ... Und wenn mir dann Leute erzählen wollen, ... dass der Jugendwerkhof in Torgau der schlimmste war ..., es stimmt nicht ..., es ist verdammt nochmal eine scheiß Lüge! – Ich war in einem anderen Jugendwerkhof, das war genauso geschlossen und hatte Gitter .... Und ich wurde dort gefoltert, ich wurde vergewaltigt, ich wurde nackt eingesperrt in der Zelle, mir wurden die Haare abrasiert und und und ... "* (Abs. 316–329). Auch die Methoden zu strafen glichen sich. Als besonders gravierend erinnert Andrea Manthay gruppenorientierte Strafmethoden: *„Es war halt alles mit Absicht so gemacht, ... um die Kinder in Schach zu halten, ... hat halt die komplette Gruppe die Strafe bekommen ..., da wurde man halt zum Fraß den Mädels vorgeworfen ..., in der DDR gab es so'n ... Scheuerpulver, ATA nannte sich das ..., diese Schrubber mit diesen harten ... Borsten unten dran, ja und dann wurde man halt nackt ausgezogen, unter die Dusche gestellt, mit kaltem Wasser, dann wurde die Packung ATA über einem ausgeschüttet und dann waren halt zwei Mädels, die haben einen halt mit diesen Schrubbern abgeschrubbt, und das tat halt schweinisch weh"* (Abs. 24). Die Erzieher:innen förderten dieses Verhalten (ebd.).

6.1.2.2 Auswirkungen

Trigger. Die Folgeerscheinungen der massiven Gewalterfahrungen sind bei Andrea Manthay tief in ihren Wahrnehmungen und ihrem Körper verankert: *„Ich kann z. B. nicht in ein Krankenhaus gehen. Wenn ... man ins Krankenhaus muss, dann muss man da hin, aber ich muss dann auch ganz schnell wieder raus. Ich könnte nicht in irgendeine Einrichtung gehen, ... eine stationäre Klinik oder irgendetwas. Ich kann ... nicht in Wohnungen sein ..., wo nur weiße Wände sind. Möbel, die weiß sind, sind für mich ein Horror! ... Meine beste Freundin, die hat ... ein Geschäft, ... und sie hatte mich gefragt ..., mir gings halt eine Zeit lang wieder nicht ganz so gut, und dann hat sie halt zu mir gesagt: ‚Komm doch ein bisschen zu mir‘ .... Für ihre Angestellten hatte die so ein ganz großes Appartement gemietet. Und ... da waren zwei Zimmer à vier Betten und ein Gemeinschaftsduschraum. Ich habe nachts Anfälle gekriegt, ich hab nur geheult. Kann das nicht"* (Abs. 70–80). Vor allem aber spürt sie starke Auswirkungen auf soziale Beziehungen zu anderen Menschen: *„Menschen zu vertrauen? Das hat nichts damit zu tun, mit Menschen zu reden und ihnen Dinge zu erzählen, die man erlebt hat oder sonst was, aber so richtig zu vertrauen, so Herzensgeschichten. Solche, so was. Also mir fällts schwer, Menschen zu vertrauen. ... Das müssen dann wirklich enge Menschen sein ..., ich bin fast 53 jetzt, sind eigentlich nur zwei Leute geblieben. Ich kenn aber ganz, ganz viele so, aber ... sitzen die halt in der Runde und unterhalten sich, und da kann ich nicht so richtig mich mit unterhalten. Das kann ich aber auch nicht richtig erklären. Ich hab dann immer den Drang, gehen zu müssen. Ich, ich weiß nicht, was das ist. Aber so in dieser Gruppe ..., ich mag es nicht in Gruppen. Mit ein oder zwei Leuten alleine, das geht zeitweise. Aber in Gruppen kann ichs nicht"* (ebd.).

Auswirkungen sexualisierter Gewalt. Das Unwohlsein in sozialen Situationen betrifft jedoch nicht nur Andrea Manthays Freundeskreis, sondern auch ihr unmittelbares Privatleben. Als sie die Zärtlichkeiten zwischen ihrem Ex-Ehemann und seiner kleinen Tochter mit ansieht, aktualisiert sich bei ihr die frühe sexuelle Gewalterfahrung: *„Das ist vielleicht auch nochmal ein Punkt, der halt darauf zurückzuführen ist. ... Mein Ex-Mann hatte damals, als wir geheiratet haben, war seine kleine Tochter fünf Jahre alt. Und die hat er regelmäßig gehabt, also mehr als alle vierzehn Tage. ... Und die Kleine und ich, wir haben uns sofort ineinander verliebt. Ich liebe Kinder über alles, ich habe leider keine eigenen kriegen können, ich hab etliche verloren und, ja. Und ... mein Ex-Mann war zu der Zeit ein ganz liebevoller Vater, also der hat mit seiner Kleinen geschmust, gemacht, getan. Aber für mich war das am Anfang Horror, und da hat unsere Ehe eigentlich nach einem halben Jahr schon ganz dicke Brüche gekriegt. Es gab so Situationen am Küchentisch oder im Sessel, dass das Mädchen ... auf seinen Schoss wollte, und natürlich nimmt er seine Tochter auf den Schoss! Natürlich nimmt er sie auf den Schoss! Ich* *konnte es nicht ertragen ..., ich hab gedacht: ‚Lass das Kind da runter'. Ich hab Schweißausbrüche gekriegt, ich hab angefangen zu schreien. Ich hab vor dem Kind das Geschirr vom Tisch geschmissen ..., ich hab einen Horror gekriegt.... Und da hat er dann nur zu mir gesagt: ‚Also pass auf, entweder lässt du dich jetzt behandeln, oder ich reich sofort die Scheidung ein'. Weil die Kleine hat natürlich tierisch darunter gelitten"* (Abs. 80).

Beziehungsschwierigkeiten. Andrea Manthay fühlt sich über lange Zeit hinweg von den negativen Folgeerscheinungen so zerstört, dass sie nur schwer in eine konstruktive Bewältigung finden kann. Das betont sie besonders für den Bereich naher und intimer Beziehungen. In ihrem Beziehungsleben kann sie heute rückblickend viele Spuren der vergangenen Gewalt wahrnehmen: *„Bei mir ist es halt schwierig gewesen von Anfang an mit Beziehungen, also meine längste Beziehung war vier Jahre. Ich hab zwei gescheiterte Ehen. Von einer hab ich ja vorhin schon mal kurz erzählt. Ich hab, ich kann mit Liebe .... also wenn ich einen Freund habe. und der Freund ist bei mir, dann will ich eigentlich gar nicht, dass er da ist, und wenn er weg ist, dann will ich gerne, dass er da ist, ich kann es nicht richtig"* (Abs. 335–347). Selbst der Weg bis dorthin war steinig, sie erzählt von schweren Zeiten in der Adoleszenz mit gewalttätigen Beziehungen, Alkohol, Drogen sowie sexuellen Entgleisungen: *„Das ging ungefähr anderthalb Jahre und ... danach ... immer so, was weiß ich, zwei Jahre, drei Jahre eine Beziehung ..., das wurde mir bald zu viel, ich hab keine Luft gekriegt"* (ebd.). Sie bezeichnet sich selbst als nicht fähig, Beziehungen zu führen (ebd.). Verständlicherweise wirken sich diese Beziehungsschwierigkeiten auch auf die Sexualität aus: *„In meiner ersten Ehe und auch teilweise auch in meiner zweiten Ehe wars dann eigentlich nur ... Sex eigentlich nur ..., schnell ..., und ich hatte halt diesen extremen Kinderwunsch, der mir nicht erfüllt wurde. Und ... Sex, ... wo ich der Chef war. Damit konnten halt manche Männer auch nicht umgehen"* (ebd.).

6.1.2.3 Bewältigung

Misstrauen. Andrea Manthays Misstrauen ist auch bei allen anderen Kontakten sehr präsent und greift tief in ihr Erleben ein: *„Weil ich immer denke, ... zu der Zeit bin ich so vielen Menschen begegnet, die mich angelächelt haben und die immer nett waren zu mir und die mir dann aber Böses angetan haben, richtig Böses angetan haben. Und deswegen ..., wenn ich Menschen kennenlerne, und sie sind total nett ..., ich will niemanden mehr kennenlernen. Bei mir ist das vorbei seit ein paar Jahren, dass ich Leute kennenlernen möchte"* (Abs. 94 f.). Dafür macht sie jedoch allein sich selbst verantwortlich, sie fühlt sich durchaus zu Kontakten eingeladen: *„Mein Freund z. B., ... mit dem [ich] ab und zu ... mal irgendwo hingehe, wo ich dann aber nicht lange bleibe, weil ich diese Mengen nicht abkann.*

Aber irgendwie scheine ich immer den Menschen interessant zu erscheinen, obwohl ich gar nichts sage, ich weiß nicht, woran das liegt. Und da wurde er halt gefragt wegen meiner Telefonnummer, dann schreiben die mir halt: ,Mensch, wollen wir mal einen Kaffee trinken gehen?' Dies, das, jenes. Ich will das aber alles nicht. Ich will keine neuen Freundschaften, ich ... bin nicht mehr bereit dazu" (ebd.; Erg. v. Verf.). Die Schädigungen, darunter auch viele körperliche, sind inzwischen auch amtlich bestätigt: *„Ich bin ja auch ... in Behandlung. ... Ich hab ja auch meine gesundheitlichen Schäden davongetragen, was Heim und Jugendwerkhof betrifft. Ich bin jetzt seit 2016 Erwerbsminderungsrentner unbefristet. Ich bekomme eine Beschädigtenversorgung, und ... da gabs halt auch Situationen ..., stationäre Reha oder irgendetwas, ... überall hab ich das gesagt: ,Sperrt ihr mich ein in so ein Ding, um eine Reha zu machen? ... Ich bring mich um! Ich geh da nicht rein. Mach ich nicht'"* (Abs. 70–80).

Schweigen im Alltag. Der Heimaufenthalt hat nicht nur Andrea Manthays Beziehungsverhalten geprägt. Auch im Alltagsleben hat sich die verlorene und von Gewalt geprägte Lebenszeit niedergeschlagen. Sie hat keine abgeschlossene Berufsausbildung, unter den gegebenen Bedingungen war dies nicht möglich (Abs. 231). Zudem spricht sie von starken Schamgefühlen, die sie immer wieder heimsuchen: *„Ich konnte damit halt nicht umgehen, hab halt auch mit niemand drüber gesprochen, ... spielt halt Scham und alles eine Rolle"* (Abs. 21). Viele Jahre bleibt ihr nur das Schweigen. Die wenigen Versuche, sich bereits früh zu öffnen, haben sie dieses Schweigen gelehrt. Als sie z. B. verzweifelt einer westdeutschen Cousine aus dem Heim zu schreiben versucht und daraufhin nichts passiert, gibt sie völlig auf: *„Dann hab ich halt meiner Cousine geschrieben. Und ... weil ich immer dachte, vielleicht kann ich ja irgendwann nochmal abhauen und kann irgendwie doch irgendwo über die Grenze, keine Ahnung, das waren halt so ... bekloppte Gedanken"* (Abs. 54). Als sie der einzigen Erzieherin begegnet, von der sie erinnert, dass sie sich um sie bemüht hat, kann sie bereits nicht mehr sprechen: *„Ich hatte eine Erzieherin – ... Frau Scheit hieß die, das werde ich nie vergessen, ihren Namen, und die war ganz lieb, ... die mochte mich immer irgendwie ... –, die gespürt hat, dass was nicht stimmt. ... Aber ich konnte es nicht sagen. Ich konnte es nicht sagen. Weil ich einfach Angst hatte, dass ... irgendwas mit mir gemacht wird ..., ich hatte halt Angst ... vor meinem Vater ..., weil mir vielleicht keiner glaubt oder wie auch immer, und deswegen hab ich halt mit niemandem gesprochen"* (Abs. 30 f.).

Sprechen. Bis heute hängt Andrea Manthay diese Situation nach, dass sie vor Angst nicht sprechen konnte: *„Also ich weiß, dass ich es ihr gerne erzählt hätte, ... weil ich sie mochte, die war immer total nett"* (Abs. 39–41). Heute möchte und muss sie nicht mehr schweigen. Seit 2018, dem Jahr, in dem sie mit anderen Menschen in Kontakt kam, die ähnliche Erfahrungen gemacht haben, geht sie andere

Wege. Das bedeutet auch, Verantwortliche mit dem Unrecht zu konfrontieren und andere ehemalige Heimkinder in ihrem Kampf für Gerechtigkeit zu unterstützen. Sie hat sich viel vorgenommen: *„Die Heimdirektorin, … ich hab sie nie damit konfrontiert, aber ich hab mir immer vorgenommen, ich werde auf jeden Fall noch einmal in meinem Leben dort hinfahren und sie zur Rede stellen. Unter vier Augen, ich will sie gar nicht unbedingt bloßstellen oder so was, aber ich gehe halt einfach auch mittlerweile offen auch mit Namen um"* (Abs. 25). Die Erfahrungen von 2018, als sich Betroffenengruppen zusammentaten und gegen Ungerechtigkeiten vorzugehen versuchten, haben sie sehr geprägt: *„Diese ganze Aufarbeitung, dass ich mich halt wirklich bewusst damit beschäftigt habe und auch drüber gesprochen habe mit Absicht, auch wenns wehtat, war eigentlich 2018, wo es halt Schlag auf Schlag ging. … Und ich immer wieder mit Menschen zusammengesessen habe, ob das über Behörden war oder sonst was, und ich immer wieder dasselbe erzählen musste. Dadurch kam das eigentlich"* (Abs. 99). Eine vitale Empörung über die Geschehnisse rund um die ehemaligen Heimkinder treibt sie an, *„dass das öffentlich wird und dass sich was ändert"* (Abs. 219–221). Durch ihr ehrenamtliches Engagement hat sie Selbstvertrauen und Autonomie erworben: *„Ich hab gelernt, mich total zu lieben, ich hab gelernt, mich zu akzeptieren, und ich hab meine zwei, drei Leute um mich rum, die mir … völlig ausreichen"* (Abs. 95).

6.1.2.4 Soziales und professionelles Umfeld

Soziale Unterstützung erhalten und geben. Auf ihrem Weg heraus aus dem Schweigen hat Andrea Manthay eine Reihe guter Erfahrungen von Anteilnahme mit sozialen Netzwerken gemacht: *„Eine neue Erfahrung. … Diese Menschen, die geweint haben, oder wo ich halt gemerkt habe, die sind schockiert …, die haben halt auch nachgefragt. Und da hab ich halt gemerkt, okay, Interesse ist ja da. … Und das hat mich auch wieder motiviert …, noch mehr zu reden und noch mehr in die Öffentlichkeit zu gehen"* (Abs. 151). Vor allem aber möchte sie selbst andere Betroffene dabei unterstützen, ihr Leid auszusprechen und ihre Rechte einzuklagen: *„Bei mir ist das so, dass ich … im Moment auch zwei Leuten helfe, soweit ich es kann …, die ich … drauf aufmerksam gemacht habe …, wo ich gesagt habe:,Mensch, du machst das' –,Nee, ich kann das nicht' und so weiter. Und immer wieder haben wir gesprochen"* (Abs. 161). Auch Dankbarkeit anderen gegenüber, die ihr geholfen haben, motiviert sie: *„Eigentlich war das so eine Dankbarkeitsgeschichte, weil ich gesagt habe: ,Okay, mir wurde geholfen, ich möchte jetzt auch anderen helfen' …. Man kann zumindest nochmal sich irgendwas Gutes tun, in der Seele, bevor man geht. So kam das bei mir"* (Abs. 94, 96). In ihrem Engagement hat Andrea Manthay für Betroffene noch weitreichende Pläne: *„Für mich ist auf jeden Fall klar, und das ist so was von sicher für mich, … wenn ich mit allem durch bin, wenn ich alles zum*

Abschluss gebracht habe, im Moment sind ja noch ein paar offene Verfahren bei mir ..., ich werde ... eine Art ... Wegweiser für alle Betroffenen, die den Weg nach mir noch gehen müssen ..., ich hab auch einen Verlag. ... Und da werden so einige die Hände überm Kopf zusammenschlagen. Dass das möglich ist ..., das werde ich machen" (Abs. 280–288).

Familie. Mit Aktivitäten in sozialen Netzwerken versucht Andrea Manthay, Ordnung in ihre Biografie, ihre Anliegen und auch ihre Beziehungen zu bekommen: *„Dann hatte ich ... meine Stasiakte beantragt ..., also Karteikarte und alles Mögliche. Und den Brief von meiner Cousine, ... die Antwort auf meinen Brief ..., das war eigentlich im Prinzip dann mein einziger Beweis für die Stellen, die Beweise wollten ..., weil wenn man den Brief liest, das erkennt jeder! ... Kams dann halt eben ... raus"* (Abs. 28–30). So erfährt sie viele Jahre später, dass damals eine Reihe Verwandter sich vergeblich bemüht hat, Veränderungen herbeizuführen. Auch ihre Mutter sah sie erst vor einigen Jahren wieder, völlig verhärmt von den damaligen Geschehnissen: *„Es weiß keiner so richtig, wie oder was. Und meine Mutter weigert sich. Warum auch immer, also es ist mit meiner Mutter eine ganz komische Beziehung. Meine Mutter liebt mich, das weiß ich. Und ich liebe auch meine Mutter. Aber wir sind halt getrennt worden, ich weiß, dass sie ganz dolle um mich gekämpft hat ..., aber es ist eine komische ... Verbindung zwischen uns. Also wenn ich anfange von dem Thema, sie möchte davon nichts hören. ... Sie will einfach nicht dadrüber sprechen. Diese Konfrontation. Ich denke einfach, dass sie das, nicht das schlechte Gewissen, es gibt keinen Grund für ein schlechtes Gewissen, sie hat ja um mich gekämpft. Aber ich glaube, sie möchte einfach nicht mehr damit konfrontiert sein"* (Abs. 56). Erst in dieser Zeit erfährt Andrea Manthay, wie sehr ihre Mutter um sie gekämpft hat: *„Habe ich alles erst danach erfahren, durch Akten, ... dass meiner Mutter der Kontakt total verboten wurde mit Androhung von sämtlichen Dingen, und meine Mutter hat sich nicht mehr gemeldet, das war für mich so schlimm"* (ebd.).

Professionelle Unterstützung. Unterstützung von professioneller Seite konnte Andrea Manthay sich lange Zeit nur schwer vorstellen. Gezwungenermaßen jedoch entschließt sie sich, Hilfe zu suchen: *„Mit meinem Ex-Mann, mit dem Kind. Und das war ja eigentlich der ausschlaggebende Punkt ..., weil ich vorher einfach auch gar nicht ... bereit war ..., gar nicht konnte. Dadrüber sprechen konnte"* (Abs. 143). Schritt für Schritt kämpft sie sich mithilfe der Fachkraft voran: *„Die war halt damals für mich da. Sie hat halt ... einfach die ganzen Jahrzehnte hochgeholt irgendwie. Ja natürlich wars schmerzhaft, Millionen Tränen, ist ja normal. Aber sie hat mir halt einfach eine andere Sichtweise ... nahegebracht ..., weil ich vorher einfach auch gar nicht ... drüber sprechen konnte. Und sie hat das eigentlich erst alles so ein bisschen ..., ja wie so einen Boden, der steinhart ist, den gräbt*

*man um, damit er locker … wird und damit bisschen was rauskommt, … Luft …
oder reinkommt. Ich kann das nicht richtig beschreiben. … Es war eine tolle Psychologin …, es war wie so eine … Lebensbegleitung"* (ebd.). Nach dieser einen
guten Erfahrung (vgl. Abs. 84) kann sie bezüglich psychotherapeutischer Unterstützung danach allerdings nirgends mehr produktiv anknüpfen (vgl. Abs. 82).
Auch Medikamente lehnt Andrea Manthay ab (vgl. ebd.). Bis heute erinnert sie
jedoch die Erzieherin, die ihr damals, vor so langer Zeit, helfen wollte. An diese
Erfahrung kann sie in einer Beratungsstelle rund um den Fonds anknüpfen, vor
allem in Selbsthilfezusammenhängen: *„2018 habe ich durch Zufall jemanden kennengelernt, der auch Betroffener ist und der mir geholfen hat, meine Briefe, meine
Widersprüche zu formulieren …, und mit seiner Hilfe habe ichs halt auch geschafft,
dass die Gerichte halt genauer geguckt haben und dann halt mich rehabilitiert haben
und so weiter …, und da habe ich halt auch andere Betroffene kennengelernt … und
hatte da natürlich so eine Art Glücksgefühl"* (Abs. 99).

6.1.2.5 Gesellschaftliches Umfeld

Rechtssystem. Bitter enttäuscht ist sie dagegen vom juristischen und politischen
System: *„Dann ist diese andere Gruppe, das sind die Behörden. Alle die, mit denen
wir zu tun haben. Und von da habe ich gar nichts, … da ist niemand. … Die hoffen
auf ihr Ableben. Die bescheißen sie nach Strich und Faden. Ich habs schwarz auf
weiß, zweimal jetzt schon. Deshalb hab ich jetzt einen Rechtsanwalt eingeschaltet.
Die paar Euros, die ich habe, trag ich zu einem Rechtsanwalt. Ja. Weil hier einfach Paragrafen nicht beachtet werden, oder weils Paragrafen gibt, die man ziehen
kann wie einen Kaugummi …, und das lasse ich mir einfach nicht mehr gefallen"*
(Abs. 109, 125). Voller Ärger belegt sie dies an ihrem eigenen Fall: *„Ich bekomme
eine Beschädigtenversorgung und habe einen Grad der Behinderung von … 40, der
aber gerade … beim Rechtsanwalt ist, weil ich … Minimum 70 kriegen muss, aber
das Versorgungsamt versucht natürlich, die Opfer immer so billig und so niedrig wie
möglich zu halten"* (Abs. 78). Der Einsatz dafür ist jedoch immens: *„Im Prinzip
habe ich angefangen … 2009 oder 2011 …, hab dann alle Anträge gestellt und und
und. Und war zu der Zeit noch in psychologischer Behandlung …, in dieser Zeit war
halt ganz viel mit Fragen beantworten, mit psychologischen Vorladungen, mit Gut-
achtern, mit … keine Ahnung. Und das zog sich halt über all die Jahre"* (Abs. 99).
Der Ärger bezieht sich auch auf weitere Einrichtungen: *„Ich warte seit, keine
Ahnung, drei Jahren, dass sich der sexuelle Missbrauchsfonds bei mir meldet. Habe
ich bis heute noch nicht mal ein Wort bekommen, gar nichts. Ich kämpfe mit dem Versorgungsamt und so weiter und so fort. … Aber ich hab zumindest meine laufenden
Zahlungen im Monat, die mich überleben lassen"* (ebd.). Teilweise scheinen die

Sachbearbeiter:innen auch einfach uninformiert: *„Sie haben sich zweimal telefo-nisch und einmal schriftlich bei mir entschuldigt.,Frau Manthay, Sie hatten Recht. Tut uns leid, aber das war so ein spezieller Fall'..,. die Leute sind einfach nicht geschult"* (Abs. 127–141). Es gibt also durchaus Unterschiede. Als konstruktiv hat Andrea Manthay beispielsweise die Beratungsstelle zum Fonds erlebt. Ebenso betont sie die Erfahrung mit einer engagierten Richterin, die schließlich für die Entschädigung entschieden hat.

Gesellschaftliches Umfeld. Auf dem Weg der Bewältigung ihrer Heimerfah-rungen hat Andrea Manthay vor allen Dingen Scheinheiligkeit hassen gelernt: *„2017 ... wurde ja ein Mahnmal für ein Durchgangsheim ... gestellt, und da war ich halt auch mit vor Ort, und da war dann damals der Herr Ministerpräsident ..., und da war ich noch nicht rehabilitiert, da hatte ich erst sechs Jahre, erst sechs Jahre Kampf hinter mir, mit, wirklich, wo man ... krank geworden ist von. Weil man immer wieder abgeschmettert wurde, nie angehört wurde, und so weiter"* (Abs. 119–123). Der Politiker verspricht ihr, ihren Antrag persönlich und umgehend nach Ende der Veranstaltung voranzutreiben, hält dieses Versprechen jedoch nicht ein: *„Nichts ist passiert! Gar nichts!"* (Abs. 123). Immer wieder kommt es zu Situationen, in denen die Betroffenen selbst ausgegrenzt werden: *„Was immer wieder unser Problem ist, schauen Sie mal, es wurde der Heimkinderfonds z. B. verabschiedet. Mit einem großen Spektakel. Mit allem Drumherum. Mit Politik ..., da war niemand Betroffenes"* (Abs. 163). Auf die Frage, ob sie zumindest gewisse gesellschaft-liche Veränderungen beobachtet habe, auch im Zusammenhang mit dem Fonds, antwortet sie: *„Nein. Gar keine Veränderung, in meiner Sicht. ... Eigentlich nur ... im Bereich der Betroffenen. Dass vielleicht mehr geworden sind, die darauf auf-merksam geworden sind oder wie auch immer. Aber rein von der Bevölkerung, nein"* (Abs. 256–263). Auch von den Medien wurde sie enttäuscht: *„Es wird doch ... in Medien ... so viel gemacht, getan, wir hatten letztens einen kleinen Bericht bei Stern-TV. Aber letztlich ... wurde der Beitrag ... komplett geschnitten. Also meine Vermutung ist, und nicht nur meine, dass Politik, Medien und so weiter, liegen alle unter einer Decke. Die machen alle gemeinsame Sache, ... das ist unsere Ansicht"* (Abs. 256–263, 271–283).

Selbsthilfe. Betroffenen- und Selbsthilfezusammenhänge haben für Andrea Manthay einen hohen Stellenwert. Sie selbst hat diese Erfahrung gemacht und macht sie erneut, wenn sie heute anderen bei ihren Vorgängen hilft: *„Immer wie-der haben wir gesprochen ..., und irgendwann hat sich mein Gegenüber geöffnet. Und jetzt haben wir Anträge gestellt und und und. Aber mein Gegenüber spricht halt nur mit mir. ... Ob ich das jetzt bin oder jemand anders Betroffenes, ich denke einfach, dass bei vielen Menschen es so ist, dass sie sich erst öffnen können even-tuell jemandem gegenüber, der es selber erlebt hat. Der einfach versteht. Und der* *glaubt"* (Abs. 161). Umso mehr ärgert es sie, dass es auch unter diesen Gruppierungen Konflikte gibt. Nach wie vor bestehen Kämpfe, in welchen Heimen die schlimmeren Gewalterfahrungen gemacht wurden. Dazu findet sie klare Worte: *„Schluss jetzt. Wir müssen jetzt helfen ..., der erste Schritt ist ja jetzt schon mal getan .... Es ist scheißegal, ob ein Heimkind in der DDR oder im Jugendwerkhof ... war, weil die Eltern aus politischen Gründen oder sonst was"* (Abs. 223–233). Gesetzliche Festlegungen, dass nur ehemalige Heimkinder bestimmter Institutionen oder Sachverhalte entschädigt werden, feuern diese Konflikte an und bagatellisieren einzelne Gewalterfahrungen. Andrea Manthay zweifelt den Sinn dieser Regelungen an: *„Der ... Heiminsasse, oder der Jugendwerkhofinsasse, wo seine Eltern was weiß ich politisch unterwegs waren, hat genauso Dresche gekriegt und ist vergewaltigt worden wie einer, wo die Eltern gestorben sind ..., also das ist der größte Blödsinn, den man in so einem Gesetz verankern kann ..., im Endergebnis ist alles genauso, ob zwei, drei oder vier Jahre. Also der Schaden ist so oder so da"* (ebd.).

6.1.2.6 Erfahrungen mit dem Fonds und offene Bedarfe

Tücken des Fonds. Andrea Manthay hält eine grundsätzliche Wiedergutmachung nicht für möglich: *„Wer hats denn fabriziert? Der Honecker-Staat? Die machen das doch nicht wieder gut?"* (Abs. 173). Für sie selbst jedoch gab es einen konstruktiven Prozess: *„Der ganze Prozess hat mich verändert ..., dass ich mehr auf mich selber eingehe ..., mich annehme. Mit allem. Und [hat] mich stark gemacht, ich war stark auch vorher... [5], dass ich mir nichts gefallen lasse. Dieses: Jetzt erst Recht! ... Aber der Fonds an sich ... hat mich nicht verändert, ... sondern ... die Rehabilitierung ..., dieser ganze Kampf ..., dadurch habe ich andere Betroffene kennengelernt. Und die haben mich ermutigt auch zu helfen. ... Und ... was in meiner Macht steht und meinen Möglichkeiten, werde ich auch tun, um da zu helfen"* (Abs. 297–311; Erg. v. Verf.). Das frühe Ende der Beantragungsfrist kritisiert Andrea Manthay: *„Was ich halt ... ganz schrecklich finde, ist einfach ..., wenn man sich überlegt: Wie viele Heimkinder gab es in der DDR? Das war sechsstellig. So, und wie viele haben den Heimkinderfonds eingelöst? Wie viele Menschen konnten es emotional nicht? Wie viele Menschen wussten es nicht? Und dort sind extra Leute, es ist eine neue Abteilung entstanden, die ja auch richtig Geld gekostet hat, es sind Mitarbeiter dort gewesen und und und. Warum hat man nicht gesagt:, Weißt du was? Wir haben sämtliche Namen. Zumindest die Namen, die wir haben – wir schreiben die jetzt an!' Nichts. Nichts! Und wo ist das ganze Geld? – ... Wir haben mal alle so ein bisschen in der Runde gesessen, damals, wo es dann hieß, der Heimkinderfonds wird geschlossen, er wurde ja auch früher geschlossen, als eigentlich ursprünglich gesagt ... – Wo ist das ganze Geld hin? Also es sind viele Fragen offen. Und es hat einen bitteren Beigeschmack das Ganze"* (Abs. 179–205).

Positive Ausnahmen. Auch hier kann Andrea Manthay Ausnahmen erinnern, z. B. die Beratungsstelle zum Fonds: *„Da war eine Frau ..., sie hat sich wirklich für mich Zeit genommen, und durch sie hab ich meinen Heimkinderfonds bekommen plus die Rentenersatzleistung. ... Und ... das war ihre Arbeit, dass das wirklich auch schnell ging, weils ja auch belastend war, für die Seele und alles .... Wie der ganze Fonds aufgebaut war, was an Bedingungen und Voraussetzungen damals waren, um das Geld zu bekommen und so weiter, das ist eine andere Geschichte. Das war unterste Schublade"* (Abs. 109–111). Sie erzählt von den Details: *„Ich hatte 10.000 €, und diese 10.000 € kriege ich nur, wenn ich ihnen sage, für was ich das ausgeben will. Ich musste Belege bringen. Kaufbelege. Ich musste beweisen, ... ich glaube, ... 1500 oder was musste man nicht beweisen ... oder 2500. Aber den Rest mussten wir beweisen. ... Ich hab die E-Mails heute noch. Die werde ich auch nicht löschen [wirkt aufgebracht]. ... Mir ist der Kinderheimfonds zuerkannt worden, weil ich Opfer bin, weil ich Heimkind bin, und ich kriege diese 10.000 €. Also bitte gebt mir diese 10.000 €.,Nee, wir geben dir die 10.000 € nicht, du musst jetzt erst mal ..., für was willst du denn das Geld ausgeben?' Bin ich ein Kleinkind oder was? So, und das war demütigend: ,... Du ... Heimkind, was nie gelernt hat, mit Geld umzugehen. Was machst'n jetzt damit? Wir müssen das jetzt hier beobachten, wir müssen das ... genau abchecken.' Das war wie im Heim, wenn du dein Taschengeld gekriegt hast ..., also ... es wurde alles kontrolliert. ... Die totale Kontrolle. Ja, und ... diese Demütigung!"* (Abs. 179–205).

Ideen für die Zukunft. Nicht der Fonds selbst habe sie verändert, sondern ihr Bewältigungsprozess, der in diesem Zusammenhang abgelaufen ist, so Andrea Manthay (Abs. 294–295). Daher findet sie es vor allem wichtig, dass *„den Leuten ... geholfen wird, die in dieser Situation sind"* (Abs. 13). Dazu müsste der Fonds erneut geöffnet werden, denn noch längst nicht alle Betroffenen haben Hilfen erhalten. Sie selbst setzt sich ein, wo sie kann: *„Ich möchte einfach, dass es den anderen, die noch nicht so weit sind und die krank sind und die älter sind, die vielleicht irgendwann von uns gehen, ich wünsche mir einfach, dass diese Menschen auch noch ein paar Jahre haben, wo sie vielleicht mal in den Urlaub fahren können, sich einfach mal was Gutes tun können. Und deswegen mach ich das. Weil ich das Glück hatte, möchte ich einfach versuchen, mit meiner Mithilfe, dass anderen auch ein Stück weit ein bisschen Glück gebracht wird"* (Abs. 99). Betroffene wissen ihrer Einschätzung nach am besten, was andere Betroffene brauchen, daher plädiert sie für weit mehr Partizipation, vor allem, wenn es um deren eigene Belange geht (Abs. 167). Von professioneller Seite aus betont Andrea Manthay die positive Erfahrung mit der Beratung (Abs. 246–255). Damit möchte sie aber die Politik nicht entpflichten: *„Ansonsten ... kann ich eigentlich nur an die Politik appellieren,*

dass man vielleicht im eigenen Land mal schaut, wie viele Opfer da sind, Unterstüt-
zung brauchen, ob mental oder finanziell oder für Therapien oder wie auch immer
..., und Leute dran lässt, die wirklich wissen, um was es geht. Zumindest mit reinholt.
Die Mitspracherecht haben" (Abs. 349).

6.1.3 Nadine Neussert: „Wenn du da keinen hattest, ... wo du dich wirklich dran halten konntest ich denke, dann hast du verloren"

Nadine Neussert kommt als Säugling ins Heim und bleibt in den verschiedenen
Einrichtungen der Fürsorge bis zu ihrem 18. Lebensjahr (Abs. 4, 28). Danach
erlernt sie den Beruf der Erzieherin und arbeitet rund 30 Jahre in einer Kita. Sie
hat drei erwachsene Kinder, ist geschieden und seit 2015 in Rente (Abs. 210).
Eine Tochter hat mittlerweile ein Kind, in dessen Betreuung sie stark involviert
ist (Abs. 212). Sonst ist Nadine Neusserts soziales Umfeld klein, doch vor allem
Freundin Biene, die sie schon seit dem Heim kennt, sowie ihre Kinder sind ein
regelmäßiger Sozialkontakt.

6.1.3.1 Erfahrungen während der Heimzeit

Erste Erfahrungen. Den exakten Grund für die Herausnahme der Kinder aus
der Familie kennt Nadine Neussert nicht (Abs. 19–24). 1967 kommt sie bereits
als Säugling in ein Heim und verbringt – ebenso wie zwei ihrer Geschwister –
ihre gesamte Kindheit bis zur Volljährigkeit in drei verschiedenen Einrichtungen
der Fürsorge (Abs. 4, 28). In der ersten Einrichtung werden die Geschwister
gewaltsam getrennt. Als sie ihre Geschwister ein letztes Mal sieht, wird ihr
vom Heimpersonal teilnahmslos mitgeteilt, sie werde sie nicht mehr wiederse-
hen (Abs. 6). Nach dem ersten Heim kommt sie in ein Durchgangsheim, bleibt
dort aber *„höchstens einen Monat, bis dieser Platz frei wurde, das weiß ich genau.*
Also bin da raus ..., und von dort musst dann in, in dieses Heim 3, genau. Und da
wurd ich ja dann eingeschult und dann bis 18" (Abs. 36). Den Tagesablauf im
dritten Heim schildert sie als beengend: *„Mittagessen war immer bis um halb drei,*
dann Hausaufgaben, bis um 16 Uhr mussten wir in diesem Zimmer da sitzen, egal
ob wir was aufhatten oder nicht – sitzen. Und dann durften wir raus, bis um 17:30
..., und da war ja manchmal kein Erzieher bei, so und da hat man sich natürlich
schon seine Pläne gemacht ..., abgehauen, bla, irgendwohin, ne? Oder wir sind ...,
sag ich ganz ehrlich, mal klauen gegangen ..., was zu essen uns geholt" (Abs. 143).
Sie geht auf eine öffentliche Schule: *„Das war das Allerbeste, was uns passie-*
ren konnte, dass wir auf so eine öffentliche Schule gegangen sind, ... gabs ja auch

Heime, die hatten ihre eigene Schule, ne? ... Dadurch konnten wir auch mal die Schule Schule sein lassen und ausschwärmen" (Abs. 156). **Gewaltformen.** In allen drei Heimen macht Nadine Neussert unterschiedliche Gewalterfahrungen (Abs. 28–36). Im ersten und dritten Heim herrscht Strafatmosphäre. Im zweiten Heim zeigen sich eher psychische Gewaltformen und Freiheitsbeschränkungen, dieses zweite Heim beschreibt sie als *„Knast": „Dieses Sexuelle war da nicht, aber da war eben diese psychische Gewalt, ne? ... Wie dieses Einsperren, diese Gitter, kein Raus, nirgendswo konnte man raus, weil überall die Griffe fehlten, die Türklinken fehlten, also das war ja Straflager ohne Ende, sag ich jetzt mal"* (Abs. 32). Der Heimalltag ist davon geprägt: *„In diesem Schlafsaal ..., dann wurde die Jalousien runtergemacht, alles duster, dann wurde von draußen an die Jalousien gebummert ..., nur um uns ... Angst zu machen oder so"* (Abs. 8). Dazu gehört auch emotionale Erpressung, z. B. die Demonstration der Macht des DDR-Apparats zum Zwecke der Umerziehung: *„,Dich erzieht hier Vater Staat, und du hast das zu machen, was wir wollen.' So wurde mir das eingebläut ...:,Ihr könnt froh sein, dass ihr hier ein Dach überm Kopf habt'"* (Abs. 56). Sie hat den Eindruck, es war das Ziel, die Heimkinder in ihrem Willen zu brechen (Abs. 8), vollkommen willkürlich und rigide festgelegten Strafmaßnahmen – *„Alles wurde ja auch bestraft ..., wenn man nachts aus Versehen ins Bett gemacht hat, gabs den nächsten Tag nichts zu trinken"* (Abs. 10) – führen zum Gefühl der eigenen Bedeutungslosigkeit (Abs. 56). Dies ist zudem eine Zeit des Misstrauens, ihr fällt keine Person ein, der sie sich hätte anvertrauen können (Abs. 14), auch nicht außerhalb des Heims. Während ihrer Heimzeit besucht Nadine Neussert zudem drei verschiedene Pflegeeltern am Wochenende, wo sie sexualisierte Gewalt erlebt (Abs. 46, 48). *„Die Erzieherin natürlich mit Druck:,Du gehst, du gehst.' Und ... man konnte denen ja aber nicht sagen, warum man da nicht mehr hinwill. Die hätten einem das doch nie geglaubt"* (Abs. 56).

Tabuisierung. Die männlichen Nachtwachen im dritten Heim verüben ebenfalls sexualisierte Gewalt an Nadine Neussert und den anderen Heimkindern: *„Die ... sind dann auch durch die Zimmer gekommen, ne, haben sich rausgeholt, ... also jede Nacht, ne? ... Ich weiß nicht, wie oft die reinkamen zu uns ins Zimmer, ich glaube, dreimal, ... und dann immer einen rausgeholt ..., um sich dann ausleben zu können, sag ich jetzt mal so soft ..., selbst da haben wir untereinander nie drüber gesprochen, obwohl jeder, wer mitgekriegt hat, dass die Nachtwache diejenige rausgeholt hat, der wusste, was los ist, aber gesprochen hat nie einer drüber"* (Abs. 44). Das Wissen darüber, dass die Nachtwachen willkürlich auf die Heimkinder zugreifen können, beschreibt sie als besonders belastend: *„Ich denke, da hatte man schon psychischen Druck, also wenn man so heute so drüber* *nachdenkt, also man hat ja keinen ruhigen Schlaf"* (Abs. 14). Neben der sexualisierten Gewalt demonstrieren die Erzieher:innen ihre Macht über die Heimkinder mit vollkommen sinnentleerten Maßnahmen: *„Ich hatte auch ein Muttermal, hier oben hab ich das, da sollte ich mit der Bürste schrubben ..., Widerrede hat nicht gegolten"* (Abs. 66). Einer der Erzieher wendet körperliche Gewalt in einem so gravierenden Maß an, dass letztlich ärztliche Versorgung notwendig wird: *„Der war ganz schlimm ..., der stand mal vor mir, und ich habe irgendwas gesagt, und äh dann hab ich eine gebrettert gekriegt ..., also der hat mit einer Wucht zugeschlagen, sodass ich echte Sterne gesehen hab, und ich hatte eine Gehirnerschütterung. Musste sagen, ich bin hingefallen, beim Arzt. Ich durfte natürlich nicht sagen, was war. Musste natürlich schön brav sagen, ich bin hingefallen"* (Abs. 68). Heute fragt sich, wieso die Ärzt:innen diese Verletzung falsch einordnen konnten und warum niemand das Ausmaß der Gewalt erkannte (ebd.).

6.1.3.2 Auswirkungen der Heimerfahrungen

Psychische Auswirkungen. Nach ihrem Auszug aus dem Heim kommen die Erinnerungen an die erlebte Gewalt immer wieder hoch: *„Die Flashs, als ich mit 18 entlassen wurde, in meiner Wohnung, und wenn ich da mal alleine war, das war ganz schlimm, ... aber da hat man denn, ja du gehst einfach mal zu Biene"* (Abs. 162). Nadine Neussert schafft es, sich durch Besuche bei ihrer engen Freundin abzulenken. Später ist das Leben eine Hilfe: *„Erst mal kommen ja die Flashs nicht, weil man ja ... zu tun hat. Man ist ja total abgelenkt, ne? Arbeiten, Haushalt, Kinder ..., da hat man gar keine Zeit"* (Abs. 162). Vor allem seit sie nicht mehr arbeitet, kommen die Erinnerungen jedoch vermehrt hoch: *„Ich bin heute immer noch in psychologischer Behandlung"* (Abs. 99), und die Flashbacks verstärken sich: *„Das ist wirklich ganz extrem, seitdem die Kinder raus waren"* (Abs. 176–178). Einige Erfahrungen sind so negativ belastet, dass Nadine Neussert diese noch immer vermeidet: *„Ich geh heute nicht in eine Badewanne, ... ist für mich Tabu, geh nur duschen .... Der Grund ist einfach, wir wurden, wir mussten nackig vor dieser Badewanne stehen, und dann wurde abgezählt und dann rein, und dann zack, erst mal gestukt"* (Abs. 6). Zudem leidet sie unter Schlafstörungen und ist beim kleinsten Geräusch hellwach (Abs. 176–178). Auch über depressive Phasen berichtet sie: *„Ich denke mal, jeder von uns Heimis hat auch schon diese Depressionen, wo man dann absolut in so ein Tief fällt. Wo du dir dann sagst:‚Ah, das ist mir alles so scheißegal'"* (Abs. 206).

Auswirkungen auf den Lebensalltag. Die Erfahrungen im Heim bestimmen noch immer ihr Leben. *„Ich ... geh auch ganz ungern ins Restaurant. ... War ich noch nicht, werd ich auch nie gehen ..., weil das einfach für mich Zwang ist, da stille zu sitzen, bis ich das Essen habe, ... das ist für mich unmöglich, kann ich* *nicht. ... so'ne Orte werden gemieden"* (Abs. 121–126). Im Rückblick ist Nadine Neussert vollkommen unvorbereitet auf die Welt außerhalb des Heims: *„Diese wichtigen Sachen, sag ich mal, die Vorbereitung so aufs Leben draußen, hat doch keiner gemacht ..., ich denke, das war denen auch völlig egal, so mit 18: Raus und ... Geschichte"* (Abs. 139). Dies zeigt sich z. B. im Umgang mit Finanzen: *„Wir haben nicht gelernt, mit Geld umzugehen, wir haben nicht gelernt, was man machen muss"* (Abs. 149), so Nadine Neussert. Es stellt sich außerdem als Herausforderung dar, alleine zu leben: *„Du warst ja nie alleine da im Heim. Du hattest keinen Rückzugsort, gar nichts. Also ja, musste man sehen, dass man das irgendwie hinkriegt und oben bleibt"* (Abs. 141). *„Heute würd ich mal sagen, eigentlich haben die einen kaputtgemacht. Wer so lange drinnen war, der wurde systematisch gebrochen. Kaputtgemacht"* (Abs. 176–178), resümiert sie.

Soziales Umfeld. Neben ihrer Freundin Biene hat sie nur zu wenigen Menschen engen Kontakt. Die ehemalige Lehrerin aus der öffentlichen Schule fördert sie in ihre Erzieher:innenausbildung. Die Vorsicht und Skepsis anderen Menschen gegenüber startet bereits beim Kennenlernen einer neuen Person (Abs. 109–112). Abgesehen von diesen Personen ist ihr soziales Umfeld sehr klein: *„Das waren wirklich nur diese beiden ..., der Bekanntenkreis wurde nicht größer, man hat den so klein wie möglich behalten, denk ich, mach ich heute noch"* (Abs. 160). Auch die Schwierigkeit, partnerschaftliche Beziehungen einzugehen, führt Nadine Neussert auf die Heimerziehung zurück (Abs. 224). Im Kontakt mit anderen ehemaligen Heimkindern kommt sie zu dem Fazit: *„Irgendwann ... hab ich dann so mit Biene ... gesessen:,Ey, ist dir mal aufgefallen, wir sind alle irgendwie alleine?'"* (Abs. 199). Nadine Neussert ist zunächst verheiratet und lässt sich 1997 scheiden (ebd.). Sich einzulassen und um Hilfe zu fragen, fällt ihr schwer, selbst bei Biene: *„Ich male und tapeziere meine Wohnung alleine, ... da frag ich nicht jemand:,Kannste mal helfen kommen?' Würd ich nie machen, nie. Kommt mir nie über die Lippen. Wenn derjenige zu mir kommt:,Soll ich helfen?', dann ist das was ganz anderes, dann sag ich:,Okay, kannste mitmachen'"* (Abs. 201). Ihre Kinder dagegen verfolgen ein reges Sozialleben, Nadine Neussert kann sich das für sich jedoch nicht vorstellen: *„Ich denke, das ist einfach so, hier oben so im Unterbewusstsein drinnen, dass man das so macht.... Ich sag immer Biene, ... bei der ist das auch so, die hat mich. ... Mehr hat die auch nicht, die hat keine andere Freundin, nichts. Und da sag ich mir einfach, ich glaube, das ist einfach so bei uns. Dass wir uns gar nicht auf so viele einlassen"* (Abs. 160).

6.1.3.3 Bewältigungsprozess

Widerstand während der Heimzeit. Über sich als Kind sagt Nadine Neussert: *„Ich war jetzt nicht einfach, also ich weiß, ich war ein ganz schön schlimmes Kind,* *ich hab mich immer versucht, so ein bisschen zu wehren"* (Abs. 8). Besonders aus dem Jugendalter erinnert sie Widerstand: *„Ab dem 15., so jugendlichen Alter hat man angefangen zu ... rebellieren, sag ich jetzt mal, sich zu wehren. Gegen ... die so gesagten Pädagogen"* (Abs. 4–6). *„Ich hab Wutausbrüche gekriegt bis zum Feinsten, ich hab die zurückgeschlagen ohne Ende, dann irgendwann ..., wenn die dann wieder irgendwie ausgetickt sind oder so, dann weiß ich, hab ich nur davorgestanden und gegrinst, und das hat die ja noch mehr auf die Palme gebracht, die lieben Erzieher"* (Abs. 143). Dazu erinnert sie ein Schlüsselerlebnis: *„Das fing eigentlich damit an ..., als ein Mädel aus unserem Heim schwanger war ..., wir wollen das nicht, dass wir auseinander getrennt werden. Weil ... das ist ja auch nochmal so ein Erlebnis gewesen, jetzt war die weg. Ja. Die Angst, und dann, nee. Dat nee. Und das denk ich, also das war dieser Wendepunkt, ne, wo wir gesagt haben, so und ... jetzt ist Schluss"* (Abs. 70, 328). Die Mädchen in ihrem Zimmer schließen sich zusammen: *„Da war, glaub ich, der Punkt, wo man sich dann gesagt hat, jetzt, jetzt, jetzt müssen wir irgendwie was tun .... Dann hat man natürlich angefangen, die zu erpressen, die Nachtwache, ... oder ... wir haben dann den angeschrien ohne Ende, sodass ... die anderen Schlafzimmer das auch hätten hören müssen, und man hat dann angefangen, echt sich zu wehren"* (Abs. 72). Sie haben damit Erfolg: *„Der ist dann auch wirklich nicht mehr gekommen, diese Nachtwache"* (Abs. 74). Von diesem Zeitpunkt an wehrt sich Nadine Neussert auch gegen die Besuche bei den übergriffigen Pflegeeltern, so heftig, *„dass der gesagt hat:,Okay du musst da nicht mehr hin', dieser Direktor von unserem Heim"* (Abs. 52). Zu Beginn kann sie die sexuellen Übergriffe nicht einordnen, für sie ist es *„normal"* (Abs. 56). Der Schlüsselmoment ist auch hier die Schwangerschaft der Mitbewohnerin: *„Ab da an, wo die eine schwanger geworden ist ..., ab da an hab ich mir dann gesagt, so und jetzt .... Genau. Ab da an"* (Abs. 324–326).

Vergessen, Vermeiden, Verdrängen. Über die sexualisierte Gewalt im Heim wird geschwiegen. Nadine Neussert begründet das damit, dass es einfach nicht anders ging: *„Man konnte aber auch nicht mit den anderen drüber reden ..., die haben dann nur gesagt:,Was war denn bei euch los?' – Wir:,Gar nichts.' ... Die Wahrheit, das ging einfach nicht, selbst mit 14, man konnte sich nicht den anderen gegenüber, mit denen man jetzt nicht so eng war, ... du konntest dich nicht öffnen"* (Abs. 76). Anders ist es mit den Zimmergenossinnen: *„Irgendwann hat man es ja mitgekriegt, man hat zwar nicht drüber gesprochen, man hat nur gesagt:,Äh, warst du heute Nacht unten?' ,Mhm'. ,Okay'. ... Und mit denen konnte man dann auch reden, ja mit denen im Zimmer"* (Abs. 78). Sie vermutet, dass die Kinder, die an den Wochenenden nach Hause dürfen, ihren Eltern ebenfalls nichts erzählen (ebd.). Auch nach der Heimzeit spricht sie nicht über die erfahrene sexualisierte Gewalt, nicht mal mit Biene: *„Die weiß ganz genau, aber das ist auch so ein*

Thema, wo wir heute auch noch nicht drüber sprechen, das ist einfach so. Und ich würde jetzt nie mit ihr darüber anfangen zu reden, oder sie auch nicht mit mir" (Abs. 91). Eine Beschäftigung mit sich aufdrängenden Gedanken versucht sie zu vermeiden: *„Wenn ich jetzt Biene nicht erreichen könnte oder so und ich weiß, ah scheiße, dann ja, dann mach ich irgendwas in der Wohnung, oder ich geh raus, nur dass ich abgelenkt bin, ne, man muss sich ablenken, ohne Ende, deswegen"* (Abs. 208). Ihre Arbeit ist eine gute Ablenkung: *„Habe gerackert ohne Ende, ich habe, also wenn Personalmangel war ..., das war einfach nur Ablenkung pur, und deswegen. Man ist nicht zum Arzt gegangen, hat sich nicht krankschreiben lassen und und und, also man ist nonstop, ... Überstunden ohne Ende ..., nur um nicht in diese Phasen zu kommen"* (Abs. 208). Als ihre Kinder beginnen, Fragen zu stellen, antwortet Nadine Neussert ihnen: *„Die wissen, dass ich im Heim war. Dass es da nicht gut war und ja. Mehr hab ich dann auch immer nicht so, ne, ich würde nie ins Detail ..., da hab ich mir gesagt, müssen die nicht wissen"* (Abs. 222).

Individuelle Aufarbeitung. *„Was hat mir dabei geholfen, ich denke erst mal, der Wille, nicht zu zerbrechen. ... Das ist einfach so, da kann ich jetzt nicht sagen, gut, der und der hat mir geholfen, ich glaube, wenn man das nicht von sich aus wollte, dann wär das nicht gegangen, ... dann wär man zerbrochen ..., wer weiß, was dann aus mir geworden wäre"* (Abs. 180). Bereits im Heim fasst Nadine Neussert einen Berufswunsch: *„Ich hab immer gesagt zu den Erziehern, wenn die immer wieder mal ihre Wutanfälle hatten und ihre ganze Kraft an uns ausgelassen haben, da hab ich immer gesagt:,Also weißte, ich glaub ich werd Erzieher, aber ich werd besser wie ihr'"* (Abs. 143). In Abgrenzung zu dem, was sie in ihrer Kindheit und Jugend erleben musste, folgt sie ihrem Leitsatz: *„Ich war ein sehr guter Erzieher, also ja. Und das war immer mein Leitspruch: Du machst das besser wie die da. So ein Pädagoge wirst du nicht"* (Abs. 145). 33 Jahre lang arbeitet sie in einer Kita, seit Kurzem ist sie aus gesundheitlichen Gründen in Rente (Abs. 147). Im Bewusstsein dessen, was ihr widerfahren ist, übt Nadine Neussert nicht nur ihren Beruf aus, sondern auch die Erziehung ihrer Kinder legt sie so an: *„Das war immer mein Leitfaden ...,wenn ich mal eigene Kinder habe, die haben das viel besser wie ich"* (Abs. 182). Als ihre Kinder noch klein sind, ist die Beschäftigung mit ihnen eine gute Möglichkeit zur Ablenkung, später stürzt sie sich erneut in Arbeit: *„Man hatte zu tun, man konnte über andere Sachen nicht nachdenken, und dann sind die auch nicht so hochgekommen. Aber wenn man dann gar nichts zu tun hat, das ist dann sehr, sehr schwierig"* (Abs. 208). Das Bedürfnis, an die Orte der Vergangenheit zurückzukehren, hat Nadine Neussert daher nie gehabt: *„Als ich mit 18 raus war, hab ich gesagt so:,Auf Nimmerwiedersehen'"* (Abs. 332–334).

6.1.3.4 Soziales und professionelles Umfeld

Schützende Inselerfahrung. Als Zufluchtsort und Bindungsperson aus der Heimzeit bezeichnet Nadine Neussert ihre Russischlehrerin der öffentlichen Schule: *„Wirklich super war die Lehrerin, und die hat dann immer gesagt ... heimlich dann immer zu mir: ‚... Wenn du möchtest, kannst mich zu Hause privat besuchen.' Erst mal ganz skeptisch, aber man lernt die ja kennen als Lehrerin, und die war ganz nett"* (Abs. 143). Nach und nach traut sie sich, diese Möglichkeit wahrzunehmen. Die Lehrerin fördert Nadine Neussert und behandelt sie auf Augenhöhe. Sie fragt nach ihrem Berufswunsch zur Erzieherin, spricht ihr Mut zu und unterstützt sie, sodass sie gegen den Willen der Heimdirektion die Schule nach der 8. Klasse fortsetzen kann, um ihren Berufswunsch umzusetzen (ebd.). Bis die Lehrerin nach Finnland auswandert, hält sie mit Nadine Neussert Kontakt und unterstützt sie in ihrem Studium. *„Das sind dann so'ne Leute, an die man sich klammert, ne, aber auch mit der hab ich ..., wenn die so manchmal, so gefragt hat ‚Und im Heim so, wie ist das?' ... Ich weiß, ich habe mit ihr aber auch darüber nicht gesprochen. Weil, man ist ja vorsichtig, man ist immer vorsichtig gewesen, man hat sich da nicht jedem anvertraut"* (Abs. 151). Ihre beiden Schwestern hat sie dagegen erst vor Kurzem kennengelernt. Die beiden können sich noch an die Szene im Kinderheim erinnern, als sie getrennt wurden: *„Letztes Jahr, da hat [meine Schwester] mich gesucht und auch gefunden .... Und diese Szene hatte ich auch genau im Kopf ..., also ich weiß, dieses Kinderheim ..., und sie sagt auch, also sie war ja älter, ich war eigentlich noch klein, ne, aber was man im Kopf hat, hat man im Kopf"* (Abs. 6; Erg. v. Verf.). Nadine Neussert hat inzwischen eine weitere Schwester kennengelernt, ebenfalls mit einer Heimvergangenheit.

Eigene Kinder. Nadine Neussert äußert ihren Stolz darüber, trotz der schwierigen Ausgangsvoraussetzungen ihren Kindern eine gute Basis ermöglicht zu haben: *„Die sind erwachsen, haben alle drei 'nen Job, ... also da kann ich mehr wie stolz sein .... Aber ich kann sagen, meine haben alle ... abgeschlossene Schulausbildung, und 'ne Berufsausbildung, ... wer kann das schon sagen, sag ich jetzt mal? Wir!"* (Abs. 188–191). Sie war für ihre Kinder da und hat eine gute Beziehung zu ihnen: *„Das Vertrauen war eben da. ... Ich fands wichtig bei meinen Kindern, dass die mir alles erzählen können, was auch so war, mit den Lehrern und Erziehern ..., also das ist wichtig, find ich, dass die Kinder sich das auch trauen, dass sie sich eben auch trauen zu erzählen, ne, was los war"* (Abs. 218). Ihre Kinder sind heute erwachsen, sie hat mittlerweile ein Enkelkind, bald kommt ein zweites. Heute erfährt sie die Unterstützung ihrer Kinder: *„Meine Kinder sind heute genauso für mich da, wie ich für die da war"* (Abs. 182). Das sonstige soziale Netz ist überschaubar: *„Viele Bekannte will ich gar nicht haben. Ist so. Man beschränkt sich, man beschränkt sich einfach. Weil man ist so vorsichtig, das ist einfach so. ...*

Eine Arbeitskollegin, mit der hab ich immer noch Kontakt ..., und Biene, das wars. ... Ich glaube, man macht das schon unterbewusst ..., dass man gar nicht so viele haben will .... Das, was ich so habe an Freunde, reicht aus, ich weiß, auf die kann ich mich verlassen, und dann ist das auch in Ordnung" (Abs. 160). Biene hat für sie einen wichtigen Stellenwert bei der Bewältigung, ist seit Beginn der Heimzeit eine bedeutsame Person in ihrem Leben, ist eine Vertraute und wie eine Schwester für sie (Abs. 180). Mit ihr kann sie über ihre Symptome sprechen: *„Über so was können wir ruhig, können wir schon reden, ne, über diese Macken, die dann kommen, ne, oder diese Flashs"* (Abs. 176). Über die erlebte sexualisierte Gewalt sprechen die beiden jedoch nicht (Abs. 89–91).

Professionelle Unterstützung. Es dauert sehr lange, bis Nadine Neussert professionelle Unterstützung in Anspruch nimmt: *„Damals hat man sich das nicht getraut, ... zu DDR-Zeiten sowieso nicht, ... wenn man älter wird, traut man sich das auch nicht"* (Abs. 162). Seit 2019 ist sie jedoch in Behandlung: *„Dann hab ich gesagt, ja gut, jetzt kannst es ja machen, weil wenn man nämlich merkt, man hat nicht mehr so viel zu tun, dann kommen viel öfters die Flashs. Das ist so, weil ja die Ablenkung fehlt ..., gut, denn überwindet man sich ... und macht dann diese so gesagte Therapie"* (Abs. 164). Dort findet sie mit ihren Themen in geschütztem Rahmen Unterstützung: *„Dann spricht man über dies und das mit ihr, ne? Aber, und was ich eben gut finde ..., die pocht nicht so aufs Detail, ne, macht sie nicht, absolut nicht, ... fragt auch nicht nach"* (Abs. 166). Die Psychotherapeutin betont vielmehr ihre Freiheit in der Wahl der Themen: *„Ich erzähle ... nur das, was ich möchte, ne, und wenn das kommt ..., dann kommt das, und dann ist das so ..., und das ist völlig in Ordnung"* (Abs. 168). Psychoedukation gehört ebenfalls zu den Inhalten: *„Sie hat zu mir gesagt, das ist einfach normal, dass, wenn man ... nichts zu tun hat oder weiß ich was, dass, da reicht ja schon eine Kleinigkeit, und zack. Hat man schon diesen Effekt"* (Abs. 176). Eine Selbsthilfegruppe bzw. vergleichbare Gruppenangebote hingegen besucht Nadine Neussert nicht (Abs. 274). Ihre Sorge ist, dass die Erzählungen der anderen eigene Erinnerungen wachrütteln könnten: *„Weil gerade mit so vielen ..., da kommt dann noch viel mehr hoch .... Also ich kanns mir nur so vorstellen, ich weiß es nicht, also kann alles anders sein, ne, aber ich denke nee"* (Abs. 274).

6.1.3.5 Erfahrung mit dem Fonds und offene Bedarfe

Fondserfahrungen. Anfänglich zögert Nadine Neussert, ob sie sich beim Fonds melden soll: *„Ich hätts nicht gemacht, wenn nicht Biene so gebettelt hätte, dass ich da mitkomme ..., wollte es eigentlich nicht"* (Abs. 257). Die Suche nach Unterlagen als Beleg für die Heimzeit erweist sich als schwierig: *„Wir sind dann zum Jugendamt, wollten unsere Heimakte anfordern, ja. Dann hat sie uns*

schon gesagt:,67er-Jahrgang, sehr schwierig.' ... *War natürlich nichts mehr da"*
(Abs. 239). In der neunten Klasse hat sie jedoch einen kleinen Teil ihrer eigenen
Akte aus Heim 3 entwendet: „*Gott sei Dank hab ich die eingesteckt* ..., *und das
konnte ich diesem Heimkinderfonds auch vorlegen, dass ich wirklich im Heim war"*
(Abs. 239). Die Anlaufstelle des Fonds hat sie in positiver Erinnerung: „*Hat
man sich da angemeldet,* ... *das war wirklich völlig zwanglos* ... *und nett auch,
ne, das Einzige, die wollten eben wirklich wissen, von wann bis wann. Wollten
die Namen wissen der Heime, weil das kann nur ein Heimkind wissen"* (Abs. 243).
Das Gespräch erlebt sie als positiv: „*Aber so auf Details haben die überhaupt nicht
gefragt* ..., *das fand ich ganz gut"* (Abs. 239). Über den Fonds erhält Nadine Neussert auch Rentenersatzleistungen: „*Für das Arbeiten dafür hab ich was bekommen
* ..., *diesen Festbetrag für diese Jahre"* (Abs. 255). Den Druck bei der Einrei-
chung der Quittungen für die Sachleistungen sieht Nadine Neussert allerdings
kritisch: „*Da haben sie ein bisschen unüberlegt gehandelt, weil* ... *man war wieder
unter Druck gesetzt* ..., *um überhaupt vom Heimkinderfonds was zu bekommen* ...,
da haben sie das ein bisschen doof gemacht" (Abs. 257). Weitere Angebote der
Anlaufstelle nimmt sie nicht in Anspruch: „*Ne, die haben mir* ... *so einen Brief
dann geschickt* ..., *die treffen sich irgendwo da regelmäßig, man kann da hin und
in Gruppe, also das war ein Ding, wo ich gleich gesagt habe:,Nein. Möchte ich
nicht'"* (Abs. 270–272). Nadine Neusserts Fazit über den Fonds: „*Gut, dass sie
den ins Leben gerufen haben, aber wie sie [es]* ... *letztendlich ausgeführt haben,
das war doof"* (Abs. 257; Erg. v. Verf.). Eine Wiedergutmachung ist es in ihren
Augen nicht: „*Wiegt natürlich, dieses Geld, gut und schön, wiegt aber nicht viel im
Inneren,* ... *das wiegt das nicht auf"* (Abs. 257).

Offene Bedarfe. Befragt zu ihren Wünschen spricht sich Nadine Neussert
für eine Verbesserung der Entlassung aus dem Heim heute aus: „*Das ist ganz doll
wichtig, man muss die wirklich auf dieses Leben da draußen vorbereiten und eigentlich stark machen für draußen"* (Abs. 294–296). Als bedeutungsvoll empfindet sie
zudem eine respekt- und liebevolle Erziehung, die ohne autoritäres Benehmen
auskommt: „*Wenn ich heute Heimerzieher wäre, ich wäre, glaub ich, genauso zu
den Kindern im Heim, wie ich zu meinen eigenen bin"* (Abs. 294–296). Zugleich
ist sie für die vermehrte Implementierung von Patenschaften für Heimkinder und
zugleich für eine strenge Kontrolle von Pflegeeltern: „*Gibts bestimmt viele, die
würden auch für so ein Heimkind eine Patenschaft übernehmen* ..., *das wär doch
viel besser als Pflegeeltern* .... *Wenn ich* ... *die Macht hätte, Pflegeeltern, oh, die
würd ich ja so unters Korn nehmen, ja ist so. Da würde nicht Hinz und Kunz kommen
würden, dürfen* .... *Heute* ... *kriegen sie noch Geld dafür, und darum rennen sie ins
Heim und holen sich so ein Kind, also wie so ein* ..., *das ist doch kein Stück, was
ich mir jetzt so hole"* (Abs. 294–296). Nadine Neussert hat den Eindruck, dass zu

viele ungeeignete Personen den Erzieher:innenberuf ergreifen: *„Heutzutage ... in den Ausbildungen läuft einiges schief, ..., den Erzieherberuf kann man nicht erlernen, ... entweder mach ich das von hier, von innen, weil ich dazu berufen bin, oder ich lass es sein"* (Abs. 294–296).

Rolle der Gesellschaft. Zu DDR-Zeiten ist es schwer, sich als Heimkind zu outen: *„Man war ja schuldlos eigentlich im Heim, aber ... man war einfach abgestempelt, man hat sich da dann genau überlegt, wo man das sagt und wo nicht"* (Abs. 276). Als beschämend erlebt sie es in Situationen, wo sie auf ihren Familienstatus angesprochen wird, denn auch heute noch ist der gesellschaftliche Umgang mit Heimkindern stigmatisierend. Die Schuld für die Heimeinweisung werde weiterhin bei den Kindern gesucht: *„Es wurde nicht gefragt:, Warum biste denn im Heim?' ...' nein: ,Du bist das böse Heimkind". ... Das wird heute immer noch so sein ..., da fragt auch wirklich keiner nach .... Die Gesellschaft ist einfach so"* (Abs. 290–292). Ebenso hat sie den Eindruck, dass von staatlicher Seite wenig Interesse besteht, Gewalt in der stationären Unterbringung zu vermeiden: *„Dann sagt man sich, ist das traurig ..., dass das immer weiterläuft, das läuft immer weiter, man kanns eigentlich nicht ändern. ... Da sind wir wieder bei dem Thema, weil die Kinder, die natürlich das alles durchmachen, Scham haben damit irgendwo, wem sollen die sich anvertrauen?"* (Abs. 308). Auch aktuell sei es als Heimkind schwer: *„Dass [es] da heute auch welche gibt, wem, wem sollen die sich denn anvertrauen, wer nimmt die denn wahr, wer nimmt das denn, ich meine, die erste Reaktion ist doch ...,Ach, du spinnst doch. Erzähl doch nicht'"* (Abs. 308; Erg. v. Verf.). Nadine Neussert wünscht sich einen anderen Umgang mit Heimkindern und Opfern von sexualisierter Gewalt: *„Man weiß ja, wie das heutzutage ist, wenn jetzt irgendeiner sagt, ja der hat sexuellen Missbrauch. Dann geht das vor Gericht und und und, dann musst du alles erläutern. Ja ist doch schrecklich, warum kann man denn nicht sagen, ja das war so, und du musst das nicht ..., ist doch ganz schrecklich, ich find für Leute, die da ins kleinste Detail, find ich, ist schrecklich, also da macht man den Menschen ja auch mit kaputt irgendwie. ... Das sind Sachen, ja, also da find ich, die müssen nicht mehr sein"* (Abs. 308).

6.1.4   Fiona Faber: *„Das war so eine Art Zusammengehörigkeitsgefühl, und viele haben sich dadurch kennengelernt und sind einfach befreundet. Und sind nicht mehr ganz so einsam, wie sie sonst waren"*

„Meine ganze Kindheit und Jugend verlief nicht so, wie man sich das eigentlich gewünscht hätte", beginnt Fiona Faber ihre Erzählung (Abs. 68). Sie ist in Polen

geboren. Als sie knapp drei Jahre alt ist, wandert die Mutter mit ihr und ihrem (vier Jahre älteren) Bruder – noch vor dem Mauerbau – in die DDR ein. Viele Aspekte ihrer Biografie und ihrer eigenen Familie kann sie bis heute nicht rekonstruieren: *„Ich kenne nicht meinen Vater, ich kenne nicht die Gründe, warum waren wir im Heim, mein Bruder weiß das auch nicht"* (Abs. 101). Dank ihrer eigenen Recherche kann sie sich heute manches erklären, aber Lücken sind geblieben. Sie verbringt viele Jahre in einem Kinderheim der DDR. Nach der Heimzeit macht sie eine Ausbildung zur Kindergärtnerin und wird sofort voll eingesetzt: *„Ob Lehrer oder Erzieher, wir wurden dann einfach irgendwo hingeschickt, wo Bedarf war"* (Abs. 68). Kurz darauf wird sie schwanger und heiratet: *„Damals hieß es:‚Ja, du musst!', weil ich schwanger war ..., und 72 kam mein Kind zur Welt"* (ebd.). Die Flucht vor dem gewaltvollen Zuhause in die Ehe gelingt jedoch nicht: *„Die Ehe war nur auf dem Papier, er hat studiert, und ich saß dann mit dem Kind alleine da. Und als der mit dem Studium fertig war, war ich mit ihm fertig. Ja, und dann war ich erst mal lange alleine"* (ebd.). Ihren Beruf als Erzieherin muss sie aus gesundheitlichen Gründen – aufgrund der Heimfolgen – nach ein paar Jahren aufgeben.

6.1.4.1 Erfahrungen vor und während der Heimzeit

Aufwachsen. Die Ankunft in einem Aufnahmelager der damaligen DDR als noch nicht ganz dreijähriges Kleinkind beschreibt Fiona Faber folgendermaßen: *„Dann haben uns irgendwelche Leute eine Unterkunft erst mal gegeben, ein Zimmer. Ich war noch nicht mal drei, und ich kann das Zimmer beschreiben. Ich weiß genau, was wo stand. Und wie der Eingang war. Und die Familie hatte drei Kinder, einen großen Sohn, eine Tochter als nächstes und einen kleinen Sohn, und der kleine Sohn war mein erster Freund in meinem Leben. Und ich seine erste Freundin"* (Abs. 101). Wann genau sie mit ihrem Bruder ins Heim gekommen ist, kann sie heute nur ungefähr rekonstruieren, sie nimmt an, bereits vor der Einschulung. Während sie und ihr Bruder im Heim sind, gründet ihre Mutter erneut eine Familie: *„Meine Mutter hatte geheiratet in der Zwischenzeit, und als wir nach Hause gekommen sind, hatten wir schon eine kleine Schwester ..., und nebst Schule hatte ich dann eben zu Hause auch nur diverse Aufgaben zu erfüllen, das kleine Mädchen betreuen, Kinderkrippe bringen, Kinderkrippe abholen, Kindergarten, ... die Eltern haben gearbeitet"* (Abs. 68). Der Stiefvater ist gewalttätig: *„Im Nachhinein bin ich froh, dass es nicht mein Erzeuger ist. War auch ganz furchtbar"* (ebd.). Ihre Mutter lebt heute nicht mehr, ihren Vater hat sie trotz zahlreicher Versuche, ihn zu finden, nie kennengelernt: *„Meinen Vater habe ich ewig gesucht, ... habe mal über das rote Kreuz was versucht, aber ich bin nicht weitergekommen. Jetzt würde er sowieso nicht mehr leben"* (Abs. 101).

Heimerinnerungen. Die Gründe für die Heimeinweisung sind Fiona Faber bis heute unklar. Es handelt sich um ein kirchliches Kinderheim. *„Das Heim … hatte nichts mit der politischen Situation zu tun"* (Abs. 70), es ist ein kirchliches Heim und aus dem Westen finanziert (Abs. 99). Gute Erinnerungen an die Heimzeit sind rar: *„Wenn jetzt besondere Feiertage waren, … dann hatten wir schöne Sachen. Und das waren alles Sachen, die uns der Westen geschickt hat.,. und wir haben auch manchmal Ausflüge auf den See gemacht, da gabs richtig große Wiener Würstchen mit Kakao, kannten wir ja alles nicht"* (ebd.). Eingeprägt hat sich dagegen die zahlreich erfahrene physische und psychische Gewalt: *„Die Dinge …, die wir dort erleben mussten, das war seelische Grausamkeit"* (Abs. 70). Trotz des totalitären Systems hat sie bereits als Kind ein Gefühl des Unrechtsbewusstseins: *„Dass sie mir … wehgetan haben … durch Schläge und dass sie mich verletzt haben durch dieses Einsperren und dieses ständige Zwingen zum Beten und dies und das, das hat man … mitgekriegt als Kind: ‚Warum eigentlich, ich hab doch gar nichts gemacht?'"* (Abs. 211).

Gewaltformen. Insbesondere den Zwang zum Glauben erinnert Fiona Faber bis heute: *„Wir haben ja nicht nur körperliche Gewalt erlebt, sondern eben den Zwang zur Religion, ist ja auch eine Art von Gewalt … In dem Alter, in dem ich mich befand, wusste ich eh nicht richtig, was wollen die eigentlich …? Man hat ihnen einfach nur noch zu gehorchen …, Freundschaften sowieso nicht, also wir waren vollkommen der Religion unterworfen, … beten, beten und nochmal beten"* (Abs. 99). Neben der erzwungenen religiösen Praxis gehört Kinderarbeit zum Alltag: *„Schule war, wie gesagt, die normale Schule im Ort, und ansonsten arbeiten …, wir haben alle Hausarbeiten … erledigt, … ob das die Küche war, ob das die Wäscherei war, ob das der Garten war oder das Saubermachen … im Gebäude selbst"* (ebd.). Dabei müssen alle Kinder die gleiche Kleidung tragen: *„Dieser Zwang, also das war heftig. Wir hatten im Heim alle das Gleiche an. So'ne ollen blauen Kleider, weiß ich noch, wie eine Kittelschürze. Vorne so eine Knopfleiste, wenn wir zur Schule gegangen sind, hatten wir natürlich was anderes an. Aber sobald wir zurück waren, mussten wir uns umziehen"* (ebd.). Über die sexuelle Gewalt, die Fiona Faber erlebt hat, möchte sie nicht sprechen: *„Mit diesen sexuellen Übergriffen, das ist jetzt erst mal im Moment nicht so meins, worüber ich reden möchte"* (Abs. 129).

6.1.4.2 Auswirkungen

Physische und psychische Folgen. Die Auswirkungen der Heimzeit fasst Fiona Faber für sich folgendermaßen zusammen: *„Die Vergangenheit hat dann mein weiteres Leben auch beeinflusst"* (Abs. 6). Ihren gesundheitlichen Zustand nach der Heimerfahrung beschreibt sie als instabil, was sich auch auf die Berufstätigkeit als Kindergärtnerin auswirkt: *„War eigentlich auch… ja nicht geeignet für den Beruf. Ich war labil, ich war angeschlagen, gesundheitlich. Hab' immer unter Kopfschmerzen gelitten, was ich teilweise heute noch habe"* (Abs. 68). Insbesondere die im Heim zu verrichtende Zwangsarbeit verbindet sie mit ihrem späteren belastetem Zustand: *„Also bestimmte Erscheinungen gesundheitlicher Art sind schon darauf zurückzuführen"* (Abs. 129). Viele Symptome, an denen sie leidet, hält sie für psychosomatisch: *„Ich bin auch in einer Schmerzambulanz Dauerpatient, viele Schmerzen sind … nicht nur organischer Ursache, sondern … die Seele. Früher hab ich immer gedacht, wenn Ärzte gesagt haben:‚Ist alles psychisch', hab ich gedacht, die sind doof, ja. Aber jetzt weiß ich, dass es so ist"* (Abs. 179). Die erlebte Gewalt zeigt sich aber auch in psychischen Auswirkungen: *„Die seelischen Narben, die bleiben nun mal. Dieses ständig bestraft Werden, eingesperrt Werden, auf den dunklen Boden Stehen, die ganze Nacht in Dunkelkammern Verbringen"* (Abs. 129). Ängste begleiten ihr Leben: *„Wenns dunkel wird, dann fahre ich nicht mehr durch die Gegend, weil ich ja so mit Ängsten behaftet bin"* (Abs. 80). Auch spricht sie von einem erhöhten Suchtpotenzial (Abs. 131). Zudem hat Fiona Faber mehrere Suizidversuche hinter sich, *„weil ich einfach nicht mehr klar gekommen bin mit meinem und diesem Leben"* (Abs. 181).

Soziale Folgeerscheinungen. Gravierend sind für Fiona Faber jedoch auch die sozialen Auswirkungen, die sich in ihren partnerschaftlichen Beziehungen zeigen. Zwar sehnt sie sich nicht nach Nähe, kann diese aber nicht zulassen, weshalb sie in ihren Partnerschaften ihre Sehnsucht nicht erfüllen kann. Sie berichtet, dass sie im späteren Sexualleben heftige Schmerzen hatte und immer verkrampft war, *„alleine schon mein Kind zur Welt bringen, war die Hölle für mich"* (ebd.). Um überhaupt Sexualität mit ihren Partnern leben zu können, trinkt sie Alkohol: *„Eigentlich war ich gar nicht in der Lage, mit jemand zu schlafen, wenn ich nicht ein … bisschen Mut angetrunken habe, sag ich jetzt mal so. Eigentlich war das alles nur eklig. Und hinterher dann sofort Badewanne und …, ist bis heute so geblieben"* (ebd.). Es ist ein langer Prozess, bis ihr das eigene Verdrängen der traumatischen, körperlichen und sexuellen Gewalterfahrungen bewusst wird und sie einen Zusammenhang zwischen dem Geschehenen und ihrem aktuellen Verhalten herstellen konnte (ebd.). Die sozialen Schwierigkeiten aber sind geblieben. Selbst im Kontakt mit Kolleg:innen im Zuge ihrer Tätigkeit für eine Beratungsstelle für ehemalige Heimkinder fällt es Fiona Faber schwer, die Beziehungen inniger werden zu lassen: *„Ich hab auch … mit keinem so ein richtiges, inniges Verhältnis. … Irgendwas ist da …, so ein bisschen wie eine Barriere"* (Abs. 161).

Auswirkungen auf die berufliche Laufbahn und sozioökonomische Situation. Viele der ehemaligen Heimkinder, so auch Fiona Faber, mussten aufgrund von Erkrankungen vorzeitig in Rente gehen. Bereits bei ihrem Weg in die Berufstätigkeit sieht sie einen Zusammenhang mit den traumatischen Erfahrungen im Heim: „*Viele von uns haben Berufe ergriffen, wo sie mit Kindern, mit Menschen, mit alten Menschen, Kranken arbeiten. So das Gefühl: ‚Mir ist so viel Schlimmes passiert, ich will jetzt irgendwas Gutes machen.' Ja? Also die meisten, die ich kenne von den Mädels da, die sind alle in irgendeinem Beruf – Krankenschwester, Altenpflege, Kindergarten so was eingestiegen. Ich hab ja wie gesagt auch Kindergarten dann gelernt, ich habs nicht lange machen können, war ja nicht in der Lage, physisch nicht und psychisch nicht. Und dann hab ich trotzdem die letzten Jahre noch im Pflegebereich gearbeitet. Und mir tat das alles so weh, wie die alten Leute nur noch eine Nummer sind, wo garantiert auch Leute, alte Menschen, die nicht nur den Krieg hinter sich hatten, sondern die vielleicht auch noch eine Heimgeschichte haben. Und keiner hat Zeit, sich hinzusetzen und ihnen zuzuhören, ja. Und irgendwann war ich dann einfach so am Ende*" (Abs. 129).

6.1.4.3 Bewältigung

Schweigen. Zu Beginn ihres Aufarbeitungsprozesses ist es Fiona Faber zunächst nicht möglich, über ihre Heimerfahrungen zu sprechen. Sie beschreibt sich als verstummt: „*Wir haben auch zu Hause nicht darüber geredet, … das schleppt man so lange mit sich rum, und irgendwann bricht diese Sache auf*" (Abs. 177). Als die Expertise zur Heimerziehung in der DDR entsteht und sie daran mitarbeitet, kann sie über die erlebte Gewalt noch nicht sprechen: „*Ich war nicht in der Lage, … das auszusprechen und … darüber zu reden. Das ist erst so etappenweise gekommen*" (Abs. 204). Über die Jahre, sagt sie, ist ihr Interesse an der Aufarbeitung und ihr Verständnis der eigenen Geschichte jedoch immer stärker geworden: „*Wenn ich so Revue passieren lasse, das Komische ist ja, dass man im fortgeschrittenen Alter immer mehr über seine Vergangenheit erfahren will. Recherchiert. Plötzlich kommen Erinnerungen hoch, die viele Jahre, zig Jahre eigentlich verbuddelt waren*" (Abs. 68). An dieser Stelle wird Fiona Faber aktiv. Sie findet heraus, dass das Heim noch existiert, und sucht es auf: „*Das ist heute noch der gleiche Orden …, und heute ist das ein Kloster …, also Sie können da auch hinfahren, wenn Sie in sich kehren wollen und da wie im Hotel ein Zimmer nehmen. Vieles ist umgebaut, es sieht von außen alles so schön jetzt aus, so wie so ein Garten der Stille und so, ja. Aber die Kirche steht eben noch da, wo sie war, das Haus steht sowieso noch da, wo es war, und oben, wo unsere Schlafräume waren, das ist noch genauso. Die Fenster sehen noch genauso aus mit den vielen kleinen Unterteilungen und so*" (Abs. 70). Danach verfällt sie erneut für eine Weile in Schweigen.

Sprechen. Erst als die Belastungen unerträglich werden, beginnt Fiona Faber, über das Erlebte zu sprechen. Zunächst verstärkt sich dadurch eine Reihe belastender Gefühle. Vor allem taucht die Scham darüber auf, ein Heimkind gewesen zu sein: *„Zum Anfang hab ich mich schon geschämt. ... Dieses, dieses ..., wie ein Stempel"* (Abs. 103). Sie findet in eine Selbsthilfegruppe, der dortige Leiter ermuntert sie immer wieder dazu, die aufkommenden Gefühle, Gedanken und Bilder aufzuschreiben. Viele dieser Inhalte fließen in eine spätere Expertise zum Thema Heimkinder ein. Bei der Präsentation der Expertise vor der Presse vertritt Fiona Faber die Perspektive der ehemaligen Heimkinder auf dem Podium. Für sie ist dies ein Schlüsselerlebnis: *„Ich weiß noch, wie wir da alle saßen ..., eigentlich war ich dann froh, dass ich für alle gesprochen habe, aber andererseits, die Presse hat sich auf mich gestürzt wie die Geier. Und am nächsten Tag waren ... diverse Zeitungen voll"* (Abs. 72). Der Leiter der Selbsthilfegruppe bittet sie anschließend um einen Vortrag an der Universität. Diesen Vortrag erlebt sie als befreiend: *„Ist trotzdem hinterher ein bisschen Befreiung ..., und wir haben die da ganz schön, ja zu Tränen gerührt"* (Abs. 116–117). Auf diesen Vortrag folgt ein weiterer, in einer Schule (Abs. 127). An dieser Stelle vergleicht sich Fiona Faber mit anderen Überlebenden, die aufgrund der erlebten Gewalt in ihrem späteren Leben teilweise gewalttätig, teilweise auch straffällig wurden: *„Ich bin froh, dass ich nicht so abgerutscht bin in die Gewaltspirale, denn sehr viele sind auch kriminell geworden und da vor allen Dingen Männer"* (Abs. 131). Die Auswirkungen zeigten sich bei ihr dennoch immer wieder auf andere Art und Weise: *„Ich hatte andere Probleme, also ich hatte auch ein erhöhtes Suchtpotenzial, sag ich jetzt mal so .... Ich hab mich in all den Jahren auch, merk ich selber, sehr verändert. Ich bin mehr traurig als lustig, ich freu mich, wenn ich über irgendwas mal wirklich herzhaft mitlachen kann"* (Abs. 131, 167).

Sich-Wehren. Fiona Faber sagt über sich selbst, *„in manchen Sachen bin ich nach wie vor der Einzelkämpfer"* (Abs. 161). In diesem Kontext ärgert es sie, wenn andere zu einem wehrhaften Umgang mit der Vergangenheit keinen Zugang finden: *„Das sind alles so... Mitläufer. Ja. Aber keine, die richtig aktiv sind. Das, das kommt mir manchmal vor wie früher in der DDR. Die haben alle nur gemacht, der Weg wurde vorgeschrieben, und wir laufen mit. Und die richtigen Aktiven waren dann zum Schluss nur die, die noch eins oben drauf gekriegt haben. Und ich war eigentlich ... – so oft, wie ich am Boden war – ein Stehaufmännchen. Und wenn ich gekämpft habe, dann hab ich eben gekämpft, ... bis zum Schluss"* (Abs. 165). Man darf nicht aufgeben, sagt sie, aktuell z. B. läuft bei ihr ein Antrag nach dem Opferentschädigungsgesetz, der in erster Instanz abgelehnt wurde: *„Dieser Kampf jetzt geht auch weiter. ... Erst wollte ich nicht weitermachen, nachdem diese*

Ablehnung da kam" (ebd.). Der Termin zur Berufung ist bereits geplant. Zusätzlich wird sie an zahlreichen Stellen politisch aktiv: *„Mein Kampf war ja noch die Kinderarbeit. ... Die ja auch im Sande verlaufen ist ..., habe ich mich da so reingekniet ... für die Kinder, die ihre Gesundheit ruiniert haben, die heute krank sind, davon unter anderem davon, die verfrüht in Rente gehen mussten, weil sie gesundheitlich nicht mehr in der Lage waren"* (Abs. 293–297). Dennoch kämpft sie sich vor bis zum Bundestag. Fiona Faber nimmt sich aber auch immer wieder Auszeiten von ihrem politischen Engagement und betreibt aktiv Psychohygiene, sei es auf Reisen oder in ihrem Garten (Abs. 53, 167).

6.1.4.4 Soziales und professionelles Umfeld

Soziale Unterstützung im familiären Kontext. Die Heimvergangenheit teilt Fiona Faber mit ihrem älteren Bruder, das ist hilfreich für sie: *„Jedenfalls kann er sich an ... einige Sachen erinnern, die ich nicht mehr so weiß, weil er älter ist. Aber vieles weiß er nicht und wundert sich, dass ich, obwohl ich jünger bin, das noch weiß"* (Abs. 68). Ebenso wie sie wartet ihr Bruder auf Fortschritte hinsichtlich des Antrags im Rahmen des Opferentschädigungsgesetzes: *„Der sagt auch immer:,Fiona, was ist denn los? Weißt du mehr?' Ich sag:,Du, ich mach so viel, aber da passiert nichts'"* (Abs. 211). Im Falle ihres Bruders sei die Situation besonders prekär, da er schwer an Krebs erkrankt ist. Ihre Mutter lebt heute nicht mehr, ihren Vater konnte sie trotz umfangreicher Suche nicht finden. In ihrem jetzigen Mann hat Fiona Faber einen zugewandten und liebevollen Partner gefunden, dennoch könne er sich nicht in ihre Situation hineinversetzen: *„Ich hab zwar einen ganz lieben Mann, aber so richtig verstehen kann der das alles gar nicht. Er kanns einfach nicht verstehen. Er kommt aus einer Familie mit sechs Kindern, die auch mal flüchten müssen mussten, die sicherlich auch nicht gerade die Kindheit hatten, aber so ... kennt er nicht"* (Abs. 137). Unterstützung für Termine, die im Zusammenhang mit der Heimvergangenheit stehen, holt sie sich daher an anderen Stellen. Dieses Unterstützungsnetzwerk hat sie sich über Selbsthilfeinitiativen aufgebaut.

Selbsthilfe. Über eine Demonstration lernt Fiona Faber ihre Selbsthilfegruppe kennen: *„Da hab ich einige Leute kennengelernt ..., dadurch bin ich bei dem Leiter der Gruppe mit drin gerutscht"* (Abs. 76). Der Leiter der Selbsthilfegruppe stellt für sie hinsichtlich ihres Aufarbeitungsprozesses eine zentrale Figur dar: *„Der Anstoß, dass ich überhaupt so ... in meinem Seelenleben rumgekramt habe und den Mut gehabt habe, ,nun schreib endlich auf, was du nicht aussprechen kannst', war eben er gewesen"* (Abs. 145). In diesen Kontexten gibt es weitere wichtige Schlüsselpersonen: *„Ich bin dieser Welt dankbar, dass ich so viel nette Menschen kennenlernen durfte und dass die mich unterstützen"* (Abs. 137). Angeregt durch diese guten Erfahrungen unterstützt sie Betroffene und treibt die (gesellschaftliche) Aufarbeitung der Heimerziehung aktiv mit voran. Das Gefühl einer großen Einsamkeit kann sie erst im Zuge ihres Engagements hinter sich lassen. Heute kann Fiona Faber wahrnehmen und wertschätzen, welchen Weg ihre Aufarbeitung dadurch genommen hat: *„Diese Leute haben mich eigentlich seelisch und moralisch unterstützt, und je öfter ich irgendwo darüber reden konnte, desto stabiler bin ich für mich geworden, darüber zu reden, ja. Vor, vor ein paar Monaten oder vor zwei Jahren oder so hätte ich mit Ihnen nicht so sitzen können"* (Abs. 149). Es ist ihr sehr wichtig, etwas zu hinterlassen: *„Bevor ich diese Welt verlasse, ist mir das wichtig, dass hier was übrig bleibt von mir"* (Abs. 101).

Professionelle Unterstützung. Fiona Faber hat eine Psychotherapie durchlaufen, bleibt diesem Angebot gegenüber jedoch eher skeptisch eingestellt: *„Ich kenne nur Leute, die schon jahrelang zum Therapeuten rennen und denen es trotzdem nicht gut, sondern immer schlechter geht"* (Abs. 183). Sie habe bereits einige Suizidversuche hinter sich, danach hatte sie meist therapeutische Hilfe: *„Ich habe zwar dann irgendwie im Gespräch mal erwähnt, dass ich im Heim groß geworden bin. Es hat (a) keiner nachgefragt, aber ich weiß auch, dass ich (b) nicht geantwortet hätte. Weil das eine Zeit war, wo ich darüber überhaupt nicht reden wollte und nicht konnte"* (Abs. 181). Bereits eine gute Fachkraft zu finden, die auch Wissen zu diesem Thema hat, hält sie für eine fast unüberwindliche Hürde (Abs. 189). In Person einer Fachärztin für Neurologie/Psychiatrie hat sie jedoch eine fachlich kompetente, vertrauensvolle Person gefunden: *„Ich habe zum Glück in den letzten Jahren eine ganz tolle Ärztin ... gefunden. Sie macht keine Therapie, aber sie ist eine gute Zuhörerin ..., und ich habe viel mit ihr gesprochen, und als ich nicht mehr sprechen konnte, ... hatte ich ja schon alles aufgeschrieben, und dann hat sie gesagt:,Bringen Sie mir das mal mit. Ich les mir das in Ruhe durch. Außerhalb der Sprechzeiten, wo ja immer welche im Wartezimmer warten, und dann machen wir mal einen Termin und sprechen.' Und seitdem bin ich da regelmäßig"* (Abs. 131–133). Die Ärztin unterstützt sie auch beim Antrag nach dem OEG und zeigt sich solidarisch, was die zermürbenden Behördenwege betrifft. Auch in Krisenzeiten steht sie zur Verfügung. Letztlich bietet sie Fiona Faber eine Art Lebensbegleitung.

6.1.4.5 Gesellschaftliches Umfeld

Gesellschaftliches Umfeld. Im Rahmen ihrer Bemühungen um Aufarbeitung erlebt Fiona Faber viele Rückschläge, vor allem aus dem rechtlichen und gesellschaftlichen Umfeld. Erfahrungen des Stigmatisiert-Werdens, des politischen Negiert-Werdens lösen bei ihr bis heute viel Unmut aus: *„Wir waren eben die Heimkinder von A bis Z, dazu noch ein kirchliches Heim .... Ich erinner mich noch* *an einen Zeitungsartikel: ... ,es gab keine kirchlichen Heime in der DDR', und da war ich ganz böse und hab da hingeschrieben, sie ist eine Lügnerin. Es gab sie doch, ich bin ein lebender Beweis dafür"* (Abs. 68). Sie kann schwer fassen, wie man die maßlose Gewalt so eklatant leugnen kann: *„Plötzlich kriegst du mit ..., dass ganz viele so was erlebt haben. Und dass grade der Missbrauch in der Kirche so extrem hoch ist und dass es immer noch geleugnet wird. Ja? Und was haben sie ... für Versprechungen gemacht, und was ist passiert bis heute? Nichts"* (Abs. 211). Sie kontaktiert die für den Aufarbeitungsprozess Zuständigen aktiv: *„Ich gebe ja dann nicht auf. Muss erst eine Weile sacken, und dann schreib ich wieder was: ,Wollt einfach mal wieder wissen, wie es hier jetzt weitergeht'"* (ebd.). Der gesellschaftliche Umgang bei sexualisierter Gewalt an Kindern und Jugendlichen ist ihrer Ansicht nach bis heute geprägt von Schweigen und Tabuisierung, so auch bezüglich des Fonds: *„Ich geh jetzt davon aus, dass sowieso nichts mehr passiert. ... Als 2018 am 31.12. Schluss war, haben sie sich auf die Schulter geklopft und gesagt:,Das haben wir gut gemacht.' Die, die Bestimmer da oben. Da kommt nichts mehr"* (Abs. 274).

Rechtliches Umfeld. Diese Einstellung der Gesellschaft durchzieht nach der Erfahrung von Fiona Faber das gesamte Rechtssystem. Für sie bedeutet daher ein abgelehnter Antrag nach dem Opferentschädigungsgesetz nicht nur auf persönlicher Ebene einen Rückschlag: *„Da geht es nicht in erster Linie ums Geld, da geht es in erster Linie erst mal, dass überhaupt das anerkannt wird, was mir widerfahren ist und vielen andern"* (Abs. 175). Auch die Gutachtenerstellung ist nach ihrer Erfahrung als schwierig einzuschätzen: *„Die waren alle so niederschmetternd"* (Abs. 72). Wenn im Rahmen des Gutachtens die betroffene Person derart in ihrer Glaubwürdigkeit angezweifelt wird, so empfindet Fiona Faber dies als einen erneuten Akt der Gewalt. Ihre Psychiaterin teilt diese Einschätzung: *„Die ... versteht das gar nicht, was man da mit mir macht und dass ich eigentlich jedes Mal wieder ganz tief unten bin. In all den Jahren haben die so in meinem Innenleben rumgewühlt, die, diese Menschen dort wissen gar nicht, was sie uns antun, dass ich mich so oft gefragt hab, warum hab ich das eigentlich gemacht? Ich werde nur noch mehr krank davon"* (Abs. 133). Mit gemischten Gefühlen blickt sie auf den juristischen Kampf um Entschädigung: *„Natürlich möchte ich ... auch eine Entschädigung haben, in Form von so einer Opferrente. Aber dass das so furchtbar abläuft und dass man einen eigentlich mit diesem ganzen bürokratischen Aufwand eigentlich wieder noch mehr runterzieht als einen aufrichtet, das ist die Gegenseite"* (Abs. 175).

Einsatz für sich und andere. Ihre Aktivitäten für die Sache der Heimkinder weitet Fiona Faber immer mehr aus und baut in der Region eine Anlaufstelle mit auf: *„Da war ich somit eine der Ersten, die dann da mitgemischt hat. Und das bis* *heute"* (Abs. 76–80). *„Wir wollten das so und haben gesagt, die ... Barriere, zu jemand Amtliches zu gehen, ist viel höher, als zu jemand zu gehen, der auch so eine Erfahrung hat. Und wir haben die praktisch zum ersten Gespräch gehabt. Vieles war am Telefon und die Leute haben manchmal zum allerersten Mal ... überhaupt darüber geredet"* (Abs. 183). Die Kombination aus Betroffenen und Professionellen betrachtet sie noch heute als sehr gelungen: *„Wir hatten ja auch das große Glück, ... bei uns war das einfach ein herzliches Willkommen, es stand Kaffee da, es stand Wasser da, es standen Blumen auf dem Tisch"* (Abs. 238). Zudem werden Möglichkeiten zum Austausch organisiert: *„Dass wir viele Veranstaltungen parallel dazu gemacht haben"* (Abs. 238). In dieser Zeit gehört Fiona Faber zum Team ehrenamtlicher Mitarbeiter:innen einer Einrichtung für Betroffene der Heimerziehung. Der Hintergedanke war, dass ehemalige Betroffene von staatlicher Gewalt oft kein Vertrauen in eine Behörde haben. Parallel zum Angebot der Anlaufstellen werden Veranstaltungen organisiert: *„Einfach ganz viel kulturelle Beiträge, ... die Leute haben sich dadurch kennengelernt und sind einfach befreundet. Und sind nicht mehr ganz so einsam, wie sie sonst waren"* (Abs. 237–239).

6.1.4.6 Erfahrungen mit dem Fonds und offene Bedarfe

Verfahren und Gesamtbewertung des Fonds. Fiona Faber bedauert es, dass die Idee hinter der Gründung eines Fonds so gelitten hat: *„An der Stelle ... war es positiv. Aber an den Stellen, ... wo es dann um die einzelnen Personen ging, war es nicht positiv. Weil ... einfach die Bürokratie entsetzlich ist"* (Abs. 243). Aufgrund dieser Erfahrungen ist sie sich zunächst unsicher, ob sie ihren Antrag aufrechterhalten soll, aber *„dann kam eine Weile, wo ich gesagt hab, ... dann freut sich nur der ... Errichter des Fonds, dass das alles wieder zurückfließt. Dann hab ich zu meinem Mann gesagt, jetzt muss ich doch irgendwas machen"* (Abs. 285). Wiedergutmachung sei das nicht, wenn die Summen mit anderen verglichen werden: *„Millionen und Billionen, ... können wir gar nicht mehr schreiben die Zahl, und wie sie uns eigentlich abgefertigt haben"* (Abs. 181). Gleichzeitig, so erklärt sie, habe eine Beanspruchung des Fonds zum Ausschluss anderer finanzieller Entschädigungsleistungen geführt: *„Es haben ja nicht alle Missbrauch erlebt, in den Heimen, aber viele. Und die sind aber beim Fonds Missbrauch außen vor. Da heißt es ja: ‚Aus dem Fonds habt ihr gekriegt, und hier nicht'"* (ebd.). Die Anmeldefrist des DDR-Fonds war zudem mit dem 30. September 2014 vollendet, die Arbeit des Fonds wurde im Dezember 2018 eingestellt, *„der hätte ja viel länger laufen müssen"*, so Fiona Faber (Abs. 183). Im Vergleich dazu seien Betroffene mit Rentenersatzleistung deutlich unbürokratischer ausgestiegen: *„Die mit den Rentenersatzleistungen haben teilweise eine beträchtliche Summe gekriegt, die war dann auch eine Einmalzahlung. ... Die mussten eben nur nachweisen, dass nicht in eine*

Rentenkasse was eingeflossen ist" (Abs. 303–305). Die Kinderarbeit wird auch hier nicht berücksichtigt.

Anlauf- und Beratungsstelle. Trotz der Kritik am Fonds beurteilt Fiona Faber die professionellen Zinnen, die im Rahmen der Fondsauszahlungen eingestellt wurden, sehr positiv: *„Und zum Glück waren das da alles tolle Mitarbeiter, die sich auch vieles anhören mussten. Traurige Sachen natürlich, überwiegend"* (Abs. 221). Die Beraterin, die ihr damals zur Seite stand, schätzt Fiona Faber besonders und empfindet deren Vorgehen als partizipativ und kompetent: *„Ihre ganze Art, ihre ganze Ausstrahlung. Die hat einfach auch eine super Ausstrahlung, sicherlich auch, was sie vorher alles schon gemacht hat in ihrem Leben …, auch eine total kompetente Person, und bei ihr konnte man sich das von der Seele reden, wobei ich mir nicht alles von der Seele geredet hab, ich hab gesagt:‚Lesen Sie das durch, ich will das nicht aussprechen. Ich wills einfach nicht aussprechen, mir ist es passiert, ich kanns nicht … Ja.' Und so wünschte man sich eigentlich, dass sie alle waren, und ich denke mal, dass die anderen auch so oder so ähnlich waren"* (Abs. 221–235).

Bedarfe und Wünsche. Zur vorschnellen Beendigung des Fonds denkt Fiona Faber: *„Der hätte nicht so schnell geschlossen werden müssen. … Der hätte ja noch weiterlaufen müssen"* (Abs. 279). Sie spricht sich gegen die Deckelung des Fonds aus, denn Gewalt in Heimen sei aktueller denn je: *„Leute mit Heimerfahrung gibt es genug, und es gibt ja jetzt auch noch Heime. Und wir wissen auch, dass Heime geschlossen wurden, weil da auch wieder Gewalt stattfindet"* (Abs. 283). Die Einrichtung für Betroffene, in der sie ehrenamtlich tätig ist und das im Anschluss an den Fonds initiiert wurde, stellt für Fiona Faber einen wichtigen Schritt dar: *„Wir können ja nicht abschließen am 31.12. und sagen: Das war es. Und dann kommt da ein großes Loch, da muss was passieren, und da haben wir uns Gott sei Dank vorher schon Gedanken gemacht"* (Abs. 274). Für diese Einrichtung spricht sie sich aus, weil dort eine gemeindenahe Unterstützung für ehemalige Heimkinder geboten wird: *„Ich finde, das wäre schön, wenn es das in allen Ländern geben würde …, ist auf alle Fälle ein Modellprojekt, was zu einer Nachahmung empfohlen wird, von mir"* (Abs. 277). Ein weiterer Wunsch zielt auf die Rentenleistungen ab: *„Da muss ich ganz ehrlich mal sagen …, ich würde mir schon wünschen, dass man finanziell die Renten von denen, die alle wirklich mit einer kleinen Rente auskommen müssen …, dass sie [sich] einfach noch was Schönes gönnen, was der Seele gut tut. Das könnte ich mir gut vorstellen, wäre eine Variante. Zu sagen: ‚Leute, macht was!'"* (Abs. 289; Erg. v. Verf.). Hierzu gehört auch Fiona Fabers Herzensthema der finanziellen Entschädigung bzw. der Rentenleistung für Kinderarbeit. Der offizielle, behördliche Weg ist für sie aktuell noch nicht abgeschlossen, ihr erster Antrag wurde abgelehnt, sie befindet sich nun in Revision.

6.1.5   Erik Schneider: „*Dieses Leben hat mich so hart gemacht, ich bin gar nicht so hart*"

Erik Schneider wird Anfang der 1950er-Jahre „*in einem konservativen Elternhaus*" (Abs. 8) geboren. Über seine Familie berichtet er: „*Mein Vater war im öffentlichen Dienst, meine Mutter war zu der Zeit Zahnarzthelferin*" (ebd.). Da seine Eltern viel arbeiten, wird er zum Teil von „*Mutter Grete*" (Abs. 8) betreut, einer Frau aus der Nachbarschaft. Dort kommt er mit regimekritischen Ansichten in Berührung (Abs. 8 ff.) und beginnt, Fragen zu stellen, auch in der Schule. Nach einem Aufenthalt in einer „*neurologisch psychiatrischen Kinderklinik*" (Abs. 63) wird er mit elf Jahren in ein Normalkinderheim eingewiesen. Dieses kann er nach 18 Monaten auf massiven Druck des Vaters verlassen, um kurze Zeit später nach einem erneuten Vorfall in der Schule in ein Spezialkinderheim verlegt zu werden. In beiden Heimen erlebt er massive Gewalt (u. a. Abs. 69–71, 126, 128, 149), vor allem die sexuellen Übergriffe vonseiten der Heimerzieherin beschäftigen ihn bis heute sehr (Abs. 249). Heute ist Erik Schneider verheiratet und hat Kinder.

6.1.5.1   Erfahrungen vor und während der Heimzeit

Aufwachsen. Erik Schneider wächst bei seinen Eltern auf, als Kind habe er „*viel … von meinem Vater mitbekommen und auch viel mit ins Leben mit … gekriegt*" (Abs. 8). Die Eltern sind jedoch voll berufstätig, sodass er auch von einer Frau aus der Nachbarschaft betreut wird, „*die hieß für die ganze Straße Mutter Grete*" (ebd.). Handwerker und Kohlenleute, die auf der Straße zu tun haben, werden von Mutter Grete zum Mittagessen eingeladen und bringen eine für Erik Schneider andere Sicht auf das DDR-Regime zur Sprache. Diese unterschiedlichen Sichtweisen führen dazu, dass er in der Schule die Ideologie des Regimes kritisch hinterfragt und sich gegen den Beitritt zu den Pionieren wehrt (Abs. 10). „*Ich konnte natürlich … mit zehn Jahren nicht wissen, dass meine Haltung, meine Art und Weise, mich gegen die Dinge zu sträuben, schön säuberlich aufgeschrieben worden sind, und alles an das Referat für Jugendhilfe … weitergeleitet wurde, über die Schule, … also man ist mit mir als Kind ja nicht fertig geworden, in der Schule*" (ebd.). In seiner geäußerten Kritik zweifelt er vor allem die Sinnhaftigkeit der Unterrichtsmethoden an und weist diese indirekt als unsinnige Beschäftigungsmaßnahmen zurück (ebd.). Das Gefühl, belogen und betrogen zu werden, durchzieht seine Erlebnisse in Schule und Pionierorganisation: „*Nämlich das System … einer Erziehung zur sozialistischen Persönlichkeit. … Aber es gab hunderte Berührungspunkte, wo man aus dem Nationalsozialismus Dinge entlehnt hat, und man hat einfach was anderes oben drübergeschrieben. Man hat ‚sozialistische Menschen' drübergeschrieben. Man meinte was ganz anderes*" (ebd.).

Nach einem eskalierten Auftritt bei einem Fahnenappell erfolgt die Einweisung in eine neurologische Klinik zur Untersuchung (Abs. 63), nach ein paar Tagen zu Hause kommt Erik Schneider mit elf Jahren in ein Normalkinderheim (Abs. 67). Die Rechtmäßigkeit der Einweisung ins Normalkinderheim stellt sich für ihn retrospektiv als äußerst fragwürdig dar (Abs. 63). **Normalkinderheim.** Das Normalkinderheim liegt direkt an der DDR-Grenze. Den Kindern ist es daher verboten, den Garten des Hauses zu betreten. Neben den Drohungen der Erzieher:innen *„ 'wenn ihr versucht, hier abzuhauen, werdet ihr als Grenzverletzer erschossen'"* (Abs. 67), bekommt diese bedrohliche Kulisse für Erik Schneider sehr schnell einen realen Bezug: *„Dann hörte man so oft so ein Geräusch: Dakdakdakdakdakdakdak. Dakdakdakdakdakdakdak. Ich wusste mit zwölf Jahren, wie sich eine Kalaschnikow anhört ..., die schießen auf Bürger der DDR"* (ebd.). Der Alltag im Normalkinderheim ist geprägt von Gewalt und den damit einhergehenden demütigenden Erfahrungen. *„In dem Heim wurde ... ein Regime gefahren, das generell grundsätzlich auf Gewalt aufgebaut war"* (Abs. 153), berichtet er. Nach dem Aufenthalt in der Psychiatrie bekommt er stark sedierende Medikamente verordnet, die ihn bei der Durchführung alltagspraktischer Tätigkeiten beeinträchtigen: *„Die Medikamente haben so gewirkt, dass ich alleine nicht mal die Toilette gefunden hätte. Das Meprobamat ist ein Medikament, das schlägt aufs Herz ..., da reicht eine einmalige Fehldosierung aus, dass es zu Herzstillständen ... kommen kann"* (Abs. 71). Bildung wird eher nachrangig behandelt: *„Als andere Leute schreiben und lesen gelernt haben, stand ich ... in der Kuhscheiße und hab Kuhställe saubergemacht, ... das war allen Beteiligten völlig wurscht"* (Abs. 95). *„Ich habe für die LPG gearbeitet. Ich habe in dem Spezialkinderheim mehr Schule versäumt als jemals vorher oder nachher"* (Abs. 151). Während seines 18-monatigen Aufenthalts verlässt Erik Schneider das Normalkinderheim nur ein einziges Mal. Während alle übrigen Kinder die Wochenenden regelmäßig außerhalb des Heims verbringen dürfen, verbleibt er in der Obhut einer Erzieherin, bei der er zahlreiche sexuelle Übergriffe erlebt: *„Es gab nichts, was die nicht getan hat. ... Hatte keine Möglichkeit, mich dagegen zu wehren .... Ich konnte das auch niemandem erzählen"* (Abs. 71).

Spezialkinderheim. Nach den Gewalterfahrungen im Kinderheim verhält er sich in der Schule aggressiv, weil *„ich relativ schnell gemerkt hab, dass das auch ein Schutz ist. Weil mich geht keiner mehr an"* (Abs. 120). Weiterhin stellt er in der Schule kritische Fragen, und es kommt letztlich zur Einweisung in ein Spezialkinderheim (Abs. 120, 124, 126), die unmittelbar nach einer Vorladung beim Referat für Heimerziehung erfolgt. Dort erlebt er die Ausweglosigkeit der Situation: *„Meine Eltern sind ins Referat bestellt worden, zu einem Gespräch, ich sollte gefälligst mit. ... Ehe meine Eltern überhaupt handeln konnten, war ich schon* *längst weg"* (Abs. 126). Im Spezialkinderheim eskaliert die körperliche Gewalt vom ersten Moment an: *„Ich bin durch den Vorraum geflogen, der ist vielleicht zehn, zwölf Meter breit.* ... *Ehe ich mich gerappelt hab, ich hab also praktisch kaum, kaum noch was gehört, mit irgendeiner Kraft vom Boden hochgerissen und mich drei Etagen auf den Dachboden hochgeschleift. Ich landete wenige Sekunden später in einer Garage. Die stand auf dem Dachboden. Das war eine Garage. Die hatte Gitter vor den Fenstern, die Tür hinter mir war mit Blech beschlagen"* (ebd.). Von dieser überwältigenden Situation, die er selbst als *„Eingangsschock"* (ebd.) beschreibt, erinnert Erik Schneider besonders drastisch das Gefühl von Ausgeliefertsein. Die erlebte Isolation und der völlige Verlust der zeitlichen Orientierung spielen auch im weiteren Alltagsgeschehen eine disziplinarische Rolle (ebd.). Als verantwortlich sieht er das Erzieherehepaar, das das Heim leitet: *„Ihr Mann war dieser Schläger, den ich zuerst kennengelernt hatte. Der war aber nicht so schlimm, der hat uns nur geprügelt. Sie war schlimmer. Die war viel schlimmer"* (Abs. 128). Es war für ihn unmöglich, den Missbrauch zu beenden: *„Ich war ... in so einer ganz blöden Situation. Ich konnte mich gegen sie nicht zur Wehr setzen. Weil was hätte ich machen sollen? Ich wäre ja zum Heimleiter gegangen und [hätte] gesagt: ‚Wissen Sie eigentlich, was ihre Frau mit mir macht, während Sie nicht da sind?' Der hätte mich zum Krüppel geschlagen. ... Ich hätte einen Brief geschrieben an das Referat für die Jugendhilfe Heimerziehung. ... Der Brief hätte das Haus nie verlassen. Weil die Gruppenleiter ja die Briefe kontrolliert haben. Postgeheimnis gab es nicht"* (Abs. 149; Erg. v. Verf.).

6.1.5.2 Auswirkungen

Physische und psychische Folgen. Für Erik Schneider sind die damaligen traumatischen Erlebnisse bis heute präsent: *„Diese Dinge sind ja nicht tot, die sind ja nicht weg, die sind ja alle noch permanent da"* (Abs. 146). Er sieht sich mit einem breiten Spektrum psychischer und physischer Folgeerscheinungen konfrontiert. *„Ich hab da fast alle meine Zähne verloren. Das ist so. Das hat einfach damit was zu tun, dass ... in der Zeit, wo man gerade Nährstoffe und alles braucht, eine komplette Mangelernährung gefahren wurde. ... Ich bin mit den Problemen durch mein ganzes Leben gegangen"* (Abs. 149). Auch viele verschiedene Trigger begleiten ihn durch seinen Alltag (Abs. 241); so erinnert er sich beispielsweise auch 50 Jahre später plötzlich an den Geruch seiner Peinigerin sowie an viele kleine Details (Abs. 239–241). Nach den Erfahrungen der Heimerziehung will er selbst über sein Leben – und auch Details darin – entscheiden: *„Wenn wir am Abendbrottisch sitzen, kommt alles auf den Tisch, was zu essen da ist. Warum? Ganz einfach – selektieren tu ich selber"* (Abs. 118). Der Kampf um Handlungsfähigkeit und das Ringen um Kontrolle durchziehen sein Leben: *„Hinter mir fällt keine Tür ins*

Schloss, und wenn die Tür ins Schloss fällt, weiß ich, wie die aufgeht" (Abs. 126). Aber nicht jede Situation lässt sich so bewusst vermeiden. So erlebt er auch heute noch das Gebell von Hunden als sehr bedrohlich: *„Ich verlasse diesen Ort, so schnell ich irgendwie kann. Weil ich weiß, was als nächstes passiert, ich gerate in Panik"* (Abs. 71). Auch dunkle Räume meidet er (Abs. 71). In Momenten großer emotionaler Belastung reguliert sich Erik Schneider damals wie heute mit selbstverletzendem Verhalten (Abs. 91). Als besondere Herausforderung beschreibt er die Inanspruchnahme von Unterstützung und das Annehmen von Hilfe. Eine Problematik, mit der sich viele ehemalige Heimkinder im Alter konfrontiert sehen, nämlich der Angst vor dem erneuten Eingesperrtsein und Bevormundetwerden im Alter, bringt er besonders deutlich zum Ausdruck: *„In so eine Situation ... bringt mich heute niemand mehr. Das lasse ich nicht zu. ... Dann stellt man sich mal vor, man sperrt mich ein, oder man sperrt drei so ein Kaliber wie mich in ein Altenheim. Ach du lieber Gott, und mach doch mal die Tür zu aus Sicherheitsgründen. So viele Nachtschränke gibts gar nicht, und so viele Türen gibts nicht, wie die brauchen"* (Abs. 126).

Soziale Folgeerscheinungen. Besonders schwierig gestaltet es sich für Erik Schneider, *„wenn Frauen Macht haben"* (Abs. 249). Dann, so führt er weiter aus, *„wird das für mich ganz, ganz kompliziert"* (Abs. 249). Dazu bringt er ein Beispiel: *„Ein Büro, da sitzt jemand drinnen, der auch nur annähernd die körperlichen Ausmaße dieser Frau hat, ... zerstöre [ich] das, indem ich diese Frau sofort beleidige, einen Streit vom Zaun breche, dass es auf gar keinen Fall zu irgendeiner Zusammenarbeit, zu irgendeiner Synergie kommt"* (Abs. 75; Erg. v. Verf.). Im Alltags- und Berufsleben versucht er, den Schein zu wahren: *„Es hat in meinem ganzen Berufsleben einen Großteil meiner Kraft gekostet, Dinge so zu verpacken, dass andere nicht dahintersteigen, was da tatsächlich los ist. Wie viel Kraft das tatsächlich gekostet hat, kann ich nicht mehr genau sagen"* (Abs. 77). Außerdem beschreibt er große Schwierigkeiten mit zwischenmenschlicher Intimität und Nähe, die sich insbesondere in der Beziehung zu Frauen zeigen (Abs. 249). Diese Erfahrungen beeinflussen seinen sozialen Umgang mit Menschen negativ: *„Ich weiß, was mir passiert ist. Ich weiß, dass es mein ganzes Leben geprägt hat. Dass ich ganz große Schwierigkeiten habe, mein ganzes Leben gehabt habe, in bestimmten Bereichen Nähe zuzulassen. Auch nur zuzulassen. ... Ich hab ganz bewusst Dinge zerstört, bewusst zerstört, die vielleicht tragbare Synergien gewesen wären"* (Abs. 71). Gleichzeitig kann er Ungerechtigkeit nicht ertragen und macht sich für Schwächere stark: *„Diese Art, anderen Leuten helfen zu wollen, zumindest zu versuchen, denen zu helfen. Das kommt auch daher. Das kommt auch von da. Da bin ich ganz tief geprägt. ... Ich kann Ungerechtigkeit nicht sehen. Wenn ich sehe, dass irgendwo Leute ungerecht behandelt werden, ... das kann ich nicht ertragen.*

Und das ist egal [lachend], ob drei gegen … den stehen oder zehn, das ist Wurst, ich stell mich auf den, wo der Schwächere ist" (Abs. 241).
Auswirkungen auf die Identitätsbildung, berufliche Laufbahn und sozioökonomische Situation. Die Gefühle der Ohnmacht und des Ausgeliefertseins in seiner Kindheit führen bei Erik Schneider dazu, dass er später sich und seinen Körper stählt: *„Heute kann ich allerdings mich und meinen Körper verteidigen. Und jeder, der versucht, ihn anzugreifen, bezahlt dafür"* (Abs. 71). Die Erfahrungen im Heim, das dort erlebte Unrecht und das Leid, haben in ihm ein großes Aggressionspotenzial geweckt. *„Was mich mein ganzes Leben lang beeinflusst hat, ist diese Bereitschaft, die eigentlich aus diesem Heim kommt, Gewalt als probates oder als mögliches Mittel zu benutzen. Das ist übrig geblieben"* (Abs. 149). Die Entstehung seiner Aggressionsgefühle kann er noch gut einzelnen Situationen zuordnen: *„Jedes Mal, wenn mein Essen kam, kam der und hat mir das Essen von meinem Teller weggenommen. … Und ich wurde immer weniger. … Ich hab krampfhaft überlegt, was soll ich tun?"* … *Wenn niemand eingegriffen hätte, hätte ich den erschlagen …, nur um nicht zu verhungern"* (Abs. 128). Diese Auseinandersetzung bewirkt auch etwas Positives, nämlich dass er einen Platz in einer Gruppe bekommt, in der er auch Solidarität unter den Heimkindern erfährt. Gemeinsam schaffen sie es, den Erzieher in *„seine Schranken"* (Abs. 149) zu weisen, um so zumindest einige Gewaltexzesse im Speisesaal zu unterbinden (ebd.). Mittlerweile hat er eine bessere Impulskontrolle; das Gefühl, sich jederzeit mit Kraft verteidigen zu können und Macht zu haben, ist Erik Schneider weiterhin wichtig (Abs. 91). Die Ausgrenzung und Stigmatisierung von damals hat auch Auswirkungen auf seine Berufswahl: *„Ich habe mich beworben auf eine Stelle als Bauzeichner. … Der hat mich angesehen, hat das Ding aufgeklappt … und hat gesagt: ‚Aber Schneider, aber Sie doch nicht!' Und damit war das Einstellungsgespräch zu Ende"* (Abs. 198). In der Folge wird ihm der Berufswunsch endgültig verwehrt: *„Ich hätte sicherlich damals lieber die Häuser gezeichnet, in denen Menschen leben, aber das durfte ich nicht. Ich durfte die Häuser nur bauen"* (Abs. 77). Resümierend sagt er zu dieser Diskriminierung: *„Ich hätte die ganze Welt erschlagen können. Aber ich habe nichts machen können"* (Abs. 201).

6.1.5.3 Bewältigung
Vergessen, Vermeidung, Verdrängung. Nach dem Heimaufenthalt wird Erik Schneider nach Hause entlassen. *„Ich bin nach Hause gekommen. Ich habe darüber nicht geredet. Mein Vater hat gefragt. Zweimal. Dreimal. Ich habe darüber nicht geredet. Damit war das Ding erledigt. Ich wollte darüber nicht reden. Über nichts. Was wäre passiert, wenn ich darüber geredet hätte?"* (Abs. 198). Er stellt sich vor, sein Vater hätte die Kontrolle über sich verloren, wenn er von den

Erlebnissen seines Sohnes erfahren hätte. Denn „*wenn ich zu der Zeit mein Vater gewesen wäre, niemand von denen hätte das überlebt. ... Weil mein Leben war ja sowieso zerstört. Ich hätte die alle umgelegt. ... Aber die hätten niemandem mehr schaden können*" (ebd.). Erik Schneider will nicht nur seinen Vater, sondern auch sich selbst schützen und die Vergangenheit vergessen: „*Ich habe überhaupt keine Möglichkeit gehabt, darüber zu reden. Und ich habe das einfach verbuddelt. Und ich habe das so tief vergraben, wie es irgendwie geht*" (ebd.). Diese Verdrängung hat Folgen: „*Meine Gegenüber sehen immer nur das, was ich will, was sie sehen. Den Erik Schneider, den sieht man eigentlich nicht. Den sieht man schon ..., wenn man genug Empathie hat, dann guckt der immer mal wieder so ein bisschen raus. Aber das ist nur ganz wenig*" (Abs. 114). Das Suchen nach der eigenen Identität und die Schwierigkeiten, Vertrauen in Beziehungen aufzubauen, haben ihn „*als Mann viel Kraft gekostet. Das zu sein, was ich heute bin. Das zu sein, was ich immer war*" (Abs. 67).

Individueller Aufarbeitungsprozess. Nach seiner Entlassung schaut Erik Schneider in seine Zukunft und nicht zurück: „*Das war für mich so weit weg. Ich habe mich auf mich konzentriert. Ich habe mich auf meine Arbeit konzentriert. Und ich habe mich auf das konzentriert, was ich lernen will*" (Abs. 255). Er arbeitet schwer und fängt an, sich selbst zu verletzen, „*wenn ich ... in eine Situation kam, in der sich irgendwas zugespitzt hat, unbehaglich war*" (Abs. 149). Auch nachdem er über seine Erfahrungen zu sprechen und diese aufzuarbeiten beginnt, sagt er über sich und andere Betroffene der Heimerziehung: „*Wir können sicherlich nicht über alles reden, ... denke, dass man das so verstehen kann, weil die ... die Wunden sind so tief, die da geschlagen worden sind, man kann sie nur verstecken, kann sie nicht vor dir hertragen. Wenn ich die ganzen Wunden vor mir hertragen würde, würden Dinge passieren, die ich nicht verantworten kann*" (Abs. 91). Schlussendlich bleibt immer ein Teil seiner Geschichte unaufgearbeitet: „*Ich habe das jahrelang nicht verdaut. Und das ist ja heute noch so, dass mich das heute immer noch wieder angreift. Anders kann ich das nicht beschreiben. Das ist auch eine ganz schwierige Geschichte. Weil viele Dinge auch für mich da nicht endgültig geklärt sind. Ich will die auch nicht mehr klären. Ich lebe damit. Verdränge das, so weit es irgendwie geht*" (Abs. 257). Der Umgang mit seiner großen Wut erfährt in der Zeit der Aufarbeitung eine Veränderung: „*Ich wusste, dass ich Hände habe, dass ich Fäuste habe, dass ich Ellbogen habe. ... Und ich wusste, wenn ich mich umdrehe, egal wer mir gegenübersteht, der fällt um und blutet ganz furchtbar aus der Nase. Det is so! Das hab ich in 65 Jahren gelernt zu kontrollieren, zumindestens teilweise*" (Abs. 91). Als sinnstiftend und haltgebend benennt er körperliche Tätigkeiten, die sich als „*seine Form der Therapie*" (ebd.) bewährt haben und ihm die Möglichkeit eröffnen, „*diese Wut [zu] kanalisieren*" (Abs. 118; Erg. v. Verf.).

Sprechen und Schreiben. In der Auseinandersetzung mit dem Erlebten dauert es, bis Erik Schneider mit seinen Angehörigen darüber sprechen kann. Nach einem Gespräch mit seiner Tochter beginnt er, seine Erlebnisse aufzuschreiben: *„Als ich fertig war, waren es 800 DIN-A4-Seiten, in ca. acht Wochen geschrieben"* (Abs. 99). Als er seine geschriebene Geschichte einem Publikum zur Verfügung stellt, bekommt er viele positive Rückmeldungen und Anerkennung, zum Teil durch andere Betroffene (Abs. 102). Mit seinem Buch hat er sein Wissen und seinen Umgang mit den Folgen insbesondere an andere Betroffene herantragen: *„Ich sag: ‚Leute, ... was ist meine Schuld? Ich bin an keiner Stelle schuldig geworden, und trotzdem ... bürdet man mir solche Dinge auf'. Und das ... sind so Sachen. Das ist ganz schwer zu verstehen, und das ist auch ganz schwer, gerade zu kriegen"* (Abs. 233). Das Sprechen über seine Erfahrungen und das Schreiben seines Buchs helfen ihm, mit seiner Geschichte zurechtzukommen: *„Mit dem, was ich heute sagen kann, kann ich umgehen. ... Das ist anstrengend. Natürlich. Aber mich haut das nicht aus der Bahn. Das ist wichtig. Deswegen kann ich das überhaupt machen"* (Abs. 257). Er ist sich bewusst, dass dieses Sich-Öffnen schwierig und schmerzhaft ist und viel Kraft und Entschlossenheit braucht: *„Sicherlich. Dazu gehört auch Mut. Natürlich"* (Abs. 259). Erik Schneiders Buch führt zu vielen Kontakten mit anderen Betroffenen und soll zu einer Enttabuisierung ihrer Erlebnisse beitragen. *„Den Leuten Mut zu machen. Dazu auch zu stehen. Sie haben ja nichts verbrochen. Es gibt ja nichts, wofür sie sich schämen müssen"* (Abs. 233).

6.1.5.4 Soziales, professionelles und gesellschaftliches Umfeld

Sich-Wehren und Unterstützung anderer Betroffener. Schon während seines Heimaufenthalts beginnt Erik Schneider, sich gegen Übergriffe von anderen Heiminsassen (Abs. 129) und – zusammen mit anderen Peers – auch gegen einen prügelnden Erzieher zur Wehr zu setzen (Abs. 149). Dieser Einsatz für sich selbst und andere zeigt sich in seinem Leben immer wieder. Anfangs setzt er sich dafür ein, sein Heimstigma zu überwinden: *„Dieses Stigma hat dafür gesorgt, dass mir jeder höhere Bildungsweg versperrt geblieben ist. Dieses Stigma hat dafür gesorgt, dass ich gesellschaftlich geächtet war"* (Abs. 182). Selbstständig holt er Bildung nach, die ihm im Heim und danach in der DDR verwehrt wurde, er eignet sich außerdem diverse handwerkliche Fähigkeiten an (Abs. 102–106). Ebenso erwirbt er sich juristisches Wissen, mit dem er sich und andere bei Gerichtsverfahren unterstützen kann. *„Gegen so ein Stigma bleibt eigentlich nur eins übrig ...: Zeigen, dass man mit Bildung, die man selber sich angeschafft hat, auch gegen ein Landgericht vorgehen kann"* (Abs. 182). Auch seine Hartnäckigkeit und den unbedingten Willen, den Dingen auf den Grund zu gehen, benennt er als Hilfe im Umgang mit dem Erlebten (Abs. 95). Der Einsatz für die Gruppe ehemaliger Heimkinder spielt im Sinne von Bewältigung eine große Rolle und gibt Erik Schneider auch Kraft, weil er die Erfahrung macht, gegen Missstände im Rechtssystem vorgehen zu können. Dabei dominiert der Wunsch nach Gerechtigkeit: *„Ich mach das, weil das deren Recht ist, und ich mach das, weil ich den [in] jedem einzelnen Bundesland … dazu zwinge, das rauszurücken, was sie hätten vor zehn Jahren rausrücken müssen"* (Abs. 104; Erg. v. Verf.). Im Zusammenhang mit der Aufarbeitungsdebatte kritisiert er den fehlenden Opferschutz: *„Die [Täterin] ist für ihre Taten nie bestraft worden. Und ich habe mein ganzes Leben damit zu tun. Und das ist das, was in der Gesellschaft nicht stimmt, was in der ganzen Aufarbeitung nicht stimmt"* (Abs. 159; Erg. v. Verf.).

Soziale und professionelle Unterstützung. Über sein Buch, seine Präsenz im Betroffenenkreis und den Medien erhält Erik Schneider viel Anerkennung, auch für die Aufarbeitung und Veröffentlichung seiner Geschichte: *„Viele haben sich durch das Buch ermuntert gefühlt und haben gesagt, ‚Mensch, das ist toll, dass du so viel Kraft hast, dass du das nach außen bringen kannst, dass du dazu stehen kannst'"* (Abs. 233). Diese Bekanntheit und den Kontakt zu anderen Betroffenen nutzt er, um sie wiederum bei ihrer Aufarbeitung zu unterstützen (Abs. 233). Trotz seiner vielen Bekanntschaften sagt er über sich selbst, es gebe *„nur zwei Leute, die den [Erik Schneider] wirklich kennen. Die sind in meiner unmittelbaren Nähe, und ohne die bin ich gar nix. Ich kann ohne die nicht existieren"* (Abs. 114; Erg. v. Verf.). Die Unterstützung durch professionelle Hilfe weist er für sich aus unterschiedlichen Gründen zurück. Zum einen bezweifelt er den Erfolg: *„Das Ergebnis wäre, ich wäre vorher derselbe Mensch wie nachher. Das würde sich nicht verändern"* (Abs. 231). Zum anderen beschreibt er seine Befürchtungen, mit der Inanspruchnahme therapeutischer Hilfe die Gesprächsinhalte nicht selbst bestimmen zu können: *„Das [hier] ist ein Gespräch, wo ich praktisch alles in der Hand habe. Wenn ich nicht weitermachen will, höre ich einfach auf. Beim Psychologen geht genau das nicht"* (ebd.; Erg. v. Verf.). So bleibt es bei einem Versuch, Hilfe in einer Tagesklinik in Anspruch zu nehmen, aber auch das *„funktioniert nicht"* (Abs. 229). Hilfe zu suchen und anzunehmen, bleibt für Erik Schneider daher schwierig: *„Ich muss alle Dinge, die ich brauche, selber lernen. Es gibt zwei Worte in meinem Leben, die mir mein ganzes Leben lang schwergefallen sind: Bitte und Danke …. Bevor ich jemanden bitte, etwas für mich zu tun, lern ich es selber"* (Abs. 95).

Gesellschaftliche Stigmatisierung. Erik Schneider ist sich sicher, dass bei seiner Heimeinweisung nicht alles rechtens lief. Bei der Recherche nach Unterlagen der Heimzeit stößt er immer wieder an Grenzen: *„Aber das Jugendamt … mauert bis heute, mich dort Einblick nehmen zu lassen. Warum eigentlich? Damit ich Dinge nicht beweisen kann? Weil man kein Interesse an der Aufarbeitung hat?"* (Abs. 89).

Sein Argwohn gegenüber den damals Verantwortlichen und der gesellschaftlichen und politischen Aufarbeitung der Geschichte der Heimerziehung heute resultiert aus dem Umgang mit den Betroffenen: *„Versteht man zumindestens ein bisschen … – und ich bin da nicht alleine –, weshalb wir so denken, wie wir denken, weshalb wir auch teilweise so kompromisslos denken, weshalb kein Platz ist in meinem Denken, für irgendwelche, ich sags vorsichtig, halbseidenen, Die-haben-sich-ja-gebessert-Geschichten? … Es hat sich nix gebessert"* (Abs. 91). Seit langem strebt er z. B. seine strafrechtliche Rehabilitierung nach dem StRehaG an und kritisiert den Umgang mit Betroffenen in diesem Verfahren und vor Gericht: *„Ich prozessiere seit neun Jahren gegen das Landgericht. … Das muss man sich mal in Ruhe überlegen, was man uns da eigentlich zumutet"* (Abs. 124). Im Rahmen des Prozesses hat er bereits mehrere Instanzen durchlaufen und kämpft aktuell um die Wiederaufnahme des Verfahrens (Abs. 172). Den Gerichten wirft er vor, *„der Umgang mit den Opfern der SED-Diktatur soll biologisch gelöst werden"* (ebd.; Erg. v. Verf.). Der Eintrag in sein Zeugnisheft, dass er dem Staat nicht positiv gegenüberstehe (Abs. 124), reicht dem Gericht nicht zur Bewilligung der Rehabilitierung: *„Das ist eine klare politische Aussage, es ist der klare Beweis erbracht, dass ich als Kind politisch stigmatisiert worden bin, ganz eindeutig. Alles andere hab ich weggelassen. Wir brauchen nur das betrachten. Und trotzdem reicht das nicht aus"* (Abs. 126). Die Konsequenzen der unzureichenden gesellschaftlichen Unterstützung der Betroffenen werden sich in Zukunft deutlich zeigen, da ist sich Erik Schneider sicher. Denn in den kommenden zehn Jahren werden viele ältere traumatisierte Menschen in Armut, Isolierung, Alten- und Pflegeheimen leben. Sich erneut in Abhängigkeiten zu begeben, wird für diese Menschen sehr schwer sein und Bedarfe sichtbar machen: *„Wir hätten die Chance gehabt als Gesellschaft, das vernünftig zu gestalten, und vernünftig hätte zumindestens damit was zu tun gehabt, diese Leute vor Altersarmut zu bewahren. Wir haben uns gesellschaftlich ein Problem gebastelt, das trifft diese Gesellschaft innerhalb der nächsten zehn Jahre mit voller Härte"* (Abs. 106).

6.1.5.5 Erfahrungen mit dem Fonds und offene Bedarfe
Wenig Wirkung. In Bezug auf den Fonds sieht Erik Schneider viele Ungereimtheiten. Schon am Runden Tisch Heimerziehung kritisiert er, dass kritische Stimmen ausgeschlossen wurden und andere als die Fondslösung nicht zur Debatte standen. Zudem bemängelt er die Höhe der zugesprochenen Entschädigungsleistungen (Abs. 159, 161). Aber auch die Abwicklung der Entschädigungszahlungen sowie die Nutzung der bereitgestellten Gelder beklagt er, u. a. den Einsatz der Gelder zur Schaffung von Anlauf- und Beratungsstellen für die Betroffenen: *„Die Anlauf und Beratungsstellen … werden natürlich aus den Mitteln des Fonds*

bereitgestellt. ... Das heißt ..., die Betroffenen haben von den 40 Mio. 4 Mio. bereitgestellt" (Abs. 161). Über das Wirken des Fonds in Bezug auf das gesellschaftliche Interesse und die öffentliche Aufarbeitung und Anerkennung des Leids der Heimkinder fällt sein Urteil vernichtend aus: *„Der Fonds hat in der Beziehung, oder überhaupt die Bemühungen des Staates haben in der Beziehung kaum etwas bewirkt"* (Abs. 182). Er kritisiert auch die Umsetzung der direkten Hilfs- und Entschädigungsleistungen. Zum einen bemängelt er die zugesprochenen Entschädigungsleistungen über Sachleistungen. Im Bekanntmachen und Rechtfertigen von Bedarfen sieht er hier eine erneute Bevormundung der Betroffenen: *„Ich bin im Endeffekt wieder in der Position, dass ich mich gegenüber Fremden zu rechtfertigen habe. Nämlich zu rechtfertigen, weshalb ich einen Fernseher brauche, weshalb ich eine Waschmaschine brauche, weshalb ich gerne ein Auto hätte"* (Abs. 163). In Zusammenhang mit dem Unterstützungsangebot der Anlauf- und Beratungsstellen des Fonds kritisiert er zudem, dass keine Unterstützung bei der strafrechtlichen Rehabilitierung geleistet werden durfte (Abs. 161). Abschließend wünscht sich Erik Schneider, *„dass wir alles tun, alles, was in unserer Macht steht, dass wir uns mit so einem Thema in diesem Land nie wieder befassen müssen"* (Abs. 174). Dafür sieht er auch die Notwendigkeit, Verjährungsfristen bei sexuellem Missbrauch aufzuheben. Darüber hinaus stellen für ihn die Qualifikation und Ausbildung sozialpädagogischen Personals eine wichtige Funktion dar, um *„vernünftige Rahmenbedingungen"* (ebd.) zu schaffen. Stellvertretend für alle von Heimerziehung Betroffenen fordert er: *„Ob man das will oder nicht: Wenn man die Dinge überhaupt begreifen will, muss man uns in diese Dinge einbinden"* (Abs. 273) und bringt damit seinen essenziellen Wunsch nach Beteiligung in der Aufarbeitung zum Ausdruck.

6.1.6 Gloria Hansen: *„Wenn man genau hinguckt, haben die Opfer keine Lobby ..., normalerweise ist das die Aufgabe der Politik, der Polizei, des Staatsapparats"*

Zurzeit des Interviews ist Gloria Hansen ca. 50 Jahre alt. Heimeinweisungsgrund waren politische Aktivitäten der Eltern und deren missglückte Flucht. Sie hat eine Reihe Geschwister, die sie nur zum Teil und erst sehr spät kennenlernt. Einige von ihnen sind nach bisherigen Erkundigungen möglicherweise bereits verstorben. Bis heute versucht sie, aus wenigen Bruchstücken zugänglicher Informationen ihre Biografie zu rekonstruieren: *„Wirklich 30 Jahre nur meine Biografie versucht, irgendwie zusammenzusetzen, auch was damit alles zusammenhängt"* (Abs. 107). Bereits im Säuglingsheim erlebte sie Vernachlässigungs- und Gewaltsituationen.

Im Vorschulheim geschah der erste sexuelle Übergriff. Die sexualisierte Gewalt durch verschiedene Täter:innen im Heim erstreckte sich über mehrere Heimaufenthalte bis in ein Adoptivverhältnis bei einer NVA-Offiziersfamilie. In einem weiteren Heimaufenthalt erlebte sie erneut sexuelle Übergriffe. Gloria Hansen hat verschiedene Institutionen durchlaufen, darunter mehrere psychiatrische Einrichtungen. Heute lebt sie in einer Beziehung mit einer Frau und hat einen 27-jährigen Sohn, der ihr sehr viel bedeutet.

6.1.6.1 Erfahrungen vor und während der Heimzeit

Vorgeschichte. Soweit Gloria Hansen weiß, hat ihre Familie zurzeit der Schwangerschaft der Mutter einen Fluchtversuch aus der DDR unternommen, der zur Festnahme führt. Während der Vater verhaftet wird, gebärt die Mutter Zwillinge. Kurz nach der Geburt werden diese getrennt: *„Meine Zwillingsschwester [wurde] direkt dort ... anderen Leuten gegeben ..., im Krankenhaus"* (Abs. 111; Erg. v. Verf.). Auch Gloria Hansen wird nur wenige Wochen bei ihrer Mutter gelassen, bevor sie ins Säuglingsheim kommt. Erst mit 14 Jahren erfährt sie erste Zusammenhänge ihrer Biografie, als sie ihren ersten Personalausweis beantragen muss (Abs. 113). Sie erinnert sich, damals von einem Erzieher ins Büro gerufen worden zu sein: *„Da lagen zwei Geburtsurkunden von mir, auf der einen stand meine Mutter und mein Vater drauf, beide in Westdeutschland. Und auf der anderen stand nur meine Mutter, ohne Adresse, nix. Mit der bin ich dann auch hin und musste meinen Ausweis beantragen, aber dass ich das gesehen habe, das wollten die ja gar nicht. So ... hab ich mit 14 das erste Mal erfahren überhaupt, was los ist"* (ebd.).

Heimerinnerungen. Noch immer beschäftigt Gloria Hansen die Rekonstruktion ihrer Lebensgeschichte sehr. Wie sie rekonstruieren kann, wird sie bereits im Säuglingsheim *„in Bettchen gefesselt"* (Abs. 38). Einschränkungen der Bewegungsfreiheit sind auch in den weiteren Heimaufenthalten an der Tagesordnung: *„Wir konnten an dem Zaun stehen; mit anderen versuchen zu spielen, es wurde uns ja regelrecht verboten"* (Abs. 42). Darüber hinaus herrscht eine rigide Strafatmosphäre: *„Egal was wir gesagt haben, da sind wir eh bestraft worden"* (Abs. 38). Zu den Sanktionsformen in weiteren Heimen gehört es, die Kinder im Keller einzusperren. *„Es war keine Decke, kein, kein Stuhl, nix. Irgendwann flog noch ein Eimer rein. Man hatte Glück, wenn man gerade in der Ecke so gesessen hat, dadurch dass ich das mehrmals hinter mir hatte, wusste ich, in welche Ecke ich mich setzen muss, dass ich den Eimer nicht abkriege"* (ebd.). Wer kann, flieht (Abs. 44). Eine weitere Form der Bestrafung und Demütigung beschreibt Gloria Hansen zum Thema Bettnässen: *„Die Bettnässer mussten Tatsache das Bettlaken übern Kopf an dem Fahnenappell mit tragen, und also hat jeder, der irgendwo selbst nur ein bisschen inkontinent war, alles versucht, dass das nicht auffällt"* (Abs. 38).

In diesem Kontext wird sie einer Kinderpsychologin vorgestellt. Daraus resultiert ein Psychiatrieaufenthalt: *„Das waren eher körperliche, medizinische, mit Gewalt medizinische Sachen"* (ebd.). Irgendwann glaubt sie, *„die Erwachsenen werden schon recht haben. Die werden ja nicht umsonst sagen: ,Du bist krank'"* (Abs. 115).

Sexualisierte Gewalt und Missbrauch. Auch sexualisierte Gewalt und Missbrauchssituationen durchziehen die Heimerfahrungen von Gloria Hansen nahezu durchgängig. Sie gehen von Erziehern im Heim aus: *„Diese Mistsau, die kam jede Nacht, jede Nacht hat sie sich irgendein Mädchen oder irgendeinen Jungen genommen"* (Abs. 46), aber auch von älteren Peers: *„Dass die dann da versucht haben, auch die Mädchen zu bekommen, mit Gewalt. ... Ich hab dann irgendwann so eine Technik mit den Beinen gehabt, dass sie die Beine gar nicht mehr auseinandergekriegt haben ..., hab dann irgendwann angefangen, ... auf Bäumen zu klettern, ich hab auf den Bäumen draufgesessen, ich hab die anderen schreien gehört, ich bin nicht runter, weil ich Angst hatte, dass sie mich auch gleich wieder nehmen"* (Abs. 38). Die Taten reichen bis zu *„äußerst brutalen Exzessen"* (Abs. 46). Vereinzelt versuchen ältere Mädchen, jüngere zu schützen: *„Ich hab mit der heute immer noch Kontakt, die damals ... neunte Klasse war. Die sich ... hergegeben hat dafür. Damit die uns Kleinen nicht anfassen"* (Abs. 38). Im Kontrast zu der Durchgängigkeit der Gewalthandlungen betont Gloria Hansen, dass es durchaus Möglichkeiten gab, dagegen vorzugehen, so sei eine *„Heimleiterin ... jedoch massiv dagegen vorgegangen und hatte damit auch Erfolg"* (Abs. 46). Schließlich wird Gloria Hansen bei einer Adoptivfamilie untergebracht, in der sie das größte Ausmaß an sexueller Gewalt erlebt: *„Dann bin ich da in diese Wohnung reingeschoben worden, dann hieß das, das sind deine neuen Eltern"* (Abs. 38).

6.1.6.2 Auswirkungen

Folgespektrum. Aus heutiger Perspektive erlebt Gloria Hansen vor allem die vielen gezielten Falschinformationen als sehr gravierend: *„Das ist heftig, was man da Kinder belogen hat ...:,Du hast keine Eltern mehr, deine Eltern wollten dich nicht, deine Eltern sind tot.' Und ... was die alles erzählt haben"* (Abs. 113). Entsprechend berichtet sie von einem umfassenden Spektrum an Folgeerscheinungen auf verschiedensten Ebenen. Von physischen Auswirkungen – *„Ich bin chronische Schmerzpatientin ..., bleibt nicht aus"* (Abs. 74) – über psychische und soziale bis hin zu Auswirkungen auf ihr Identitätsgefühl und die Lebensführung. Wie fast alle ehemaligen Heimkinder ist ihre finanzielle Situation bis heute desolat. Dabei kritisiert sie insbesondere die beschränkten gesundheitsfördernden Maßnahmen der Krankenkasse: *„Ich [habe] aber als Opfer nicht die möglichen Mittel, weil ich dann irgendwann doch in Hartz IV rutsche"* (Abs. 94). Vor allem berichtet sie von massiven Anspannungen, die sie in allen Alltagssituationen begleiten: *„Ich lass* *mir das nicht anmerken, ja, aber ich hab dann innerlich so eine Anspannung, dass ich denke so: boah, nee"* (Abs. 131). Von ihrem Gegenüber wünscht sie sich mehr Verständnis und weniger Unglauben: *„Wenn dann die Leute nicht richtig zuhören, du wirst bekloppt in deinem Schädel, du denkst ganz einfach:,Halt stopp mal, ich spreche klar und deutlich.' Ich erkläre das, das ist für mich kein Kabarett, wenn ich sage:,Meine Schwester, die meine Tante ist; meine Mutter, die meine Oma ist.' Äh? Ich hab mir das nicht ausgesucht"* (Abs. 133). Doch sie weiß, dass dies ein hoher Anspruch ist: *„Ich stoße zwar damit Leute auch von mir massiv weg, das ist mir aber in dem Moment egal, wer damit nicht klarkommt, der braucht auch damit nicht klarkommen. Ganz einfach"* (Abs. 167).

Soziale Folgeerscheinungen. Dies führt nicht selten zu sozialen Verwerfungen: *„Wenn man Druck ausübt, ergibt das meistens etwas, wo zum Ende ein Rebell [ist]. Ja und das ist egal, ob das ein Kind ist oder ein Erwachsener, jeder der einen inneren Rebell hat ..., das ist einfach da"* (Abs. 205; Erg. v. Verf.). Gloria Hansen bringt das Gefühl, sich immer sofort wehren zu müssen, eindeutig in Zusammenhang mit der Heimerfahrung: *„Das war Reflex. Selbst meine Adoptionsmutter, die wollte mir eine knallen, die hatte aber in dem Moment schon selber eine drinnen"* (Abs. 211–215). Letztlich säen die genannten Bestrafungsmethoden auch Gewalt unter den Heimbewohner:innen: *„Klar bin ich auch dazwischengegangen, klar hab ich auch einen Jungen in die Fresse gehauen, weil er ein Mädchen eben grad verprügelt hat. Weils ungerecht war. Ja ich bin nicht hingegangen und hab dem einfach mal aus Lust und Laune eine reingekloppt"* (Abs. 253). Auch einzelne Erzieher:innen wurden aus Verzweiflung attackiert: *„Dann hatte ich so die Schnauze voll, und dann hab ich das irgendwie organisiert, da war ich 13. Micha, Laura und ich. Wir haben die Nachtwache so geschnappt. Das erste Mal, dass dann alle mitgemacht haben, ich hab so lange darum gebettelt, dass alle mitmachen. Den haben wir so zusammengeschlagen, der ist regelrecht von uns ... bis zum Tor ausgeprügelt worden"* (Abs. 46).

Langfristige Folgen. Das starke Unrechtsgefühl hat aber auch positive Auswirkungen auf ihre Kommunikation: *„Ich bin entweder sehr ehrlich und direkt ..., oder ich sag eben halt nichts. Aber dahin zu spinnen oder irgendwelche Lügen, das muss ich auch nicht haben"* (Abs. 205). Das gilt auch für ihre offene Haltung gegenüber ihrer lesbischen Lebensform, ohne diese betonen zu müssen: *„Ich geh auch nicht hin und sag:,Hey, hallo ich bin lesbisch.' Ich bin halt so. Ich bin Mensch. Und ob ich jetzt nun lila, blau oder rot, schwarz rumlaufe, das ist auch egal"* (Abs. 233–238; vgl. auch 206–209). Auch gegenüber Täuschungen ist Gloria Hansen aufmerksam: *„Man merkt das ja, ob Gestik, Mimik übereinstimmen, gerade Menschen, die sehr viel Unrecht ..., die achten auf so was, das ist einfach* *so"* (Abs. 436). Erhöhte Aufmerksamkeit bezüglich potenzieller erneuter Schädigung ist also bitter erlernt: *„Sind ja diese Folgeerscheinungen da. Ich merke das ja auch. Die sind ja das ganze Leben lang irgendwo"* (Abs. 56). Zuweilen fühlt sie durch die schlechte Erfahrung von früher also auch geschützt: *„Einfach ungefragt … in meinen Bereich, … das ist mein Körper, mein Intimbereich, und [s]einen Intimbereich bestimmt ja jeder selbst. Das ist ja nicht nur da und da, als Frau. Ja, wie gesagt: Selbstbestimmung"* (Abs. 347; Erg. v. Verf.). Dennoch sind für Betroffene schwerer Gewalt die Auswirkungen lebenslang zu spüren: *„Das sind alles so … Erinnerungen durch Träume gewesen, die mich auch wirklich über 30 Jahre lang gequält haben"* (Abs. 38). Die sexualisierte Gewalt hat auch eine Reihe anderer typischer Folgen hinterlassen, z. B. *„Scham"* (Abs. 434), es bleiben *„Narben an Intimbereichen"* (Abs. 147). Problematisch sind daher auch immer noch Besuche beim Frauenarzt (Abs. 137). Aber auch die Auswirkungen der Medikamentenversuche aus der Psychiatrie greifen tief: *„Weil da gehts um Spritzengabe im Unterleib"* (Abs. 38). Manchmal fühlt sich Gloria Hansen einfach nur noch verwirrt: *„Ich merke, dass wenn ich irgendwas sage, ich manchmal springe im Kopf"* (Abs. 191).

6.1.6.3   Bewältigung

Einsatz für andere und Wehrhaftigkeit. Angesprochen darauf, wie Gloria Hansen dies alles bewältigt hat, spricht sie in erster Linie von der Fürsorge für andere. Dies gilt besonders für ihren Sohn: *„Ich glaube, der größte … Schritt war letztendlich immer, weil ich nicht wollte, dass der Kleine …, ich wollte nicht, dass er da drunter leidet"* (Abs. 197). Manchmal kann sie es aber nicht verbergen: *„Ich bin nachts ja schweißgebadet, schreiend wach geworden, mein Sohn kam herein und hat mich gefragt, was jetzt los ist"* (Abs. 68). Das ist für sie ein Zeichen, dass sie dringend etwas dagegen tun muss. *„Ich hatte teilweise wirklich panische … Zustände, dass ich sogar … bis zu ein, zwei Stunden erst mal gebraucht hab, bin im Kreis gelaufen in der Wohnung, um erst mal runterzukommen, weil … in dem Zustand geht man nicht raus, man möchte nicht, auch im Dunkeln nicht, von anderen gesehen werden"* (Abs. 127). Mit der Zeit findet sie Wege für sich. Auch ihre Schwester wird von ihr unterstützt: *„Meiner Schwester hab ich ja damals auch geholfen, aus dieser Situation rauszukommen"* (Abs. 125). Auch anderen Betroffenen lässt sie Unterstützung zukommen, z. B. einer Freundin: *„Deswegen versuche ich dann auch, den Kontakt zu halten, und immer, wenns ihr schlecht geht, geb ich ihr dann so einen Tritt in den Hintern"* (Abs. 38). Fachlich hat sie mit der Krankenpflege einen Beruf gewählt, der ihr dies in breitem Ausmaß ermöglicht. Mit der Zeit entdeckt Gloria Hansen jedoch auch die Bedeutung von Wehrhaftigkeit für

sich: Die Konfrontation einer damaligen für das missbräuchliche Pflegeverhältnis Verantwortlichen hat für sie eine große Bedeutung (Abs. 48). Der ehemalige
NVA-Offizier wird dabei von ihr öffentlich zur Verantwortung gezogen: *„Der
hat den Kopf gesunken, ist dann rüber, und dann hab ich … rübergebrüllt:‚Na du
pädophiles Drecksschwein, hast du immer noch nicht deine gerechte Strafe. Hast du
ja auch dafür gesorgt.' Weil der hat ja auch Tatsache die Akten vernichten lassen
größtenteils. Meine Jugendamtsakte ist bereinigt. Und die ist trotzdem dick. Ist klar.
Und nur ein … oder zwei Einträge, wegen dem, haben sie nicht, haben sie wohl
übersehen, keine Ahnung. Dadurch kann ich das nachweisen"* (Abs. 50). Mit ihrer
damaligen Pflegemutter hält Gloria Hansen dagegen Kontakt und versucht einen
konstruktiven Umgang zu finden.

Sprechen und Selbstbemächtigung. Die Balance, die Taten nicht zu leugnen,
sondern auszusprechen und zugleich nicht zu verhärten, erlebt Gloria Hansen als
schwierig: *„Man hat ja eine gewisse Feinfühligkeit zwar auf der einen Seite, man
kann eine gewisse Stärke daraus entwickeln, aber schaffen nicht alle"* (Abs. 56).
Sie beschreibt, dass sie vielfältig an sich gearbeitet hat, um zu diesem Punkt zu
gelangen (Abs. 64). Dennoch bleiben immer noch Schaden und Trauer übrig.
Aber sie ist fest entschlossen, diesen Weg weiterzugehen: *„Da musste sich was
ändern, weil das kann so nicht sein, das ist wie gesagt, wenn [ein] Täter die Macht
jahrelang über einen behält, dann hat der gewonnen, und das will ich gar nicht.
Und das muss eigentlich sich jedes Opfer im Kopf irgendwie festigen: Dass ein Täter
so lange die Macht hat, wie man unten kriecht …, wenn ich weiter Opfer bleibe,
gebe ich den Tätern die Macht"* (Abs. 68, 145; Erg. v. Verf.). Immer wieder gibt
es harte Rückschläge. Die erste Begegnung mit ihrer Mutter, ihrem Bruder und
ihrer kleineren Schwester verläuft nicht ohne Enttäuschungen (Abs. 119). Auch
von vergangenem Drogenmissbrauch kann sie berichten (Abs. 257). Erneut hält
sie sich jedoch an ihrer positiv erlebten Mutterschaft fest: *„Habe damit selber
eigentlich auch meine Kindheit nachgelebt, ja, das ist alles so, ich habe das ganz
bewusst teilweise gemacht, was Schönes, was Positives, ich war selber im Mittel-
alterclub, ich hab als … Kriegerin auch das Schwert geschwungen. Ja, das alles,
um auch mir selber zu zeigen: Das Leben ist lebenswert. Das kann kein anderer
machen"* (Abs. 147). Ein Ortswechsel ist für Gloria Hansen sehr hilfreich: *„Ich
bin damals … hierhergezogen, … schlagartig hatte ich keine Albträume mehr"*
(Abs. 38). Heute verliert sie nur noch in Extremsituationen die Fassung: *„Wenn
ich heute z. B. Leute sehe, die ein ähnlich, einen Stasi-Typen, ja oder so aussehen,
da … krieg ich immer noch Plaque"* (Abs. 131).

Solidarität und Öffentlichkeit. Mit vielen Anstrengungen gelingt Gloria Hansen immer mehr die Bewältigung: *„Die Knoten, psychisch oder körperlich, die
behält man ja so oder so. Aber die sind nicht mehr so schwer. Ich hab viel …*

wirklich übern Kopf, ... übers Denken gemacht" (Abs. 155). Mit dem Blick auf mehrere Heimbiografien kann sie für sich das Geschehene weiter aufarbeiten: *"Dadurch bin ich nochmal richtig in diese Materie gegangen, und dieser Daniel, der mit mir zusammen in diesem Säuglingsheim, war, und die Anna, also ich hab jetzt mit einigen von denen Kontakt, weil ich bin schon sehr lange aktiv, auch in der Suche, weils auch für mich für die eigene Biografie-Zusammensetzung"* (Abs. 38) wichtig sei. In diesem Kontext ist ihr wichtig, dass die Öffentlichkeit mit den Tatsachen von damals und heute konfrontiert wird, dass nicht weggeschaut wird: *"Weil es ist Öffentlichkeitsarbeit zum Teil, die ich da mach"* (Abs. 56). Das kostet viel Mut: *"Man muss ... selber wirklich einen riesengroßen Schritt machen, um das überhaupt noch ... jemanden anders zu erzählen"* (Abs. 145), und Zeit: *"Drei, zwei, knapp zwei Jahre. Da hab ich das erste Mal überhaupt ähm was angedeutet"* (Abs. 161). Die Aufarbeitung anzugehen, den Opferstatus zu verlassen, ist für sie der einzige und richtige Weg: *"Erst mal muss ein Opfer dazu bereit sein, das ist klar, aber ich für mich habe gemerkt, dass ... dadurch auch eine große Last weg ist, gerade dieses Duckmäuserische, dieses Schambehaftete"* (Abs. 422).

6.1.6.4 Soziales und professionelles Umfeld
Soziale Unterstützung. Gloria Hansen hat nicht nur in der Fürsorge für andere ihre Bewältigungsstrategien gefunden, sondern erfährt auch immer wieder selbst Unterstützung und Hilfe von anderen (Abs. 317). Mithilfe eines Freundes gelingt ihr z. B. der Umzug in eine andere Stadt: *"Bin ja dann nach der Wende, hat der Hans mir geholfen, eine Wohnung ... zu kriegen, weil ich war auf Nullstellung"* (Abs. 125). Ein weiterer, inzwischen verstorbener Freund ist ihr lange ein wichtiger Begleiter: *"Der hat mich ja damals immer aufgefangen, wenn ich von den Pflegeeltern weggelaufen bin ..., der hat mich einfach heulen lassen, ... mich einfach nur in den Arm genommen und fertig. Irgendwann haben wir mal darüber geredet, warum überhaupt. Ja, da musste ich ihn erst mal zurückhalten, dass der nix Dummes macht. Aber ... das war jetzt nicht irgendwie, der hat keine sexuellen Anspielungen gemacht, gar nix. Einfach stinknormal auf der gleichen Höhe war der"* (Abs. 183). Partnerschaften dagegen sind für sie zwar bedeutsam, aber bis heute herausfordernd (Abs. 245–247). Ein wirkliches Highlight in ihrem Leben ist die Begegnung mit ihrem Vater: *"Also mein Vater hat mich Tatsache im März 1991 gefunden und nicht nur mich, der hat dann auch gleich seinen Enkel gefunden"* (Abs. 117). *"Ich bin ... in dieses Café da rein, ... Und da saß da einer drinnen, mit noch einem anderen, der sah aus wie ein Bär ..., und auf einmal ruft er ,Gloria, Gloria Hansen'. Und ich so:,Ja?' –,Ja, komm mal her. Du siehst deiner Mutter so ähnlich.' ... Und dann sollte ich mich hinsetzen, dann hat er mir das mal erklärt ..., der hat ja auch jahrelang gesucht ..., von ihm hab ich dann die Adresse und die*

Telefonnummer von meiner Mutter gekriegt" (Abs. 119). Zugehörigkeitsgefühle zu einer Familie spielen für sie eine große Rolle. Immer wieder treibt sie die Sorge um, ihrem Sohn zu schaden: *„Man weiß ja, dass ... bis in die dritte, vierte Generation irgendwelche psychischen Probleme automatisch weitergegeben werden, ohne dass mans will. Aber ich wollte es so wenig wie möglich. Man machts trotzdem unbewusst"* (Abs. 197–199).

Selbsthilfekontexte. Selbsthilfeprozesse haben dagegen nur zum Teil positiven Einfluss auf ihren Bewältigungsprozess (Abs. 254 f.). Gloria Hansen hat das Gefühl, dass dort häufig viele verzweifelte und strauchelnde Gemüter zusammenkommen: *„Klar, es sind Betroffene verständnisvoller untereinander. Aber es heißt ja nicht, dass derjenige den richtigen Hebel hat zum Helfen"* (Abs. 343; vgl. auch 163). Vereinzelt hat sie dort auch absurde Begegnungen: *„Der eine Junge z. B., der mich vergewaltigen wollte, der ja auch im Jugendwerkhof gelandet ist, der hat sogar nach der Wende Kontakt mit mir aufgenommen. Hab ich gesagt:,Sag mal, gehts dir noch gut?' –,Ja das war doch damals so schön, wir haben uns doch gut verstanden.' Sag ich:,Was haben wir uns, sag mal ..., welchen Knick hast du in der Birne? Kannst du dich wirklich nicht dran erinnern, dass du der Meinung warst, du musstest jedes Mal, wenn du einen Ständer hattest, irgendwie ein Mädchen bespringen gegen ihren Willen? ... Komm mal runter, und lass mich einfach in Ruhe. ... Normalerweise müsstest du viel mehr Strafe kriegen'"* (Abs. 50). Auch die Konflikte der ehemaligen Heimkinder untereinander empfindet sie als belastend: *„Ich hab auch viele Heimkinder kennengelernt, ehemalige Heimkinder: ...,Ich verstehe nicht, warum die Leute nicht zusammenarbeiten'"* (Abs. 199). Die Bildung von Splittergruppen findet sie daher bedenklich (Abs. 201). Dennoch unterstützt sie das Zusammenfinden Betroffener aktiv (Abs. 253). Einige Betroffeneneinrichtungen helfen auch ihr selbst bis heute sehr weiter (Abs. 271).

Professionelle Unterstützung. Im Therapiebereich hat Gloria Hansen ganz unterschiedliche Erfahrungen gemacht, sehr gute und sehr schlechte. Einen Teil der Aufarbeitung hätte sie nach eigenen Worten gar nicht anders geschafft: *„Was ich allerdings mit Frau Buch ... zusammen aufgearbeitet habe"* (Abs. 38). An anderer Stelle ist dies sehr schief gegangen: *„Ich hatte nicht die Hilfe. Ich bin sogar freiwillig in Therapie gegangen. Über einige Monate stationär, obwohl es wirklich, ich hab mein Kind deswegen sogar extra übers Jugendamt in eine Pflegefamilie gegeben, weil ich nicht mehr weiterwusste. Und dann merkt man, dass die Therapeuten damit eigentlich gar nicht klarkommen, weil das ganze komplexe Ding, was ich habe, das ist ja nicht nur Heim"* (Abs. 131). Die Krankenkassen sind nur minimal bereit, dafür zu zahlen (Abs. 92, 94): *„Die Krankenkasse sagt:,Ja, Sie ... haben ja jetzt Ihre 30 h Therapie gehabt. Sie sind jetzt austherapiert, also vom*

Finanziellen her. Alles andere sind Selbstzahlleistungen.' Wie will ein Hartz-IV-Empfänger oder ein Frührentner, also ... das geht nicht" (Abs. 96). Eine Beraterin hilft ihr wiederum an einer wichtigen Schlüsselstelle weiter, das ist ihr bis heute in Erinnerung geblieben: *„Ich hatte mit ihr damals Kontakt aufgenommen, weil ... ich diese Machenschaften zwischen MdI, Referat Jugendhilfe und Stasi verstehen wollte, weil das ja diese Verquickung mit dem Heimaufenthalt, mit der Psychiatrie bei mir war, auch wegen dem Missbrauch ..., und sie hat sich z. B. gar nicht aufgedrängt, ich hab ihr anfangs nur per Mail geschrieben, ich hab ihr die Frage gestellt: ,Darf ich überhaupt Fragen stellen?' ... Und dann hat sie gesagt, ja dann war das so und so. Dann hat sie mir das einfach nur erklärt"* (Abs. 191).

6.1.6.5   Gesellschaftliches Umfeld

Rechtliches Umfeld. Massiv enttäuscht ist Gloria Hansen von dem Mangel an gesellschaftlicher Verantwortungsübernahme gegenüber den ehemaligen Heimkindern. Strafanzeigen und Rufe nach Gerechtigkeit gibt es ihrer Ansicht nach genug: *„Es waren so viele Leute eigentlich auch nach der Wende, die ... Anzeigen versucht haben, gegen solche ehemaligen Heimleiter, weil die das geduldet haben, gegen Erzieher"* (Abs. 50). Den Betroffenen wird es ihrer Erinnerung nach extrem schwer gemacht: *„Hast du Zeitzeugen? Heißt das noch lange nicht, dass du die dann überhaupt erst mal anschreiben, dass sie sich überhaupt die Mühe machen nach so vielen Jahren, weil es ist ja 25 Jahre, 20 Jahre her ..., die Fristen sind abgelaufen"* (Abs. 56). Insbesondere vom Rechtssystem ist sie bitter enttäuscht: *„Ich bin z. B. vor Gericht gegangen, einmal. Ich habe mich vor Gericht nochmal genauso beschissen nochmal vergewaltigt gefühlt ... [wie] bei der Tat. Wenn ein Richter dann fragt:,War die Faust Tatsache drinne?' ... Hallo? Will der mich jetzt verarschen? Äh, man merkt das doch als Frau, man hat doch dann seine Probleme da unten, wenn man acht Wochen die Regel hat, auf gut Deutsch, weil alles noch kaputt ist, hm? Und ... da muss man doch nicht noch so dämlich nachfragen, das ist für mich Vergewaltigung pur. Ja, dann kriegt man dann angeblich eine Hilfetrulla hin, die sitzt neben einem. Zusammengekauert ..., hilflos"* (Abs. 70; Erg. v. Verf.). Auch von den Stellen der politischen Rehabilitation ist sie enttäuscht. Kinder politisch Verfolgter können z. B. nur anerkannt werden, wenn beide Eltern ebenfalls anerkannt sind (Abs. 90). Der Streit um die Zwangsarbeit in den Heimen dauert seit langem an (Abs. 92). Ihr Resümee ist eindeutig: *„Wenn ein Täter besser verbal vor Gericht behandelt wird als ein Opfer, dann stimmt was in dem System nicht. ... Das ist ja auch etwas, was ich leider so selbst auch miterlebt habe: Wenn ein Richter noch nicht mal einen Anwalt zurechtpfeift, wenn ein Anwalt unterhalb der Gürtellinie Dinge raushaut. Also so nach dem Motto:,Na vielleicht hat sie ja auf SM gestanden'"* (Abs. 100).

Gesellschaftliches Umfeld. Der Umgang mit Betroffenen bei Gericht spiegelt sich auch in der gesellschaftlichen Wahrnehmung von Heimkindern wider: *„Erst mal ist die Gesellschaft selber noch nicht mal schuld da dran, dass keine Aufarbeitung richtig stattfindet, egal ob es Missbrauch ist oder Heim. Sondern da sehe ich Tatsache die Politik und auch die Judikative, die Exekutive in der Pflicht. Weil wenn keiner von denen Interesse hat, die eigentlich das Interesse haben müssten, an der Strafverfolgung, da … muss man sich nicht wundern, dass die Gesellschaft denkt und grade erst dann Betroffene: ‚Wir sind nichts wert, wir werden nicht wahrgenommen'"* (Abs. 323). Von ihrem Pflegeverhältnis hat sie in Erinnerung, dass der Täter sich an ihr völlig schadlos vergreifen konnte: *„Es hat keiner was gemacht, weil … er war Oberstleutnant der Nationalen Volksarmee. Grenze. Hatte eine sehr gute Connection zur Stasi"* (Abs. 42). Das Gleiche gilt für die Begrifflichkeiten: *„Plötzlich … heißt [es] nur noch Missbrauch, Missbrauch, Missbrauch. Ich hab gedacht, warum stuft ihr das ab? Es ist eine Vergewaltigung!"* (Abs. 329; Erg. v. Verf.). *„Der Staat muss auch sagen: Hier, der Missbrauch ist falsch. Es … ist Vergewaltigung. Es ist strafbar. Es ist eine Handlung. Nix anderes. Kein anderer muss das tun. Denn ein Opfer weiß, dass das falsch ist, ein Opfer merkt es, … dass es dadurch Leid hat. Ein Opfer muss eigentlich nicht. Es ist Opfer. Punkt"* (Abs. 390). Denn, so argumentiert sie, *„wie solls gehen, wenn nicht irgendwie die Hilfe kommt. Und wenn sie die Hilfe noch erbetteln müssen, und das ist ein Erbetteln …, es kann doch nicht sein"* (Abs. 299). *„Warum kriegt man das nicht hin? Warum will man das nicht hinkriegen, sind so viele Pädophile in der Politik?"* (Abs. 325).

Umgang von Medienvertreter:innen. Heute hat Gloria Hansen einen Umgang mit den Missbrauchserfahrungen gefunden: *„Mittlerweile ist es für mich nicht mehr ganz so extrem. Auch wenns mir immer noch schwerfällt. Aber … ich bin einfach der Meinung, es darf nicht sein, dass die Opfer … erst an eine Grenze kommen müssen, um überhaupt diesen Weg gehen zu können. Und kaum Hilfe kriegen. Ich hab das alles letztendlich selber gemacht"* (Abs. 145). Abschließend beklagt sie nochmals, *„weil wir werden ja auch nicht anerkannt"* (Abs. 289). Letztlich sind es noch am ehesten Medienvertreter:innen, die die Erfahrungen von damals zur Kenntnis nehmen, so erlebt sie es zumindest in einem Interview, in dem sie eine korrekte Berichterstattung erfährt: *„Die haben mir eher geholfen, als Menschen …, da muss man sich doch nicht wundern, dass dann eben halt die Wahrnehmung so eine große Kluft ist. Es wird sich sonst auch nichts ändern. Deswegen …, ich muss das so machen, ich muss es mit Dokumenten machen, damit man nicht sagen kann, meine Geschichte ist erlogen, ich muss das zeigen, was hier in der Psychiatrie passiert ist, … weil ich will, dass die Leute kapieren, dass man trotzdem aufstehen kann. Man kann es, aber es kann nicht sein, dass ich als Opfer diese Kraft entwickeln muss ohne Hilfe"* (Abs. 199, 329). Immer wieder spricht sie von der mangelnden

Verantwortung des Staats (Abs. 392): *„Warum muss ein Opfer beweisen, dass der Täter das gemacht hat? Es ist doch hohl! Ich stell eine Strafanzeige, weil ich eine Tat erlebt habe. Also ist doch der Staat in dem Moment, ich muss dann eben wie bei anderen, beim Mordfall wird doch auch ermittelt"* (Abs. 394). Ihre Wut gipfelt in dem Ausspruch: *„Der Umgang an sich mit Opfern ist scheiße in diesem Land"* (Abs. 74).

6.1.6.6 Erfahrungen mit dem Fonds und noch offene Wünsche

Fonds. *„Von dem Fonds"*, so Gloria Hansen, *„hab ich gar nichts gehabt"* (Abs. 263), da bei ihr Krebs diagnostiziert wurde und sie sich, als sie dafür den Kopf wieder freier hat, zu spät anmeldet (Abs. 265). Sie versucht es als Härtefall, wird aber dennoch abgelehnt: *„Habe ich dann meine Ärztin, Krebssachen dann da eingescannt, und nochmal beantragt und trotzdem nichts gekriegt. Nun hatte ich aber das Glück im Unglück, ich bin ja in der Psychiatrie gewesen und konnte darüber über ‚Stiftung Anerkennung' Hilfe beantragen. Glück im Unglück deshalb, weil ich hab die 10.000 € komplett gekriegt"* (Abs. 267). Von anderen Heimkindern erfährt sie, dass sich dies beim Fonds Heimerziehung sehr viel komplizierter und ihrer Meinung nach auch entwürdigender gestaltet (ebd.), weil *„ein Teil bar ausgezahlt wurde, der Rest musste immer schön irgendwie belegt werden, dann hab ich gesagt, was ist denn das für eine Scheiße, entweder soll das helfen oder nicht. Und dann auch bitteschön so, dass das zur freien Verfügung ist ..., jetzt wissen wir, warum ich dann sage: Glück im Unglück"* (Abs. 269). Danach ist für Gloria Hansen klar: *„Habe das Geld genommen und habe dann gesagt: ‚Okay, ich stell mich der wissenschaftlichen Aufarbeitung zur Verfügung'"* (Abs. 271). Auch andere – z. B. überindividuelle – Leistungen des Fonds Heimerziehung hat sie folglich nicht in Anspruch genommen (Abs. 276–285). Den Fonds Sexueller Missbrauch kritisiert sie ebenfalls deutlich, allein für das Ausfüllen des Formulars habe sie ein halbes Jahr gebraucht, weil sie das alles zu sehr belastet habe (ebd.): *„Hab ich dann immer nur noch das Gleiche hingeschrieben, weil es ist immer nur noch das Gleiche gewesen. Ja, und das ist völlig egal ob Mann, Frau, Mädchen, Junge ..., weil die Fragen haben sich wiederholt. Ja, ich muss aber keine Frage, wenn ich die schon einmal beantwortet habe, nochmal ... beantworten, nur mit einem anderen Wortlaut, das ist für mich eine Quälerei"* (Abs. 70). Die geleistete psychosoziale Begleitung zum Fonds Sexueller Missbrauch hält sie für viel zu gering, sie war hilfreich, hätte aber entschieden mehr ausgebaut werden müssen; viele Betroffene seien wieder mit ihrem Thema alleine gelassen worden (Abs. 70).

Wunsch nach bedarfsgerechter Unterstützung. Nach Ansicht von Gloria Hansen sollten alle Betroffenen bei Bedarf passgerechte Hilfe erhalten können: *„Nicht, dass das fremdbestimmt wird"* (Abs. 169). Diese Hilfe sollte lebensnah, unkompliziert und ohne fachliche Kühle sein: *„Also Augenhöhe. Eigentlich nur Empathie mit Augenhöhe. Also ... kein aufgesetztes ..., das ist so typisch Therapeutending ..., da krieg ich so'ne Nackenhaare"* (Abs. 173–179). Sie kann gut begründen, warum sie solche Scheinheiligkeiten schlecht erträgt und eine authentische Begegnungsdimension braucht: *„Weil alles andere ist ja nun auch in meinen Augen nicht sinnig. Weil wenn man wirklich einen Menschen erreichen will, etwas zu verändern, dann kann man nicht das auf Distanz machen, das geht gar nicht"* (Abs. 187). Dazu müssten die Fachkräfte mehr zu den Hintergründen der damaligen Heimerziehung und den daraus entstehenden Verletzungen wissen (Abs. 438), *„weil ... bestimmte Sachen haben nicht einfach unter den Tisch zu fallen, das ist DDR-Unrecht ..., man muss sich auch in der Gegend damit einfach auseinandersetzen, dass sehr, sehr viele Kinder dort nicht einfach zwangsadoptiert wurden, sondern dass da auch in dem Heim sehr viel Scheiße passiert ist"* (Abs. 56). Letztlich müssen Betroffene sowieso einen Teil der Strecke alleine gehen: *„Im Grunde genommen sitze ich auch mit vielen Sachen alleine da, ich muss es selbst sortieren, ob ich will oder nicht. Ja. Ich hab da ... meine Wäsche sozusagen, und äh wenn ich nicht will, dass ich da drüber falle, muss ich sie in den Schrank räumen"* (Abs. 319). Die angebotene Hilfe müsste daher bedarfsgerecht entlang der Bedürfnisse der ehemaligen Heimkinder stattfinden und niedrigschwellig angesiedelt sein (Abs. 381 f.). Sinnvoll finde sie Rentenzahlungen (Abs. 291), und auch die Krankenkassen müssten großzügiger agieren (Abs. 343).

Forschung und Öffentlichkeit. Auch an die Forschung hat Gloria Hansen deutliche Forderungen: *„Ein Forschungsergebnis einfach mal so veröffentlichen in der Zeitung, und dann ist das sang- und klanglos verschwunden wieder, ist auch blöd. Gerade in dem Bereich. Das müsste wesentlich mehr Konsequenzen auch zur Folge haben ..., so eine Art Leitfaden ... für Hilfsorganisationen, für eben halt Therapeuten, für die Regierung, vor allen Dingen gerade, was Judikative, Exekutive anbelangt. Denn wie gesagt, es nützt nix, wenn die Polizei da Jagd auf Verbrecher macht und die da mit einem ‚Du, Du!' wegkommen"* (Abs. 356). Diese andauernde Ungerechtigkeit zehrt an den Opfern, was aus ihrer Sicht ernster genommen werden muss, denn mehrere Bekannte aus den ehemaligen Heimen haben sich das Leben genommen: *„So wie Daniel, der war mit mir zusammen im Vorschulheim. Dann war er wieder zu Hause, dann kam er plötzlich im Kinderheim, dann war er wieder zu Hause. Ja. Bis ich dann erfahren habe, dass er jedes Mal im Heim gekommen ist, wenn seine Mutter wieder mit ihm versucht hat, Republikflucht zu machen. Allerdings ist er mittlerweile auch tot. Ja. Es haben viele sich das Leben genommen, weils einfach zu viel war"* (Abs. 255). Sie sieht auch keine Trennlinie zwischen Jugendwerkhöfen und den sogenannten Normalheimen: *„Diese Abstufungen"* (Abs. 388) machen sie ärgerlich, *„es ist völlig egal, ob es durch ein*

Normalheim war, durch Misshandlung, Missbrauch, wie auch immer. Ob das durch ein D-Heim war, durch einen Jugendwerkhof. Alleine diese Abstufung zu treffen, ist für mich als Dauerheimkind ... eine Beleidigung" (Abs. 390). Es gibt daher, so Gloria Hansen, viele ehemalige Heimkinder, *„die so negativ behaftet sind. ... Genau das wollt ich nicht. Ich wollte keine negative Behaftung. Es ist schwer. Es ist auch nicht leicht, da rauszukommen. Und es dauert auch"* (Abs. 197).

6.1.7 Bernhard Baake: „Zwei Dinge ...: Mut, wirklich auf Menschen zuzugehen ... und das Risiko einzugehen, auch enttäuscht zu werden"

Bernhard Baake wird bereits als Kleinkind in ein Heim überführt (Abs. 9), *„Ich bin die ersten Jahre auch hauptsächlich bei meiner Oma aufgewachsen"* (Abs. 85). Die Hintergründe dazu erfährt er erst als Erwachsener: *„Ich hab einen Auszug aus der Stasiakte ... bekommen ..., bei meinem Vater steht drinnen, er ist ... starker Trinker ..., bei meiner Mutter steht auch drinnen: starker Trinker, vernachlässigt die Kinder, feiert ständig Partys"* (ebd.). Diese Aufnahmegründe erscheinen ihm plausibel: *„Aus Sicht vom Jugendamt würde man auch heute sagen: ‚Bei den familiären Verhältnissen muss man handeln", ... also ... wars einfach auch die richtige Entscheidung'"* (ebd.). Seine Eltern vermitteln im Nachhinein, die Nachbarin habe die Einweisung bewirkt, aber dies hält er für konstruiert: *„Meine Eltern sind beide bei der NVA beschäftigt gewesen, ich hatte einen Opa, der ... bei der Staatssicherheit war. Also die Wahrscheinlichkeit, ... dass eine Nachbarin sagt, der Sohn muss ins Heim, und der ins Heim kommt, ist relativ gering"* (ebd.). Die Erfahrungen in den Heimeinrichtungen sind für ihn nicht von Beginn an schlecht. Er differenziert zwischen verschiedenen Heimen und einzelnen Fachkräften. Dennoch kommt es zu zahlreichen Gewaltübergriffen, insbesondere von Peers, jedoch auch vom Heimpersonal. Zur Wendezeit werden die Heime aufgelöst, und Bernhard Baake flüchtet sich in die Hausbesetzerszene. Heute hat er sich mehrfach professionalisiert und arbeitet als Selbsthilfegruppenleiter, Berater, Trainer und Lehrbeauftragter hauptsächlich, aber nicht nur im Bereich sexualisierter Gewalt.

6.1.7.1 Erfahrungen vor und während der Heimzeit
Licht und Schatten. An die Jahre vor der ersten Heimeinweisung kann sich Bernhard Baake kaum noch erinnern, außer dass er sie bei seiner Großmutter verbracht hat. Die erste Aufnahmeeinrichtung hat er in positiver Erinnerung: *„Dort war auch erst mal für mich also alles in Ordnung"* (Abs. 9). Es gibt dort Erzieher:innen, denen er vertraut (Abs. 11). Besonders hebt er die fürsorgliche Zuwendung einer

Nachtwache hervor: *„Die hat uns dann abends immer geschmierte Brote mitgebracht und Wurst mitgebracht ..., weil das Essen so schlecht ist. [lacht] Also auch
diese Seiten gab es durchaus"* (Abs. 11). Später allerdings kommt er in ein Heim
für Schwererziehbare (ebd.): *„Ich war dann ... in einer Gruppe, die war genau
neben dem Jugendwerkhof. ... Es waren immer zwei Zimmer, die zusammengehör-
ten, mit jeweils vier Kindern drinnen und dann immer eine Toilette dazu und vorne
die Tür zum Gang .... Das ganze Gelände war umzäunt, und abends wurde dann
abgeschlossen, die Schule war mit auf dem Gelände, ... man hat im Prinzip das
ganze Gelände nie verlassen"* (ebd.). In diesem Heim erlebt Bernhard Baake vielfache Gewalt durch andere Kinder und Jugendliche, aber auch durch Angestellte.
Die einzige Stütze in dieser Zeit ist ein Lehrer: *„Das war der Lehrer, der Biologie, ich glaube, unterrichtet hat, der hat noch so Arbeitsgemeinschaften gehabt für
Briefmarken-Sammeln, und dort bin ich nach der Schule immer viel gewesen, und
aus heutiger Sicht, ich weiß nicht, ob sich was geändert hätte oder ... ob wirklich
etwas gemacht worden wäre, wäre vielleicht das der Lehrer gewesen, an den ich
mich hätte wenden können. Er war so vom Gefühl her, also zumindestens heute
rückblickend, der Einzige, also auch so das Einzige, wo ich mich noch dran erinner,
das einzige Positive"* (ebd.).

    Gewalterfahrungen. Trotz der überwiegend positiven Erinnerung erlebt Bern-
hard Baake bereits in der ersten Einrichtung übergriffiges Verhalten: *„Da gabs
auch so eine Nachtwache, die ... sehr anstrengend war und fünf Mal die Nacht mit
der Taschenlampe ans Gesicht kam. Dann warst du munter, und dich dann angeschrien hat, warum du nicht schläfst"* (Abs. 9). In der zweiten Einrichtung erlebt
er körperliche, emotionale und sexualisierte Gewalt von anderen Heimkindern:
*„Die Übergriffe fingen, also ich kann halt auch keinen zeitlichen Rahmen mehr
wirklich feststellen, das fing halt harmlos an"* (Abs. 11): *„Ich hab halt nie Übergriffe erlebt von ... Erziehern im Heim, sondern immer von anderen Kindern, die da
waren ..., der Nächstjüngste war irgendwas um die 14, und der älteste 18"* (ebd.).
„Irgendwann ging das im Zimmer oder auf der Toilette mit Übergriffen los", schildert er (ebd.). Das Personal des Heims unterließ jede Hilfeleistung: *„Dass sie es
nicht mitbekommen haben, das ist sehr, sehr unwahrscheinlich ..., auch schon aufgrund von Verletzungen, wenn man sich doch mal gewehrt hat, also zumindestens,
dass irgendwas grundlegend schiefläuft ..., das haben sie auf jeden Fall mitbekommen. Gemacht wurde nie was ..., zumindestens kann ich mich an nichts erinnern"*
(Abs. 15). Mit 15 Jahren, zur Wendezeit, wird Bernhard Baake aus dem Heim
entlassen: *„Im Prinzip kam die Wende, dann wurde ich rausgeschmissen"* (Abs. 67).
Danach schlägt er sich durch und wohnt u. a. in besetzten Häusern, die ihm als
Zufluchtsort dienen (Abs. 69).

6.1.7.2 Auswirkungen

Soziale Folgen. Bernhard Baake hebt als Folgeerscheinungen insbesondere seine Schwierigkeiten im Beziehungsbereich hervor. Um sich vor weiteren Verletzungen in Beziehungen zu schützen, hat er, wie er erzählt, andere Menschen zum Teil ruppig abgewehrt. Von seiner Arbeit als Bäckermeister erzählt er: *„Hab ich die Leute angeschrien, ich bin laut gewesen, ich hab rumgebrüllt. Einfach um mir die Leute ... fernzuhalten ..., niemand wäre auf die Idee gekommen, ob ich vielleicht nachher noch irgendwo ein Bier mit trinken gehe ..., dafür habe ich gesorgt. Das war halt die einzige Möglichkeit für mich ..., mich zu schützen, wo andere sich vielleicht in Drogen und Alkohol gestürzt haben, habe ich mich in die Arbeit geflüchtet"* (Abs. 19). Lange Zeit vermeidet er Kontakte und verfolgt keine Freizeitaktivitäten: *„Bin nicht rausgegangen ..., nur gearbeitet"* (ebd.). Dies kann als eine Bewältigungsstrategie aufgefasst werden: *„Ich hab sie versucht, weit wegzuhalten, auch aus Angst ... vor Enttäuschung"* (Abs. 37). Bei seinem ersten Versuch, Beziehung zu ermöglichen, ereilt ihn ein schwerer Schicksalsschlag. Seine Partnerin verstirbt bei einem Autounfall: *„Wir waren verlobt, wollten heiraten, ist dann an meinem 21. Geburtstag bei einem Autounfall ums Leben gekommen. Das war so der nächste ... große Einschnitt im Leben"* (Abs. 19). Danach ist er zweimal verheiratet, beide Beziehungen scheitern.

Psychische Folgen. Lange ist Bernhard Baake in seinem Schweigen gefangen, erst nach der Therapie beginnt er, mit anderen über seine Heimvergangenheit zu sprechen (Abs. 19). Vor allem meidet er den Kontakt zu Männern: *„Ich hatte massive Angst vor Männern. ... Bis vor fünf Jahren hab ich ... mit gar keinen Männern geredet"* (Abs. 17). Als Mann hat er die sexualisierte Gewalt auch geschlechterbezogen erlebt: *„Ist es oft der Gedanke: ‚Ja, ich hätte mich ja wehren müssen, ich ..., das starke Geschlecht'. ... Ich denke, das ist auch einfach der Grund, warum betroffene Männer ... wie ich auf Arbeit ... in diese Aggression dann reinkommen ..., weil sie einfach dieses Gefühl haben, das muss so sein, das gehört sich so, und ich kann nicht darüber reden"* (Abs. 87). Es dauert viele Jahre, bis er seine eigenen Gefühle verstehen und zuordnen kann: *„Gefühle ... war viele Jahre ... ein richtig massives Problem"* (Abs. 19). Auch Schuldgefühle sind sein steter Begleiter (ebd.). Negative Geschehnisse bezieht er schnell auf sich. Einmal, so erzählt er, führt er ein intensives, gutes Gespräch mit einer Teilnehmerin der Selbsthilfegruppe: *„Eine Woche später zur nächsten Gruppensitzung ist sie nicht da gewesen, hat ... sich nicht entschuldigt. ... Ich hab dann stundenlang mir Gedanken gemacht: ‚Was hab ich alles Falsches gesagt?' ... Sie hat eine Schlaftablette genommen, weil sie Migräne hatte ..., und hat halt vergessen, sich vorher zu melden"* (ebd.).

Ökonomische Folgen. Das Gefühl der Verantwortlichkeit in Beziehungen – für andere das tun zu müssen, was sie brauchen, und nicht darauf zu achten, was er selbst braucht – erlebt Bernhard Baake so stark, dass er sich immer wieder für andere Menschen verschuldet. Sein Verhalten wertet er als Versuch des Umgangs mit der aufkommenden Angst in Beziehungen, aber auch als Möglichkeit, sich die Zuneigung von anderen zu sichern: *„Ich hab immer versucht, in Freundschaften … irgendwie alles zu geben, hab mich in Schulden gestürzt, um den Leuten alles zu ermöglichen …, es war halt einfach immer die Angst, Leute würden sich eventuell erstens das nehmen …, was sie brauchen, ohne dass ich was dazutun kann, und sonst kann mich ja eh niemand leiden"* (Abs. 19). Darüber gerät er in eine finanzielle Krise. Die Verschuldung führt zu Privatinsolvenz sowie Arbeitslosigkeit und wirkt sich langfristig katastrophal auf seine Absicherung im Alter aus: *„Dadurch dass man halt in den Schulden war, dass man … eine ganze Zeit lang nicht arbeiten konnte, sind … die Folgeerscheinung auch später mal die Rente"* (Abs. 21). Inzwischen hat Bernhard Baake damit einen Umgang gefunden und erhält Unterstützung. Rückblickend bezieht er diese Problematik eindeutig auf die mehrjährige Gewalterfahrung.

6.1.7.3 Bewältigung

Schweigen. Bernhard Baake berichtet, dass er nicht nur lange geschwiegen, sondern auch an vieles keine Erinnerung mehr hat. Dabei meint er vor allem Erinnerungen bezüglich des Heimalltags. Woran er sich hingegen deutlich erinnern kann, ist die Gewalt: *„Ich erinnere mich an den Missbrauch, an jede einzelne Situation"* (Abs. 63). Im Gespräch mit anderen ehemaligen Heimkindern wird ihm verständlicher, dass seine Erinnerung an alltägliche Aspekte der Heimzeit durch den Missbrauch verschwunden und verdrängt wurden: *„Wenn ich mich mit anderen unterhalte … aus dem Heim oder aus anderen Heimen …, wenn man von Dingen ausgeht, die da passiert sind …, ist es vielleicht verständlich, dass das weg ist"* (Abs. 11). Während der Heimzeit mit jemandem über den Missbrauch zu sprechen, war undenkbar, denn zu groß sei die Angst vor Rache gewesen: *„Wenn man sich gewehrt hat, dann ist es in Schlägen ausgeartet"* (Abs. 15). Im Nachgang reflektiert Bernhard Baake, ob sich seine Situation geändert hätte, wenn er sich jemandem anvertraut hätte, beispielsweise dem Lehrer oder einem Erzieher. Aber er ist sicher, dass das nichts genützt hätte: *„Der hätte mit irgendeinem von den Jungs geredet …, die anderen sieben hätten das alle abgestritten, dann wär das erledigt gewesen. Und wie wärs für mich ausgegangen, wenn ich … dann trotzdem in diesem Zimmer hätte bleiben müssen?"* (ebd.). Das Schweigen allerdings hat seine Biografie tiefgreifend geprägt.

Individueller Aufarbeitungsprozess. Ein Klinikaufenthalt markiert den Wendepunkt für Bernhard Baake. Danach entscheidet er sich gegen seine Tätigkeit als Bäckermeister, *„weil ich wusste, wenn ich wieder in die Bäckerei gehe, und ich hab*

auch nur einen schlechten Tag, dann ziehe ich mich auch wieder zurück, dann stürze ich mich wieder in die Arbeit, ist in der Bäckerei nicht schwer gewesen" (Abs. 23).
Im Zuge seiner Neuorientierung beginnt er, bei einer Zeitarbeitsfirma zu arbeiten, gründet eine Selbsthilfegruppe, sucht nach einem Therapeuten und besucht Fortbildungen: *„Hab in dieser Zeit dann auch meine ... Weiterbildungen gemacht, ... psychologischen Berater gemacht, Burn-out-Berater, Trainer für Stressmanagement, Weiterbildung als Schulungsleiter, als Präventions- und Interventionsberater"* (Abs. 25). Diesen Weg schlägt er ein, um andere Betroffenen in der Bewältigung zu unterstützen: *„Einfach auch, um ... nicht nur aus Betroffenensicht, sondern auch ein Stückchen auch aus professioneller Sicht arbeiten zu können"* (ebd.). Erste behutsame positive Beziehungserfahrungen mit anderen Betroffenen ermöglichen zudem eine sukzessive Erweiterung seiner sozialen Netzwerke, auch mit nicht betroffenen Menschen: *„Dazu muss ich natürlich auch irgendwann den Weg gehen und nicht nur mit anderen Betroffenen mich unterhalten. Ich brauch halt auch andere Menschen"* (Abs. 45). Es geht ihm darum, den Kontakt mit anderen Menschen zuzulassen, trotz der Befürchtung, enttäuscht zu werden: *„Wirklich es Menschen zu erlauben ..., wenn mich auf Arbeit jemand einlädt:,Mensch, wir gehen abends einen Kaffee trinken.' ... Dann diese Einladung ruhig mal anzunehmen ... und also ... zulassen, dass man die Erfahrung macht, dass nichts Schlimmes passiert"* (ebd.).

Sprechen. Auf der Basis dieser Erfahrungen verändert sich für Bernhard Baake der Umgang mit anderen Menschen fundamental. Erstmals macht er die Erfahrung, dass die Art und Weise, wie man sich als betroffene Person verhält, Einfluss auf das Verhalten anderer hat: *„Ich hab auch Arbeitskollegen erlebt, die mich nicht mehr gegrüßt haben. ... Das hat sich irgendwann wieder gelegt, weil ich einfach anders damit umgehe"* (Abs. 87). Wichtig ist für ihn inzwischen, immer wieder auf die Menschen zuzugehen und den Kontakt nicht zu meiden: *„Dann sagen viele:,Ja wenn ichs irgendwo erzähle, die Freundschaften brechen weg, die Leute reden nicht mehr mit mir.' Sag ich:,Ja, aber wie reagierst du dann?',Na ja, ich zieh mich ja dann zurück.' Ja und das ist immer falsch. Das mach ich heute nicht mehr. Ich hab gemerkt, wenn ich dann mit den Leuten weiterhin rede, die ganz normal begrüße, ganz normal mit denen rede, frage, wies ihnen geht, reden die auch irgendwann wieder ganz normal mit mir"* (Abs. 2). Dabei hat er die Erfahrung gemacht, dass andere Menschen oft einfach nur Angst haben, betroffene Personen zu verletzen, besonders allerdings, wenn diese sich verletzlich zeigen. Den verschlungenen Wegen, die Betroffene im Zuge der Bewältigung der Gewalterfahrungen häufig gehen müssen, möchte er sich daher auch aus einer professionellen Perspektive nähern. Häufig scheuen Betroffene Therapiesettings, weil sie schlechte Erfahrungen machen. Bernhard Baake befragt dafür auch seinen eigenen Therapeuten: *„ 'Sag mal: Das und das: warum? Weißt du, was das* *mit mir gemacht hat?'"* (Abs. 172). Wenn andere Betroffene ihm im Rahmen der Selbsthilfegruppe von ihren Geschehnissen in der Psychotherapie erzählen, kann er diese nun besser einordnen und damit die jeweilige betroffene Person unterstützen.

6.1.7.4 Soziales und professionelles Umfeld

Soziale Unterstützung. Er hat lange gebraucht, um sich nach den schweren Gewaltverletzungen ein soziales Umfeld aufzubauen, erzählt Bernhard Baake: *„Diese Schritte sind ... über die letzten sieben, acht Jahre hin entstanden"* (Abs. 37). Freunde zu haben, gehört für ihn heute zu einem normalen Alltag: *„Menschen ..., mit denen man auch mal den Alltag verbringen kann ..., mich auf Arbeit mit Menschen normal unterhalten zu können"* (Abs. 23), aber nach wie vor prüft er gut, wen er zum Freund nimmt (Abs. 25). Durch die vielen Projekte, in denen er arbeitet, hat er mittlerweile einen Freundeskreis aufgebaut, Menschen, denen er vertrauen und auf die er sich verlassen kann, *„wirkliche Freunde, wo ich auch wüsste, ich könnte jederzeit Tag und Nacht anrufen, und ... die wären für mich da"* (ebd.). Freunde sind für ihn gleichzeitig auch Familie, da er zu seiner eigenen Familie nur seine Schwester zählt, zu der er mittlerweile wieder einen guten Kontakt hat (Abs. 83–86). Sein Freundeskreis weiß von seiner Geschichte und kann daher gewisse Verhaltens- und Reaktionsweisen einordnen. Das ist für Bernhard Baake wesentlich: *„Wenn du Menschen hast, die dich auffangen, wenns dir schlecht geht, und wo du das Gefühl hast, ich kann dort auch sein, wenns mir schlecht geht, und nicht nur, wenns mir gut geht. Dann ... darf ich auch mal einen schlechten Tag haben. ... Die wissen, womit es zusammenhängt, und die wissen:‚Okay, entweder redet er oder nicht, ansonsten unterhalten wir uns über Gott und die Welt und das Wetter.' Und genau das ist das, was im Endeffekt hilft"* (Abs. 43).

Selbsthilfe. Im Zuge des Klinikaufenthalts kann Bernhard Baake sich erstmals einer anderen Klientin öffnen, das ist ein Schlüsselerlebnis für ihn: *„Ich hab ihr dann in zwei Stunden meinen ganzen Wahnsinn an den Kopf geschmissen. Und ... sie hat mich immer noch genauso behandelt, und das war so die erste positive Erfahrung"* (Abs. 19). Später macht er dieselbe Erfahrung mit anderen Klient:innen der Klinik: *„Das war ... eigentlich mein Aha-Erlebnis ..., der Punkt, wo ich wusste: Es passiert nichts Schlimmes!"* (ebd.). Mit diesen Erfahrungen verlässt er die Klinik: *„Aber dann stehste da, brauchst einen Therapeuten, hast ... zwei Jahre Wartezeit, und dann fällste in ein Loch, was nachher noch größer ist wie das, wo du vorher schon drinnen warst .... Und das wollte ich nicht"* (ebd.). Daher geht er auf die Suche nach einer passenden Selbsthilfegruppe (Abs. 38). Als dies scheitert, gründet er kurzerhand eine eigene (Abs. 19–21). Dort lernt er seine beste Freundin kennen (Abs. 19). Dies stellt für ihn einen wichtigen Schritt im Heilungsprozess dar (Abs. 23), u. a. neben Klinik und Psychotherapie: *„Dass ich trotzdem noch einen Ort hatte, wo ich drüber reden konnte und wo ich, wenn eine Situation kam, wo es schlechter wurde, Leute hatte, mit denen ich sprechen konnte und die mich aufgefangen haben"* (Abs. 61). Viele Jahre gibt die Selbsthilfegruppe ihm Halt und einen Ort zum Sprechen, an dem er sich akzeptiert fühlt: *„Du hast Leute, mit denen du in Kontakt treten kannst ..., das hat ... vieles leichter gemacht"* (Abs. 19–21). Im Rahmen einer Selbsthilfegruppe kann er auch erste positive Beziehungserfahrungen mit einem anderen betroffenen Mann machen (Abs. 34). Bernhard Baake gestaltet auch regelmäßig Feste. Allmählich kommen so auch Freunde hinzu, die nicht aus dem Kontext der ehemaligen Heimkinder stammen, auch diesen Kontakt zu Nicht-Betroffenen findet er sehr bedeutsam, so lerne er Menschen kennen, *„die ... viele Dinge natürlich auch nicht verstehen"* und dennoch Verständnis für die Eigenheiten anderer haben (Abs. 25).

Professionelle Unterstützung. *„Der Wendepunkt war der Entschluss, die Therapie zu machen"* (Abs. 60), sagt Bernhard Baake über den Klinikaufenthalt. Zu diesem Zeitpunkt in seinem Leben geht es ihm sehr schlecht, er hat keine Arbeit, kein soziales Umfeld und zweifelt an der Sinnhaftigkeit seines Lebens. Seine Versuche, Hilfe bei einem Psychiater zu erhalten, scheitern (ebd.). Suizidgedanken quälen ihn. In dieser Krise kommt der Klinikaufenthalt zum richtigen Zeitpunkt. Dort ist es vor allem die bereits genannte Mitbetroffene, die den Veränderungspunkt markiert: *„Wenn diese eine Person nicht gewesen wäre ..., der ich meinen ganzen Wahnsinn, wie die Therapeutin gesagt hat, an den Kopf schmeißen konnte, ohne dass sich was verändert ..., wär das vielleicht alles ganz anders gelaufen"* (ebd.). Bereits zu diesem Zeitpunkt hat er eine große Offenheit entwickelt und den Willen bzw. die Motivation zur Veränderung mitgebracht: *„Weil ich einfach wusste, so gehts nicht weiter!"* (Abs. 61). Nach dem stationären Aufenthalt macht er sich auf die Suche nach einem ambulanten Psychotherapeuten: *„Das ging auch ein Jahr, bis ich dann endlich einen Termin beim Therapeuten hatte"* (Abs. 21). Die Psychotherapie wird für Bernhard Baake letztlich zu einem wichtigen Schritt, um das Erlebte zu verarbeiten: *„Um ... den Missbrauch selber zu verarbeiten ..., der Therapeut kann dir dabei helfen ..., die ganzen Nebenwirkungen, das drüber Nachdenken, was kann ich wo verändern, wie kann ich mit was umgehen"* (Abs. 37). Dennoch sieht er auch Grenzen der Psychotherapie: *„Dadurch wirds ... Leben nicht besser. Ich werde immer noch der sein, ich bin dann immer noch der, der sich zurückzieht, der Angst vor anderen Menschen hat"* (ebd.). Dem Therapeuten schildert er seine Ziele für sein Leben: *„Dann sagt er: ,Herr Baake, wissen Sie, was dafür notwendig ist? ... Nur noch zwei Dinge: Mut und Risiko. Den Mut, wirklich auf Menschen zuzugehen ... und das Risiko einzugehen, auch enttäuscht zu werden'"* (ebd.). Dies ist für Bernhard Baake richtungsweisend.

6.1.7.5 Gesellschaftliches Umfeld

Anerkennung des erlittenen Unrechts. An vorderster Stelle steht für Bernhard Baake die gesellschaftliche Anerkennung des erlittenen Unrechts: *„Ich denke, die Leute wissen, dass schlimme Sachen passiert sind"* (Abs. 145). Nun gehe es um Akzeptanz und den Respekt vor den Betroffenen: *„Die ... meisten wollen einfach akzeptiert werden mit all ihren Macken"* (Abs. 2). Erschwerend für die öffentliche Wahrnehmung ist für ihn der alleinige Fokus einiger ehemaliger Heimkinder auf die finanzielle Entschädigung. Seiner Ansicht nach ist dies nicht der richtige Weg: *„Wir möchten, dass es aufgearbeitet wird, wir möchten, dass ihr drüber redet, dass ihr euch entschuldigt. Und es wäre schön, wenn es eine Entschädigung für unser Leid geben würde"* (Abs. 145). Aber das müsse der Öffentlichkeit auch angemessen erläutert werden. Dass ein offener Umgang als Betroffener von Gewalt in DDR-Heimen jedoch auch negative Konsequenzen haben kann, erfährt Bernhard Baake im Kontext seines Engagements schmerzlich: *„In vielen Bereichen wird ... meine eigene Betroffenheit als mangelnde Fachkompetenz gesehen"* (Abs. 151). Er fürchtet nach wie vor, dass es notwendig ist, die eigene Betroffenheit zu verschweigen, um den Weg in die Professionalität einzuschlagen: *„Wenn ich in einem fachlichen Bereich arbeiten will dann damit, dann sollte ich das in dem Bereich vielleicht erst mal verschweigen, dass ich selbst betroffen bin. ... Da muss ich schon Glück haben, dass ich eine Stelle finde, wo ich da so offen damit umgehen kann, dass die Leute das akzeptieren"* (Abs. 172). Öffentliches Engagement ist für Bernhard Baake daher unabdingbar.

6.1.8 Kurt Wiegand: *„So fühlen wir uns eigentlich mehr oder weniger ... vergewaltigt, ... weil keiner zu dem wirklich stehen will, was wirklich war"*

Kurt Wiegand erlebt bereits im Vorschul- und Grundschulalter in einer Psychiatrie massive Gewalt und Medikamentenmissbrauch. Beides zieht bis heute starke körperliche Folgeschäden nach sich. Nach einem zweijährigen Aufenthalt in der Einrichtung beginnt eine Reihe von Unterbringungen in Spezialkinderheimen bis hin zu einem achtmonatigen Aufenthalt in Torgau, in dem er ununterbrochen äußerste Gewalt erlebt und über große Zeiträume hinweg unter unmenschlichen Bedingungen eingesperrt ist. Nach seiner Entlassung wird er inhaftiert, kommt in zwei verschiedene Haftanstalten und flieht anschließend in den Westen. Von dort aus reist er um die Welt und schließt sich für einige Zeit der Bundeswehr für Einsätze auf einem anderen Kontinent an. Heute lebt er mit seiner Frau in einem kleinen Ort. Seit einiger Zeit hat er wieder eine Verbindung zu seiner leiblichen

Tochter, die kurz nach seiner Heimentlassung geboren ist und zu der lange Zeit keine Kontaktmöglichkeit bestand.

6.1.8.1 Erfahrungen vor und während der Heimzeit

Psychiatrie und Medikamentenmissbrauch vor der Heimzeit. Vor seiner Heimeinweisung wird Kurt Wiegand von seiner Mutter in eine Psychiatrie gebracht und nicht mehr von ihr abgeholt. Dort verbleibt er vom sechsten bis achten Lebensjahr. In der Psychiatrie werden ihm starke Medikamente verabreicht, deren Nebenwirkungen er noch heute gut erinnert. Zusätzlich wird er immer wieder über mehrere Tage fixiert: *„Mir ist es sogar dann danach sehr schwergefallen mit dem Laufen oder allgemein, dass ... das Gehirn gar nicht mehr registriert hat, welche Bewegung will er denn jetzt noch machen .... Die Tabletten sahen ja jeden Tag verschieden aus. Davon wurden ... auch Fixierungen durchgeführt, weil es mit den Medikamenten ... irgendwann nicht mehr gelangt hat, wo man ... als Kind dann auf einer Pritsche in einem Raum gelegen hat, von einer ganzen Woche her gefesselt oder fixiert an einem Bett oder auf einem Bett oder auf einer Pritsche, auf Deutsch gesagt. Ja, und ... auch seine Notdurft ... da erledigen musste und nicht irgendwo geguckt wurde ..., muss er denn auf Toilette ..., das musstest du ... so laufen lassen, wie es ist"* (Abs. 2). Neben dem Medikamentenmissbrauch erfährt er körperliche Gewalt. Als er sich gegen die Medikamenteneinnahme zu wehren beginnt, wird die Gewalt immer massiver: *„Das habe ich halt bis zum achten Lebensjahr dann erdulden müssen"* (ebd.).

Spezialkinderheime. Nach dem Psychiatrieaufenthalt kommt Kurt Wiegand in ein Spezialkinderheim. Hier trifft er auf einen wohlwollenden Erzieher, der jedoch bald das Heim verlassen muss: *„Die haben mich mehr oder weniger ... erst mal wieder aufgepäppelt. ... Der Erzieher, der für mich zuständig war, der hat sich ... sehr eingesetzt, dass ich ... erst mal nahrungsmäßig ... wieder alles zu mir nehmen kann oder zunehmen sollte, weil ich eigentlich gar nichts mehr essen wollte. Ich hatte eigentlich abgeschlossen mit dem Leben, sagen wir es mal so, wie es ist. ... Und der hat ... auch oft mit mir über Dinge geredet, wo ich mir dann auch sage, okay, das war sehr nützlich für mich"* (Abs. 2). Aufgrunddessen wird der Erzieher jedoch *„unehrenhaft entlassen"* (ebd.). Das Verschwinden seiner einzigen damaligen Vertrauensperson führt zu einer langen Reihe von Fluchtversuchen und zu dem noch vehementeren Eintreten für eigene Bedürfnisse: *„War bei mir ... so der Ausdruck, dass ich dann mehr oder weniger geflüchtet bin, weil ich hatte eigentlich keine Bezugsperson dann in dem Sinn mehr, und alles, was danach kam, war nur noch grauenhaft. Also mit denen konntest du weder reden noch irgendwas anderes, im Gegenteil. ,Du musst jetzt, du musst das, du musst das', wo ich als Kind dann schon gesagt habe: ,Wisst ihr, ich muss mal gar nichts, überhaupt nicht'"* (ebd.). Als die Fluchtversuche immer wieder scheitern, beginnt er im frühen Jugendalter eine intensive Beschäftigung mit (auch kritischer) Literatur und stellt vieles infrage. Dies führt erneut dazu, dass Kurt Wiegand isoliert und eingesperrt wird. *„In diesen ganzen Kinderheimen, … also da war Prügel, da war Erniedrigung, sonstige Dinge, die man sich eigentlich so als Mensch … manchmal gar nicht vorstellen kann, waren da eigentlich tagtäglich gang und gäbe"* (Abs. 8). Nach ungefähr drei Jahren voller solcher Gewalterfahrungen im Spezialheim kommt er in ein Durchgangsheim und danach in einen offenen Jugendwerkhof. Aufgrund ständiger Fluchtversuche, Arrestaufenthalte und Essensverweigerungen, die erneut zu Fixierungen und Zwangsernährung führten, wird er in den geschlossenen Jugendwerkhof Torgau eingewiesen.

Jugendwerkhof Torgau. Im Jugendwerkhof *„hat Gewalt einen … anderen Namen gekriegt"* (Abs. 8), berichtet Kurt Wiegand, obwohl er zu diesem Zeitpunkt Gewalt bereits in vielen Facetten erleben hatte. Bei seiner Ankunft wird er von einem Erzieher schwer misshandelt: *„Danach war erst mal eine Woche nichts mehr mit Reden, weil ich sah aus wie Schwarzenegger, aber nicht vor lauter Muskeln, sondern vor lauter Schwellungen …, ich konnte kaum was essen …, weil ich den Kiefer nicht mehr aufgekriegt hatte … oder geschweige denn noch sehen konnte"* (Abs. 18). Da er jedoch von den vorherigen Heimaufenthalten bereits so viel Gewalt kennt, wird er als Reaktion darauf immer aufsässiger: *„Aber das kannte ich ja schon vorher eigentlich, das mit den Schlägen, Drangsalierungen …, war das eigentlich nichts Neues für mich …, im Gegenteil, es hat mich eigentlich immer störrischer gemacht"* (Abs. 20). Dem Personal wird deutlich, dass es nichts bewirken kann: *„Also hieß es dann Keller. Das war dann Torgau, Keller, gut dunkel"* (Abs. 22). Obgleich der Aufenthalt in Torgau in der Regel nicht länger als drei Monate dauert, bleibt Kurt Wiegand acht Monate dort: *„Davon aber sechs Monate in einem Keller, also Wasserzelle, Dunkelzelle, Fuchsbau"* (Abs. 12). In der Arrestzelle, die so klein ist, dass kein aufrechtes Stehen möglich ist, muss er teilweise mehrere Wochen am Stück unter unmenschlichen Bedingungen ausharren: *„Nach drei Wochen flog die Tür auf, nebenan rein und dann stand ich im Wasser, so hoch, da war nichts mehr mit hinlegen. Ja, schlafen ging nicht"* (Abs. 22). Nachdem Kurt Wiegand nach Monaten dieser Gewalt bis zu mehrfachen Scheinerhängungen dennoch nicht aufgibt, bricht die Gewaltspirale plötzlich ab: *„Die haben dann aufgegeben. Die haben gemerkt, mit dem, was die da fabriziert haben, und das war eine Menge, kommen die bei mir auch nicht weiter. Und irgendwann hat … der Heimleiter gesagt, ehe wir ihn jetzt wirklich umbringen, lassen wir ihn einfach laufen …, und dann ging es komischerweise. Da habe ich mich dann auch angepasst. Aber nur weil ich das dann wollte, nicht weil die das wollten"* (Abs. 68).

6.1.8.2 Auswirkungen

Haft und Flucht in den Westen. Als Kurt Wiegand mit 18 Jahren entlassen wird, bekommt er eine Wohnung zugewiesen, ist aber vollkommen auf sich gestellt: *„Unterstützung gab es natürlich keine, ist klar. So, meine Eltern kannte ich ja, waren für mich uninteressant, Geschwister uninteressant"* (Abs. 165). Da es gesetzliche Unstimmigkeiten gibt, die ihm nicht erlauben, den Ort zu verlassen, er aber für die Arbeit, der er nachzugehen verpflichtet ist, genau dies tun muss, kommt es zu einer Handgreiflichkeit mit einem Abschnittsbevollmächtigten. In der Folge wird Kurt Wiegand zu mehreren Jahren Haft verurteilt (Abs. 185). Tagsüber arbeitet er in einem Betrieb, in dem er schwere körperliche Arbeit verrichten muss. In der Haftanstalt selbst erfährt er trotz der Umstände erstmals Zusammenhalt. In freundschaftsähnlichen Gemeinschaften versuchen dort alle Häftlinge, möglichst viele Waren in die Baracken zu schmuggeln. Dafür sind Absprachen nötig, die mit der Zeit immer versierter werden: *„Da gab es alles, du hättest wirklich alles kaufen können. Das war besser wie draußen teilweise, wirklich"* (Abs. 241). Auch hier verweigert er jedoch nach einiger Zeit die Arbeit und wird deshalb in ein weiteres Lager überführt. Nach seiner Entlassung gelingt ihm mit großem Glück die Flucht in den Westen (Abs. 249). Daraufhin wird er in der DDR für tot erklärt (Abs. 300). Im Westen angekommen, wird deutlich, dass er aufgrund seiner Biografie keine Anstellung findet. Ihm wird klar, *„dass es nicht nur an meinem … Dialekt lag, sondern … an meiner Kindheit und dem Werdegang danach lag, warum mich dann eigentlich keiner einstellen wollte"* (Abs. 257). Daraufhin beschließt er, einen alternativen Lebensweg einzuschlagen: *„Habe … mein Arbeitslosengeld oder Sozialgeld … genommen, habe mir einen Rucksack, ein Zelt gekauft davon und … habe mir die Welt angeguckt. … Da hatte keiner gefragt, wer oder was oder wie ich bin oder hat keinen interessiert, im Gegenteil, da hat sich Gott und die Welt getroffen …, damals ging das alles noch mit Weinlese, Obstlese, … Unterbringung hattest du, Verpflegung war umsonst"* (Abs. 259). Anschließend arbeitet er bei der Bundeswehr auf einem anderen Kontinent (Abs. 140).

Physische und psychische Auswirkungen. Inzwischen lebt Kurt Wiegand mit seiner Frau, die drei erwachsene Kinder hat, in einem kleinen Ort. Die körperlichen Folgen, die aus den massiven Gewalterfahrungen in den verschiedenen Heimen und der Psychiatrie sowie aus dem erzwungenen Medikamentengebrauch resultieren, verfolgen ihn bis heute: *„Das ist ein … Schmerz, der ist aber durchgehend, was du eigentlich auch Tag und Nacht hast"* (Abs. 504). Dass Medikamente bei ihm prinzipiell kaum mehr anschlagen, gehört ebenfalls zu den Folgen aus dem Missbrauch in der Psychiatrie. Immer wieder ist ärztliches Personal damit überfordert, *„weil viele Ärzte dann sagen, tut mir leid, geht nicht, kann ich nicht* *machen, weil schlägt nicht an"* (Abs. 2). Neben den körperlichen Folgen berichtet Kurt Wiegand auch von vielfältigen psychischen Nachwirkungen der damals erlittenen Gewalt: *„Ich habe heute noch Albträume, ich wache heute noch oben schweißgebadet, schreiend, mitten in der Nacht auf"* (Abs. 445). Er berichtet, nachts zwar zu ruhen, aber nie wirklich tief zu schlafen: *„Mit dem Durchschlafen, das habe ich schon seit Jahrzehnten nicht mehr"* (Abs. 504). Das Haus verlässt er nur selten, weil Menschenansammlungen und enge Räume Panik in ihm auslösen: *„Mehrere ... Leute ... auf engem Raum, funktioniert überhaupt nicht. So, und dann ich bei der Arbeit, ich kann nur Dinge machen, wo ich wirklich alleine bin"* (Abs. 453–457).

Sozioökonomische und umfassende Auswirkungen. Aufgrund der zahlreichen Folgeerscheinungen, die bis in den beruflichen Bereich hineinwirken, leben Kurt Wiegand und seine Frau am Existenzminimum. Würden ihre Kinder sie nicht unterstützen, könnten sie es als Paar kaum schaffen, sich über Wasser zu halten (Abs. 469). Immer wieder gibt es durch langfristige Krankschreibungen zudem Konflikte mit verschiedenen Ämtern. Er ist es müde, sich immer und immer wieder erklären zu müssen: *„Versucht doch mal beim Arbeitsamt dem Sachbearbeiter zu erklären, was mit mir los ist. ... Dass du teilweise vielleicht gar nicht kannst, obwohl du ja eigentlich willst, begreift der wenigste Teil"* (Abs. 459). Sein Leben beschreibt Kurt Wiegand daher als eine einzige Verkettung schwieriger Ereignisse und eine Aneinanderreihung von Krisen (Abs. 357). Für ihn ist es schwer und selten, intensive Beziehungen zu führen und eine Familie zu haben, während die Folgen der Heimzeit noch so stark im Alltag präsent sind: *„Mit den Jahren, klar, hat sie sich mittlerweile daran gewöhnt, das ist richtig, aber daran kann man sich nie gewöhnen. Und damit umgehen kann man auch nicht mit einem, du musst es einfach mal so sehen: Wie viele Leute haben denn eine Familie von uns? Wenige ..., wenige"* (Abs. 447). Auf die Frage, wie er die viele und massive Gewalt überhaupt überleben konnte, antwortet er überzeugt: *„Kann ich dir genau sagen, meine Einstellung, mein Wille und meine Sturheit"* (Abs. 282).

6.1.8.3 Bewältigung

Brechen des Schweigens. Bis er sich dafür entscheidet, einen Antrag beim Fonds Heimerziehung zu stellen, schweigt Kurt Wiegand konsequent über die Erfahrungen in seiner Kindheit und Jugend (Abs. 292). Nachdem er sich seiner Frau zum ersten Mal anvertraut hat, statten sie gemeinsam dem ehemaligen Jugendwerkhof Torgau einen Besuch ab: *„Ich war mit meiner Frau da, weil ich wollte einfach mal, dass auch sie sieht, was also zumindestens ein Aufenthalt, weil viele Heime oder Unterbringungen gibt es ja heute gar nicht mehr"* (Abs. 17 f.). Allerdings ist er entsetzt, dass der überwiegende Teil des Gebäudes nicht mehr zu erkennen ist:

„ 'Jungs, was habt ihr mit dem Gebäude gemacht, geht ja eigentlich gar nicht, wo ist denn das alles?' Ist ja im Grunde genommen nur noch der Wirtschaftstrakt vorne .... Geht gar nicht" (ebd.). Was dort passiert ist, kann man nicht mehr sehen: Szenen, die ihn bis heute verfolgen, von schwerer Gewalt bis zu Scheinhinrichtungen (Abs. 50–60).

Familienbande. Über Facebook recherchiert Kurt Wiegand nach Familienmitgliedern und löst damit viel Aufregung aus, weil er von den Behörden nach seinem Grenzübertritt totgesagt wurde: *„Das war ... die ehemalige Frau von meinem zweiten Bruder. Und ,ja, um Gottes willen, und du bist doch tot, und wir haben dich doch beerdigt' ..., wusste dann gar nicht, wie sie es mir überhaupt beibringen sollte. Wie: tot, beerdigt? Ganz aufgelöst war sie dann"* (Abs. 292). Dabei erfährt er, dass über ihn immer nur als Verbrecher gesprochen wurde und ursprünglich niemand aus der Familie mit ihm Kontakt wiederherstellen wollte. Eine andere Begegnung, die auch erst kürzlich möglich wurde, ist die mit seiner leiblichen Tochter, die kurz vor seiner Inhaftierung gezeugt wurde und die er aufgrund seiner Flucht nie kennengelernt hat: *„Ich wusste jetzt zwar nicht, was es geworden ist, Tochter ... oder Bub ..., aber ich wusste, da gibt es ein Kind"* (Abs. 294). Um das Kind habe sich eigentlich sein Bruder kümmern wollen, der über seinen Aufenthaltsort stets informiert war, dies gelingt jedoch nicht. Die Tochter kommt in ein Kinderheim, wird adoptiert und bekommt stets die Information, ihr Vater sei tot (Abs. 292). Auf eine Kontaktanfrage hin meldet sie sich, und Kurt Wiegand gewährt ihr Einblick in seine Biografie: *„Ich meine Akte raus ... auf den Tisch gelegt: ,Lesen. Dann reden wir.' So, und da steht ja ... wirklich dann alles umschrieben mehr oder weniger, Kindheit, und und und .... Und da waren dann viele Fragen, die sie eigentlich gehabt hätte an mich, eigentlich schon mehr oder weniger beantwortet"* (Abs. 343). Auf diese Aussprache folgen weitere Treffen, und es entsteht ein enger Kontakt: *„Seitdem treffen wir uns, wir telefonieren in der Woche zwei-, dreimal .... Und ich muss dazu sagen, wir sind ein Arsch und eine Seele, also sie sieht nicht nur genauso aus wie ich in Jahren, sondern ist auch wie ich, vom Charakter her, von der Einstellung, ist genau das Gleiche wie ich. ... Herrlich, einfach nur herrlich, ist heute noch herrlich, also ich genieße jeden Tag, genieße halt jeden Tag. 36 Jahre halt weggeschmissen, auf Deutsch gesagt"* (Abs. 306–333).

Sprechen. Dass Kurt Wiegand inzwischen über seine Vergangenheit sprechen kann und sie nicht mehr mit sich allein ausmacht, erlebt er als sehr befreiend: *„Ich kann darüber reden, andere können es ja noch nicht mal. Aber ich habe gelernt, jetzt langsam dadrüber zu reden, weil ich musste ja auch mit ... meiner Lebensgefährtin und auch mit den Kindern reden ... und denen erklären .... Durch diese Aufarbeitung mit dem Heimfonds ... kam das natürlich alles wieder hoch"*

(Abs. 508). Doch nicht alle Menschen in seinem Umfeld reagieren so einfühlsam und verständnisvoll wie seine Frau und die Kinder. Viele wenden sich ab und brechen den Kontakt vollständig ab, weil seine Biografie sie schockiert und überfordert: *„Entweder geschockt oder ablehnend oder beides gleichzeitig …. Wo ich mir dann aber gesagt habe, ‚na ja, okay, dann war es das jetzt nicht wert‘, warum soll ich mich jetzt noch ändern in meinem Alter, kann ich sowieso nicht, weil meine Vergangenheit ändern, … kann man nicht"* (Abs. 533–537). Er erlebt, dass es für Menschen schwierig und intensiv ist, mit der damaligen Realität konfrontiert zu werden, ärgert sich jedoch zugleich über diese Reaktionen: *„Vielen ist es … zu kompliziert oder zu schwer, diese Gespräche zu führen, geht an die Substanz oder man will dann wirklich das nicht hören oder kann sich das gar nicht vorstellen …, wo ich mir dann sage, ‚dann frag nicht, stell keine Fragen, wo du nicht die Antwort wissen willst‘"* (Abs. 541).

6.1.8.4 Soziales, professionelles und gesellschaftliches Umfeld

Isolation. Aufgrund der vielen negativen Erfahrungen mit anderen Menschen ist Kurt Wiegands Entscheidung verständlich, in größtmöglichem Abstand zu anderen Personen zu leben: *„Ich habe … keine Freunde, also ganz, ganz wenige, und wenn, dann nicht hier in Deutschland, oder die dürfen Deutschland nicht betreten, dürfen uns dann nur im Ausland treffen"* (Abs. 510). Umso mehr schätzt er die familiäre Bande seiner Kernfamilie inklusive seiner „neu gewonnenen" Tochter, wo er sich trotz seiner vielen Probleme gut eingebettet fühlt und die sich um Verständnis bemühen. Auch für seine Familie ist es jedoch eine herausfordernde Situation: *„Das ist jeden Tag eine Herausforderung für sie, jeden Tag, auch für meine Kinder. Die müssen ja auch damit umgehen oder umgehen können oder versuchen zumindest oder mindestens halt jetzt erst lernen, damit umzugehen"* (Abs. 447).

Gesellschaftliches Umfeld. Dass nur sehr wenige Menschen aus seiner Umgebung sich darum bemühen, die Situation ehemaliger Heimkinder zu verstehen und anzuerkennen, spiegelt sich in Kurt Wiegands Enttäuschung in Bezug auf das gesellschaftspolitische Umfeld. Für ihn ist es nach wie vor rätselhaft, warum die Regierung sich mit einer spürbaren Anerkennung der damaligen Fehler so schwertut: *„Es ist … immer wieder schwer zu begreifen, warum der deutsche Staat heute sich immer noch querstellt, vieles wirklich zu akzeptieren. … Das ist beschämend …, wo ich mir doch sagen würde, warum habt ihr denn nicht wirklich mal den Arsch in der Hose, zu sagen und Klartext zu machen: ‚Hier, so ist es, hier, das machen wir‘ oder … einfach mit dem Gesicht nach vorne und nicht einfach zu sagen, ‚haben wir nie gehabt‘. … Und so fühlen wir uns eigentlich mehr oder* *weniger … vergewaltigt, … weil keiner zu dem wirklich stehen will, was wirklich war"* (Abs. 429).

Professionelle Unterstützung. Wegen der starken körperlichen Schmerzen sucht Kurt Wiegand seit einiger Zeit nach professioneller Unterstützung. Als sein Hausarzt ihm Tabletten verschreiben möchte, beginnt Kurt Wiegand zu erzählen, warum diese nicht wirken werden, und öffnet sich ihm vorsichtig (Abs. 132). Die therapeutische Fachkraft, zu der der Hausarzt ihn überweist, ist jedoch völlig überfordert und bricht die Sitzung ab: *„Dann habe ich angefangen zu reden, da hat er mich nach 20 min unterbrochen und sagte, … ‚dafür bin ich nicht zuständig‘ …. Ich habe bloß kurze Umrahmung gemacht, wo er eigentlich mehr oder weniger schon fast überfordert war damit?"* (Abs. 441–443). Dennoch unternimmt er einen zweiten Versuch und lässt sich fünf Wochen in einer Klinik mit dem Schwerpunkt Schmerztherapie behandeln. Nach seiner Entlassung sind seine Schmerzen zwar nicht besser, aber er berichtet, zum ersten Mal das Gefühl bekommen zu haben, dass ihm Professionelle wirklich zugehört haben. Inzwischen bereut er, nicht schon früher adäquate Hilfe gesucht zu haben (Abs. 549).

6.1.8.5 Erfahrungen mit dem Fonds und offene Bedarfe

Fonds. Dem Fonds Heimerziehung steht Kurt Wiegand ambivalent gegenüber. Zwar konnten die Leistungen ihm Wichtiges ermöglichen, zugleich sieht er sie aber keineswegs als Entschädigung an: *„Ich konnte mir dadurch Dinge ermöglichen oder leisten, die ich mir hätte sonst nie leisten können, sage ich mal so, wie es ist. … Die andere Sache ist die, wie will man es denn überhaupt wiedergutmachen? Durch Geld, mein Gott, da reichen im Grunde genommen keine Summen, auf Deutsch gesagt"* (Abs. 553). Die Hauptverantwortung für ein mögliches Gelingen sieht er eindeutig in den Händen des Staats: *„Einiges hätte man vielleicht besser machen können so im Nachhinein, … aber das hätte der Gesetzgeber anders machen müssen und nicht der Heimfonds, weil der Heimfonds ist auch bloß eine durchführende Kraft, die geben das ja auch bloß weiter, was die gesagt kriegen oder machen dürfen"* (Abs. 549). Auch bezüglich seiner monatlichen Entschädigungsleistung aus dem Rehabilitierungsverfahren wegen des Aufenthalts in Torgau konstatiert er: *„Man kann es einfach nicht entschädigen, und da helfen auch keine … 300 € im Monat"* (Abs. 429). Letztlich ist ihm bewusst, dass es keine echte Wiedergutmachung geben kann: *„Das ist … das Traurige …, man hat es versucht …, weiß ich, aber kann man so was wirklich entschädigen? Kann man nicht, kann man nicht, egal mit welchen Summen"* (Abs. 433).

Wünsche. Dennoch wünscht sich Kurt Wiegand eine größere Bereitschaft, erlittenes Unrecht anzuerkennen. Das würde echte Aufarbeitung bedeuten, in der es auch strafrechtliche Konsequenzen geben müsste, *„dass mal endlich die Leute* *sich dahin stellen würden und sagen würden: ‚Okay, wir treten für das ein, was wir gemacht haben'. ... Eine ... Aufarbeitung wäre eigentlich auch das: ‚Okay, wir sind strafrechtlich zu belangen dafür', und wenn es der Staat ist"* (Abs. 435–437). Dazu gehört für ihn ebenfalls, dass den ehemaligen Heimkindern endlich wirklich zugehört wird und sie ernst genommen werden: *„Dass sich ... jemand mal wirklich hinsetzt und sich auch mal Zeit nimmt und sagt:‚Okay, wir reden jetzt mal drüber'"* (Abs. 528). Zudem könnte er sich als Wiedergutmachung auch eine unkomplizierte Übernahme von Rentenzahlungen vorstellen: *„Wir sagen, ‚okay, wir machen mal eine Rente für euch, und dann ist gut', weil viele ... leben auf Hartz IV oder mehr oder weniger unter der Brücke oder kriegen gar nichts mehr gebacken, wohnt auf der Straße oder oder oder"* (Abs. 555). Die Hoffnung allerdings, dass dies ansatzweise realisiert wird, gehört für ihn schon lange der Vergangenheit an: *„Die Herrschaften hoffen ja auch, dass die Natur ihren freien Lauf lässt, umso weniger, dann umso besser. Aber ist das wirklich Sinn der Sache? Eigentlich nicht. ... Die Hoffnung habe ich eigentlich ... schon aufgegeben .... Und das ist eigentlich schade"* (Abs. 563–565).

6.1.9 Hans Kühnert: *„Das schafft man nur mit Hilfe, alleine schafft man das nicht mehr"*

Hans Kühnert wächst in einer Familie mit acht Geschwistern auf. An die Zeit vor den Heimaufenthalten kann er sich kaum erinnern. In einem Durchgangsheim, vor allem aber im Jugendwerkhof erlebt er schwere körperliche, psychische sowie sexualisierte Gewalt. Viele Male versucht er, aus den Institutionen zu fliehen, die jeweiligen Aufenthalte sind von zahlreichen Aufenthalten in Arrestzellen geprägt. Nach dem Eintritt in das Erwachsenenalter folgen immer wieder Gefängnisaufenthalte. Seiner Beschreibung nach bleibt ihm viele Jahre lang nur die Flucht in den Alkohol, um die Erinnerung an die gewaltvolle Zeit zu bewältigen. Durch die Unterstützung eines breiten Spektrums an Hilfemaßnahmen gelingt ihm inzwischen ein Leben ohne Alkoholexzesse. In einer psychosozialen Einrichtung schließlich fühlt er sich gesehen und verstanden: *„Ich kann hier mein Lebensgequatsche loswerden ..., es gibt immer Leute, mit denen ich vernünftig reden kann. Und das ist es"* (Abs. 288–292).

6.1.9.1 Erfahrungen vor und während der Heimzeit
Erste Erfahrungen im Durchgangsheim. Für Hans Kühnert unterscheiden sich Normalheime von den Spezialheimen, in denen er untergebracht war, eklatant:

„Es war gar kein Heim, sondern ein Jugendwerkhof. Das ist ja ein himmelweiter Unterschied" (Abs. 5–7). Die erste Einrichtung, in die er gerät, ist jedoch ein Durchgangsheim, in dem er bereits bei der Ankunft mit Gewalt konfrontiert wird: *„Da hat man schon den ersten Einstand gekriegt. Weil da wurde man dann schon drauf vorbereitet, was passieren kann oder was wirklich passiert"* (Abs. 8–13). Unterordnung und Strafe sind an der Tagesordnung: *„Man musste sich gleich unterordnen, wenn man sich untergeordnet hat, gabs keine Strafe ..., die Strafen waren drastisch"* (Abs. 15–20). Er unternimmt zahlreiche Versuche, aus dem Durchgangsheim zu fliehen, wird jedoch immer wieder aufgegriffen, von Erzieher:innen oder der Polizei geprügelt und in das Durchgangsheim zurückgebracht: *„Irgendwann bin ich dann losgelaufen, und dann haben sie mich wieder gehabt. Rein im Auto, dann bin ich aufm Bullenrevier, dann haben sie mich erst mal zusammengelegt, und dann kam ich in das Polizeikrankenhaus, ... und da bin ich dann erst mal vier Wochen geblieben .... Von da aus ging es dann gleich wieder ins Durchgangsheim. Da ging dasselbe Theater wieder von vorne los"* (Abs. 27).

Gewalt in Jugendwerkhöfen. Im Vergleich zum Jugendwerkhof, in den Hans Kühnert anschließend eingewiesen wird, kommt ihm die Zeit im Durchgangsheim jedoch harmlos vor, was den Umgang mit Gleichaltrigen wie auch das Miteinander mit Erzieher:innen angeht: *„Da konnte man sich vernünftiger unterhalten. Auch mit den Erziehern, das war ja alles ganz anders"* (Abs. 53 f.). Die anschließende Ankunft und erste Zeit im Jugendwerkhof erlebt er wesentlich stärker von Gewalt geprägt, insbesondere belastet ihn, dass niemand mit ihm spricht und ihm erklärt, was mit ihm passiert: *„Erst mal rein, ausziehen nackig, haben wir Unterwäsche gekriegt ..., und dann erst mal in die Arrestzelle, dann war ich noch beim Arzt und Eingangsbesprechung und all so was. ... Ja, die Anfangszeit ..., die war schlimm. Wobei das Schlimmste ..., man wusste gar nicht, wo man ist, weil hat einem ja keiner was gesagt"* (Abs. 32). So wird er z. B. ohne Vorwarnung direkt nach dem Ankommen für mehrere Tage in eine Arrestzelle eingeschlossen, trotz starker körperlicher Schmerzen. Um ihn über die Regeln im Jugendwerkhof aufzuklären, bekommt er die Hausordnung in die Arrestzelle gereicht, die ausschließlich aus Verboten besteht: *„Es gab nichts, was man machen durfte. War eine ganze Liste von Verboten und Verboten und noch mehr Verbote. Alles Verbote. ... Nach drei oder vier Tage hieß es dann hoch, zur Gruppe"* (Abs. 35 f.). Die Gruppe erlebt er als keineswegs schützend, da es keinerlei Raum gibt, um sich individuell zu begegnen: *„Da wir uns ja kaum unterhalten haben ..., da gabs keine ... Sympathien oder Antipathien"* (Abs. 53 f.).

Sexualisierte Gewalt. Seine Zeit verbringt Hans Kühnert überwiegend in Arrestzellen: *„Das waren immer so drei Wochen. Das war so der Standard, ... 21 Tage, und dann mussten sie einen ... Tag rauslassen, und wenn dem Erzieher die*

Nase nicht gepasst hat, dann ist man gleich wieder eingefahren" (Abs. 105). Nach diversen Fluchtversuchen gibt er letztendlich auf: *„Nach dem 24. Mal abhauen oder 25. Mal, weiß ich nicht, dann hab ich mich da eingerichtet. Da ging ... einem keiner mehr auf die Nerven und nichts. Ja, da hat man seine Ruhe gehabt"* (Abs. 79). Neben körperlicher Gewalt, Arrest und harter körperlicher Arbeit im Alltag beschreibt er insbesondere die sexualisierte Gewalt – für sich sowie für andere – als äußerst belastend (Abs. 101). Das Sprechen über erlebte Gewalt ist im Heim tabuisiert, was zu weiterer Hilflosigkeit führt: *„Man konnte es nicht mal erzählen, wo man ... auch in den normalen Jugendwerkhof wieder rein ist, wenn die Werkserzieher uns geglaubt hätten"* (Abs. 101). Die Unmöglichkeit, sich Hilfe holen zu können, erinnert Hans Kühnert noch sehr lebendig. In der Rückschau auf die gesamte Heimzeit hält er reflektierend fest, dass die einzige Möglichkeit, diese Zeit zu überstehen, darin lag, sich ständig zu beugen. Von Erziehungshilfe kann er definitiv nicht berichten, sie hätten *„uns im Heim oder im Werkhof besser behandeln können. Muss ich ganz ehrlich sagen. Denn die haben ja ... alles nur noch verschlimmert, anstatt irgendwas zu bessern. Denn für die war die Besserung bloß, dass man mitläuft, in der Reihe mitläuft, mit anderen. Und das hat bei den meisten eigentlich funktioniert"* (Abs. 36).

6.1.9.2 Auswirkungen

Gefängnisaufenthalte. Nach seiner Heimentlassung folgen in Hans Kühnerts Biografie viele Gefängnisaufenthalte, die er ursächlich auf die vorherige Heimerfahrung zurückführt. Da er regelmäßig Dinge entwendet, vor allem aber die Arbeit verweigert, reißen die Gefängnisaufenthalte nicht mehr ab: *„Sind mit dem Trabbi klauen gefahren. Dann gabs noch die Felder, da gabs die Platten hier alle noch gar nicht. Haben wir die Felder nachts abgeerntet. Dann sind wir früh morgens zur Kaufhandel oder wie das heißt, Supermarkt gefahren und haben das verkauft. Was wir vorher gelernt haben, haben wir da weitergemacht. War einfach so, haben wir uns gar nichts draus gemacht"* (Abs. 77). Die Abstände zwischen der Zeit im Gefängnis und der in Freiheit sind kurz: *„Draußen aufhalten war nicht. Das Längste war ein halbes Jahr, wo ich draußen war"* (Abs. 88). Im Gefängnis wie auch in den Monaten in Freiheit trifft er immer wieder auf dieselben Menschen und stößt regelmäßig in Kneipen mit ihnen an, wenn einer von ihnen entlassen wurde: *„Wenn es nicht so schäbig gewesen wär, ... wegen Arbeitsbummel immer wieder einzufahren, dann hätten wir drüber lachen können. Aber nicht mal das war zum Lachen"* (ebd.). Die Gewissheit, immer wieder ins Gefängnis zurückzukommen, wird mit der Zeit zu einem festen Bestandteil seiner Identität: *„Man wusste ja, dass man, wenn man nicht arbeiten geht, draußen, dass man dann wieder einfährt. Also mit sesshaft Werden brauchte man ja gar nicht, weil man wusste, dass* *man wieder einfährt, das war bloß eine Frage der Zeit"* (Abs. 87). Zwar hat er sowohl im Gefängnis als auch in den Zeiten außerhalb der Haft Freunde, doch sein Wohlbefinden sinkt mit jedem Aufenthalt im Gefängnis: *„Jedes Mal im Knast … wurde es wieder ein bisschen schlechter. Aber dann ging es nicht mehr schlechter, hat ja keiner mehr ausgehalten"* (Abs. 105).

Psychische Belastungen. In der Zeit der vielen Gefängnisaufenthalte etabliert sich Hans Kühnerts hoher und regelmäßiger Alkoholkonsum. Er braucht den Suchtstoff, um mit all den belastenden Situationen aus dem Heim umgehen zu können: *„Da hilft keine Psychologin, da hilft gar nichts, glaub ich, da hilft nichts: Das bleibt drinnen in der Birne"* (Abs. 97–99). Den schleichenden Prozess in die Sucht hinein beschreibt er als eindeutig motiviert durch das Bedürfnis, Gefühle und Erinnerungen auszublenden: *„Musste man. Deswegen hat man das so weit wie möglich ertränkt. Das … Saufen … kam richtig schleichend. Man hats ja gar nicht mitgekriegt, dass es immer mehr wird, dass man immer öfter in der Kneipe sitzt"* (Abs. 103–105). Je mehr Alkohol er zu sich nimmt und je stärker er versucht, die (Gewalt-)Erfahrungen zu verdrängen, desto aggressiver und verzweifelter wird er. Die Erlebnisse mit anderen Personen zu teilen. gelingt dagegen nicht: *„Man wurde aggressiv …. Man war irgendwie kein Mensch mehr. … Da hatte auch keiner was erzählt, ich auch nicht, was passiert ist. Nicht die Eltern, nichts, gar nichts …, als Kind mit'm Missbrauch, hab ich das keinem erzählt. Das war erst hier. War gar nicht, nichts, nicht ein Wort dadrüber"* (Abs. 132). Die Situation spitzt sich teilweise so zu, dass er sein Leben als nicht mehr bewältigbar empfindet: *„Ich stand schon oft genug davor, Schluss zu machen, richtig Schluss. … Jedes Mal, wenn man besoffen ist, also gesoffen hatte, man wieder mal nüchtern war und man wieder nachgedacht hat, dann ist das alles hochgekommen und: ‚Warum eigentlich? Weitermachen? Warum?'"* (Abs. 134). Neben Phasen, in denen er nicht mehr weiter leben möchte, begleiten ihn im Alltag schwere Albträume, gegen die er sich machtlos fühlt und die auch bis heute nicht verschwunden sind: *„Weil gegen das Träumen kann man nichts machen, die bleiben einfach da"* (Abs. 149 f.). Sie werden besonders stark, nachdem er mehrere Jahre nicht mehr inhaftiert wurde (Abs. 155). Seitdem träumt er regelmäßig von Fluchtversuchen: *„Im Traum ist meistens … ein Fluchtgedanke. Also dass man flüchtet, dass man rennt und rennt und rennt, aber nicht weiterkommt. Das ist das ja. Und dann wacht man auch schon wieder auf. Weiß man ja, man weiß ja gar nicht, wie lange so ein Traum geht"* (Abs. 153 f.).

6.1.9.3 Bewältigung

Wege aus der Sucht. Nach vielen *„hässlichen"* (Abs. 134) Jobcentermaßnahmen, die Hans Kühnert einerseits belasten und die er andererseits als eine gewisse haltende Konstante empfindet, und mit dem Blick auf seinen regelmäßigem Alkoholkonsum beginnt er, sein Leben infrage zu stellen: *„Saufen geht vor alles. ... Zuerst das Saufen, wenn ich dann genug habe, dann kann die Liebe irgendwann nachkommen. So hat man gedacht. ... Aber ... musste ich da mal hinsehen. Ja, ich hab mir ja selber die Frage gestellt, was das überhaupt soll"* (Abs. 307). Schließlich begibt er sich in professionelle Unterstützung und versucht immer wieder Alkoholentzüge im Krankenhaus. In diesen Zeiten erfährt er jedoch wenig Unterstützung von seinem sozialen Umfeld. Der Kampf gegen das ungewohnte Gefühl eines Alltags ohne permanenten Rauschzustand ist knallhart: *„Die erste Zeit war schlimm. Schlimm. Ohne Alkohol, weil da fehlt was, ne? Und dann das Gequatsche immer, ich kenn ja das Gequatsche ... von anderen Leuten:‚Du hältst sowieso nicht lange durch'. .... Ich sag ... dann immer dadrauf:‚Man muss erst mal anfangen. Erst mal anfangen. Damit das geht. Ja'. Das hatte richtig schlechte Auswirkungen. Da war man kein Mensch mehr, wenn man besoffen war, hat man gar nicht dran gedacht, dass man kein Mensch mehr ist. Dass man anderen vielleicht auf die Nerven geht oder was, hat einen nicht interessiert. Aber dann die Ruhe:‚Ja ... was machste jetze?' ... Man muss sich erst mal dran gewöhnen"* (Abs. 142).

Selbstbild. Zum Zeitpunkt des Interviews ist Hans Kühnert seit anderthalb Jahren clean. Sein Selbstbild bleibt dennoch weiterhin sehr kritisch: *„Ich hab gedacht:‚Warum soll ich eigentlich aufhören? Was ändert sich dadurch?' Ich meine, viel hat sich natürlich nicht geändert, als ich aufgehört habe. Bin derselbe Trottel wie vorher auch. Nur eben ohne Alkohol, vielleicht auch noch ein größerer Trottel"* (Abs. 303). Zudem zweifelt er an seiner Kraft, abstinent und zufrieden mit sich zu bleiben: *„Das kann immer wieder passieren, immer wieder. Wenn mans so nimmt, bin ich da ganz zuversichtlich, dass es irgendwann wieder passiert. Weil ich trau mir nicht übern Weg ..., zufrieden bin ich immer noch nicht. Das ist noch zu kurz"* (Abs. 294). Um zufrieden sein zu dürfen, setzt er sich hohe Ziele: *„Zufrieden wär ich jetze, ... wenn ich sterben würde irgendwann mal, muss man ja sowieso, und dann sagen kann:‚Ich habs geschafft, ohne Alkohol'. Den Punkt zu erreichen, dass ich mal den Löffel abgebe. ... Dann kann ich sagen, ich habs geschafft. Aber vorher kann ich gar nichts sagen. Weil ichs nie genau weiß, da kann immer irgendwas sein, was einem sauer aufschlägt"* (Abs. 293–301). In gewisser Weise kann er aber sehen, dass er einen wichtigen Schritt geschafft hat, weil er nicht alleine war, denn den Absprung aus seinem krisendurchzogenen Leben hätte er niemals alleine geschafft: *„Das schafft man nur mit Hilfe, alleine schafft man das nicht mehr. Wenn man so tief drinnen ist, ... alleine schafft man das nicht. Ist unmöglich. Da muss man wirklich einen starken Charakter haben, aber wer hat den schon? Aber alleine ist das unmöglich. Ich kann mir jedenfalls nicht vorstellen, dass das jemand alleine schafft"* (Abs. 185).

6.1.9.4 Soziales und professionelles Umfeld

Professionelle Unterstützung. Der Weg aus der Sucht ist alles andere als eben. Immer wieder hat Hans Kühnert Rückfälle: *„Bam, dann ist man wieder am Arsch"* (Abs. 228). Doch inzwischen weiß er, dass man es einfach immer wieder versuchen muss: *„Man fragt sich dann aber auch gar nicht, warum das jetzt so war. War einfach so, und dann geht das wieder weiter im Takt"* (Abs. 228–231). Erst als er von der ersten Hilfeeinrichtung, die er noch immer ausschließlich als einen Ort sieht, an dem er schlafen kann (Abs. 200), in eine therapeutische Wohneinrichtung wechselt, in der ein langsames Reduzieren des Konsums möglich ist, gelingt ihm die Abstinenz, die bis heute anhält. Der Prozess braucht Zeit: *„Das Wichtigste war das Langsame. Dass es langsam vonstattengeht mit dem Aufhören"* (Abs. 193–195). Als zentral in diesem Prozess erlebt er den Halt durch die Betreuer:innen sowie das Konzept der Einrichtung insgesamt: *„Das ... kam irgendwie, einmal durch die Hilfe. ... Die hatten ja Sozialarbeiter, Psychologen und alles so was. Und dann gibt es regelmäßige ..., dass ... ich ganz genau weiß, was ich machen kann"* (Abs. 187). *„Erst mal ist das ja ... das Wichtigste ..., dass man immer Ansprechpartner hat"* (Abs. 241). Nach einiger Zeit gelingt der Einzug in ein Zimmer mit Balkon, in dem er sich besonders wohl und sicher fühlt. Die transparenten Regeln der Einrichtung begleiten ihn Schritt für Schritt weiter in eine nachhaltigere Abstinenz: *„Ich hab mich an die Regeln gehalten, weil sie mich sonst wieder verlieren würden. Also war ein bisschen Zwang dahinter, wenn mans so nimmt. Das war nicht nur ..., jetzt hör ich mal auf zu saufen, weil mir danach ist, sondern da war ein Zwang dahinter: Wenn ich jetzt nicht aufhöre, dann verlier ich das Zimmer wieder. Und vielleicht alles, was ich bisher gemacht habe. Also hab ich gesagt, probierst es einfach mal. Dann mit der Hilfe hier [hin]gekriegt, ist ja nun wirklich gut"* (Abs. 232–238; Erg. v. Verf.).

Beziehung und Vertrauen. Neben dem Gefühl des Wohlbefindens und der Sicherheit in seinem Zimmer beschreibt Hans Kühnert vor allem eindrücklich, wie zu seiner Überraschung der Beziehungs- und Vertrauensaufbau zu den Fachkräften gelungen ist. Um Hilfe zu bitten, ist für ihn eine große Hürde, da er in seiner Heimzeit die Betreuer:innen als Gefahr für Leib und Leben abgespeichert hat (Abs. 243–247). Als ihm jedoch allmählich gelingt, sich den Fachkräften zu öffnen, erkennt er für sich einen positiven Effekt. Insbesondere dass ihm von Betreuungspersonen so aufmerksam zugehört wird, erlebt er als hilfreich: *„Weiß nicht, ... wie andere da fühlen, aber mich beruhigt das, weil jemand da ist, der mir dann zuhört [atmet tief aus]. Das beruhigt. ... Man ist zwar noch fertig, wenn man rauskommt, aber wenn ... die sogenannte frische Luft dann um die Nase weht, und dann geht das wieder, dann kommt man wieder nach oben"* (Abs. 243–247). Mit der Zeit kann er mehr darauf vertrauen, dass ihm ehrlich und interessiert begegnet wird. Er fühlt sich respektvoll behandelt. Dabei hat er nicht erwartet, dass er sich jemals irgendwo wohlfühlen könnte: *„Vorher, da hab ich zu mir gesagt, die können mich ja mal alle. Ja. Brauch bloß das eine anständige Zimmer, wo keiner saufen kann. Hab so gedacht wie andere Leute, die das heute auch so machen. Und die denken auch so. So hab ich genauso gedacht, ja. Die können mich mal alle, ich brauch ein vernünftiges Zimmer und weiter saufen. Das Spiel weitertreiben eigentlich"* (Abs. 245–253).

Alternativerfahrungen. Besonders fremd ist Hans Kühnert zum Teil noch bis heute, dass man ihm mit Verständnis begegnet und nie so schwere Sanktionen folgen, wie er sie von seinen Heimerfahrungen gewohnt ist: *„Dieses Verständnis, dieses Verständnisvolle, ... wenn jetzt jemand sagen würde, ... sie verstehen das alles, ... ,kann passieren, alles in Ordnung'. Da kam nicht mal so was wie: ,Machen Sie das mal nicht ... wieder, oder nächstes Mal gibts Konsequenzen'. Nicht mal das kam rüber. ... Das war wie ..., weiß ich nicht, wie soll ich das ausdrücken. ... Ich kenn ja nun meistens nur Sanktionen, für alles gabs Sanktionen"* (Abs. 263–285). Er braucht viel Zeit, um das Verständnisvolle der Betreuungspersonen zulassen und aushalten zu können: *„Muss ich ganz ehrlich sagen, ich war nicht bereit dafür, das kam erst mit der Zeit. Das hat mich angekotzt, dieses Verständnisvolle ständig, ... das hat mich am meisten angekotzt, weil so was gibts in meinem Leitfaden nicht. .... Und nicht hier ewig ...: ,Ah, das tut mir aber leid'. – Warum tut es dir leid, wenn ich die Scheibe da raushaue? Das muss normalerweise mir leidtun' [lacht]"* (Abs. 477–481). Es dauert lange, aber das Ergebnis ist für ihn eindeutig, denn heute sagt er über seine Bezugsbetreuerin: *„Das Vertrauen zu ihr ist ... immer weiter gestiegen, immer höher. Das Vertrauen ist ohne Ende bei ihr"* (Abs. 404). Institutionen und Mitarbeiter:innen, die so sorgsam Vertrauen aufbauen, müssen seiner Meinung nach umfassend beworben werden, damit alle Menschen wissen, dass es diese Hilfsangebote gibt: *„Denn ... man kann nicht, man kann nicht .... Das muss man von anderen kriegen"* (Abs. 491).

6.1.9.5 Erfahrungen mit dem Fonds und offene Bedarfe

Anerkennung statt Zahlungen? Den Fonds „Heimerziehung in der DDR in den Jahren 1949 bis 1990" hat Hans Kühnert nicht in Anspruch genommen, da er Anspruch auf eine Rehabilitierung nach den SED-Unrechtsbereinigungsgesetzen hatte. Das Verfahren zur Durchsetzung dieser Ansprüche erinnert er jedoch als psychisch sehr anstrengend, da versucht wurde, die Verantwortung für seine heutige Verfassung seiner Ursprungsfamilie anzulasten. Das hat ihn nochmals sehr aufgebracht, da die Erduldung der Gewalt für ihn in seiner subjektiven Erinnerung sehr klar mit seinem heutigen Leiden verknüpft ist. Mit dem Resultat und der Auszahlungsmodalität, die im Kontrast zum Fonds eine Einmalüberweisung in der Höhe von 10.000 € zur Folge hatte, ist er zufrieden: *„Hatte ich auch 10.000 drauf, aber die hat man mir mal erklärt gehabt, ich hab da sowieso nicht mehr durchgeblickt"* (Abs. 323). Für ihn war der Umgang mit dem vielen Geld jedoch erst einmal schwierig, weil dies zu einer Zeit geschah, in der er viel Alkohol konsumiert hat. Daher wünscht er sich statt des Gelds eher Einrichtungen, in denen Hilfe für den Alltag gewährleistet wird, sodass präventiv mehr Unterstützung gegeben werden kann: *„Dass sie es so machen wie hier. … Dass man irgendwo hingehen kann, wo man aufgehoben ist …, das Angebundensein. … Nicht, dass man wieder zu Hause sitzt, dann kommt man gar nicht auf den Einfall, aufzuhören zu saufen, das ist das beste Mittel zum Saufen, das ist das"* (Abs. 431–433). Als Anerkennung des Leids, das ihm widerfahren ist, sieht er die Zahlung definitiv nicht. Stattdessen wünscht sich Hans Kühnert, dass die Gesellschaft wirklich versteht und anerkennt, wie schlecht es den Menschen in den damaligen Heimen ging, auch wenn sie sich in die Lage der Betroffenen nie vollständig hineinfühlen kann (Abs. 414). Jedoch ist er sich sicher, dass dies niemals geschehen wird: Eine Aufarbeitung des erlebten Leids werde nicht mehr möglich sein, weil die Gesellschaft irgendwann aufhören wird zuzuhören, auch wenn die Aufarbeitung für die Betroffenen noch nicht abgeschlossen ist (Abs. 82).

6.1.10 Philipp Reimann: *„Ich glaube, ich hätte es ohne den Glauben niemals so weit geschafft"*

Philipp Reimanns Mutter ist alleinerziehend und leidet an einer psychischen Erkrankung. Seine Kindheit ist durchzogen vom Wechsel zwischen Heimaufenthalten und dem Leben bei seiner Mutter. Im Heim erlebt er massive Gewalt, auch sexuelle Übergriffe durch andere Heimkinder und eine Erzieherin. Da er keinen anderen Ausweg sieht, beginnt er im Jugendwerkhof, sich zur Wehr zu setzen und wird selbst gewalttätig anderen gegenüber. Gewalt und Sucht prägen auch nach der Heimentlassung sein Leben. Erst nach massiven psychischen Einbrüchen und mehreren Schlüsselerlebnissen, die ihn zum Nachdenken bringen, beginnt er, sich mit seiner Vergangenheit und deren Auswirkungen auf sein heutiges Leben auseinanderzusetzen. Durch mehrere Therapien kann er sich stabilisieren, die größte Stabilität verleiht ihm jedoch sein Glaube, zu dem er im späten Erwachsenenalter findet.

6.1.10.1 Erfahrungen vor und während der Heimzeit

Vor der Heimzeit. Philipp Reimann wächst gemeinsam mit seinem Halbbruder bei seiner alleinerziehenden Mutter auf. Die Erziehung der Kinder fordert die Mutter sehr, da sie lange arbeiten muss und zudem psychisch erkrankt ist. Dennoch erinnert er sich, dass er *„mit Liebe groß geworden"* (Abs. 4) ist. Seine Oma unterstützt die Mutter im Alltag mit den Kindern, indem, *„wenns irgendwo Stress gab, die hingegangen ist und Tacheles geredet hat"* (Abs. 4). Die Oma ist es auch, die die beiden Kinder nach einem kurzen Heimaufenthalt aufgrund der psychischen Erkrankung der Mutter wieder nach Hause holt. Im Gegensatz zu seinem Halbbruder hat Philipp Reimann keinen Kontakt zum Vater, worunter er sehr leidet: *„Das war auch'ne Sache, warum ich zu Hause dann schwierig geworden bin. Also wenn du permanent alle 14 Tage zugucken darfst, wie dein Bruder abgeholt wird, und du stehst am Fenster, und keine Sau kümmert sich um dich"* (Abs. 4). Ungewollt, vor allem weil er manche Regeln nicht nachvollziehen kann, rutscht er in der Schule zunehmend in die Rolle als *„Quertreiber"* (Abs. 4). Seine Noten verschlechtern sich, und er bleibt sitzen. Als er acht Jahre alt ist, wird der Mutter empfohlen, ihn erneut in die Heimerziehung zu geben, damit er dort die notwendige Unterstützung im schulischen Bereich erfährt. *„Da bin ich reingekommen, weil meine Mutter psychisch krank ist, meine Oma mit mir überfordert war, ich … nicht unbedingt in das Bild eines typischen DDR-Kinds reingepasst habe"* (Abs. 4). Nachdem er sich schulisch verbessert hat, kehrt er in den Haushalt der Mutter zurück, muss jedoch nach dem Tod seiner Oma erneut ins Heim: *„Ich hatte das Gefühl, man will mir vermitteln mit Blicken und auch in dem Umgang mit mir, so nach dem Motto:,Deine Oma ist jetzt tot, und jetzt können wir mit deiner Mutter machen, was wir wollen'"* (Abs. 4).

Während der Heimzeit. Insgesamt wird Philipp Reimann dreimal ins Heim eingewiesen. Seine beiden ersten Heimaufenthalte hat er in eher guter Erinnerung: *„An diese Heimzeit kann ich mich positiv erinnern …, da hatte ich mit Gewalt nichts zu tun, auch an … dem ersten Stück, wo ich mit meinem Bruder zusammen drinnen war"* (Abs. 4). Er hat den Eindruck, dass diese beiden ersten Aufenthalte auch positiven Einfluss auf seine Entwicklung haben: *„Ist jetzt nicht …, dass die mich reinbringen wollten, um mich jetzt großartig umzuziehen, so wie das dann nachher beim zweiten war oder beim Jugendwerkhof, sondern … das, was man meiner Mutter versprochen hat, ist dann da auch eingetreten"* (Abs. 4). So verbessert er sich tatsächlich sehr im schulischen Bereich. Seinen dritten Heimaufenthalt im Alter von elf Jahren, zwar im selben Heim, aber in der Gruppe der älteren Kinder, erlebt er im krassen Gegensatz dazu und erstmalig mit schwerer Gewalt (Abs. 4).

Gewalterfahrungen im Heim. Während seines dritten Heimaufenthalts erlebt Philipp Reimann massive Gewalt und Demütigung, vor allem vonseiten anderer Heimkinder, denn *„in der großen Gruppe gabs schon so eine Art Hierarchie"* (Abs. 4), die durch Gewalt bestimmt war: *„Hab nicht gelernt, mich zu wehren, zu Hause. Und dementsprechend warst du ein Opfer"* (Abs. 4). Er versucht, der Gewalt zu entgehen, indem er sich u. a. den Anweisungen des Gruppenanführers unterordnet: *„Die Gewalt hat immer stattgefunden. Und ich war wirklich so naiv damals zu glauben, dass ich, wenn ich gewisse Dinge tue, dann keine Gewalt"* (Abs. 4) erlebe. Viele Anweisungen haben einen sehr demütigenden Charakter: *„Bevor ich mich gemeldet hab, um Lehrer zu fragen, ob ich auf Toilette darf, musste ich den Rüdiger fragen, ob ich mich melden darf. Also ich hab manchmal dort in der Schule, in der Klasse drinnen gesessen und hab mir in die Hosen gepisst"* (Abs. 4). Als schlimmstes Erlebnis, weil er dabei über seine *„moralische Grenzen"* (Abs. 4) geht, beschreibt er die Beteiligung an der Vergewaltigung einer jungen Frau: *„Ich musste bei einer Vergewaltigung mitmachen, hab zwar den Akt zum Glück nicht vollzogen, aber ich war beteiligt"* (Abs. 4). Kurz vor seiner Entlassung aus dem Heim lässt sich Philipp Reimann während einer Beurlaubung bei seiner Mutter eine Punkfrisur schneiden, *„das war für mich ein Spaß, mehr nicht"* (Abs. 4). Im Heim wird dieses Verhalten jedoch anders gesehen. Nachdem man ihm dort zunächst eine Glatze rasiert hat, spricht ihn eine Erzieherin an, *„die mir gegenüber zu verstehen gegeben hat, dass sie das überhaupt nicht gutheißt, weil Punk war immer gleichgesetzt: Du bist Staatsfeind"* (Abs. 4). Daraufhin äußert er sich kritisch dem SED-Regime gegenüber und wird aufgrund dieses Vorfalls eine Woche später für 18 Monate in einen Jugendwerkhof eingewiesen: *„Mir wurde bis zur Abfahrt nicht kommuniziert, was mit mir passierte. Selbst bei der Fahrt wurde nicht kommuniziert, wohin. Also für mich wars ..., so sag ich es heute auch ganz deutlich, für mich wars eine Verschleppung"* (Abs. 4). Im Jugendwerkhof steigert sich die Gewalt, im Gegensatz dazu war *„das, was ich im Kinderheim selber erlebt hab, [lacht] das war Kindergeburtstag"* (Abs. 4). Hier erlebt er zudem, wie die Gewalt unter den Heimkindern bewusst durch die Erzieher:innen eingesetzt wird, besonders gegen Jugendliche, die als politisch oppositionell eingestuft werden: *„Dann sind halt Dinge gelaufen, ... wenn der Herr Schlüter Nachtwache hatte, dass die mich dann mit dem Gruppenstärksten, zwei, drei Wasserträgern ausm Bett gezogen haben, im Gemeinschaftswaschraum mit dem Feuerwehrschlauch abgespritzt haben, und der Herr Schlüter Anweisungen gegeben hat, wie sie mich mit dem Schrubber zu bearbeiten haben, damit der politische Dreck abgeht"* (Abs. 4). Auch Gewalt durch das Personal, demütigende Strafen und an die NVA angelehnte Tagesabläufe gehören zum Alltag im Jugendwerkhof.

Sexualisierte Gewalterfahrungen. Sexualisierte Gewalt erlebt Philipp Reimann sowohl durch Heimkinder als auch durch das Personal. Dabei ist die sexualisierte Gewalt eingebettet in die allgemeinen Strukturen aus Gewalt und Demütigung, die im Heim herrschen: *„Dass sexueller Missbrauch untereinander stattgefunden hat, das heißt, dass du im Beisein von anderen onanieren musstest, und weil du es gemacht hast, weil du so eine Schlampe warst, dann wieder Gewalt gekriegt hast"* (Abs. 4). Besonders erinnert er sich an eine Erzieherin, die Übergriffe unter dem Deckmantel von Alltagsabläufen versteckt und die Sauberkeit im Intimbereich der Jungs nach dem Waschen kontrolliert (Abs. 4): *„Beim Wecken ist sie dann unter die Decke, also für die gabs keine Privatsphäre"* (ebd.).

Sprechen und Schweigen im Heim. Vergeblich versucht Philipp Reimann, beim Personal wie auch bei seiner Mutter Hilfe zu erhalten. Im Heim macht er die Erfahrung, dass er sich selbst damit schadet: *„Der Erzieher das weiterträgt an die anderen, … wenn er dann sagt hier:‚Herr Reimann hat gesagt, ihr schlagt den‘, und die hätten gesagt:‚Nee‘, dann hättest du abends Dresche gekriegt, weil du es halt weitergegeben hättest"* (Abs. 4), seine Mutter geht davon aus, dass alles zu seinem Besten ist. Die Erfahrung, besser zu schweigen, wird noch verstärkt durch die Vorschriften des Jugendwerkhofs bei Entlassung: *„Musste dann unterschreiben, dass ich (a) keiner anderen Person erzählen werde, was ich erlebt hab, und (b) ich musste dafür unterschreiben, dass mir keine Gewalt angetan worden ist."* (Abs. 4).

6.1.10.2 Auswirkungen

Überforderung mit der Alltagsbewältigung. Philipp Reimann kennt *„gar keine normale Zeit ohne Angst, das war immer, weil meine Mutter eine sehr angstbesessene Person war"* (Abs. 8). Im Heim steigert sich die Angst, er leidet so sehr unter seinen Erfahrungen, dass er drei Selbstmordversuche unternimmt, die er selbst eher als *„Hilfeschrei"* (Abs. 4) einordnet. Auf ein selbstständiges Leben nach dem Heim wird Philipp Reimann nicht vorbereitet: *„Meine letzte Nacht im Jugendwerkhof, ja es war Freude da, es war aber auch tierisch viel Angst da, weil neun Jahre lang … mein Tag von Montag bis Sonntag minutiös geplant war, und auf einmal wirst du entlassen und sollst dich in dieser Gesellschaft zurechtfinden"* (Abs. 40). Er beschreibt Überforderung, kann beispielsweise *„nicht so gut mit Geld umgehen"* (Abs. 123). Auch bezüglich allgemeiner Fähigkeiten, Einstellungen und Verhaltensweisen resümiert er: *„Dann werden Menschen, die zu was gemacht werden, was sie eigentlich nicht sind, was sie dann aber leben, weil sie nichts mehr anderes kennen, die werden dann im Stich gelassen und sollen dann klarkommen in der Welt?"* (Abs. 40). Seine eigene Entwicklung im Heim bringt er folgendermaßen auf den Punkt: *„‚Wollte lieben, lernte hassen‘"* (Abs. 64).

Psychische Auswirkungen. Noch heute leidet Philipp Reimann unter den psychischen Auswirkungen der Heimzeit: *„Ich war damals richtig depressiv, ... in diesen Angst- und Panikattacken ..., richtig scheiße drinnen, Selbstmordgedanken"* (Abs. 54). Darüber hinaus wird bei ihm eine Posttraumatische Belastungsstörung diagnostiziert. Er erlebt starke innere Anspannung, *„wie so ein Druckluftkessel"* (Abs. 38), die sich in Konflikten mit seiner Freundin und in Gewalt, die er in der Nazi- und Hooligan-Szene auslebt, entlädt. Zugleich konsumiert er *„sehr viel Alkohol"* (Abs. 36) und fällt immer wieder durch straffälliges Verhalten auf, dies sei letztlich *„zusammengefasst worden zu einer großen Geldstrafe"* (Abs. 56).

6.1.10.3 Bewältigung

Sucht und Gewalt. Für Philipp Reimann beginnt eine *„Karriere unter Alkohol und Gewalt, die sich dann fortsetzte, nachdem ich erfahren hab, was ich anstellen kann mit meiner Gewalt, als ich angefangen hab, mich zu wehren"* (Abs. 8). Er schließt sich der Hooligan- und Naziszene an und findet dort *„endlich ein Ventil, um das, was du in dir drinnen hast, dass dieser Kessel sich auch ab und zu mal entleeren darf"* (Abs. 8). Dann beschließt er, in die BRD zu fliehen: *„Dort haste eine reine Weste, kannst wieder von Null anfangen"* (Abs. 34). Die Flucht gelingt ihm tatsächlich. Er wohnt bei seinem Onkel, macht eine Ausbildung, holt seinen Realschulabschluss nach, und es hat *„den Anschein für mich, ich hab alles gut überstanden, sind alles hinter mir"* (Abs. 34). Doch weiterhin trinkt er regelmäßig viel Alkohol: *„Wenn trinken, dann halt immer ... bis zum Koma, also bis zum Umfallen, bis nix mehr ging"* (Abs. 34). Als er durch Verwandte immer wieder konfrontiert wird, *„ich hätte nur nationalsozialistisches Gedankengut"* (Abs. 34), wendet er sich erneut der Nazi- und Hooligan-Szene zu: *„Wenn ihr sagt, ich bin Nazi, dann bin ich Nazi. Wenn ihr so wollt. Bin dann natürlich in die Opferrolle gegangen"* (Abs. 34). Er zieht bei seinem Onkel aus und radikalisiert sich zunehmend: *„Ich bin Misanthrop irgendwann geworden, ich hab mich dann nur noch mit Menschen zusammengetan, die so getickt haben wie ich, oder ich dachte, sie ticken so wie ich"* (Abs. 34). Seine Gewalterfahrungen im Heim behält er für sich: *„Gerade als Nazi, ... wenn ich da erzählt hätte, dass ich da, dann hätt ich da Autorität verloren in der ganzen Gruppendynamik"* (Abs. 26).

Wendepunkte. Philipp Reimann berichtet von mehreren Erlebnissen, die ihn zum Umdenken bewegen. Seiner Freundin gegenüber wird er immer wieder gewalttätig, bis diese ihn schließlich verlässt und den gemeinsamen Sohn mitnimmt: *„Dadurch dass ... das Liebste, was ich auf der Welt hatte, mitgenommen worden ist, bin ich wieder zum Nachdenken gekommen"* (Abs. 38). Als er bei einer gewalttätigen Auseinandersetzung kurz davor ist, einen Menschen umzubringen, beginnt er endgültig, sein Leben zu ändern: *„Was dann dazu geführt hat, dass* *ich keinen Alkohol mehr trinke"* (Abs. 34). Er lässt sich in die Psychiatrie einweisen, macht mehrere Traumatherapien und beginnt, *„die neun Jahre aufzuarbeiten"* (Abs. 4), wobei *„das einschneidendste Erlebnis"* (Abs. 4) für ihn darin besteht, *„wahrzunehmen, dass du, in der damaligen Sprache zu urteilen, ein Opfer warst, ein Loser warst, keine Eier gehabt hast ..., sich das selber einzugestehen und dann als Mann"* (Abs. 4). Einiges wird ihm erst im Rahmen der Therapie bewusst: *„Bis zur zweiten Traumatherapie ... hätte ich wahrscheinlich... mit hoher Wahrscheinlichkeit alles abgestritten, oder wenn jemand gesagt hätte:‚Bist du sexuell missbraucht worden?' Wahrscheinlich hätt ich da rigoros Nein gesagt"* (Abs. 20). Sich selbst sagt er nun: *„‚Du wirst jetzt nicht mehr schweigen über das, was passiert ist'"* (Abs. 95), auch wenn ihm das Erinnern und Erzählen schwer fällt. *„Wie heute so am Stück erzählen, ohne groß Pause zu machen, das war damals nicht so möglich"* (Abs. 95). Seine Motivation, nicht mehr zu schweigen, speist sich auch aus dem Wissen, dass es weiterhin Menschen gibt, die *„immer noch schweigen, weil die Angst einfach so tief sitzt, dass du genug Kraft hast, für diese Leute auch eine Stimme zu sein"* (Abs. 95).

Glaube. Während seines Aufenthalts in der Psychiatrie holt ihn seine Vergangenheit ein, aufgrund mehrerer Delikte wird Philipp Reimann zu Sozialstunden verurteilt. Diese leistet er in einem christlichen Mutter-Kind-Haus. Von den Menschen, die dort arbeiten, ist er beeindruckt: *„‚Das will ich haben, was die haben. Ich weiß nicht, was es ist, aber das will ich haben'. Ich hab die nie schlechtgelaunt gesehen, die sind so liebevoll miteinander umgegangen"* (Abs. 81). Er findet zum Glauben und erkennt für sich, *„wenn du den Glaubensweg zu dem Behandlungsweg der Ärzte mit dazu packst, das ist wie eine Lebensversicherung, dann wird sich automatisch, wie es auch aussieht, dein Heilungsprozess, er wird sich mit Sicherheit wesentlich verbessern"* (Abs. 54). Von Gott fühlt er sich angenommen und bestärkt darin, sich zu ändern: *„Er kennt meinen Schmutz, und wenn er sagt, ich lieb dich trotzdem ..., dann alleine aus dieser Liebe her ist es schon schön, sich zu verändern"* (Abs. 60). Philipp Reimann distanziert sich vollständig von seinem alten Freundeskreis: *„An dem Sonntag, wo ich mich für Jesus entschieden habe, hab ich meine kompletten Kontaktdaten in meinem Handy gelöscht"* (Abs. 62). Er versucht, Verantwortung für sein damaliges Handeln zu übernehmen: Zu Menschen, die er geschädigt hat, *„hab ich Kontakt aufgenommen und hab gesagt:‚Ich gehörte zu den Menschen dazu'"* (Abs. 62). Darüber hinaus ist er *„schon manchmal an Schulen gewesen, hab ... Referate gehalten über Warnung vor Rechtsextremismus"* (Abs. 62). Sein Glaubensweg ist geprägt von Konfrontationen mit seiner Vergangenheit, sodass *„ich dann für mich den Ruf entdeckt habe, ich soll zurück in den Osten gehen, weil ich natürlich irgendwas aufzuarbeiten hab und dann auch noch in* *den Bereich ziehen soll, der unmittelbar mit meinen posttraumatischen Belastungsstörungen zusammenhängt"* (Abs. 54). Die schwierigste Aufgabe, mit der er sich konfrontiert sieht, ist es, seinem damaligen Erzieher zu verzeihen, durch den er massive Gewalt erlebt hat: *„„So eine Scheiße, nein, ich nehm den nicht in den Arm, das kannst du nicht von mir verlangen.' Dann hörst du die Stimme:,Doch, ich hab dich doch auch in den Arm genommen, du hast gegen mein Volk ...' [Stimme bricht, beginnt zu weinen]. Ich ... bin gegen Juden aufgestanden. Und wenn du das dann begreifst, das sind dann ... [schluckt] Dinge, die dein Herz verändern. Gott, Jesus hätten alle Gründe gehabt, mich abzulehnen"* (Abs. 123). Abschließend resümiert Philipp Reimann: *„Ich glaube, ich hätte es ohne den Glauben nie, niemals so weit geschafft, ... dass Ärzte mir 2017 zum zweiten Mal Symptomfreiheit diagnostiziert haben"* (Abs. 54).

6.1.10.4 Soziales, professionelles und gesellschaftliches Umfeld

Familie. Bei seiner Familie findet Philipp Reimann nur partiell Unterstützung. Lange Zeit hat er seiner *„Mutter immer die Schuld gegeben"* (Abs. 54), mittlerweile *„ist mir bewusst geworden, dass meine Mutter schon alles dafür getan hat, damit es mir gut geht"* (Abs. 54). Nach wie vor kann er mit ihr jedoch nicht über die traumatischen Erlebnisse während seiner Heimzeit sprechen: *„Wenn ich angefangen hab, mal zu erzählen, was ich so machen musste, dass ich im Kinderheim jemandem die Zehennägel abbeißen musste:,Hör auf, hör auf, hör auf, ich will das gar nicht wissen, das musst du selber für dich aufarbeiten'"* (Abs. 4). Seinen Onkel erlebt er vor allem während und nach seiner Flucht als große Unterstützung, weniger emotional als alltagspraktisch: *„Mein Onkel musste dann unterschreiben, dass er mich zu sich nimmt und dass er für alle Kosten aufkommt"* (Abs. 34). Als Philipp Reimann eine eigene Familie gründet, gelingt es ihm jedoch nicht, die Beziehung zu seinem Sohn und seiner Partnerin zu halten: *„Es hat zu meinem Leben überhaupt nicht gepasst"* (Abs. 38).

Freunde. Freundschaften sind für Philipp Reimann *„ein schweres Thema"* (Abs. 12), gerade *„in Verbindung mit dem Osten"* (Abs. 12). Freundschaften waren für ihn *„zum größten Teil Zweckfreundschaften, die waren alle zweckgebunden, gerade im Kinderheim und im Jugendwerkhof"* (Abs. 12). Einen einzigen Freund erinnert er, der in seiner Zeit als junger Erwachsener eine *„Vertrauensperson war"* (Abs. 32), *„so der einzige Freund im Nachhinein, wo ich sage, das war wirklich ein Freund, der nichts leisten musste, für uns"* (Abs. 28). Erst heute hat er *„eine kleine Gruppe"* (Abs. 60), die *„dürfen auch in mein Leben und sollen auch in mein Leben mit reinsprechen"* (Abs. 60).

Professionelle Hilfe und Glaubensgemeinschaft. Als Philipp Reimanns *„Umwandlungsprozess"* (Abs. 22) beginnt, sucht er professionelle Hilfe. Er lässt sich in die Psychiatrie einweisen und macht mehrere Traumatherapien. In diesem Rahmen beginnt er erstmals, ausführlich über seine Erfahrungen zu sprechen, die zum Teil *„völlig begraben"* (Abs. 4) waren. Auch wenn er die erfahrene professionelle Unterstützung als hilfreich erlebt, konstatiert er: *„Nur irgendwelche Therapien, die können nur bedingt helfen. Ich habs geschafft, weil ich Gott an meiner Seite hab"* (Abs. 53 f.). Im Rahmen seiner Glaubensgemeinschaft findet er zudem eine wichtige Bezugsperson: *„Mein Mentor auf der Bibelschule, hab mir da wieder eine Bezugsperson geholt, die mir hilft in meinem Veränderungsprozess, den ich dort durchmache, der mir mit Rat und Tat an der Seite steht"* (Abs. 62). Auch bei anderen Problemen, wie seinen Schulden, findet er in der Glaubensgemeinschaft Unterstützung: *„Ich hatte dann einen Spenderkreis, ... haben mir Spenden gegeben, damit ich meine Schulden bezahlen kann"* (Abs. 85).

Gesellschaftliches Umfeld. Seitens der Politik sieht Philipp Reimann eine positive Veränderung, was das Anerkennen des Unrechts in der damaligen Heimerziehung angeht. Dies macht er z. B. an rechtlichen Veränderungen fest, wie der Möglichkeit der Rehabilitierung: *„Sonst würd ich diese Opferhilfe nicht kriegen"* (Abs. 97). Gesellschaftlich, so sein Eindruck, *„ist wenig Interesse da"* (Abs. 97), wobei er einen Unterschied zwischen den Reaktionen in den neuen und alten Bundesländern erlebt: *„Drüben im Westen ..., die haben dann schon ein bissl Anteilnahme ..., aber dann eher so die Mitleidsschiene ..., was du ja auch nicht willst! Und im Osten erreichst du damit keinen, da wird immer, sobald du erzählst, du warst ein Opfer der Heimerziehung:‚Na, was war denn im Westen?'"* (Abs. 97).

6.1.10.5 Erfahrungen mit dem Fonds und offene Bedarfe

Negative Erfahrungen mit der Umsetzung des Fonds. Philipp Reimann ist *„dankbar, dass diese Möglichkeit bestand"* (Abs. 93), denn *„die Bundesrepublik, die mir das gewährt, die hätte es gar nicht nötig. Weil sie dafür nicht aufkommen muss"* (Abs. 101). Dennoch bedauert er, dass er das erhaltene Geld nur für eine Sache ausgeben durfte: *„So musste ich aussuchen, machste eine Reise für 10.000, holste dir Wohnungsmöbel für 10.000, was soll ich mit Möbeln im Wert von 10.000 Euro?"* (Abs. 93). Den Termin der Antragsstellung bei der Anlauf- und Beratungsstelle erinnert er als negativ: *„Dann wussten die, dass ich von außerhalb komme, und dann hab ich dort geklingelt, ich war zehn Minuten früher, und ich hab gesehen, dass die einen Vorraum hatten mit Stühlen. Und dann kamen die an die Tür und haben mich für die zehn Minuten nochmal weggeschickt"* (Abs. 93). Im Gespräch selbst *„hat sich das für mich wie Betteln angefühlt"* (ebd.). Letztlich ist sein Resümee: *„Unter dieser Voraussetzung würde ich es nicht nochmal tun"* (ebd.).

Öffentlich-Machen und Lernen aus Vergangenem. Bezüglich Aufarbeitung der Heimgeschichte sieht Philipp Reimann noch deutlichen Bedarf, vor allem wünscht er sich, *„dass die Menschen, die reden wollen, wo wirklich das Bestreben da ist, Dinge aufzuarbeiten, dass die noch ein größeres Podium kriegen"* (Abs. 99). Für die heutige Heimerziehung wünscht er sich, dass Kinder den Schutz bekommen, den sie brauchen, um (sexuelle) Gewalt aufzudecken, denn auch heute sieht er, dass es *„unterschwellige Strukturen gibt, von denen die Erzieher nichts wissen, wo so viel Druck ... von anderen Kindern ausgeübt wird"* (Abs. 77). Generell bedarf es aus seiner Sicht eines besseren Opferschutzes: *„Die Opfer, um die kümmern sich wenige. Die Täter kriegen den meisten Schutz, das ist auch jetzt so. Obwohl wir in einem Rechtsstaat leben"* (Abs. 79).

6.2 Gesamtvergleich der Interview-Ergebnisse

6.2.1 Erfahrungen vor und während der Heimzeit.

Erfahrungen vor der Heimzeit, Heimeinweisung und Gesamteindruck. Die biografischen Erfahrungen vor der Heimzeit sind hoch individuell. Dabei tauchen Erzählungen von umsorgenden Familienangehörigen auf, überwiegend jedoch werden Erfahrungen von Vernachlässigung und Gewalt geschildert. Frau Manthay erinnert sich: *„Ich bin dann in die neue Ehe gekommen ..., mein Vater hat dann, wenn wir ... alleine zu Hause waren, sich an mir vergangen"* (Abs. 19). Die Erinnerungen sind häufig nicht vollständig, gerade wenn die Einweisung in das erste Heim oder auch in die Psychiatrie sehr früh erfolgten (u. a. Martina Jopmann, Abs. 18). Die Gründe für die Einweisungen waren für die Betroffenen oft unklar und äußerst heterogen. In den meisten Fällen wurden kindeswohlgefährdende familiäre Verhältnisse vermutet oder waren bekannt, in einigen scheinen auch politische Gründe eine Rolle gespielt zu haben: *„Sorgerechtsentzug ..., weil ich fliehen wollte, mit meiner Tante"* (Teresa Thule, Abs. 75–78; vgl. auch Erik Schneider, Abs. 8, 10; Gloria Hansen, Abs. 111). Die erinnerten Einweisungen werden als sehr plötzlich und nicht mit den Kindern kommuniziert beschrieben: *„Dann hat man mich von meinen Eltern getrennt ..., mich in ein Auto verfrachtet. ... Man hat mich praktisch vom Flur mehr oder weniger entführt"*, erinnert Erik Schneider (Abs. 126). In der Regel werden Geschwister voneinander getrennt: *„„Da kommt deine Schwester ja, sag tschüss, die siehste nie wieder""*, berichtet Nadine Neussert (Abs. 6). Auch rückblickend im Erwachsenenalter gestaltet sich die Rekonstruktion der Vergangenheit durch fehlende Auskünfte und verschwundene (Heim-)Akten schwierig. Im Gesamteindruck berichten alle Interviewten von einem umfassenden Spektrum an körperlichen, psychischen und sexualisierten Gewaltformen während der Heimzeit. Dies betrifft alle Heimformen, denn auch wenn von vielen Betroffenen Jugendwerkhöfe besonders hervorgehoben werden, nehmen nicht alle Interviewten diese Unterscheidung vor. Einstimmig aber wird der Institution Heim Versagen zugeschrieben. Einige Interviewte erleben, dass das Ziel der Heimerziehung darin bestand, junge Menschen in ihrer Persönlichkeit zu brechen: *„Aber ... hat man ja versucht ..., die Heimkinder irgendwo zu brechen ..., uns alle zu machen, also welches Heimkind heute nicht zum Psychiater geht, also der muss eine gute Heimzeit gehabt haben ..., zumindest ... die, die so lange drinnen waren, so wie ich jetzt, waren ja fast 18 Jahre"* (Nadine Neussert, Abs. 8). Einige Interviewte hatten vereinzelt positive Erfahrungen mit Betreuungspersonal im Heim (u. a. Bernhard Baake, Abs. 11; Daniela Decker, Abs. 393; Kurt Wiegand, Abs. 2; Martina Jopmann, Abs. 41; Stefan Strasser, Abs. 233), und in sehr wenigen Fällen werden die Struktur im Normalheim und die (Schul-)Ausbildung, aber auch Freizeitaktivitäten positiv benannt (u. a. Carola Kronbach, Abs. 33; Olaf Ehlers, Abs. 67; Philipp Reimann, Abs. 4).

Körperliche und psychische Gewalt in den Heimen. Unabhängig von der Heimform tauchen in allen Interviews Erfahrungen von körperlicher und psychischer Gewalt auf, zum Teil schon in den Säuglings- und Kleinkinderheimen. So erzählt Gloria Hansen: *„Ich habe aber da schon Erinnerungen ..., in Bettchen gefesselt, dass wir uns kaum bewegen konnten, sodass die Nachtwachen eben halt nicht groß Arbeit hatten"* (Abs. 38). Dabei berichten viele, die Gewalt sei im Alltagsgeschehen etabliert gewesen und habe keine Ausnahme dargestellt: *„In dem Heim wurde vom Prinzip her ein Regime gefahren, das generell grundsätzlich auf Gewalt aufgebaut war. Es gab in dem ganzen Heim nur eine einzige Lehrerin, die nicht geprügelt hat. Alle anderen haben geprügelt. Mit dem Kleiderbügel, mit dem Schlüsselbund geschmissen, mit der Faust, hinterher getreten. Also alles, was man sich an Gewalt vorstellen kann"* (Erik Schneider, Abs. 154). Von einigen wurde die Gewalt deshalb damals nicht einmal als solche erkannt: *„Schläge waren eigentlich so ganz normal, also da hab ich schon, wo ich schon gar nicht mehr als Gewalt, heute seh ich es als Gewalt, aber damals, als Gewalt würde ich's jetzt nicht so beurteilen"* (Leonie Neufeldt, Abs. 8). In einigen Einrichtungen grenzten die Gewalthandlungen an Foltermethoden: *„Folter. Weil wenn man mit einem Handfeger vergewaltigt wird, ist das Folter für mich. ... Der Diebstahl der Kindheit. Einfach alles. ... Erbrochenes essen, und, und, und ..., das hab ich im Jugendwerkhof erlebt"* (Andrea Manthay, Abs. 26). Darüber hinaus berichten einige Interviewte von Zwangsmedikation: *„Die Medikamente, die ich zu der Zeit gekriegt hab, ich hab gekriegt von Montag bis Freitag .... Die Medikamente haben so gewirkt, dass ich alleine nicht mal die Toilette gefunden hätte. ... Zumal ich ja nach Gutachten* *ein kerngesundes Kind war"* (Erik Schneider, Abs. 71; vgl. auch Daniela Decker, Abs. 39; Gloria Hansen, Abs. 416). Die Interviewten erinnern auch die behandelnden Ärzt:innen als systemimmanent: *„Die müssen blind gewesen sein ...? Dass die ... eine Schelle wo sie mir hier, äh alles abgerissen haben, wo was sich dann entzündet hat ... entzündet und eitrig, ja, da hat's keiner gesehen, also da sag ich mir doch ..., was hatten wir damals für Ärzte in der DDR?"* (Nadine Neussert, Abs. 68). Zu den berichteten Gewalthandlungen gehören bei vielen auch Erlebnisse in Arrest- und Isolierzellen: *„Da hat man nur in einer Zelle gesessen, Bett wurde hochgeklappt, da war da ein Hocker, und dann da vorne war die Tür, mit dem Spion und auf dem Hocker gesessen, ganz kerzengerade und immer auf den Spion kieken, und das den ganzen Tag. Also ich war, als ich da raus kam, total verändert"* (Martina Jopmann, Abs. 29). Besonders in Jugendwerkhöfen kannte Gewalt kaum Limitierungen und reichte zum Teil bis hin zu Scheinerhängungen und Arrest von mehreren Wochen in Zellen, in denen nicht aufrecht gestanden werden konnte (Kurt Wiegand, Abs. 12, 52–62). Neben den Gewalthandlungen war in verschiedenen Heimen Zwangsarbeit an der Tagesordnung: *„Die haben also ihr ... Personal gespart, indem wir Kinder das gemacht haben"*, berichtet Fiona Faber (Abs. 99). Stets darauf achten zu müssen, keine Fehler zu machen, weil sonst eine Kollektivstrafe für die gesamte Gruppe drohte, führte zudem bei den meisten Heimkindern dazu, dass sie sich – verbal wie emotional – niemandem öffneten: *„Man konnte sich da keinem anvertrauen, absolut nicht ..., man musste da wirklich Augen zu und durch"* (Nadine Neussert, Abs. 14; vgl. auch Hans Kühnert, Abs. 53 f.). Als Regelbruch tauchten daher in erster Linie Fluchtversuche auf. Bei gehäuften Regelwidersetzungen kam es, so eine Reihe von Interviewten, zu Drohungen, in die Psychiatrie oder in den Jugendwerkhof Torgau eingewiesen zu werden: *„Wir Heimkinder hatten ja teilweise auch Angst, außerhalb dieser Mauern über bestimmte Sachen zu reden, weil es war ja immer im Nacken, du kannst ja jederzeit entweder in die Psychiatrie oder in den Werkhof abgeschoben werden. Damit haben die ja einen total in der Hand gehabt"* (Gloria Hansen, Abs. 56).

Sexualisierte Gewalt in den Heimen. Die multiplen Erfahrungen sexualisierter Gewalt gingen nicht nur von Erzieher:innen aus, sondern auch von älteren Peers, Hausmeister:innen oder Nachtwachen: *„Dann noch hieß es auch immer Erzieherzimmer, also da waren die sexuellen Übergriffe ... von den Nachtwachen, genau, also das war extrem, und ich weiß, also da gab's ein 6-Bett-Zimmer, und da war nicht nur ich immer mal dranne, da war, also ich weiß nicht, also jede Nacht"* (Nadine Neussert, Abs. 44). Neben den direkten Gewalterlebnissen wurde vor allem das aufgezwungene Schweigen über die gewaltvollen Erfahrungen als belastend erlebt. Das ständig wiederkehrende Ohnmachtserleben, weder sich noch anderen helfen zu können, manifestierte sich in der Psyche: *„Dieser Missbrauch*

..., man war ja selber dran, aber ... man wurde noch saurer, wenn es andere waren. Und man konnte nichts tun dagegen, man konnte überhaupt nichts tun. Nicht bei sich, an sich selber, oder man konnte keinem helfen. Nichts, gar nichts konnte man machen. Man konnte es nicht mal erzählen, ... wir durften nichts erzählen, dafür mussten wir unterschreiben" (Hans Kühnert, Abs. 101). Auch Frau Manthay erinnert: *„Weder die Erzieher noch die Leiterin noch die Nachtwachen oder sonst was haben irgendwas getan"* (Abs. 26). Die Gewalthandlungen wurden daher nicht selten zunächst als Normalität eingeordnet, oft im Kontext von Bestrafungsmethoden, weil sie so alltäglich waren und in unterschiedlichen Heimen wiederholt erfahren wurden: *„Unsereins ... hat ja nichts anderes kennengelernt ..., und man denkt ja erst mal im ersten Moment, wo das so anfängt, mit diesen sexuellen Übergriffen, dass das normal ist.... Man nimmt das, glaub ich, auch erst mal als normal hin, ist so, man ist dem ja ausgeliefert"* (Nadine Neussert, Abs. 56). Neben expliziten Vergewaltigungen waren Grenzüberschreitungen im Bereich der Körperhygiene an der Tagesordnung: *„Wir durften die Sachen nicht mitnehmen, gar nichts, auch kein Handtuch, mussten uns da abtrocknen und dann nackend da rüberlaufen, und dann haben die da gestanden, die Erzieher, dann sind sie gekommen, haben angefasst"* (Nadine Neussert, Abs. 66; vgl. auch Philipp Reimann, Abs. 16; Teresa Thule, Abs. 222; Leonie Neufeldt, Abs. 14; Jens König, Abs. 93). Auch außerhalb der Institution kam es in Pflegeverhältnissen häufig zu Übergriffen. Nadine Neussert berichtet: *„Obwohl man gedacht hat, da ist man dann sicher, aber nee. Da war man dann leider auch nicht sicher"* (Abs. 46).

Beziehungsabbrüche während der Heimzeit. Einige Betroffene berichten in den Interviews von häufigen, zum Teil auch plötzlichen und unerklärlichen Wechseln in andere Einrichtungen. Eine Erklärung oder Information erhielten die Betroffenen nicht und konnten sie mitunter erst im Erwachsenenalter in ihren Akten finden. Hans Kühnert berichtet: *„Das Schlimmste, man wusste gar nicht, wo man ist, weil hat einem ja keiner was [ge]sagt"* (Abs. 31; Erg. v. Verf.). Neben den häufigen Wechseln und damit wiederkehrenden Beziehungsabbrüchen waren auch die Kontakte zur eigenen Familie oft nicht einfach. Philipp Reimann erzählt, seine Mutter sei bis heute der Meinung, *„dass die es nur gut mit mir gemeint haben"* (Abs. 4). Seine Versuche während des Heimaufenthalts, *„dass meine Mutter sich einsetzt, dass ich vorzeitig entlassen werde"* (ebd.), waren wirkungslos, da sie die Begründung des Jugendamtes geglaubt habe und erst viel später durch seine Akte den wahren Grund erfuhr (ebd.). Daneben berichten die Interviewten von vielen verhinderten Familienkontakten: z. B. davon, dass Eltern erfolglos versuchten, ihre Kinder zurückzubekommen (vgl. Andrea Manthay, Abs. 48), dass die Betroffenen in Heime weit weg vom Heimatort gebracht wurden, sodass die Eltern nicht hinkommen konnten (vgl. Erik Schneider, Abs. 67; Teresa Thule,

Abs. 11), dass sie in den Heimen keinen Kontakt zu ihren Geschwistern haben durften (vgl. Nadine Neussert, Abs. 6; Olaf Ehlers, Abs. 21), dass der (postalische) Kontakt zur Familie verboten wurde (vgl. Hans Kühnert, Abs. 33; Martina Jopmann, Abs. 29) und dass Briefe oft nicht abgeschickt oder die Antworten nicht ausgehändigt wurden (vgl. Andrea Manthay, Abs. 28 ff.).

6.2.2 Auswirkungen

Physische und psychische Folgen. Die Zustände in den Institutionen haben zu einer großen Anzahl körperlicher Folgeerscheinungen bis hin zu manifesten chronischen Krankheiten geführt: *„Alleine schon die schwere Arbeit, die wir als Kinder verrichten mussten, der Körper war überhaupt noch nicht ausgebildet und wurde schon krank gemacht"*, berichtet Fiona Faber (Abs. 129). Wie Fiona Faber ist auch Gloria Hansen eine chronische Schmerzpatientin (Abs. 74). Kurt Wiegand berichtet ebenfalls von Schmerzen, die er seit seiner Heimzeit spürt: *„Ganzkörper, hauptsächlich Gelenke ..., das ist ein stechender brennender Schmerz"* (Abs. 504). Schwerwiegende und irreversible Schäden wurden vor allem von Medikamentenmissbrauchserfahrungen ausgelöst: *„Ich hab dadurch den rechten Eierstock total verkrüppelt gehabt"* (Gloria Hansen, Abs. 38). Auch mangelnde medizinische Behandlungen führten zu späteren Folgeschäden: *„Da man es in den Heimen nicht mitbekommt, dass ich Rückenprobleme habe, habe ich nun einen Bandscheibenschaden. Mittlerweile habe ich sieben. Und eine Wirbelsäulenverkrümmung. Ich kann nicht lange laufen, stehen oder sitzen. Nicht schwer heben. Aufgrund dessen bin ich in einer Reha"* (Stefan Strasser, Abs. 29). Den Schwerpunkt legen die Interviewten in ihren Erzählungen jedoch auf das umfassende Spektrum an psychischen Folgeerscheinungen. Die Auswirkungen können häufig nur durch aktive Vermeidungsstrategien wie Workaholismus, Suchtmittel und/oder selbstverletzendes Verhalten reguliert werden (vgl. u. a. Andrea Manthay, Abs. 330; Erik Schneider, Abs. 150; Hans Kühnert, Abs. 102–104; Martina Joppmann; Abs. 21; Olaf Ehlers, Abs. 397). *„Man denkt immer wieder an die Zeit zurück, weil das nicht aus dem Kopf rausgeht"* (Hans Kühnert, Abs. 97–99). Neben dem typischen Spektrum an Traumafolgestörungen sind insbesondere Schlafstörungen und eine Reihe manifester psychischer Krankheiten an der Tagesordnung: Kurt Wiegand z. B. beschreibt, dass er nachts zwar ruhen, aber nie wirklich tief schlafen und schon gar nicht durchschlafen kann (Abs. 504). Auch Nadine Neussert berichtet: *„Also wenn ich ... drei Stunden schlafe, dann ist das okay. Es ist wirklich so ..., bei jedem kleinen Geräusch, ist aber schon immer so, steh ich kerzengerade"* (Abs. 176–178). Tagsüber begleiten ebenfalls vielfältige Triggersituationen den

Alltag: „*Einkaufen geht bei mir überhaupt nicht. Ich Kaufland, ginge nicht, halbe Stunde, entweder werde ich zum Massenmörder da drinnen, radiere sie alle aus, oder ich verlasse das Gebäude ..., alles da, wo mehrere ... Leute ... auf engem Raum, funktioniert überhaupt nicht*" (Kurt Wiegand, Abs. 453–457; vgl. u. a. Stefan Strasser, Abs. 361; Ingrid Seifert, Abs. 350). Viele Interviewte haben Suizidgedanken bzw. manifeste Suizidversuche erlebt: „*Ich stand ... wirklich zwei Wochen lang täglich auf der Brücke, hab überlegt, entweder springste, oder gehste in Therapie?*" (Bernhard Baake, Abs. 19; vgl. u. a. Stefan Strasser, Abs. 29). Die erlebte Demütigung und Stigmatisierung führt bei den meisten zu internalisierten Schuld- und Schamgefühlen: „*Und die Leute schämen sich für Dinge, für die sie gar nicht verantwortlich sind*" (Erik Schneider, Abs. 233; vgl. auch Daniela Decker, Abs. 273).

Auswirkungen der sexualisierten Gewalt. Auch wenn die Folgen der sexualisierten Gewalt nur schwer von anderen Auswirkungen trennbar sind, sprechen die Interviewten immer wieder von spezifischen Auswirkungen der sexualisierten Übergriffe auf Nähe und Intimität zu Partner:innen. Besonders das Fehlen einer positiven und lustvollen Sexualität wird berichtet – meist überwiegen Schmerzen, Ekel und Scham: „*Hatte richtig doll Schwierigkeiten in sexueller Hinsicht. Immer verkrampft, immer Schmerzen*" (Fiona Faber, Abs. 131). Frau Hansen erzählt: „*Gerade bei Missbrauch ist es ja so mit Scham. Man fühlt sich ja dreckig*" (Abs. 434). Die massiven Gewalterfahrungen brennen sich dabei häufig so in die Erinnerungen ein, dass auch Jahrzehnte später Stimmen, Gerüche oder Kleidungsstücke intrusiv auftauchen: „*Ich hatte nach über 50 Jahren den Geruch dieser Frau in der Nase .... Ich wusste die Farbe der Schürze, die die anhatte, und viele ganz kleine Details ..., so massiv hat sich das eingebrannt*" (Erik Schneider, Abs. 239–241). Sich auf eine emotional wie auch körperlich nahe Verbindung einzulassen, wird als sehr herausfordernd erlebt, weil die Grenzen in der Kindheit massiv überschritten wurden: „*Auch ... diese Nähe irgendwo zulassen zu können. Weil das ja für mich alles nur negativ besetzt war. War ja keine einzige positive Erfahrung ..., also mich hat das immer irgendwie behindert*" (Erik Schneider, Abs. 249). Der Wunsch nach Nähe bleibt dennoch bestehen: „*Also erst mal ist für mich auf der einen Seite, möchte ich Nähe. Und auf der anderen Seite habe ich immer so eine Barriere dazwischen. Wenn mich jemand umarmt, ist immer so, so ein Widerstand da*" (Fiona Faber, Abs. 131). Die erlebten massiven Grenzüberschreitungen führten bei einigen dazu, dass sie eigene Grenzen nur mit großen Schwierigkeiten wahrnehmen und ausdrücken können: „*Ich konnte nie Nein sagen ..., ich habe es ja nie gelernt .... Ich habe eben nie, oder wenn es jetzt eben um Geschlechtsverkehr, ich habe eben nie Nein gesagt*" (Carola Kronbach, Abs. 125). Kurt Wiegand resümiert: „*Klar, man kann versuchen, mit Leuten wie mir oder anderen zu leben, aber* *wie schwer es ist, sagt keiner"* (Abs. 447). Das hat auch damit zu tun, dass die Gewalterfahrungen nachdrücklich mit Schweigen belegt wurden. Teilweise dauert es sehr lange – oder gelingt nie ganz –, die Vergangenheit in das Bewusstsein zurückzuholen, geschweige denn alle Zusammenhänge zu erfassen, wie Bernhard Baake berichtet: *„Ich hab ... mit meinen beiden Exfreundinnen nie drüber geredet, über meine Vergangenheit, erst nach der Therapie"* (Abs. 19). Auch Fiona Faber erzählt: *„Ich habe selber nicht verstanden, warum ich so bin, wie ich bin. Wusste zum Anfang auch nicht, warum ich gar keine Jungfrau war ..., das kam alles erst viel später hoch, da ist das passiert und deshalb bist du jetzt so"* (Abs. 131). Deutlich wird, dass die sexuellen Gewalterfahrungen noch stärker tabuisiert und verschwiegen werden als die körperlichen und psychischen Gewalterlebnisse im Heim: *„Das ist auch so ein Thema, wo wir heute auch noch nicht drüber sprechen, das ist einfach so"* (Nadine Neussert, Abs. 91).

Auswirkungen auf die (soziale) Lebenswelt. Nicht nur in Partnerschaften, auch bezüglich des sozialen Umfelds beschreiben fast alle Interviewten Schwierigkeiten beim Aufbau von Vertrauen und Nähe. *„Privat... hab ich mit niemandem geredet ..., war ich immer zurückgezogen, hab mein Leben für mich gelebt ..., hab ... eigentlich nur gearbeitet"* (Bernhard Baake, Abs. 19; vgl. u. a. Teresa Thule, Abs. 193; Ute Hamann, Abs. 110; Leonie Neufeldt, Abs. 391; Erik Schneider, Abs. 249). Besonders schmerzlich wirkt sich diese Distanz und Schwierigkeit, körperliche Nähe zuzulassen, bei den eigenen Kindern aus: *„Was ich auch ... nicht weitergeben konnte, ist Liebe ... ich hab zwei Kinder ..., mit den Kindern mal so kuscheln ... oder auch mal liebe Worte rübergeben. Ja, sie drücken. Das war bei mir sehr rar ..., also die haben drunter gelitten ..., ja definitiv"* (Martina Jopman, Abs. 82, 173; vgl. u. a. Carola Kronbach, Abs. 72; Leonie Neufeldt, Abs. 170). Alle Interviewten beschreiben, nach den Heimaufenthalten nur wenige Kontakte zu pflegen und großes Misstrauen zu empfinden: *„Man ist gegenüber Fremden total skeptisch, man guckt sich die genau an. ... Also ... ich denke, das ist so ... eine Nachwirkung"* (Nadine Neussert, Abs. 109–112). Dies führt bei einigen zu isolierten Lebensstilen: *„Ich und Freundschaft, ... also man kennt sich, man sieht sich, aber das war es dann auch ..., bin froh, dass ich meine Ruhe hier oben habe, dass aber auch keiner so richtig weiß, was hier oben wohnt, sagen wir es mal so, wie es ist"* (Kurt Wiegand, Abs. 510). Die sozialen Umgangs- und Gewaltformen prägen sich tief in die psychische Struktur ein, bis die Betroffenen aktiv etwas dagegen tun: *„Die ersten Jahre, als ich aus dem Heim gekommen bin, ich hab im Heim wirklich gelernt: Lieber gleich jemand an die Wand randrücken ..., bevor man selber welche reinkriegt. Bevor mir jemand eine geknallt hat, war mein Kopf weg und die Hand war oben. Das war Reflex"* (Gloria Hansen, Abs. 211– 215). Durch die früh erzwungene Anpassung und Unterordnung fällt es anderen schwer, sich abzugrenzen und eigene Bedürfnisse zu formulieren: *„Diese massive Grenzüberschreitung. Und dagegen kann ich mich nicht wehren oder schützen oder gegensteuern"* (Carola Kronbach, Abs. 171).

Materielle Folgeerscheinungen. Die sozialen Schwierigkeiten gehen einher mit einer Reihe verpasster Lebenschancen. Auch wenn nicht alle Interviewten in prekären sozioökonomischen Situationen leben, überwiegen Erzählungen von sehr belastenden Lebensphasen und -situationen: *„Ich habe in meinem Leben nie einen Beruf mehr lernen können ..., ich bin ungelernt, mich haben sie in zwei verschiedene Lehrstellen gepackt und immer wieder rausgerissen"* (Andrea Manthay, Abs. 231). Dies hat auch viel mit dem Stigma zu tun, das ehemaligen Heimkindern anhaftet: *„Aber dadurch, dass ich ja Heime besuchen durfte, war das Thema für mich gestrichen. Und ich musste das nehmen, was keiner wollte"* (Martina Jopmann Abs. 64–69). Für viele ist ein regelmäßiger Arbeitsalltag kaum möglich, sodass der Eintritt in eine verfrühte Rente – mit fatalen negativen Konsequenzen bezüglich der finanziellen Situation – oftmals die einzige Lösung war: *„Weil ich irgendwo nicht mehr klargekommen bin mit allem .... Ich hab nur noch funktioniert mit Spritzen und Tabletten und bin dann auch früher in Rente gegangen, mit Abschlägen"* (Fiona Faber, Abs. 129). Viele leben daher am Existenzminimum: *„Wenn wir unsere Kinder nicht hätten, die dann nochmal sagen, hier, Vater, Mutter, wir kaufen mal ein, ginge das gar nicht. Ginge nicht"* (Kurt Wiegand, Abs. 469).

6.2.3 Bewältigung

Bewältigung während der Heimzeit. Viele Interviewte berichten von Versuchen, sich gegen die erlebte (sexualisierte) Gewalt zu wehren. Einige vertrauten sich Erzieher:innen oder anderen Erwachsenen an, erlebten jedoch fast ausnahmslos Zurückweisung, Bestrafung oder Verlegung in andere Heime bzw. die Psychiatrie. So erinnert sich Gloria Hansen: *„Weil ich den Mund nicht gehalten habe und immer wieder versucht habe, dass mein Referatszuständiger hier von der Jugendhilfe'ne Anzeige macht ..., bin ich dann nochmal in einer Psychiatrie gelandet, erstmal vierzehn Tage, mit der Begründung:‚Du weißt, wenn du jetzt nicht den Mund hältst, bleibst du länger hier'"* (Abs. 46). Bei anderen verhinderte die Angst vor negativen Konsequenzen von vornherein, sich zu öffnen, wie Andrea Manthays Aussage verdeutlicht: *„Meine Erzieherin, das war eine ältere Frau, die lebt bestimmt gar nicht mehr .... und die kam an mein Bett irgendwann. Weil ich mich ja zurückgezogen hab [Stimme bricht, klingt, als würde sie weinen], und hat zu mir gesagt:‚Mensch, meine kleene Andrea ..., was ist mit dir? Ich merk doch, ... dass was nicht stimmt mit dir. Möchtest du mit mir reden?' Hab ich gesagt:‚Nein,* *ist alles okay'"* (Abs. 30 f.). Die Angst vor der Gewalt und das Misstrauen, niemand würde ihr glauben, waren zu diesem Zeitpunkt bereits zu groß: *„Deswegen hab ich halt mit niemandem gesprochen"* (ebd.). Alternative Versuche, der traumatischen Situation durch Verweigerung oder Flucht zu entkommen, misslangen: *„Bin ich halt abgehauen, ich bin auf Flucht gegangen ..., wurde dann halt immer wieder von der Polizei aufgegriffen und natürlich, nach etlichen Malen bin ich dann halt weggekommen. Also ich bin dann ... in Jugendwerkhof gekommen"* (Andrea Manthay, Abs. 22; vgl. u. a. Ute Hamann, Abs. 34; Daniela Decker, Abs. 94). Durch diese Ohnmachts- und Hilflosigkeitserfahrungen realisierten die Betroffenen: *„Du kannst es eh nicht ändern. Du hast keine Macht, es zu ändern. Klar, es geht dir auf den Sack, du könntest den[en] weiß ich was, aber du hast als Kind keine Chance"* (Kurt Wiegand, Abs. 20; Erg. v. Verf.). Aufgrund der Ausweglosigkeit begannen die meisten Interviewten mit der Zeit, sich den Erwartungen der Erzieher:innen und Gruppenstärksten unterzuordnen: *„Du machst fast alles, nur um keine Gewalt zu erleben"* (Philipp Reimann, Abs. 4) oder selbst Gewalt anzuwenden, gegen andere aber teils auch gegen sich selbst: *„Ich habe also irgendwann meinen Löffelstiel angeschliffen. Und habe angefangen, mit dem Löffelstiel mich selber zu beschädigen. ... Und dann ging es mir wieder besser"* (Erik Schneider, Abs. 150).

Fortsetzung von Schweigen und Misstrauen. Während der Heimzeit erlebten die Interviewten, dass das Sprechen über die Gewalt nicht möglich oder sogar von Nachteil war. Bernhard Baake beschreibt, dass *„dann die Angst auch irgendwann zu groß wurde. Irgendwann war's auch Normalität"* (Abs. 15). Selbst heute im Nachhinein sagt er: *„Es ... wäre definitiv nicht besser geworden"* (ebd.). Aus dieser Erfahrung heraus setzte sich das Schweigen auch nach der Heimentlassung fort. Frau Manthay berichtet: *„Ich hab immer gedacht, ... mir glaubt sowieso keiner. Oder wen interessiert's? Mein Schicksal? Warum soll ich das jetzt erzählen? Und ... ich hatte halt auch immer Angst vor Gefühlsausbrüchen"* (Abs. 155). Mit der Angst vor Emotionen spricht Frau Manthay eine typische Auswirkung bzw. Bewältigungsform traumatischer Erfahrungen an: die Veränderung von Erinnerungs- und Emotionsstrukturen. Bernhard Baake hat z. B. an vieles keine Erinnerung mehr: *„Es ist wirklich komplett weg"* (Abs. 66). Frau Jopmann (Abs. 8, 53) berichtet ebenfalls von solchen Ausfällen. Jedoch selbst wenn die Erinnerungen verfügbar sind, führt die Gewalterfahrung mit der Zeit zu einem Verschluss nach außen. Damit einher geht der Versuch, eine Fassade aufrechtzuerhalten, um sich nicht verletzbar zu zeigen, wie z. B. Martina Jopmann berichtet: *„Konnte das immer so nach hinten schieben, auch wenn man innerlich zerrissen ist ..., nach außen hab ich das nicht gezeigt"* (Abs. 91). Andere versuchen, Menschen auf Abstand zu halten, indem sie sich bewusst aggressiv und ablehnend verhalten: *„Je tiefer es wurde,* *ging's dann wirklich darum, Menschen sollen mir aus dem Weg gehen"* (Philip Reimann, Abs. 34). Auch Kurt Wiegand schweigt viele Jahre, bis er mit seiner Frau den Jugendwerkhof Torgau besucht. Als gesund betrachtet er den Zustand auf Dauer jedoch nicht: *„Aber irgendwann muss man drüber reden, weil wenn du dir das reinfrisst, wirst du irre im Kopf"* (Abs. 508).

Sprechen und Öffentlichkeit. Viele Interviewte schildern einen ähnlichen Bewältigungsprozess hin zu einem Sich-Öffnen. Zunächst ist es den meisten viele Jahre lang unmöglich, über die Grausamkeiten zu sprechen. Jedoch führen die oft destruktiven Bewältigungsstrategien und die sich zuspitzenden physischen, psychischen und sozialen Folgeerscheinungen oft zu Zusammenbrüchen und Krisen, die bei vielen letztlich eine Veränderung einläuten: *„Der Blick, dass sich dein Leben ändern muss. Wie auch immer das aussieht, das war in der Klinik, wo mir bewusst geworden ist …, ich war damals richtig depressiv, in diesen Angst- und Panikattacken richtig scheiße drinnen, Selbstmordgedanken"* (Philipp Reimann, Abs. 53). Dabei stellen die Auseinandersetzung und das Sprechen über die Heimerfahrungen ein zentrales Moment dar. Manche wählen dafür bewusst ein professionelles Setting: *„Habe ich aber den Weg gesucht. Neutral. Jemand der Schweigepflicht hat"* (Carola Kronbach, Abs. 216). Andere öffnen sich erst mal nur im engsten Kreis: *„Es war schwer, und ich habe auch nicht alles erzählen können. … Sondern das ist vielleicht der Versuch, wenigstens bei seinen eigenen Leuten eine gewisse Art von Verständnis für die Dinge zu erreichen"* (Erik Schneider, Abs. 210). Einige, wie Fiona Faber, profitieren von der Unterstützung einer Selbsthilfegruppe. Dort wird sie dazu ermuntert, die Erfahrungen aufzuschreiben, und kann eine andere Richtung einschlagen: *„Vor allen habe ich … das nicht ausgesprochen. Das habe ich alles aufgeschrieben"* (Fiona Faber, Abs. 204). Im Zuge der Auseinandersetzung mit den traumatischen Erfahrungen suchen viele auch die ehemaligen Heime oder Personen aus der Heimzeit auf. Auch Fiona Faber konfrontiert sich mit dem Ort, an dem die traumatischen Ereignisse geschahen: *„Das war auf der einen Seite gut, aber auf der anderen Seite hat's mich natürlich umgehauen, weil ich dann auch in die Kirche gegangen bin und habe vor diesem Beichtstuhl gestanden, da wo diese Dinge passiert sind"* (Abs. 70). Sich zu öffnen ist meist *„nicht dieser Befreiungsschlag"* (Erik Schneider, Abs. 210), gerade über den Beginn schildern einige, dass es auch von unangenehmen Gefühlen, insbesondere Schamgefühlen begleitet wird: *„Wir haben uns alle geschämt, ein Heimkind zu sein …. Heim wurde gleich verbunden mit aus asozialen Verhältnissen"* (Fiona Faber, Abs. 103). Viele beschreiben jedoch, dass ihnen das Sprechen und die Auseinandersetzung mit der Zeit leichter fallen: *„Das war dann schon stärker, die Gefühlsausbrüche, ne? Die ja auch normal sind, aber die dann immer noch einen Hang hatten, dass du das nicht mehr ganz so unter Kontrolle kriegst, …*

also so wie heute so am Stück erzählen, ohne groß Pause zu machen, das war damals nicht so möglich" (Philipp Reimann, Abs. 95). Fiona Faber geht schließlich mit ihren Erfahrungen in die Öffentlichkeit: *„Auf der Treppe von dem Saal unten nach oben habe ich gesagt, ,ich setz mich jetzt da oben hin und rede für alle. Für alle ehemaligen Heimkinder'"* (Abs. 72). Auch Andrea Manthay treibt die Motivation an, zur Sprache zu finden, die Gesellschaft mit dem Unrecht zu konfrontieren und andere ehemalige Heimkinder dabei zu unterstützen: *„Es gibt Menschen unter uns, die kämpfen, kämpfen, kämpfen. Sind sterbenskrank. Und denen ... werden nur Steine in den Weg gelegt. Und das ist traurig. Und deswegen möchte ich halt so gut es geht irgendwie helfen und dazu beitragen, ... dass sich was ändert"* (Abs. 219–221). Gloria Hansen ist der Schritt an die Öffentlichkeit sehr wichtig: *„Ich muss das zeigen, was hier ... passiert ist. ... Weil ich will, dass die Leute kapieren, dass man trotzdem aufstehen kann"* (Abs. 56, 329; vgl. auch Erik Schneider, Abs. 234; Bernhard Baake, Abs. 87–89). Andere dagegen haben kein Bedürfnis nach dem Austausch mit anderen Betroffenen und meiden entsprechende Kontexte (Kurt Wiegand, Abs. 510; Nadine Neussert, Abs. 274).

„Professionelle Betroffene". Das Sprechen wird für eine Reihe der Interviewten immer mehr zu einem Sich-Zeigen und Andere-Unterstützen, auch wenn dies Risiken mit einschließt: *„Das ... Risiko eingehen, dass ich den Leuten erlaube, dass sie mich kennenlernen, so wie ich bin"* (Bernhard Baake, Abs. 37). Die Balance, das Schweigen zu brechen und andererseits nicht massiv zu werden, sich schützen zu müssen und nicht zu verhärten, sondern offen zu bleiben, thematisiert auch Gloria Hansen. Dazu gehört für sie auch, sich selbst und die eigene Vergangenheit zu akzeptieren und sich in ihrer Identität wohlzufühlen. Bernhard Baake erzählt: *„Der Missbrauch ..., ohne dem wär ich natürlich heute ein ganz anderer Mensch. Und ... ich möchte heute ... kein anderer Mensch mehr sein"* (Abs. 37). Dies hilft in der Folge auch, Missverständnisse und Rückzug zu vermeiden: *„In dem Moment, wo du offen damit umgehst und auch mit einem gewissen Selbstvertrauen und Selbstbewusstsein, wird das natürlich ... von den Leuten ganz anders wahrgenommen. Dann ist ... die Angst nicht mehr so groß, dass sie dich irgendwie verletzen könnten"* (ebd., Abs. 88–90). Anfangs müssen Konfliktpotenziale jedoch noch betroffenenorientiert überbrückt werden, erklärt Herr Baake: *„Weil ich halt auch weiß, dass Therapeuten oft Dinge tun, die auf den ersten Blick nicht so ersichtlich sind"* (Abs. 174 f.). Wenn z. B. jemand erzählt, *„Ich hör da auf, und ich bleib da nicht mehr, es ist das und das passiert"*, kann Bernhard Baake mit seinen Erfahrungen Unterstützung leisten: *„Dann hören die Leute ... da auch anders zu"* (Abs. 174 f.). Einige Interviewte stellen daher im Laufe dieses Prozesses die eigene Betroffenheit immer mehr hinten an, um „professionell" reagieren zu können: *„Nur aus Betroffenensicht beraten funktioniert nicht, weil ich ... mich*

nur auf mein Eigenes konzentrieren würde und nichts anderes" (ebd.). Auf diese
Weise anderen Unterstützung zu bieten und darüber selbst Bewältigung zu erreichen, schildern zahlreiche Betroffene: *„ Wenn ich merke, dass ich anderen helfen
kann, dann tut's mir gut"* (Gloria Hansen, Abs. 317). Nicht wenige wählen einen
helfenden Beruf: *„Mir selber hat auch viel mein Beruf geholfen. Im Krankenhaus"*
(Gloria Hansen, Abs. 161; vgl. auch Martina Jopmann, Abs. 142). Auch Frau
Faber erzählt: *„Ich saß jahrelang in der Anlaufstelle und habe Anträge entgegen-
genommen, wir haben die Vorarbeit für die eigentlichen Sozialarbeiter da geleistet"*
(Abs. 183). Manche Betroffene sehen sich vor allem aufgrund bestehender Missstände im Rechts- und Hilfesystem veranlasst, sich für andere einzusetzen: *„Das
hat einen tieferen Sinn, weil es so unfair ist, wie mit ... den Leuten umgegangen
wird. Und das ist mir alleine Ansporn genug"* (Erik Schneider, Abs. 102). Mit
der eigenen Professionalität werden auch Möglichkeiten der Psychohygiene in
Betracht gezogen. Davon soll im letzten Absatz die Rede sein.

Erschließung von personenbezogenen Ressourcen. Neben der Auseinandersetzung mit den traumatischen Ereignissen suchen sich viele Befragte jedoch auch
Bereiche, die ihnen zumindest kurzzeitig eine Konzentration auf etwas anderes, etwas Sinnhaftes und Wohltuendes ermöglichen. Für Fiona Faber ist das
„mein Seelenbalsam der Garten" (Abs. 53), für andere ermöglicht der *„ Kampf-
sport ... ein anderes Bewusstsein, nochmal mit sich umzugehen"* (Ingrid Seifert,
Abs. 348). Auch das Reisen bietet einigen die Möglichkeit, für eine Weile weit
weg zu sein *„von den Dingen, die dich belasten, von den Menschen, mit denen
du in der Richtung zusammen bist"* (Fiona Faber, Abs. 167; vgl. auch Roman
Richter, Abs. 247). Letztlich geht es darum, so fasst Ute Hamann zusammen,
etwas zu tun, *„was schön ist, was Spaß macht, was man selber gerne macht"*
(Abs. 198; vgl. auch Martina Jopmann, Abs. 163; Olaf Ehlers, Abs. 172, 200;
Stefan Strasser, Abs. 197, 209). Halt und Sinnhaftigkeit finden einige wenige
auch im Glauben und beschreiben ihn als die zentrale Kraft in ihrem Leben:
„Ich habs nur geschafft durch meinen Glauben" (Philipp Reimann, Abs. 115; vgl.
Roman Richter, Abs. 131).

6.2.4   Soziales und professionelles Umfeld

Soziale Unterstützung. Nahezu einstimmig beschreiben die Interviewten Schwie-
rigkeiten mit dem sozialen Umfeld und mit Beziehungen als weitreichendste
Folgeerscheinung der erfahrenen Gewalt. Andrea Manthay berichtet: *„Ich kann mit
Liebe, mit naher, also mit Liebe, die mich erdrückt, also ich hab so ein Nähe-Distanz-
Problem, ganz extrem ..., also entweder klette ich total, dass ich dem anderen zu*

viel werde, oder er klettet, er wird mir zu viel" (Abs. 335–347), *„ich bin nicht
wirklich beziehungsfähig"* (ebd.). Entsprechend schwierig gestaltet es sich für die
meisten Interviewten, soziale Unterstützung zu suchen, um – nach den Gewalterfahrungen und Beziehungsenttäuschungen in den Heimen – wieder ein soziales
Umfeld aufzubauen. Bis heute z. B. ist es ein gewichtiger Schritt für Bernhard
Baake, jemanden zu seinem Freund zu machen: *„Da gehört schon viel dazu, bis
ich zu jemand sage, das sind wirklich Freunde"* (Abs. 25). In der Ursprungsfamilie machen die Interviewten daher nur selten gute Erfahrungen: Viele von ihnen
haben entweder keine Familie mehr oder lediglich Kontakt zu einem Bruchteil.
Die Verwandten schweigen in der Mehrzahl über die Geschehnisse während und
nach der Heimeinweisung und wehren eine Auseinandersetzung ab: *„Die [Mut-
ter] wollte dann teilweise gar nichts mehr davon hören.,Ja, du musst das irgendwann
mal aufarbeiten, für dich selber aufarbeiten.' Die wollte das gar nicht an sich ran-
lassen"* (Philipp Reimann, Abs. 73; Erg. v. Verf.). Kurt Wiegand wurde aufgrund
von Falschinformationen sogar tot geglaubt (Abs. 292). Vereinzelt gelingen neu
(wieder) aufgenommene Kontakte wie z. B. zur Tochter von Kurt Wiegand: *„Wir
haben richtig engen Kontakt"* (Abs. 306–333). Auf seine Kernfamilie, seine Frau
und seine Kinder kann er sich verlassen, auch wenn es für sie nicht einfach ist,
mit seiner Vergangenheit zu leben. Andere soziale Kontakte hat Herr Wiegand
aber nur sehr vereinzelt (Abs. 510). In ähnlicher Weise berichten viele Betroffene, ihnen sei inzwischen klar und verständlich, dass das nahe Umfeld sich
nicht immer in ihre Situation hineinversetzen kann: *„So eine gewalttätige Kindheit oder so eine Heimerfahrung kennt er nicht"*, sagt Fiona Faber von ihrem Mann
(Abs. 137; vgl. auch Martina Jopmann, Abs. 97; Stefan Strasser, Abs. 227). Sie
teilt aber die Heimvergangenheit mit ihrem älteren Bruder (Fiona Faber, Abs. 68).
Es muss also behutsam und sorgfältig ausgelotet werden, was an Verständnis und
Verstehen bei wem möglich ist und was nicht. Bei dem Bemühen darum erleben einige auch berührende Neuigkeiten: Mehrere Interviewte erfahren, wenn
auch viele Jahre zu spät, dass sich doch Verwandte um sie bemüht hatten, jedoch
erfolglos. Andrea Manthay z. B. berichtet von den Versuchen ihrer Mutter, wieder
Kontakt zu ihr zu bekommen (Abs. 31–33). Gloria Hansen findet auf diese Weise
ihren Vater (Abs. 117). Martina Jopmann kann den Kontakt zu ihrer ehemaligen
Pflegemutter wieder aufnehmen (Abs. 200).

Selbsthilfe. Aufgrund des soeben geschilderten Dschungels an Beziehungs-
lücken und -fallstricken stellen für etliche Befragte Selbsthilfemöglichkeiten eine
wichtige Chance dar (vgl. z. B. Bernhard Baake, Abs. 19). Viele berichten von
Kontakten zu anderen Betroffenen, oft im Rahmen von Selbsthilfekreisen, als
Schlüsselerlebnis für ihren Bewältigungsprozess. Sich zu öffnen fällt oft leichter,
„weil die verstehen am besten, was war" (Andrea Manthay, Abs. 152). Zentral

ist dabei für viele, dass sie dort Zugehörigkeit erleben: *„Das war schon so ein Gemeinschaftsgefühl plötzlich. Auch wenn wir uns untereinander nicht darüber ausgetauscht haben, mit dem einen oder anderen kam man sich ein bisschen näher. ... Ja, ich bin nicht alleine"* (Fiona Faber, Abs. 205). Auch ein anderes Verständnis geht oft damit einher: *„Menschen ..., die Verständnis haben, dass Leute anders sind"* (Bernhard Baake, Abs. 25). Darüber hinaus bieten Betroffenenzusammenhänge die Möglichkeit der gegenseitigen Hilfe und Solidarität: *„Mir wurde halt geholfen. Und ich versuche einfach, da ein Stück weit zurückzugeben, ... da geb ich einfach Stütze, Unterstützung und Hilfe für Betroffene, die das alles noch vor sich haben"* (Andrea Manthay, Abs. 304). Einige machen entsprechende Erfahrungen in oft langjährigen Freundschaften mit anderen Betroffenen: *„Wir beide konnten uns am allerbesten austauschen, wenn sie mich in den Arm genommen hat, dann war alles gut"* (Ute Hamann, Abs. 134), andere suchen sich Selbsthilfegruppen: *„Da hört man eben zu! Und da krieg ich Mitleid. Innerlich"* (Daniela Decker, Abs. 457–460). Gerade für das Sprechen über traumatische Erfahrungen in Selbsthilfezusammenhängen betonen einige die Bedeutung einer guten Anleitung bzw. Begleitung (Bernhard Baake, Abs. 172; Olaf Ehlers, Abs. 423), denn sonst bestehe die Gefahr einer Retraumatisierung, wie Nadine Neussert erklärt (Abs. 274).

Professionelle Unterstützung. Fiona Faber hat eine Psychotherapie durchlaufen, bleibt diesem Angebot gegenüber jedoch eher skeptisch eingestellt: *„Ich würde zumindest keinem zu einer Therapie raten. Weil ich damit keine guten Erfahrungen gemacht habe"* (Abs. 183). Schlussendlich hat sie Glück mit einer Psychiaterin, die ihr eine Art bedarfsgerechte Lebensbegleitung anbietet. Dies ist für Frau Faber entscheidend und auch der Grund, warum sie sich in der sozialräumlichen Beratung und Selbsthilfe engagiert (Abs. 131–133, 183). Frau Fabers Erfahrungen stehen für eine Reihe von Interviewergebnissen mit den anderen Forschungsteilnehmer:innen. Auch Andrea Manthay bezeichnet ihr schließlich gelungenes Psychotherapieverhältnis als eine Lebensbegleitung: Weil sie *„vorher einfach auch gar nicht bereit war ..., gar nicht konnte"*, musste die Therapeutin viel Geduld mitbringen: *„Das war halt wie so ein Betonklotz. Und sie hat halt angefangen, ihn aufzuklopfen"* (Abs. 143). Auch sie musste lange suchen, bis sie eine passende Therapeutin fand, und betont daher vordringlich die Unterstützung durch Beratung und Selbsthilfe. Bernhard Baake, inzwischen zertifizierter Berater für diesen Bereich, benennt die von vielen geschilderten Schwierigkeiten, in ein passendes Therapieverhältnis zu gelangen, als Hochschwelligkeit von Therapieangeboten, bedingt durch Wartezeiten (Abs. 19) oder expertokratische Herangehensweise (Abs. 175). Auch eine Überforderung der Fachkräfte erleben einige Betroffene: *„Dann habe ich angefangen zu reden, da hat er mich nach zwanzig Minuten unterbrochen und sagte, ... dafür bin ich nicht zuständig. Das geht mir einfach viel zu viel an meine Substanz"* (Kurt Wiegand, Abs. 441; vgl. auch Martina Jopmann, Abs. 111). Tatsächlich gelingt es fast allen Interviewten erst über Umwege, in produktive Therapieverhältnisse zu gelangen, wenn überhaupt. Ist dies jedoch gelungen, sprechen sie in der Regel von behutsamen und berührenden Aufarbeitungsprozessen (vgl. z. B. Bernhard Baake, Abs. 37). Martina Jopmann berichtet von einer langen Odyssee und schließlich dem Ankommen in einer Suchttherapie mit Traumaschwerpunkt: *„Das hat sie gut gemacht ..., ich saß da auf meinem Stuhl, und so ein Stück weiter stand noch ein Sessel, da hat sie mich da als Kind sitzen lassen, war hervorragend, also ... hat sie gut gemacht"* (Abs. 112). Auch passfähige stationäre Programme werden als Hilfestellung benannt, aus der Perspektive als Patient:in wie auch als Professionelle:r. Hans Kühnert empfindet nicht nur die Therapie, sondern auch die Selbsthilfe als zu hochschwellig. Martina Jopmann wird von dem behandelnden Psychologen explizit an stationäre Settings verwiesen (Abs. 111 f.). Beide profitieren – nach jahrelangem Versinken im Alkohol – von einem behutsamen gemeindenahen umfassenden Angebot (vgl. auch Carola Kronbach, Abs. 234; Daniela Decker, Abs. 247), das in winzigen Schritten wieder Vertrauen herstellt.

6.2.5 Gesellschaftliches Umfeld

Gesellschaftliche Öffentlichkeit. Während die Erfahrungen der Interviewten mit dem sozialen und professionellen Umfeld das gesamte Spektrum von äußerst hilfreich bis sehr durchwachsen abdecken, sind sie bezüglich des gesellschaftlichen und rechtlichen Umfelds hingegen einhellig – nämlich zutiefst enttäuscht. Erfahrungen des Stigmatisiert-Werdens, des politischen Negiert-Werdens durchziehen alle Interviews fast ohne Ausnahme. Frau Faber berichtet empört über Leugnungsversuche des Geschehenen: *„Die ehemalige DDR hat ja auch lange bestritten, dass es überhaupt kirchliche Heime gab ..., ich bin ein lebender Beweis dafür ..., und die Gesellschaft macht ja bis heute die Augen zu. Dann wird mal wieder kurz was berichtet, ... dann ist wieder ein kurzer Aufschrei, ... diese ganz furchtbaren Dinge. Das ist immer nur ganz kurz, und dann ist es wieder weg. ,Solange mich das nicht betrifft, was geht mich das an, was die anderen machen und haben'. Leider ist das so"* (Abs. 68, 107). Schon in der damaligen Zeit waren fast alle mit großen Vorurteilen der Gesellschaft konfrontiert: *„Dieses ... Stigmatisieren war schon vorrangig ..., überall ... hat sie das verfolgt, auch im Dorf damals hieß es:,Mach die Türen zu, die klauen, die Heimkinder kommen'"* (Ute Hamann,

Abs. 90). Auch in der Gegenwart begleiten viele noch das Stigma des Heimkinds (vgl. Nadine Neussert, Abs. 276–284) und eine Infragestellung des Erlebten. So schildert Erik Schneider die Reaktionen von Anwohner:innen bei einer öffentlichen Veranstaltung ehemaliger Heimkinder: *„Da kamen normale Leute aus dem Ort:‚Ja ihr beschädigt den ganzen Ort. … Die werden ja schon was gemacht haben weshalb sie da waren.' Die waren ja auch nicht ohne."* (Erik Schneider, Abs. 182).

Während einige Betroffene im Verlauf des Lebens zumindest das Stigma des Heimkinds thematisieren, findet das Thema der sexualisierten Gewalt (sozusagen ein Tabu im Tabu) noch weniger Raum in der Gesellschaft: *„Aber der Missbrauch ist untergegangen, was das angeht. Das wurde gar nicht offiziell …, weil es wieder mit der DDR-Geschichte zusammenhängt"* (Carola Kronbach, Abs. 432–439). Als gebrochen empfundene Versprechen lösen daher bei den meisten Interviewten Wut, Unverständnis und Resignation aus. *„Nichts, keine Hilfe, gar nichts"*, erzählt Andrea Manthay, *„null. Nur Kampf, Kampf, Kampf, Kampf. Heute noch …, sie brauchen auch nicht zum Versorgungsamt gehen, die ja eigentlich für kranke Menschen da sind. Die versuchen einfach nur, Geld zu sparen …, so … sieht das aus in unserem Staat. Hier wird nichts gemacht für Opfer. Nichts"* (Abs. 109, 125). Besonders empört zeigen sich die Interviewten über Scheinheiligkeit. Frau Manthay berichtet von einer Mahnmalveranstaltung: *„Vor diesem Mahnmal … kam der Ministerpräsident, guckte mir in die Augen, ich hab ihn angefleht. Ich hab gesagt:‚Herr Ministerpräsident, bitte machen Sie bitte endlich was, ich kann nicht mehr.' Mir sind die Tränen gelaufen. Dann hat er meine Arme so festge-, sagt er:‚Ich verspreche Ihnen …, im Januar ist alles ruhiger …, und dann kümmern wir uns, und dann werden Sie auch vorgeladen, und dann … '. Nichts ist passiert! Gar nichts!"* (Abs. 119–123). Auch Herr Kühnert berichtet resigniert: *„Ich hätt mir ganz gerne gewünscht, dass die Aufarbeitung für die DDR ein bisschen länger gegangen wär. Nicht hier …, ‚haste 10.000 Euro'"* (Abs. 418). Dabei geht es ihm vor allem um die Anerkennung des erlittenen Leids: *„Dass sie anerkennen, dass es nicht nur mir, sondern ich kann auch für andere mal sprechen, dass es uns schlecht ging, und das richtig schlecht. Was sich so überhaupt keiner vorstellen kann"* (Abs. 414). Vereinzelt führt die politische Ignoranz aber auch zu mehr Kampfgeist: *„Die hats ja nicht mal für nötig befunden, mir eine Antwort zu geben. Aber da kommt nochmal ein Brief"* (Fiona Faber, Abs. 211).

Rechtliches Umfeld. Geballt negativ zeigt sich die Enttäuschung der Interviewten in den Äußerungen zum Rechtssystem. Neben der Untätigkeit an vielen Stellen nehmen die Interviewten gerichtliche Verfahren als erneute Gewaltausübung wahr: *„Das ist nochmal so wie … Gewalt …, ich weiß gar nicht, wie ich das benennen soll. Dass man einfach hingestellt wird, man hat sich das alles ausgedacht, man hat sich das von anderen angehört und auf sich übertragen, man*

lügt. So war jedenfalls das Gutachten ... über 30 Seiten" (Fiona Faber, Abs. 70).
Hoffnung auf Entschädigung erscheint den Interviewten bei genauerer Betrach-
tung als eine Farce: *„Die Leute warten, dass sie irgendwas in ihrem Leben als
Entschädigung noch kriegen. Anerkennung, Entschädigung und sich vielleicht zum
Ende ihres Lebens noch was Schönes mal leisten können, weil ja viele an und
unter der Armutsgrenze leben. Und es passiert nichts – als ob sie auf Zeit spielen
und warten .... ,Lass die Alten mal alle gehen'"* (Fiona Faber, Abs. 211). Viele
Sachbearbeiter:innen haben nach Ansicht der Interviewten auch wenig Wissen:
*„Die setzen's nicht um. Oder ... manchmal denke ich einfach auch, vielleicht haben
sie auch gar keine Ahnung"* (Andrea Manthay, Abs. 127). Erik Schneider, der
viele Betroffene während ihrer Rehabilitierungsverfahren oft über Jahre begleitet, berichtet, es fehle zudem an traumaspezifischem Wissen: *„Die hat kein Wort
geredet. Bis ich den Richter darauf hingewiesen hab, dass die Frau schwer traumatisiert ist, dass sie nicht in der Lage ist, auch nur einen klaren Satz zu formulieren,
jedenfalls nicht einem Fremden gegenüber"* (Abs. 106). So führt das Verfahren
bei vielen auch zu psychischen Krisen: *„Ist egal, wie das endet, das endet immer,
dass ich eine Krise kriege"* (Hans Kühnert, Abs. 408) und auch zu einer Infragestellung der eigenen Person: *„Immer wieder Ablehnung, ... das wirft mich immer
wieder zurück, wo ich denke, ,ja, gut, vielleicht bist du auch auf dem falschen
Dampfer, und es steht dir wirklich nicht zu'"* (Ute Hamann, Abs. 243). Auch
Frau Hansen zeigt sich bitter enttäuscht: *„Du kannst Anzeigen machen, nur weil
du nix belegen kannst, ist es Aussage gegen Aussage"* (Abs. 56). Auch sie kann
sich an sehr entwürdigende Situationen erinnern, z. B. als sie gefragt wurde, ob
die Faust des Täters tatsächlich in ihrer Vagina gewesen sei (ebd.). Aber auch
die Stellen, die ein Wissen haben sollten, die Richter:innen selbst, werden als
nicht vertrauenswürdig wahrgenommen. Frau Faber, die nach wie vor in einem
Opferentschädigungsgesetz-Verfahren steckt, berichtet davon: *„Das war so finster
da in diesem Gerichtssaal. Erst war der uns so zugetan, irgendwie haben wir alle
gedacht, ,oh der ist aber nett, der Richter, und was der so von sich gibt', hat mich
auch nichts zu Details gefragt, war ich sehr froh drüber, er hat ja alles gelesen. Und
dann war die Pause, wo die sich zurückgezogen haben, und da sagte die Anwäl-
tin, ,die sind jetzt schon über eine Stunde weg, wenn das so lange dauert, dann ist
das eine Ablehnung', und so war es auch ..., und dann kam erst ein paar Wochen
später die Begründung dazu, und dann hat der fast alles aus dem Gutachten da
reingeschrieben, kaum eigene Gedanken, einfach übernommen"* (Abs. 165).

Mediales Umfeld. Auch die Presse und die Öffentlichkeitsmedien werden
nur sehr bedingt als hilfreich wahrgenommen. Selbst wenn Fernsehsendungen
oder Zeitungsartikel initiiert werden, wird das wirklich Wichtige selten veröffentlicht, so die Interviewten. Andrea Manthay berichtet von einem Interview,

das sie gegeben hatte: *„Eigentlich ging es um ein Durchgangsheim und um diese ganze Problematik ..., am Ende wurde der Beitrag so geschnitten, ... dass am Ende das Thema war ..., dass eine Bewohnerin den kleinen Jungen sucht, mit dem sie damals in diesem Heim war. ... Also was da zusammengestellt wurde ..., wir hatten so viele Veranstaltungen, wir haben Interviews gegeben, sei es bei RTL, sei es beim Sender Berlin Brandenburg, BZ und wie sie alle heißen. ... Es bringt aber keiner was"* (Abs. 256–263, 271–283). An dieser Stelle kritisieren sich ehemalige Heimkinder jedoch auch gegenseitig. Nicht nur Herr Baake ist z. B. empört, dass viele Betroffene in der Presse immer nur von finanzieller Entschädigung reden (Abs. 148; vgl. auch Martina Jopmann, Abs. 309 f.). Ihm wären eine ernst zu nehmende Anerkennung der gemachten Fehler und ein respektvoller Umgang wichtiger. Auch Herr Wiegand zeigt sich sehr enttäuscht vom Presseecho: *„Das sind tausende von Leute[n], die wirklich nur lügen"* (Abs. 429; Erg. v. Verf.). Bei Gloria Hansen verhält es sich jedoch anders. Sie ist tief enttäuscht von Staat und Gesellschaft: *„Man kann nicht sagen, wir müssen mehr für die Opfer tun, und gleichzeitig aber, wenn man genau hinguckt, haben die Opfer keine Lobby"* (Abs. 88). Als dramatisch empfindet sie, dass diese Behandlung nahtlos an den damaligen Heimstatus anknüpft: *„Ich hab immer gesagt, wir haben uns gefühlt wie Abfall der Gesellschaft. Ist so. Weil die einfach auch ..., ich weiß gar nicht, das ist schlimmer als dritte, vierte Klasse, also du bist nichts wert. Man hat uns ja das angesehen, dass wir Heimkinder waren, durch die Klamotten alles"* (Abs. 42). Mit den Presse- und Fernsehmedien hat sie jedoch Glück, sie erlebt eine angemessene Berichterstattung: *„Dieses erste Zeitungsinterview, weil die dann einfach so direkt nachgefragt haben, die haben mir eher geholfen ..., ich gehe jetzt auch mit dem Rotz von der Nase und von den Augen dahin vor der Kamera"* (Gloria Hansen, Abs. 199, 329).

6.2.6   Erfahrungen mit dem Fonds und offene Bedarfe

Fonds. Über den Fonds „Heimerziehung in der DDR in den Jahren 1949 bis 1990" sind sich die Interviewten, die damit Erfahrung gemacht haben, in der Hauptsache einig, auch wenn es unterschiedlich starke Positionierungen gibt. Manche sehen die finanzielle Unterstützung als gute Idee: *„Ich fand das mit dem Heimkinderfonds fand ich wirklich gut"* (Nadine Neussert, Abs. 239), jedoch sind sich alle einer Meinung, dass man den Fonds nicht als *„Gutmachung sehen"* (Martina Jopmann, Abs. 263) kann (vgl. auch Kurt Wiegand, Abs. 433). Denn *„die Schäden, die kann keiner wiedergutmachen"* (Nadine Neussert, Abs. 239). Dennoch findet ein geringer Teil, es sei zumindest eine kleine Anerkennung für das Leid, was ihnen angetan wurde: *„Ich sage: ‚Die ganzen Narben, die ich habe, und so was, damit kann man … mit gar keinem Geld‘, ich sage:‚Aber es ist … wenigstens eine Anerkennung. Dass Fehler gemacht wurden, darum geht's doch eigentlich'"* (Stefan Strasser, Abs. 275). Über diese Fehler können fast alle viel berichten. Nicht nur Fiona Faber erinnert den Fonds Heimerziehung, den sie eigentlich für eine positive Idee hält, besonders zu Beginn als einen bürokratischen Hindernislauf: *„Zum Anfang war ja ganz schlimm, … zum Anfang wollten sie ja sogar noch eine Erklärung haben, dass man nichts anderes in Anspruch nimmt …, die mussten zum Anfang Kostenvoranschläge einholen, also eigentlich wurden die Leute teilweise nochmal traumatisiert. Zu, zu den Anfangszeiten. Klar, war eine bestimmte Einarbeitungszeit, bis das richtig zum Laufen kam, aber das war teilweise un- unmöglich"* (Abs. 183; vgl. auch Andrea Manthay, Abs. 109–111; Kurt Wiegand, Abs. 563–565). Erik Schneider fasst zusammen, wie sehr dies von vielen als Bevormundung erlebt wurde: *„Wir haben in der Kindheit Bevormundung erlebt. Wir haben in der Kindheit erlebt, dass man uns alle unsere Rechte aberkennt. Und heute mit 60, 65 Jahren gibt es Leute, die irgendwo aus der Verwaltung, die mit mir nichts zu tun haben. Die wieder besser wissen, was für mich das Beste ist"* (Abs. 164). Auch der Fonds „Sexueller Missbrauch" macht es Betroffenen nicht leicht. Frau Hansen brauchte bereits für das Ausfüllen des Formulars ein halbes Jahr (Abs. 263; vgl. auch Bernhard Baake, Abs. 177–199), so kompliziert gestaltete sich das Formular. Die detaillierten Fragen holten vieles wieder hoch, sodass sie es *„immer wieder weglegen musste"* (Gloria Hansen, Abs. 70). Schließlich gab sie auf. Frau Hansen hatte allerdings das Glück, dass sie zu dieser Zeit in einem Klinikum behandelt wurde und dort Unterstützung erhielt, über die Stiftung Anerkennung Hilfe zu beantragen. Das gestaltete sich deutlich unkomplizierter (Abs. 267). Auch diejenigen, bei denen die Leistungen in ein hilfreiches Beratungsangebot der Anlauf- und Beratungsstellen eingebettet sind, haben das Antragsverfahren als weniger belastend empfunden, z. B. Martina Jopmann, (Abs. 266–271). Frau Faber hat lange überlegt, ob sie den Fonds überhaupt in Anspruch nehmen soll: *„Soll ich ganz ehrlich sagen, dass ichs am Anfang gar nicht in Anspruch nehmen wollte. Weil ich gesagt habe, 10.000 €, die Auflagen dazu, nicht mal als Bargeld, sondern ich muss hier jeden, jedes Detail belegen, was ich mir jetzt dafür kaufe. Will ich nicht"* (Abs. 285). Herr Baake bekommt gar nicht erst die Möglichkeit, sich zu entscheiden, da er viel zu spät vom Fonds erfahren hat: *„Der wurde ja unterm Tisch gehalten, der wurde ja nur unter vorgehaltener Hand so ganz still und heimlich"* (Abs. 96–98). Auch Frau Faber sieht das prompte Auslaufen des Fonds sehr kritisch: *„Der Fonds ist ja nun verkürzt ausgelaufen. Der hätte ja viel länger laufen müssen, viele sind außen vor. Die verschlafen haben oder die sich nicht getraut haben. Schon das war eigentlich ungehörig"* (Abs. 183). Aufgebracht sagt Frau Manthay: *„Wie viele Menschen haben keinen Antrag gestellt? Weil sie's nicht konnten?"* (Abs. 157). Zusammenfassend formuliert Frau Manthay: *„Die Sache an sich, die war gut. Aber die Sache dahinter war scheiße"* (Abs. 179′205). **Psychosoziale Hilfeleistungen über den Fonds.** Völlig anders fällt die Beurteilung des begleitenden Beratungsangebots zum Fonds aus. Andrea Manthay erzählt: *„Die einzigen, die ich wirklich positiv in Erinnerung habe, sind die Frauen von der Heimkinder-Fonds-Beratungsstelle"* (Abs. 109). Auch Fiona Faber schätzte ihre Beraterin sehr und berichtet nur Gutes von diesem Prozess. Ihre Beraterin respektierte die Grenzen des Sagbaren und nahm ihre Wünsche nach einem sicheren, verschwiegenen Umgang mit den für sie belastendenden Informationen sehr ernst: *„Was Besseres konnte mir nicht passieren, und auch ihr hab ich das zu lesen gegeben und nicht alles ausgesprochen. Ja.,Da nehmen Sie sich das mit nach Hause, schließen Sie das in Ihren Schreibtisch ein, ich möchte nicht, dass das alle lesen'"* (Abs. 227). In wenigen Fällen, wenn nämlich die Grenzen des Sagbaren nicht respektiert wurden, hatten die Beratungen im Rahmen des Antragsverfahrens aber auch negative Auswirkungen: *„Habe gedacht, was soll das, wenn du jetzt wieder alles erzählen musst, warum nimmt er nicht dieses Gedächtnisprotokoll, was ja für mich viel einfacher gewesen ist, ich hab mich da wieder so aufgeregt und brauchte wieder Tage um mich darüber zu beruhigen"* (Ute Hamann, Abs. 202). Allerdings betonen die ehemaligen Heimkinder, dass die vom Fonds angeordnete Begrenzung des Beratungsangebots sich auf administrative Hilfe negativ auswirkte. Herr Schneider sieht zudem kritisch, *„dass die Anlauf- und Beratungsstellen keine Hilfestellung bei der juristischen Auseinandersetzung im StrRehaG, also im strafrechtlichen Rehabilitierungsgesetz, leisten dürfen"* (Abs. 162). Auch Herr Kühnert betont die Bedeutung eines umfassenden Beratungs- und Begleitungsangebots (Abs. 431). Diese Idee griffen einige Beratungsstellen zurzeit des Fonds auf, um gemeinsam mit Betroffenen einen größeren Radius an Unterstützung anzubieten. Frau Faber und andere Betroffene z. B. waren in ihrem regionalen Umkreis als Ehrenamtliche die erste Anlaufstelle, die eigentliche Beratung wurde dann durch die hauptamtlichen Mitarbeiter:innen übernommen: *„Wir haben die Vorgespräche geführt, aber ... der eigentliche Beratungstermin, da gab es ja dann eine Warteliste, manchmal hat das zwei Jahre gedauert, ... aber ich, ich weiß einfach, dass das ganz tolle Mitarbeiter da waren"* (Abs. 225). Die Idee, auf diese Weise Betroffene beim ersten Kontakt niedrigschwellig von ebenfalls Betroffenen in Empfang zu nehmen, funktionierte laut Frau Faber gut: *„Als wir gesagt haben, wir wollen die als Erste begrüßen und ihnen die Angst nehmen. Die Scheu, jetzt überhaupt da hinzukommen, und ... das war eben das Schöne, dass das so gut funktioniert hat. Und die Hauptamtlichen waren uns bis* *heute dankbar, dass wir das so gemacht haben"* (Abs. 249). Parallel wurden Veranstaltungen organisiert, die vertiefte Kontakte und Gemeinschaftsgefühl unter den ehemaligen Heimkindern ermöglichten: *„Da gab's Kaffee, Kuchen, Kekse, ... manch einer hat was mitgebracht. ... Dann gab es den Malkurs, dann gab es den Schreibkurs, ... das wurde natürlich auch alles auch über den Fonds abgewickelt, mit den überindividuellen Leistungen"* (Fiona Faber, Abs. 237–239). Auf diese Weise konnte in einigen wenigen Bundesländern ein gutes Hilfespektrum an die Betroffenen vermittelt werden.

Offene Bedarfe. Bezüglich der noch offenen Bedarfe sind sich die Interviewten sehr einig in ihren Forderungen: Jede:r Betroffene sollte auf Bedarf Hilfe erhalten können, unkompliziert und passgerecht. Diese Hilfe sollte alltagsorientiert, niedrigschwellig, betroffenenkontrolliert und am jeweiligen individuellen Bedarf orientiert sein (Gloria Hansen, Abs. 381–382). Als wichtigsten Punkt nennen nahezu alle Interviewten, dass sie selbst mit entscheiden möchten, was als hilfreich anzusehen ist: *„Es ist nur sehr schade, dass die Experten von Hause aus bei solchen Sachen immer außen vor bleiben. Denn die eigentlichen Experten, die sind eigentlich die Überlebenden der DDR-Heimerziehung"* (Erik Schneider, Abs. 272; vgl. auch Andrea Manthay, Abs. 167). Insbesondere nach der unglücklichen Vermittlung des Fonds sollte ein partizipatives Vorgehen in Zukunft solche und ähnliche Konstellationen mit zum Teil retraumatisierendem Charakter vermeiden und den Betroffenen *„Leute zur ... Seite stellen, die wissen, wie man so was beantragt, die wissen, was man wo beantragen kann, die wissen, was alles geht"* (Bernhard Baake, Abs. 199). Auch die Vorstellungen davon, wie sich ein solcher Ort der Begegnung mit niedrigschwelligen Beratungsangeboten und Hilfen gestalten könnte, stimmt bei den Interviewten weitgehend überein: *„Also jedem Einzelnen in dem Sinne kann man nicht helfen, man kann nur gemeinschaftlich was anbieten, und das wären eben diese Treffpunkte, dass so'ne Projekte überall entstehen"* (Fiona Faber, Abs. 278). Zudem der Aspekt der Selbsthilfe im Zusammenhang mit anderen Betroffenen wird hin und wieder als Wunsch deutlich, auch wenn es Unterschiede gibt, inwiefern dies in ein professionelles Setting eingebunden werden sollte: *„Dass man sozusagen mal für vier Wochen Auszeit nehmen darf aus dem Alltag ..., um mal ... mit Gleichmenschen, die das erlebt haben, mal irgendwie unter einem professionellen Rahmen das irgendwie mal vielleicht gemeinsam durchgehen zu können. Irgendwie so ein Austausch"* (Olaf Ehlers, Abs. 419). Die Betroffenen sollen *„jedenfalls so eine Art Wegweiser ..., aber auch emotionaler Begleiter. So was in der Art"* (Andrea Manthay, Abs. 247) sein dürfen. Bernhard Baake thematisiert darüber hinaus besonders Angebote für sexuell missbrauchte Männer und Angebote für alternde Betroffene (Abs. 104–112, Abs. 120–126): *„Die landen beizeiten im Heim. Und ich denke, ... da muss man ran, da muss man* *was tun, und da ist es wichtig, Projekte zu unterstützen, zu fördern, dass sich da was ändern kann"* (ebd., Abs. 111). Einerseits steht vielen die Altersarmut bevor (vgl. ebd., Abs. 107), andererseits ist die derzeitige Altenpflege – vor allem in Pflegeheimen – für ehemalige Heimkinder nicht zu ertragen: *„Ich wurde schon genug gequält im Heim, danke. Und ... ich nochmal in ein Heim, im Altenheim nicht"* (Teresa Thule, Abs. 459; vgl. auch Erik Schneider, Abs. 126). Einige Interviewte wünschen sich explizit die Wiedereröffnung des Fonds für all jene, die keinen Antrag stellen konnten: *„Ich würd mir wünschen, dass für die, die noch übrig geblieben sind, ... dass die eben nochmal ... die Chance haben, Antrag zu stellen, und eben, weil die haben ja auch ein Recht da drauf"* (Leonie Neufeldt, Abs. 271). Daneben müssten den Befragten zufolge gesellschaftliche Institutionen mehr in die Pflicht genommen werden. Viele Betroffene sprechen sich für angemessene Rentenzahlungen aus (Gloria Hansen, Abs. 291; Kurt Wiegand, Abs. 555). Nach ihren Erfahrungen versagt das Opferentschädigungsgesetz hier (Gloria Hansen, Abs. 291). Und die Krankenkassen müssten mehr in die Pflicht genommen werden (Gloria Hansen, Abs. 289). Zudem werden immer wieder Wünsche nach einem schnelleren und stärker betroffenenorientierten Rehabilitierungsverfahren genannt: *„Dass die Rehabilitation[en] jetzt auch mit dem Gesetz manifestiert sind, ... dass die baldigst ihre Rehabilitation bekommen"* (Jens König, Abs. 310; Erg. v. Verf.). Auch an die Forschung gibt es Wünsche, dass sie z. B. konkrete Auswirkungen hat: Veränderungen in der Wahrnehmung der Gesellschaft, politische Konsequenzen und konkrete rechtliche Schritte (Gloria Hansen, Abs. 366, 368, 378; vgl. auch Andrea Manthay, Abs. 349–351), *„z. B. eine Petition zum Umsetzen von ... Strafgesetzen"* (Gloria Hansen, Abs. 368) oder eine Qualitätsentwicklung heutiger Heime (Martina Jopmann, Abs. 329–330; Nadine Neussert, Abs. 308). Bis dahin scheint es aber noch ein weiter Weg. Auch in Bezug auf die Gesetzgebung und die konkreten Abläufe der Gerichtsverfahren äußern die Interviewpartner:innen Wünsche. Einige, wie Erik Schneider, fordern, *„dass sämtliche Verjährungsfristen für sexuellen Missbrauch an Kindern sofort aufgehoben werden"* (Abs. 175; vgl. auch Kurt Wiegand, Abs. 435–437). Außerdem wird die Notwendigkeit gesehen, die retraumatisierende Wirkung eines Gerichtsverfahrens für die Betroffenen stärker in den Blick zu nehmen und diese entsprechend traumasensibler zu gestalten (Nadine Neussert, Abs. 308). Resümierend sagt Frau Hansen: *„Die Leute werden nicht aufgefangen"* (Abs. 299). Frau Jopmann plädiert für eine Erinnerungskultur (Abs. 329–330), Herr Schneider darauf, dass *„die Zwangsarbeit ... bis zum heutigen Tag nicht aufgearbeitet"* (Abs. 173) sei. Frau Faber sagt abschließend: *„Bevor ich diese Welt verlasse, ist mir das wichtig, dass hier was übrig bleibt von mir ..., und alles, was Sie jetzt hier über mich schreiben, ... ich* *möchte, dass das bleibt für die Ewigkeit, für alle die, die nach uns sich damit beschäftigen müssen, mit diesem leidlichen Thema Heim, denn es wird immer Kinderheime geben"* (Abs. 101, 321).

Aus dem Gesamtvergleich der Interviewergebnisse lassen sich folgende Thesen ableiten:

These 1: Die Betroffenen berichten von schweren physischen, psychischen und sexualisierten Gewaltformen über alle Heimtypen hinweg

These 2: Die erlebte Gewalt hat für die Betroffenen ein umfassendes Spektrum an Folgeerscheinungen nach sich gezogen. Besonders hervorgehoben werden von den Interviewten Auswirkungen im psychosozialen Bereich.

These 3: Die Interviewten haben – mit gutem Grund – über viele Jahre hinweg über die erfahrene Gewalt geschwiegen. Die starke Belastung durch die Folgeerscheinungen einerseits und Unterstützung von außen andererseits führen mit der Zeit jedoch zu alternativen Formen der Bewältigung wie Disclosure, Aktivitäten in der Selbsthilfe und selbstreflexiven Veränderungsprozessen.

These 4: Aufgrund der gewaltbedingten Beeinträchtigungen des verwandtschaftlichen und sozialen Umfelds bedarf es eines breiten Spektrums an professioneller wie selbsthilfeorientierter Unterstützung, die individuell und bedarfsorientiert auf den Bewältigungsprozess der Betroffenen zugeschnitten ist.

These 5: Die Reaktion des gesellschaftlichen, rechtlichen und medialen Umfelds auf das erlittene Unrecht hat für die Betroffenen eine sehr große Bedeutung und wird von ihnen mehrheitlich als enttäuschend erlebt. Vereinzelt gibt es jedoch auch gute Erfahrungen. Die Betroffenen sehen hier großen Handlungsbedarf.

These 6: Eine Wiedergutmachung in diesem Sinne ist für die Betroffenen nicht denkbar, es gäbe jedoch Möglichkeiten, ehemaligen Heimkindern öffentlich Anerkennung und Respekt zu zollen und das entstandene Leid abzumildern. Dies erfordert einen wertschätzenden Umgang mit den Betroffenen in der Öffentlichkeit und ein umfassendes Spektrum an bedarfsgerechten lebensweltnahen Hilfen,

191

S. B. Gahleitner et al., *Sexualisierte Gewalt in der Heimerziehung der DDR*, Sexuelle Gewalt in Kindheit und Jugend: Forschung als Beitrag zur Aufarbeitung, https://doi.org/10.1007/978-3-658-40922-7_7

die niedrigschwellig zur Verfügung stehen und die Betroffenen selbst partizipativ
in die Konzeptgestaltung einbeziehen, um – letztlich – Aufarbeitung authentisch
voranzutreiben.

7.1 Die Betroffenen berichten von schweren physischen, psychischen und sexualisierten Gewaltformen über alle Heimtypen hinweg

Viele Interviewte erleben schon in ihrer Familie Vernachlässigung und Gewalt,
einige werden jedoch im Heim das erste Mal damit konfrontiert: *„Und da hab
ich dann die Erfahrung gemacht, mit Gewalt"* (Philipp Reimann, Abs. 4). Über
alle Heimformen hinweg wird von Gewalt berichtet, jedoch scheint sie in den
Spezialheimen stärker strukturell verankert gewesen zu sein als in den Normalheimen, aus denen es teilweise auch Berichte von positiven Erlebnissen gibt. Die
Interviewten erfuhren verschiedene Formen von Gewalt. Psychische Gewalt, z. B.
demütigende Strafen, wie *„Erbrochenes essen"* (Andrea Manthay, Abs. 26), *„die
ganze Nacht stehen"* (Daniela Decker, Abs. 72) oder Isolation in Arrestzellen
werden von vielen als gängige Praxis geschildert. Darüber hinaus müssen die
Interviewten teils schwere körperliche Arbeit in den Heimen verrichten. Auch
physische Gewalt ist in vielen Heimen an der Tagesordnung. Diese reicht von
*„nachts bis zum Umfallen im Flur Sport machen, Kopf ins Klobecken stecken, mit
Gürtel und Schuhen geschlagen ... werden"* (Stefan Strasser, Abs. 26) bis zu an
Folter erinnernde Bestrafungen, vorwiegend in den Spezialheimen: *„dass man
dich dann z. B. im Jugendwerkhof abends aus der Zelle gezerrt hat, an die Haare,
die Treppe hochgeschliffen hat, dich auf einen Stuhl gestellt hat, dir eine Schlinge
um den Hals gelegt hat, angezogen hat, den Stuhl weggetreten hat, und bevor du
überhaupt bewusstlos geworden bist, die Leine wieder fallen gelassen hat"* (Kurt
Wiegand, Abs. 52). In der Gruppendiskussion wird überdies deutlich, dass es
letztlich nicht auf die Dauer der Heimzeit ankommt, *„also ... weder Heimtyp
noch Dauer. Das war ja oft auch so ein Streitpunkt manchmal unter Betroffenen"*
(GD, Abs. 34), auch wenn durchaus bestätigt wird, dass *„zu bestimmten Heimtypen, wie in DDR-Jugendwerkhöfen oder Spezialkinderheimen, die Strafpraxis und
Disziplinierungspraxis weitaus schärfer noch gewesen sein kann. Auch kann, nicht
muss"* (GD, Abs. 33). Die Erfahrungen der Interviewten sind keine Einzelfälle,
sie bestätigen, was auch durch vorherige Studien offengelegt wurde. Aus den Spezialheimen gibt es zahlreiche Berichte von Gewalt, Normalheime wurden bisher
weniger in den Blick genommen, es gibt jedoch auch hier Aussagen, die vermuten lassen, dass dort ebenfalls regelmäßig Gewalt angewendet wurde, obwohl

Gewaltanwendung in den Heimen seit 1969 mit Ausnahme des Geschlossenen Jugendwerkhofs Torgau verboten war (AGJ, 2012, S. 36; Sachse, 2010, S. 205; Sack & Ebbinghaus, 2012, S. 338 f.; Arp, 2017). In den Spezialheimen war die restriktive Erziehung, die in Gewalt gipfelte, bereits strukturell angelegt. Diese Methoden sollten die Integrität der jungen Menschen verunsichern und Umerziehung fördern (Dreier & Laudien, 2012, S. 31 ff.). Aber allein der Personalmangel und die geringe Qualifikation des Personals und die damit verbundene Überlastung und Überforderung hat Gewalt auch in Normalheimen begünstigt (ebd., S. 64). Darüber hinaus kann vermutet werden, dass auch die gängige Erziehungspraxis eher Gewaltanwendung förderte. Der Fokus lag nicht auf dem Individuum, sondern auf der Einordnung ins Kollektiv, durch Methoden, die von Härte und Zwang geprägt waren (BMFSFJ & Fonds Heimerziehung, 2019, S. 22 f.; Sack & Ebbinghaus, 2012, S. 316).

Sexuelle Grenzverletzungen fanden häufig schon im Rahmen struktureller Abläufe und Bestrafungsmethoden, z. B. im Bereich Körperhygiene statt: *„Nach dem gemeinsamen Waschen, dann mussten die Jungs die Vorhaut zurückziehen und sie ist mit dem Lineal … durchgegangen und jeder der dreckig war, hat sie draufgekloppt"* (Philipp Reimann, Abs. 16). Darüber hinaus, erinnern die Interviewten, wurde sexualisierte Gewalt eher verdeckt ausgeübt, und wenn es Hinweise darauf gab, *„hat auch keiner was dagegen getan, also alles wurde weggeschwiegen, gabs nicht, ist nicht"* (Leonie Neufeldt, Abs. 98). Schilderungen von sexualisierter Gewalt, ausgeübt sowohl durch Fachkräfte als auch durch andere Heimkinder, tauchen in der bisherigen Forschungsliteratur zu DDR-Heimerziehung ebenfalls auf. Am häufigsten wird diese aus Spezialheimen, Jugendwerkhöfen, Jugendheimen und Durchgangsheimen berichtet (Sachse, 2018, S. 40–42, 98–100; Knorr, 2018, S. 212–218; Mitzscherlich et al., 2019, 2020, S. 238; AGJ, 2012, S. 38; Laudien & Sachse, 2012, S. 252). Dies allerdings spiegelt sich nicht in den Interviews des vorliegenden Projekts wider. Die Untersuchung von Allroggen et al. (2018) zeigt jedoch, dass Jugendliche in stationären Einrichtungen deutlich häufiger sexualisierte Gewalt erleben als Jugendliche anderer landesweiter Stichproben (S. 12). Das scheint auch für die DDR-Heimerziehung zuzutreffen (Sachse, 2018, bes. S. 129–131). Alle Formen der Gewalt, auch sexualisierte, wurden nicht nur durch Beschäftigte ausgeübt, sondern fanden häufig auch unter den Kindern und Jugendlichen statt. Bisherige Untersuchungen bestätigen ebenfalls das Gewaltvorkommen unter den jungen Menschen selbst, das durch die Kollektiverziehung und in deren Rahmen durch Bestrafungen der gesamten Gruppe für Vergehen Einzelner bewusst gefördert wurde (Sachse, 2010, S. 205; AGJ, 2012, S. 33 ff.; Benz, 2016, S. 203 f.). So erinnert sich Ingrid Seifert: *„Wenn jemand abgehauen ist, …*

der Erzieher kam, brachte die Betroffene rein, die wurde hingestellt, vorm Heizkör-
per, ... und dann gings da raus. Mit dem Wissen, was passiert – das war gewollt,
das ist System gewesen. Und dann gabs Gruppenkeile" (Abs. 76). Viele berichten
von einer Atmosphäre des Misstrauens und ständigen Auf-der-Hut-Seins, in der
es kaum möglich war, sich anderen zu öffnen: *„Die kannten von mir nichts, ich*
kannte von denen nichts. Solange wie wir da waren" (Hans Kühnert, Abs. 53 f.).

Richtet man den Blick auf die Ursachen, so weisen die Ergebnisse in die Richtung des Ursachenmodells von Brockhaus und Kolshorn (1993, S. 216–259; vgl.
dazu auch das Erklärungsmodell der „totalen Institution", Goffman, 1961, 2020).
Es wird deutlich, inwieweit Gelegenheitsstrukturen im Heimsystem verankert
waren. Für Täter:innen scheint die erwartete Befriedigung aus der Gewalt deutlich
größer gewesen zu sein als die Kosten, z. B. das Risiko, entdeckt zu werden, denn
den Aussagen Betroffener zufolge kam es nur sehr selten zu einer Aufdeckung
oder gar Strafverfolgung der Täter:innen (vgl. u. a. Bernhard Baake, Abs. 15;
Gloria Hansen, Abs. 46; Stefan Strasser, Abs. 233). Aufseiten der Betroffenen
gab es darüber hinaus kaum Möglichkeiten, sich zur Wehr zu setzen. Eine Voraussetzung hierfür wäre gewesen, die sexualisierte Gewalt überhaupt als Gewalt
und Unrecht einordnen zu können (Brockhaus & Kolshorn, 1993, S. 235). In der
DDR war sexualisierte Gewalt jedoch ein Tabuthema, und sexuelle Bildung fand
in der Heimerziehung nicht statt (Knorr, 2018, S. 184 f.; Helming, 2011, S. 28 f.).
Dadurch war es für Betroffene schwierig, die Erlebnisse überhaupt als strafbares
Unrecht einzuordnen: *„Ich hab es als Strafe gesehen, als Strafe. Ich wusste nicht*
was das ist" (Daniela Decker, Abs. 416). Auch Kinder wiegen den Nutzen einer
Offenlegung gegenüber den Kosten ab (Brockhaus & Kolshorn, 1993, S. 239).
Die Berichte der Interviewten zeigen, dass die Kosten den Nutzen deutlich über-
stiegen. Versuche, auf die sexualisierte Gewalt aufmerksam zu machen, wurden in
der Regel ignoriert und bagatellisiert, teils sogar bestraft: *„Dann hab ich den Wanst*
vollgekriegt, weil ich mir das eingebildet ...:‚So was macht der nicht!'" ... *Also Sie*
konnten da mit niemandem reden" (Stefan Strasser, Abs. 233). Auch andere Untersuchungen verweisen darauf, dass die Regel in den Heimen ein Bagatellisieren
und Nichtreagieren auf sexualisierte Gewalt war (Caspari, 2021; Sachse, 2018,
S. 50 ff.; AGJ, 2012, S. 38; Mitzscherlich et al., 2019, 2020, S. 219 f.). Die
Wahrscheinlichkeit, dass das Umfeld intervenierte, war ebenso gering. So spielte
sexualisierte Gewalt in der Erzieherausbildung keine Rolle (Mitzscherlich et al.,
2019, 2020, S. 212 f.). Teilweise mussten Erzieher:innen, die sich den Macht-
strukturen in den Einrichtungen widersetzten und z. B. den jungen Menschen
einfühlsam begegneten, sogar mit Konsequenzen rechnen. So erinnert sich Kurt
Wiegand an einen fürsorglichen Erzieher, der *„wurde danach entlassen, unehren-*
haft entlassen, weil er eben halt Gefühle gezeigt hat, auch Gefühle an den Menschen

gezeigt, an den Menschen rangegangen ist" (Abs. 2). Selbst wenn Stellen außerhalb der Heime über Sexualstraftaten Kenntnis erlangten, wurde nicht immer dagegen vorgegangen. So verweist Sachse (2018) in der gemeinsamen Untersuchung mit Knorr und Baumgart (Sachse et al., 2018) auf Fälle, in denen entsprechendes Wissen für operative Zwecke verwendet wurde, statt die betroffenen Kinder zu schützen (Sachse, 2018, S. 110 f.).

7.2 Die erlebte Gewalt hat für die Betroffenen ein umfassendes Spektrum an Folgeerscheinungen nach sich gezogen

Alle Interviewten berichten von physischen, psychischen, sozialen und sozioökonomischen Auswirkungen der Gewalterfahrungen in den Heimen. Sie leiden unter körperlichen Folgeerscheinungen bis hin zu chronischen Krankheiten, die sie auf die Gewalterfahrungen, schwere körperliche Arbeit, Medikamentenmissbrauch oder mangelnde medizinische Versorgung zurückführen: *„Die gesundheitliche Versorgung war ziemlich schlecht …, daher hab ich mein Asthma, weil das nicht erkannt wurde, … hat keine Beachtung gefunden, weil man hat ja immer eigentlich nur simuliert. Man war ja nicht wirklich krank, man durfte gar nicht krank sein"* (Ute Hamann, Abs. 269; vgl. auch Stefan Strasser, Abs. 29). Zudem wirken sich die massiven psychischen Belastungen auch auf körperlicher Ebene aus: *„Alpträume, die immer noch da sind. Die immer noch … kommen. Und das erklärt auch die drei Schlaganfälle"* (Stefan Strasser, Abs. 79; vgl. auch Carola Kronbach, Abs. 203). Fachkräfte aus der Gruppendiskussion weisen sogar auf einen verfrühten Tod durch die starken Auswirkungen auf die Gesundheit hin: *„So viele, von denen ich weiß, die schwer krank oder auch schon gar nicht mehr unter uns sind. Also früh verstorben sind an schweren Erkrankungen …, wo sicher auch Zusammenhänge mit herzustellen sind"* (GD, Abs. 34). Am stärksten zeigen sich die Auswirkungen bei den Interviewten jedoch im psychosozialen Bereich. Vorrangig wird von Symptomen wie Schlafstörungen, Alpträumen, Ängsten, Flashbacks, innerer Anspannung, Unruhe und einem ausgeprägten Vermeidungsverhalten berichtet: *„Ich fahre mit keiner Straßenbahn, wenn die zu voll ist, das geht nicht, muss ich raus. Ich tu meine Wohnung drei Mal zuschließen, damit kein Erzieher reinkommt, ich mach die Kette heute noch davor"* (Stefan Strasser, Abs. 361). Häufig gehen damit auch Schwierigkeiten in der Emotionsregulation einher. Erik Schneider erinnert sich: *„Es gab Zeiten in meinem Leben, da hat mich jemand schief angeguckt, und der lag sofort auf der Erde"* (Abs. 92; vgl. auch Philipp Reimann, Abs. 38). Häufig können die starken Belastungen nur durch aktive Vermeidungsstrategien wie Workoholismus, Suchtmittel oder Selbstverletzung eingegrenzt werden: *„Um Wut innerlich abzubauen, hast du dann Gläser kaputtgedrückt …, hast dir die Hände aufgeschnitten"* (Philipp Reimann, Abs. 34). Einige berichten auch von Suizidgedanken und -versuchen.

Inzwischen mehrfach replizierte umfängliche Traumafolgestudien bestätigen, dass traumatische Erfahrungen erhebliche Auswirkungen auf die Gesundheit haben können. Betroffene zeigen eine geringere Lebenserwartung und mehr gesundheitsschädigende Verhaltensweisen, die letztlich als Versuche der Bewältigung eingeordnet werden können (Felitti, 2002; Hughes et al., 2017). Spezifische Untersuchungen zu DDR-Heimerziehung und ihren Folgen beschreiben ebenfalls vielfältige somatische Folgeschäden (Censebrunn-Benz & Wenzel, 2020, S. 103–105; Sack & Ebbinghaus, 2012, S. 343–345; Mitzscherlich et al., 2019, 2020, S. 221, 229). Auch die berichteten psychosozialen Beschwerden decken sich mit Befunden anderer Untersuchungen zur DDR-Heimerziehung (Sack & Ebbinghaus, 2012, S. 345; Mitzscherlich et al., 2019, 2020, S. 229 f.; Censebrunn-Benz & Wenzel, 2020, S. 103–110) sowie der nationalen und internationalen Studienlage. Personen mit kritischen Kindheitserlebnissen weisen ein deutlich erhöhtes Risiko für psychische Auffälligkeiten auf. Bei mehreren kritischen Kindheitserlebnissen steigt das Risiko (Witt et al., 2019). Die beschriebenen Auffälligkeiten lassen sich weitgehend dem Spektrum der Traumafolgestörungen zuordnen, insbesondere der Posttraumatischen Belastungsstörung (Harnach, 2011, S. 124; vgl. kritisch dazu Caspari, 2021). Die berichteten Regulationsversuche über selbstverletzendes Verhalten, suizidales Verhalten oder Suchtmittelmissbrauch werden auch in anderen Studien als häufige Bewältigungsversuche beschrieben (Sack und Ebbinghaus, 2012, S. 343 f.; Hughes et al., 2017). Diese psychischen Folgeschäden wirken sich verständlicherweise auch auf die soziale Integration aus. Ängste, Vermeidungstendenzen und Schwierigkeiten in der Emotionsregulation erschweren Beziehungen. Darüber berichten auch zahlreiche Betroffene der vorliegenden Studie, z. B. von einem hohen Misstrauen anderen Menschen gegenüber: *„Ich brauchte immer diese gewisse Distanz, schon. Also, dass die Nähe nicht zu eng wird. … Immer die Angst davor, dass das mir dann irgendwo Schaden zufügen würde"* (Carola Kronbach, Abs. 221; vgl. u. a. Bernhard Baake, Abs. 19; vgl. u. a. auch Teresa Thule, Abs. 193; Ute Hamann, Abs. 110; Leonie Neufeldt, Abs. 391; Erik Schneider, Abs. 249; Nadine Neussert, Abs. 109–112; Kurt Wiegand, Abs. 510). Andere Untersuchungen betonen ebenfalls die massiven Auswirkungen auf soziale Beziehungen, die auf die erlebte Gewalt, Missachtung und Demütigung zurückzuführen sind (Caspari, 2021; Sack & Ebbinghaus, 2012, S. 347 f., 372; Arp, 2016, S. 55 f.; Censebrunn-Brenz & Wenzel, 2020, S. 106–110; Hughes et al., 2017).

Aufgrund der zahlreichen sozialen Hürden ist der Wunsch nach Nähe und Normalität in Familie und Partnerschaft häufig besonders groß. Aufgrund der interpersonellen traumatischen Erfahrungen in der Kindheit hindern daran jedoch das erworbene Misstrauen, Verlustängste und Schwierigkeiten mit Nähe (Sack und Ebbinghaus, 2012, S. 345 f.), was auch die Gruppendiskussion bestätigt: *„Die Auswirkungen im sozialen Bereich sind immer besonders präsent"* (GD Abs. 31), *„ich kenne keinen Betroffenen, der in dem Bereich keine Probleme hat"* (GD, Abs. 40). Erschwert wird der Umgang mit Anderen zusätzlich durch die oft internalisierten Schuld- und Schamgefühle, die auf die erlebte Demütigung und Stigmatisierung zurückzuführen sind: *„Ich schäme mich bis heute, dass ich ein Heimkind war. Ich fühl mich schlecht dabei. Als wenn ich eine Böse war"* (Daniela Decker, Abs. 273). Vielen fällt das Sprechen über ihre Erfahrungen schwer, wodurch ihre Verhaltensweisen dem Umfeld unerklärlich bleiben. Dies beschreibt in der Literatur insbesondere Keilson (1979, 2005) mit seinem Modell der sequenziellen Traumatisierung. Die Zeit nach der traumatischen Situation ist für den Grad der Belastung extrem bedeutsam. Resilienzforschung bestätigt diesen Befund, gerade soziale Unterstützung ist einer der wichtigsten protektiven Faktoren nach traumatischen Erfahrungen (Domhardt et al., 2015, S. 488 f.). Das häufige Schweigen, auch aufgrund noch heute existierender Stigmatisierung, wiegt für die Betroffenen doppelt schwer. Es erschwert einerseits die Beziehung zu anderen Menschen und verhindert andererseits, dass die Betroffenen von sozialer Unterstützung profitieren, die letztlich ihr Belastungserleben verringern könnte. Sexualisierte Gewalt zieht im partnerschaftlichen Bereich ganz besonders gravierende Folgen nach sich. Den meisten fallen Nähe und Intimität schwer, das Erleben einer positiven, lustvollen Sexualität ist für viele nicht möglich: *„Ich möchte keine sexuelle Beziehung mehr haben, das würde ich ablehnen. ... Ich kann, kann das einfach nicht ertragen, obwohl die Sehnsucht ja da ist, in den Arm genommen zu werden"* (Ute Hamann, Abs. 128; vgl. u. a. Fiona Faber, Abs. 131; Gloria Hansen, Abs. 434; Erik Schneider, Abs. 249). Die wenigen Untersuchungen, die sexualisierte Gewalt in der DDR-Heimerziehung mit in den Blick nehmen verweisen ebenso wie allgemeine Studien zu Auswirkungen sexualisierter Gewalt auf Schwierigkeiten mit Nähe und Intimität als Folge sexualisierter Gewalterfahrungen (Hall, 2008; Mitzscherlich et al., 2019, 2020, S. 222; Sack & Ebbinghaus, 2012, S. 345; Classen et al., 2005, S. 112, 120; Fergusson et al., 1997; Finkelhor et al., 2013; Überblick Messman-Moore & Long, 2003, S. 550, 552).

Während schon die Offenlegung, ein Heimkind gewesen zu sein, vielen Interviewten schwer fällt, ist das Sprechen über die sexualisierte Gewalt noch deutlich stärker tabuisiert. *„Das ist ein Tabuthema, ja, das ist einfach so, ... und da wird auch nicht drüber gesprochen"* (Nadine Neussert, Abs. 91). Sprachlosigkeit ist

häufig Folge sexualisierter Gewalt. Scham- und Schuldgefühle können dabei eine
Rolle spielen (Summit, 1983). Der Aufdeckungsprozess ist daher sehr stark von
Umfeld- und gesellschaftlichen Einflüssen abhängig. Die Voraussetzung für eine
Einordnung des Geschehenen als Unrecht besteht für manche deshalb erst im
Erwachsenenalter (vgl. u. a. Enders, 2012, S. 63 ff.). Disclosure-Prozesse werden
auf diese Weise erschwert – durch Erinnerungslücken und gesellschaftliche Tabuisierung (Schneider & Sack, 2000; Staniloiu et al., 2018; Terr, 2002; Rieske et al.,
2018). Durch die massiven Grenzüberschreitungen während der Heimzeit fällt es
einigen bis heute schwer, eigene Bedürfnisse und Grenzen zu erkennen und zu
vertreten: *„Das ist ja auch z. B. eine Sache, die eben als Kind ganz massiv verletzt
wurde, durch die Manipulation. Na, das fällt mir heute teilweise noch schwer. Mich
abzugrenzen"* (Carola Kronbach, Abs. 120). Dieser Verlust der eigenen Selbstbestimmung aufgrund massiver Verletzung der körperlichen Integrität wird von
vielen Menschen mit sexualisierten Gewalterfahrungen beschrieben (Witt et al.,
2019; vgl. auch Janoff-Bulman, 1985). Nicht alle, aber die meisten Interviewten leben auch in einer prekären sozioökonomischen Situation, es kommt zu
verfrühten Austritten aus dem Berufsleben: *„Meine Vergangenheit hat mich so
geschädigt, dass ich keinen richtigen Job finde und 20 h arbeite, für 100 €"* (Stefan Strasser, Abs. 29). Darüber hinaus verringert die meist schlechte Schul- und
Berufsausbildung in den Heimen und vor allem in den Spezialheimen die Chancen auf dem Arbeitsmarkt. Eine *„Ausbildung gabs da nicht wirklich"*, berichtet
beispielsweise Ingrid Seifert (Abs. 7), *„das hieß dann Qualifizierung, Berufsquali-
fizierung. Konnte man vergessen, ist keine Berufsausbildung"*. Der Zusammenhang
zwischen traumatischen Erfahrungen und sozioökonomischen Schwierigkeiten
wurde im Rahmen der ACE-Studie (Felitti, 2002) untersucht. Menschen, die
früh traumatische Erfahrungen gemacht hatten, zeigen auch übergreifende Studien, leiden ungleich häufiger an Armut, Arbeitslosigkeit und Mittellosigkeit als
die Allgemeinbevölkerung (Felitti, 2002), dies bestätigen spezifische Studien zur
DDR-Heimerziehung (Arp, 2016, S. 41, 47; Wustmann & Eisewicht 2019, 2020,
S. 248).

7.3 Aus dem Schweigen in alternative Formen der Bewältigung finden: Betroffene als Überlebenskünstler:innen

Viele Interviewte versuchten schon während der Heimzeit, die sexuelle Gewalt
offenzulegen und Hilfe zu finden. Fast ausnahmslos erfuhren sie jedoch Zurückweisung, Bestrafung oder Verlegung in andere Heime. So erinnert sich Daniela

Decker: „Da hab ich dem das auch aufgeregt und heulend und schreiend erzählt, was mit mir passiert ist, er war der Meinung, ich hätte das geträumt. ... Ich sollte wieder ins Bett gehen, das war alles. Und wurde seitdem damit links liegen gelassen, und auf einmal war ich weg. Bin ich nach Heim 4 gekommen" (Abs. 133; vgl. u. a. Gloria Hansen, Abs. 46; Carola Kronbach, Abs. 96, 100; Stefan Strasser, Abs. 233). Für andere war das Sprechen während der Heimzeit und unmittelbar danach so gut wie nicht möglich. *„Wem sollte man sich da anvertrauen? Das ging nicht ..., weil da gabs keinen, dem man sich anvertrauen hätte können"* so Nadine Neussert (Abs. 14). Andrea Manthay fasst den Tenor vieler Interviewten zusammen: *„Die Angst war halt einfach größer"* (Abs. 41), Sprechen hätte weitere Gewalttaten nach sich gezogen. Dass dieses Tabu nicht selten bis ins hohe Alter besteht, wird auch in der Gruppendiskussion von Fachkräften bestätigt: *„Ich habe mit Menschen gesprochen, die sagen: ,Meine Familie, meine Kinder, meine Enkel wissen das nicht.' Und das fand ich sehr beeindruckend, also dass es wirklich nicht wenige waren"* (GD, Abs. 46). In der Gruppendiskussion wird zudem deutlich, dass zwei Grundbedingungen ein Sprechen überhaupt erst möglich machen. Die erste ist eine Einordnung des Geschehenen als etwas, das falsch war – *„Voraussetzung fürs Sprechen ... [war es,] das Erlebte als solches einzuordnen. Also die Gewalt entweder als solche einzuordnen oder, also wenn es auch viel Normalisierung von, von Gewalt und Übergriffen gab, erst mal einzuordnen: Das war nicht in Ordnung. Das ist auch was, worüber auf eine bestimmte Art und Weise gesprochen werden kann"* (GD, Abs. 60; Erg. v. Verf.). Als zweite Grundbedingung wird ausdrücklich davon gesprochen, wie zentral es ist, dass Fachkräfte historisches Wissen haben, um die Erzählungen sofort einordnen zu können und damit eine Grundlage zu schaffen, damit sich die Betroffenen nicht immer sofort rechtfertigen und erklären müssen: *„Ich erlebe das ganz oft in der Beratungssituation hier, dass die Leute eben wissen, das ist eine Anlaufstelle für eben Menschen mit Heimerfahrung, und da gibt es jemanden, der weiß ... Hintergründe eben auch, dass es ganz entlastend für die Leute ist, mal drüber sprechen können, ohne sich Gedanken zu machen ..., und dann wirklich auch merken: Okay, gut, da herrscht eine wertschätzende Atmosphäre, und da kann ich einfach mal erzählen und sprechen, ohne dass ich sofort infrage gestellt werde"* (GD, Abs. 61).

Die nach frühen Traumata häufig fragmentierte Erinnerungsstruktur trägt dazu bei (u. a. Andrea Manthay, Abs. 155), dass die Abschottung nach außen immer größer wird. Deutlich wird, dass sich die Interviewten ausnahmslos in einer für sie ausweglosen Situation befinden, in der konstruktive Bewältigungsstrategien, wie sich Unterstützung zu suchen, nur unter spezifischen Bedingungen greifen können. Frau Jopmann erzählt: *„Nach außen hab ich das nicht gezeigt. Dass es* *mir nicht gut geht oder irgendwie was. Nie"* (Abs. 91). Selbst wenn Betroffene während der damaligen Heimzeit – in Ausnahmefällen – auf Ansprechpartner:innen trafen, denen sie sich hätten anvertrauen können, weil es dort Fürsorge und Empathie gab, war es den Betroffenen in der Regel nicht (mehr) möglich zu sprechen. Frau Manthay geht bis heute nach, dass sie einer um sie bemühten Erzieherin gegenüber vor lauter Angst nicht offen sein konnte. Weinend sagt sie: *„Ich hab das gespürt, dass sie mich mag"* (Abs. 39–41). Einige Kinder versuchten sogar, sich mit dem Geschehenen mitzuteilen, aber das Umfeld reagierte nicht adäquat: *„Ich habe ... viele Menschen kennengelernt",* sagt eine Teilnehmerin der Gruppendiskussion, *„die immer darüber gesprochen haben und die einfach die Erfahrung gemacht haben, dass ihre Erfahrungen bagatellisiert, verniedlicht, verharmlost werden ..., ja, nicht relevante Erfahrung"* (GD, Abs. 46). Mit diesen Äußerungen bestätigen die Interviewten Aspekte der Traumabewältigung, die in der Forschung und Literatur bereits bekannt sind. Bei früher, durch Menschenhand oder gar Fürsorgepersonen verursachter Traumatisierung, trifft ein erwachsenes, durchorganisiertes System von Gewalt auf ein in Entwicklung befindliches, hochvulnerables System eines Kinds. Der Situation kann das Kind weder angemessen begegnen noch ihr entfliehen, noch kann es sie aus eigener Kraft beenden. Es kommt daher zu intrapsychischen, hilflosigkeitstypischen Formen der Abwehr. Gerade Betroffene komplexer Traumatisierung vermeiden oder kompensieren nach einer Initialreaktion das Trauma daher häufig zunächst (s. Abb. 6.2.3). Eine Reihe klassischer Modelle zur Bewältigung traumatischer Erfahrungen (u. a. Fischer & Riedesser, 2020, u. a. S. 236–250; Horowitz 2002, 2020) weist die von den Interviewten beschriebene Dynamik zwischen Annäherung und Vermeidung als typische posttraumatische Dialektik aus. Die Ambivalenz zwischen beiden Polen lässt sich daher als „dyadischer Angelpunkt posttraumatischer Bewältigungsversuche" (Birck, 2001, S. 48) verstehen, der zwar zu einer Dauerbelastung führt, jedoch insgesamt vom Organismus als Schutz eingerichtet ist. Zu diesen Ausdrucksformen gehören Schweigen, Verleugnen und auch Vergessen. Bei aller scheinbaren Absurdität und Dysfunktionalität stehen diese Symptome zunächst also im Dienst des Überlebens der Betroffenen (Birck, 2001). Häufig ist eine Aufarbeitung daher (zu Beginn) gar nicht möglich. Allerdings kann diese Bewältigungsstrategie später zu einem festen Persönlichkeitsbestandteil mit psychosozialen Beeinträchtigungen werden (vgl. u. a. Menne & Ebbinghaus, 2022). Das bestätigen inzwischen auch Überblicksarbeiten (z. B. Sosic-Vasic et al., 2015) (Abb. 7.1).

Das – sehr gut nachvollziehbare (Schaumann et al., 2021) – Schweigen bedeutet daher keine Freiheit von Symptomatik, im Gegenteil. Jede Entwicklungsstufe stellt traumatisierte Menschen vor neue Anforderungen, deren Wahrnehmung und

Bewältigungswege

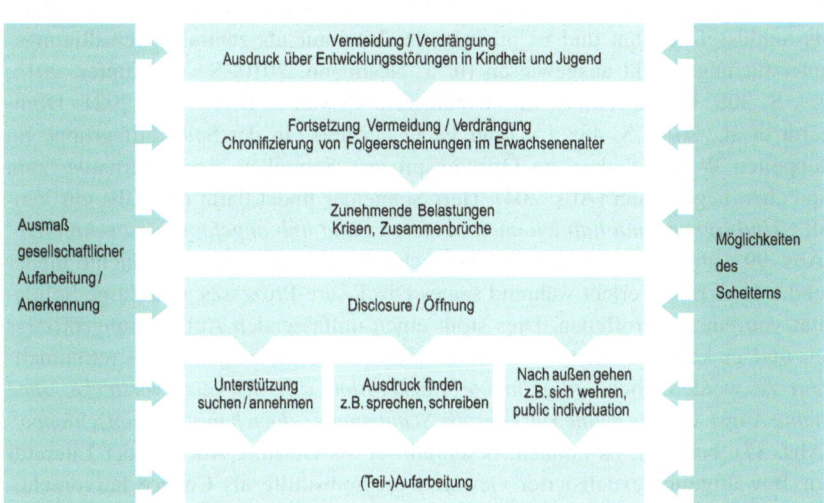

Abb. 7.1 Bewältigungswege. (Eigene Darstellung; vgl. auch Gabriel et al. in Druck)

Bewältigung durch die Geschichte der vorangegangenen Erfahrungen geprägt sind, wie durch ein Prisma „aktiv wirkende[r] Biographie" (Röper & Noam, 1999, S. 241; vgl. auch die sozialwissenschaftliche Theorie sexualisierter Gewalt nach Caspari, 2021). Einerseits ist nach traumatischen Erfahrungen die Resilienz – als Fähigkeit, internale und externale Ressourcen erfolgreich zu nutzen (Fröhlich-Gildhoff und Rönnau-Böse, 2005, 2022) – geschwächt, nicht nur Kindheit und Jugend, sondern jeder Übergang in einen anderen Lebensabschnitt ist von kritischen Phasen und entwicklungsabhängigen Krisen gekennzeichnet, die zu mannigfaltiger Symptomatik führen können. Andererseits entwickeln sexuell traumatisierte Personen auch kreative und vitale Überlebensstrategien (Herman, 1992, 2018, S. 109). Auch Symptomentwicklung lässt sich also als Versuch der Bewältigung verstehen, „der die Veränderung eines andernfalls unerträglichen Zustandes zum Ziel hat" (Butollo & Gavranidou, 1999, S. 467; vgl. aktuell Helfferich et al., 2021b). Nach vielen Jahren des Schweigens steigt daher für die meisten Betroffenen der Druck. Um nicht *„irre im Kopf"* zu werden, wie es Herr Wiegand (Abs. 508) ausdrückt, müssen neue Wege der Bewältigung gefunden werden (s. Abb. 6.2.3). Im weiteren Lebensverlauf eröffnen sich Möglichkeiten zu einer aktiven Auseinandersetzung mit dem Geschehenen (Fischer & Riedesser,

2020, u. a. S. 168–170) – wenn auch nicht immer, so doch häufig. Unterstützung durch andere Betroffene zu erleben, wird von den Interviewten besonders häufig als Schlüssel benannt und ist auch in der Literatur als zentraler Bewältigungsunterstützungsaspekt ausgewiesen (u. a. Nestmann, 2010, S. 31; Kupfer, 2015, bes. S. 308–320; spezifisch für sexualisierte Gewalt z. B. Caspari, 2021; Domhardt et al., 2015, S. 488 f.). Frau Faber „erfährt" in der Selbsthilfegruppe im doppelten Wortsinn, dass im Öffnungsprozess Schreiben eine Alternative zum Sprechen liegen kann (Abs. 204). Herr Schneider findet darin ebenfalls ein Ventil: *„Und irgendwann hab ich mich hingesetzt und hab angefangen zu schreiben"* (Abs. 99), innerhalb von acht Wochen schreibt er seine ganze Geschichte nieder (ebd.). Herr Baake erlebt während seines Disclosure-Prozesses aufrichtige Solidarität von einer Betroffenen. Dies stößt einen umfassenden Aufarbeitungsprozess an, und er kann sich heute berührbar und verletzlich zeigen, ohne retraumatisiert zu werden: Sich *„ohne meine Maske, ohne dass ich mich verstecke, ohne meine Angst … ohne meine riesengroße Schutzmauer, die ich mit mir rumschleppe"* (Abs. 37), bewegen zu können, beschreibt er als Gewinn. Auch in der Literatur zur Bewältigung sexualisierter Gewalt wird Selbsthilfe als Chance hervorgehoben. Hier kann ein Raum der Zugehörigkeit entstehen, in dem Betroffene sich ohne viele Erklärungen und Rechtfertigungen verstehen und gegenseitig unterstützen. Gewaltüberlebende erleben dies als Hilfe bei der Auseinandersetzung mit der Gewalterfahrung, für manche ist dies bedeutsamer für ihre Bewältigung als Formen professioneller Unterstützung (u. a. Caspari, 2021; Schlingmann, 2000).

„Bewusstwerdung heißt, sich eine innere Konzeption des Geschehens zu erarbeiten, der das Potenzial für Heilung innewohnt" (Caspari et al., 2021a, S. 194). Dies geschieht jedoch nicht unter Ausschluss der äußeren Einflüsse und vor allem der sozialen Einbettung und bedeutet insbesondere, „den Wirklichkeitskonstruktionen des Täters innerhalb des exklusiven Raum *[sic]* des Missbrauchssystems" (ebd.) eine Alternative entgegenzusetzen. Dieser Disclosure-Prozess vollzieht sich, obgleich er sich im Endeffekt als hilfreich erweist (vgl. Alaggia et al., 2019, S. 264), für die Interviewten jedoch nicht schmerzfrei: Emotionen brechen auf, allen voran Ängste und Schamgefühle. Sich daraufhin nicht erneut zu verschließen oder hinter Radikalität zu verschanzen, kostet Kraft und Selbstreflexion, so die Interviewten. Entscheidend hierfür ist, ob und wenn ja, wie Disclosure vom sozialen Umfeld unterstützt wird (Schaumann et al., 2021). „Gewalt findet zwischen Personen statt. Sie ist eingebettet in Gewaltverhältnisse und hat eine gesellschaftliche Bedeutung. Ohne diese einzubeziehen können die Auswirkungen nicht überwunden werden" (Caspari, 2021, S. 228). Erik Schneider beschreibt es sehr anschaulich: *„Es war schwer, und ich habe auch nicht alles erzählen können …, das ist nicht dieser Befreiungsschlag"* (Abs. 209), und dennoch empfindet er es als *„ein Stück der Ehrlichkeit, [die] ich meinen Leuten gegenüber schulde"* (Abs. 215; Erg. v. Verf.). Disclosure ist also letztlich ein interaktives Geschehen von Betroffenen mit Personen aus ihrem Umfeld (Alaggia et al., 2019; Kavemann et al., 2016, S. 30, 276 f.). Dabei können im positiven Fall konstruktive Kräfte freiwerden. Fiona Faber z. B. hat inzwischen den Mut gefunden – schriftlich als auch mündlich – zu widersprechen, wenn Tatsachen, wie das Bestehen von kirchlichen Heimen in der DDR infrage gestellt werden. Sich heute zur Wehr setzen zu können, das Unrecht sichtbar zu machen, bedeutet für sie, sich wieder lebendiger und kraftvoller zu fühlen: *„Das waren ... einschneidende Erlebnisse, die mich aber auch darin bekräftigt haben: ‚Mach weiter! Rede darüber!' Und mach ich halt bis heute"* (Abs. 127). Auf dieser Basis entwickelt Frau Faber die Fähigkeit, sich mit ihren Erfahrungen „öffentlich zu machen im Sinne einer public individuation", wie Busch et al. (2020, S. 321) es ausdrücken. „Die Betroffenen erleben sich als selbstwirksam und sie erhalten Anerkennung für ihr Engagement. Durch Vernetzung und Kooperation erweitert sich ihr Wirkungsradius, was zu einer Ausdifferenzierung ihres Expert*innenstatus führt" (ebd., S. 324; vgl. auch das Konzept der Handlungsbefähigung bei Caspari, 2021, 2022; s. Abschn. 3.3). Bedeutsam am Konzept der Handlungsbefähigung ist in diesem Kontext, dass „die Dimensionen der Handlungsbefähigung für die Bewältigung sexualisierter Gewalt insofern relevant sind, weil sie in einem antithetischen Verhältnis zu bekannten Folgen solcher Erfahrungen stehen und ... bei Betroffenen von sexualisierter Gewalt das Risiko bestehen dürfte, dass sie eine geringere Handlungsbefähigung aufweisen als Menschen, die solche Erfahrungen nicht gemacht haben. Daraus ergeben sich Ansatzpunkte sowohl für empirische Forschungen als auch für die Unterstützung Betroffener" (Caspari, 2022, o. S.).

Auch Frau Hansen hat festgestellt, dass durch die Erfahrung von Wehrhaftigkeit das Gefühl wegfällt, der Täter sei immer noch präsent: *„Der hatte immer noch diese Gewalt und Kraft über mich, ja das, das fällt weg"* (Abs. 422). Sie konfrontiert ihn offen auf der Straße. Ihre Pflegemutter hingegen hat sie zwar auf die früheren Geschehnisse angesprochen (Abs. 52), versucht aber auch, sie zu verstehen und ihr zu verzeihen: *„Weil sie ja wirklich ..., ich mein, welche, welches Opfer versucht eigentlich zu verstehen, aber ich habs irgendwann, weil keine Ahnung, Wut bringt einen nicht weiter, das zerfrisst, macht kaputt im Schädel"* (Abs. 56). Wie hilfreich in der Bewältigung diese Entwicklung von Öffnung nach außen, Mut und Wehrhaftigkeit, vor allem aber die Anerkennung und Unterstützung durch Andere sein kann, hat aktuell das verwandte Forschungsprojekt „Briefe" (vgl. u. a. Rassenhofer et al., 2021, S. 85) aus dem Bereich der Aufarbeitung sexualisierter Gewalterfahrung gezeigt. Allerdings wurde auch hier nochmals deutlich, dass Nach-außen-Gehen und Sprechen nur helfen können, wenn der Einflussbereich der Täter:innen nicht mehr besteht (vgl. auch Caspari et al., 2021a). Als Grundlage bedarf es also einer gesellschaftlichen Verantwortungsübernahme und einer angemessenen Resonanz den Sprechenden gegenüber. Sprechen ist infolgedessen ein „psychosozialer Prozess" (Draucker & Martsolf, 2008). Betroffene dürfen nicht mehr als Bittsteller, sondern müssen in ihren berechtigten Ansprüchen wahrgenommen werden (Caspari, 2021; Etzel et al., 2021) und angemessene Hilfestellung erhalten. Das erarbeitete obige Modell lässt sich gut mit der bereits mehrfach erwähnten sozialwissenschaftlichen Theorie sexualisierter Gewalt nach Caspari (2021) zusammendenken.

7.4   Ein breites Spektrum an selbsthilfeorientierter wie professioneller Unterstützung bieten – bedarfsorientiert auf den Prozess der Betroffenen zugeschnitten

Die Folgeerscheinungen im sozialen Bereich werden von den Interviewten als besonders umfassend geschildert. *„Ich bin nicht beziehungsfähig"*, konstatiert Andrea Manthay (Abs. 335–347) im Interview. Ein soziales Umfeld aufzubauen, das soziale Unterstützung zu bieten vermag, wird daher von vielen Betroffenen als schwierig erlebt. Nadine Neussert fällt es bis heute schwer, Unterstützung anzunehmen: *„Man will alles alleine schaffen …, ich weiß nicht, ob das auch … typisch ist dafür, von dieser Erziehung her. Man bettelt nicht um Hilfe, man fragt nicht um Hilfe, man schafft das alleine, und so ist das bei mir heute immer noch"* (Abs. 201; vgl. auch Erik Schneider, Abs. 95). Die nahezu ausnahmslos schlechten Beziehungserfahrungen vor und während der Heimzeit zeitigen ihre Folgen. *„Das war die Einzige, die halt wirklich an mein Bett kam"*, berichtet Frau Manthay (Abs. 30 f.) von den raren positiven Beziehungserfahrungen, die sie erinnert. Entsprechend schwer fällt es den Interviewten, Vertrauen aufzubauen. Einen Menschen als Freund:in zu empfinden, *„da gehört schon viel dazu"*, sagt Bernhard Baake (Abs. 25). Die familiären Beziehungen gestalten sich aufgrund der schmerzhaften biografischen Geschehnisse und des daraus meist resultierenden Schweigens oft schwierig. Im Öffnungsprozess erleben jedoch einige Interviewte auch berührende Enthüllungen: Andrea Manthay z. B. erfährt erst jetzt von den Bemühungen ihrer Mutter, sie aus dem Heim zurückzubekommen: *„Ich wusste halt nicht, … dass sie nicht durfte"* (Abs. 60). Andere finden nahe Familienangehörige wieder (u. a. Gloria Hansen, Abs. 117; Kurt Wiegand, Abs. 306–333). Behutsam müssen also die neuen Möglichkeiten und Risiken gleich einem Beziehungsdschungel ausgelotet

und abgewogen werden. Als einschneidendste Auswirkungen der Gewalterfahrungen benennen auch die Teilnehmenden der Gruppendiskussion die Fähigkeit,
Nähe und Intimität in Partnerschaften wie auch mit den eigenen Kindern zuzulassen. Sie ergänzen zudem den Wunsch nach Beziehung als bleibende Leerstelle in
der Biografie, weil die Beziehungsfähigkeit so stark eingeschränkt ist, dass Nähe
gar nicht erst zugelassen wird: *„Würde ich alles … so unterschreiben. Vielleicht
noch, dass … die Probleme in diesen Beziehungen und eben auch das Nichtvor-
handensein dieser Beziehung als Problem. Also wenn … das Verhältnis zu Nähe
oder Möglichkeiten von Vertrauen … so eingeschränkt sind, dass eben die Frage
einer eigenen Familie, dass es so weit überhaupt nicht kommt, aber möglicherweise ein sehr großer Wunsch danach da ist"* (GD, Abs. 69). Problematisiert
wird in der Gruppendiskussion zudem das besonders für Männer geltende Vor-
urteil, dass sie als Betroffene von sexualisierter Gewalt später bei ihren Kindern
zum Täter werden könnten (GD, Abs. 62). Nach früh im Lebensverlauf erfah-
rener Gewalt wieder ein soziales Unterstützungsnetzwerk aufzubauen, ist in der
Netzwerkforschung ein bekanntes Problem (zu den „heilenden" Wirkungen sozialer Netzwerke vgl. Nestmann, 2010). Die Bindungs- und Beziehungsstrukturen
sind häufig nachhaltig beeinträchtigt oder konnten erst gar nicht angemessen
aufgebaut werden (Gahleitner, 2017, S. 92). Rückhalt im Freundes- oder Ver-
wandtschaftskreis erweist sich daher nur selten als tragfähig. In diesem Kontext
stellen Selbsthilfeangebote und -möglichkeiten eine wichtige Brücke und Chance
für die Betroffenen dar, innerhalb eines geschützten Rahmens und doch bereits
in einem sozialen und öffentlichen Raum erste Schritte zu machen.

Dies wird auch von den Interviewten so gesehen. Frau Manthay sagt zusammenfassend: *„Also rein vom, vom Emotionalen her, glaub ich, hilft einer Betroffenen
oder einem Betroffenen am besten ein Betroffener oder eine Betroffene …, weil
sie verstehen am besten, was war"* (Abs. 157). Gemeinsam können vorsichtig
erste Schritte von Disclosure gemacht werden. Frau Faber wird auf diese Weise
„ermutigt" (Abs. 116), ihre Gedanken zunächst aufzuschreiben: *„Schreibt doch
einfach auf, wenn ihr nicht darüber reden könnt"* (ebd.). Solidaritätserfahrungen
werden möglich: *„Wenn ich irgendwo persönlich hingegangen bin, war ich nie
alleine"* (Fiona Faber, Abs. 299). Als stärkste Unterstützung empfinden es die
Interviewten, wenn diese Angebote an sie herangetragen werden, aber keinen
Verpflichtungscharakter haben, wie dies in sozialräumlichen Projekten möglich
ist: *„Da lernen sich manchmal welche kennen und … können was unternehmen,
außerhalb dieser Einrichtung, können sich verabreden, … wenn die Chemie stimmt,
ja. Denn viele sind alleine, die da kommen"* (Fiona Faber, Abs. 187). Beispielsweise
über ein Archiv Erinnerungskultur zu pflegen und an die Öffentlichkeit heranzu-
treten, erleben einige Befragte als hilfreich. Diesen Aspekt bestätigen auch die

Fachkräfte aus der Gruppendiskussion: In der Selbsthilfe greift der geteilte Raum, in dem niemand sich erklären muss, weil es unhinterfragte geteilte Erfahrungen gibt. Dies kann in angeleiteten Selbsthilfegruppen sowie bei (selbst)organisierten Spaziergängen geschehen, *„wo einfach nebenbei gesprochen wird und das als sehr stärkend, als sehr stärkend erfahren wird"* (GD, Abs. 75). Auch das kann zu Selbstermächtigungserfahrungen führen: *„Ich halte eigentlich den Aspekt der Selbstermächtigung auch parallel zu einer Therapie eigentlich für total zentral gerade für diese entwürdigenden Erfahrungen ..., die natürlich ... so ein Konzept des gesunden Erwachsenwerdens ... völlig gebrochen [haben]. Also insofern denke ich, dass ... jede Art von Selbsthilfeaktivitäten eigentlich zentral ist, um irgendwie das Gefühl der Selbstwirksamkeit auch zu steigern oder überhaupt erst mal zu bekommen. Und der Austausch mit anderen natürlich ganz, ganz wichtig. ... Und es muss gar nicht unbedingt mit ‚Selbsthilfegruppe' überschrieben sein"* (GD, Abs. 75; Erg. v. Verf.). Dennoch betonen einige Betroffene, die Selbsthilfeaktivitäten sollten koordiniert und angeleitet werden (vgl. u. a. Bernhard Baake, Abs. 202–209; Olaf Ehlers, Abs. 423), so auch Frau Hansen: *„Im Notfall [müsste] jemand da sein, der vom Fach ist, der überhaupt versteht, was in dem Moment passiert, ... wenn jemand über bestimmte Sachen redet"* (Abs. 64; Erg. v. Verf.). Es geht den Interviewten also um eine öffentliche Dimension in dennoch geschützter Atmosphäre und um ein Geben wie auch Nehmen. Aktuell hat Mosser (2020; vgl. auch Caspari, 2021) ein ähnliches Phänomen aus Interviews mit Betroffenen institutionalisierter sexualisierter Gewalt theoriebildend herausgearbeitet: „Indem Selbsthilfegruppen eine definierbare und abgrenzbare Öffentlichkeit konstituieren, könnte man sie als einen Ort definieren, der im Grenzbereich zwischen ‚anvertrauen' und ‚veröffentlichen' anzusiedeln ist" (S. 339). Darüber können „Erfahrungen der Anerkennung, Bestätigung und Selbstvergewisserung generiert werden" (S. 345). Die Aktivierung sozialer Ressourcen ist dabei als „wirksamste Formen der Ermächtigung" (S. 344) anzusehen. Einige Interviewte beginnen an diesem Punkt auch, sich selbst zu professionalisieren, die erfahrene Solidarität zurückzugeben und für weitere Öffentlichkeit zu sorgen. Dies hilft ihnen, sich selbst weiter zu stabilisieren (Bernhard Baake, Abs. 37). Im positiven Fall entwickelt sich daraus ein Netzwerk von Professionellen und Betroffenen, die fruchtbar zusammenarbeiten und eine Brücke für weitere Betroffene bilden, die gerade erst mit einer Auseinandersetzung beginnen. Und auch für den eigenen Bewältigungsprozess erweist sich dies nützlich.

Denn an Unterstützung von professioneller Seite müssen sich die Betroffenen erst herantasten. Psychotherapieversuche zu Beginn des Bewältigungsprozesses scheitern nicht selten an der Überforderung beider Seiten. Herr Wiegand z. B. wird bereits im Erstgespräch nach 20 min von der Fachkraft unterbrochen: *„Und* *sagte der Herr Professor Doktor, hast du nicht gesehen, ja: ‚Entschuldigung, aber dafür bin ich nicht zuständig. Das geht mir einfach viel zu viel an meine Substanz'. … Und dabei habe ich noch nicht mal ausgeholt!"* (Abs. 441–443). Auch die Sorge, die Kontrolle über die Themen und die Situation zu verlieren, erschwert den Zugang (Erik Schneider, Abs. 231). Von der Schwierigkeit, eine geeignete Therapie im Bewältigungsprozess zu finden, sprechen nicht nur viele Interviewte, sondern darauf weisen bereits zahlreiche Forschungsergebnisse hin: „Das ist … leider schon fast wie ein Sechser im Lotto", zitieren Etzel et al. (2021, Folie 5) eine Betroffene aus dem Projekt „Briefe". Es komme zu unsensiblen Reaktionen und Retraumatisierung, häufig aufgrund von Unwissen und fehlender Kompetenz (ebd., Folie 9). Auch die Gruppendiskussion bestätigt, wie selten hier gute Erfahrungen gemacht werden. Fachkräfte brauchen demnach Fach- und historisches Wissen rund um die damaligen Kinderheime in der DDR, damit ein Hilfeprozess gelingen kann (GD, Abs. 43). Doch hier klafft eine große Lücke: *„ Wahrscheinlich aus großem Unwissen, … dass auch bei Therapeuten, bei Professionellen eine große Unbedarftheit, ein großes Unwissen über die Zustände in der Heimerziehung geherrscht haben, herrschen wahrscheinlich bis heute"* (GD, Abs. 46). Daher ist „im Hinblick auf geeignete Hilfen für Betroffene … die Entwicklung eines vertieften Verständnisses der Art und Weise notwendig, wie betroffene Menschen versucht haben, mit ihren im Zusammenhang mit der erlebten Gewalt auftretenden Belastungen umzugehen. Symptome erscheinen dann als Ausdruck von Bewältigungsversuchen, sie sind mithin subjektiv funktional" (Caspari, 2021, S. 105). Hilfen müssen demnach auf eine Art und Weise gestaltet werden, „die eine Bearbeitung sowohl der sozialen als auch der psychischen Folgen der sexuellen Viktimisierung ermöglicht" (ebd., S. 106, unter Bezug auf UBSKM, 2011). „Die Frage, was ‚tatsächlich' hilft, ist damit nicht beantwortet, aber der Inanspruchnahme von Hilfe gehen normalerweise wichtige Prozesse wie die Einsicht der Notwendigkeit von Hilfe sowie das Suchen und Finden von Menschen, die Hilfe bieten, voraus" (Caspari et al., 2021a, S. 204). Die Interviewten berichten anschaulich, dass das, was sie zunächst brauchten, nicht unbedingt „klassische" Therapie war, sondern eher als eine behutsame, bedarfsgerechte Lebensbegleitung zu beschreiben ist: *„Sie macht keine Therapie, aber …"*, berichtet Frau Faber (Abs. 131–133) von ihrer hilfreichen Psychiaterin. Auch spielt die Passfähigkeit zum jeweiligen Bewältigungsprozess eine wichtige Rolle. Für Herrn Baake z. B. kam ein Klinikaufenthalt zur rechten Zeit: *„Es war vielleicht auch einfach wirklich der richtige Moment, und … ich war natürlich auch sehr motiviert"* (Abs. 61 f.). Martina Jopmann berichtet, sie habe nach einigen Umwegen zu einer guten Therapeutin gefunden, die sie auch heute noch bei Bedarf begleitet und ihr sehr hilft: *„Aber es war ein langer Weg. ... Sehr lang. Also schon Wahnsinn. Wie viele Jahre ... vergehen mussten"* (Abs. 302). Je stärker die Belastung im Leben sich darstellt, desto mehr müssen niedrigschwellige und aufsuchende Hilfen den Bewältigungsprozess unterstützend einleiten, um Gefühle von Schuld, Scham und Verwirrung abbauen zu helfen. Den Absprung aus dem krisendurchzogenen Leben hätte Herr Kühnert z. B. niemals ohne diese Unterstützung geschafft: *„Ich bin kein Mensch, der gleich irgendwo hinrennt und sich irgendwo Hilfe holt. Ich probiers erst mal alleine oder gar nicht. Meistens gar nicht. Das ... ist mal so"* (Abs. 243-247). Verwundert berichtet er von der Alternativerfahrung: *„Mit Respekt und Achtung. Vernünftig reden und das alles. Ja, das kommt erst alles mit der Zeit dann"* (Abs. 253-245). Als sehr hilfreich beschreiben alle Interviewten in diesem Kontext einstimmig die Beratungsstelle rund um den Fonds: *„Das waren die einzigen Menschen, die mich gut behandelt haben"*, sagt Andrea Manthay (Abs. 113). Die Fondsberatung wird weiter unten erneut aufgegriffen.

7.5 *„Und die Gesellschaft macht ja bis heute die Augen zu"* – die entscheidende Rolle von Gesellschaft, Rechtssystem und Medien für den Bewältigungsprozess

Die Teilnahme an der Studie ist geprägt von dem Wunsch nach gesellschaftlicher Aufarbeitung. Die Enttäuschung der Betroffenen über die Rolle der Gesellschaft, des Rechtssystems und der Medien ist immer wieder Thema in den Interviews. *„Die Allgemeinheit will ... nichts ... hören ...: ‚Solange mich das nicht betrifft oder jemand aus meiner Familie, gehts mich gar nichts an'"*, sagt Fiona Faber tief enttäuscht (Abs. 274). „Wer sich keine unnützen Gedanken macht, streut keinen Sand ins Getriebe" beschrieb bereits Adorno (1977, S. 558) das bemühte Wegschauen der Bevölkerung bei Gewalttaten. *„Die Gesellschaft ist so"*, sagt Frau Neussert, man gehe davon aus, ein:e Betroffene:r sei *„bestimmt Schuld, wenn du im Heim bist. ... Da wird keiner nachfragen .... Nee, das wird heute immer noch so sein, und das ist eigentlich traurig"* (Abs. 292; Erg. v. Verf.; vgl. auch Martina Jopmann, Abs. 79). Diesen Eindruck bestätigen auch Aussagen der Gruppendiskussion. Besonders betont wird vor allem die Unzufriedenheit mit der wenig wahrgenommenen medialen Berichterstattung über die damaligen Zustände, das erlittene Leid und die Gewalt: *„Ich glaube, das Thema Heimerziehung ist für die Gesellschaft und für die Politik sowieso durch"* (GD, Abs. 116). Zwar stimmen nahezu alle Interviewten darin überein, dass es eine echte Wiedergutmachung nicht gibt: *„Bei mir gibts keine Wiedergutmachung. Das Wort gibts in meinem*

Wortschatz nicht. Und es ist unmöglich, wie soll das gehen? ... Wer macht denn wieder gut?" (Andrea Manthay, Abs. 173). Dennoch sehen sie ein großes unausgeschöpftes Potenzial, das die Gesellschaft, das Rechtssystem und die Medien zur Aufarbeitung beitragen könnten. Realität aber ist eher, negiert und stigmatisiert zu werden: *„Dieses Stigma hat dafür gesorgt, dass ich gesellschaftlich geächtet war"* (Erik Schneider, Abs. 182). Insbesondere löst Scheinheiligkeit bei den Betroffenen Wut aus. Fast alle berichten von gebrochenen Versprechen (vgl. z. B. Andrea Manthay, Abs. 123). Auch in der Gruppendiskussion wird eine große Diskrepanz zwischen Versprechungen aus der Öffentlichkeit und der realen Umsetzung angesprochen (GD, Abs. 99). Deutlich wird in den vorliegenden Ergebnissen: Für eine angemessene Aufarbeitung bedarf es eines proaktiven Verhaltens von Politik und Gesellschaft. Zu diesem Ergebnis kommen auch verwandte Studien zur Aufarbeitung sexualisierter Gewalt: Bei der Aufarbeitung muss es darum gehen, nicht das Schweigen der Betroffenen zu brechen, sondern vor allem das Schweigen derer, die als Zuschauer:innen damals und heute nicht geholfen haben (vgl. Kavemann et al., 2016, bes. S. 182–184; aktuell Claus, in Claus et al., 2021 bei der Podiumsdiskussion des Projekts „Briefe"): „Das Schweigen der anderen im Umfeld betroffener Kinder bleibt in der öffentlichen Wahrnehmung häufig verdeckt. Stattdessen wird über das Schweigen der Opfer gesprochen" (Andresen, 2020, S. 103). Es bedarf jedoch einer aufrichtigen Auseinandersetzung mit dem Leid der Betroffenen, um eine Anerkennung ihrer Überlebensfähigkeit wahrnehmen zu können, denn anerkennen kann man nur, wenn man verstanden hat (Helfferich et al., 2021b). Auch Imbusch (2017) arbeitet die „unterbelichtete Dimension von Gewalt" jenseits der üblicherweise vorherrschenden dyadischen Täter-Opfer-Zentrierung (S. 47; vgl. auch Schaumann et al., 2021, S. 30) heraus. Assmann (2016, 2020) spricht von einem „repressive[n] Vergessen" (S. 49–53) bzw. „komplizitäre[n] Schweigen" (S. 55), das Täter:innen geschützt und Betroffene in die Isolation gedrängt habe (vgl. auch Keupp, 2020, S. 307). Aber, so Adorno (1977): „Aufgearbeitet wäre die Vergangenheit erst dann, wenn die Ursachen des Vergangenen beseitigt wären. Nur weil die Ursachen fortbestehen, ward sein Bann bis heute nicht gebrochen" (S. 571).

„Der Begriff des ‚kommunikativen Schweigens' trifft es daher sehr gut, was unsere Gesellschaft mit den Heimkindern auf deren Kosten über Jahrzehnte hinweg ‚erfolgreich' praktiziert" (Keupp, 2020, S. 306). Von den Betroffenen wird dieses Schweigen als ein „Giftpaket" (ebd., S. 307) bezeichnet, das nicht so einfach zu entsorgen ist. „Es wirkt auf der individuellen Ebene in den Biographien der Betroffenen, in den Trägerinstitutionen, die gerne ihre modernisierte Fassade zeigen, aber mit der eigenen Geschichte von Menschenrechtsverletzungen möglichst nichts mehr zu tun haben wollen. Und es wirkt im gesellschaftlichen Raum, wenn große Gruppen von Bürger*innen das Gefühl haben müssen, dass man sie mit ihren oft unverarbeiteten traumatischen Erfahrungen alleine lässt oder acht- und respektlos stigmatisiert. Auf diesen drei Ebenen muss Aufarbeitung stattfinden" (ebd.). Ein besonders wunder Punkt, an dem sich die Ignoranz der Gesellschaft auskristallisiert, stellt für die Interviewten das Rechtssystem dar. Die Betroffenen sprechen hier keineswegs nur von Untätigkeit, sondern bezeichnen gerichtliche Verfahren als erneute Gewaltausübung: *„Das ist noch mal so wie noch mehr Schläge"* (Fiona Faber, Abs. 70). Vereinzelt wird diese Erfahrung auf mangelnde Wissensbestände zur Heimkinderproblematik zurückgeführt (Andrea Manthay, Abs. 127), aber damit allein lässt es sich aus Sicht der Interviewten nicht erklären. Von mehreren Betroffenen wird die Gerichtsinstanz mit all ihren Beteiligten als nicht vertrauenswürdig wahrgenommen: *„Wer acht Jahre und zehn Jahre vor Gericht klagen muss, um sein Recht zu kriegen, von dem feststeht, dass er Opfer ist: Was soll der denn noch tun?"* (Erik Schneider, Abs. 172; vgl. auch Fiona Faber, Abs. 165). Dazu treten Erfahrungen aus den Verfahren, Befragungen und Gutachtensituationen selbst, die für sich genommen als massive Übergriffigkeit bezeichnet werden müssen: *„War die Faust Tatsache drinne?"* (Gloria Hansen, Abs. 56), berichtet Frau Hansen z. B. von der gerichtlichen Befragung in einem Opferentschädigungsprozess (vgl. auch Gerke, 2021; Helfferich et al., 2021a). Der Verlust des Vertrauens gegenüber rechtlichen Instanzen im Kontext von Verfahren im Bereich sexualisierter Gewalt wird auch von anderen Forschungsprojekten als Ergebnis benannt (vgl. im Überblick Fegert et al., 2018). Dies ist fatal, denn nur „wenn Betroffene glaubhaft erfahren, … dass sie das Recht haben und … darin unterstützt werden sich zur Wehr zu setzen und sich Hilfe zu holen, können sie sich vorstellen, dass es wirklich Auswege gibt", konstatiert Roth (1997, S. 102). Dagegen wirkt es nach Keilson (1979, 2005, S. 327) kumulativ traumatisierend, die Auswirkungen von Gewalt als individuelle Psychopathologie zu kategorisieren, für deren Verarbeitung die Opfer selbst verantwortlich sind. Dies fügt den Opfern von Gewalttaten erneut Unrecht zu. Adorno (1977) konstatiert: „Die furchtbar reale Vergangenheit wird verharmlost zur bloßen Einbildung jener, die sich davon betroffen fühlen" (S. 557).

Zur Presse- und Öffentlichkeitsarbeit sind die Berichte heterogen. Frau Manthay berichtet von der Erfahrung, wenig Einfluss auf die letztlich veröffentlichten Passagen zu haben: *„Praktisch vieles einfach immer wieder geschnitten. Also im wahrsten Sinne des Wortes, ne? Weggeschnitten"* (Abs. 271–283). Auch Herr Wiegand hat den Eindruck, das Problem werde immer wieder geleugnet: *„Wir können nicht alle Lügner sein!"*, sagt er empört (Abs. 429). Bernhard Baake und einige andere wiederum klagen über die Medienpräsenz anderer Betroffener, die sich zu sehr auf die Entschädigungszahlungen konzentrieren: *„Die erste Forderung,* *die sie stellen …: ‚Wir wollen Entschädigung'"* (Abs. 148). An diesem Punkt ist bei den Betroffenen folglich ein breites Spektrum sehr unterschiedlicher Unzufriedenheiten festzustellen. Einig sind sich jedoch alle, dass *„Opfer keine Lobby"* (Gloria Hansen, Abs. 88) haben und der Umgang mit ihnen bezüglich der Wahl der Entwertungen und Beschämungen oftmals an den damaligen Heimaufenthalt anknüpft. Auch Herr Baake teilt das Gefühl, häufig nicht respektiert und ernst genommen zu werden, z. B. als „betroffener Professioneller": *„So nach dem Motto:‚Ja wie soll denn ein Behinderter einem anderen Behinderten helfen?'"* (Abs. 154). Wie heikel mediale Darstellungen in der Aufarbeitung von Gewaltverhältnissen sich gestalten, hat kürzlich das bereits erwähnte Projekt „Briefe" (Rassenhofer et al., 2021) aufgezeigt. Traumatisierte Menschen in der Bewältigung ihrer Traumata zu unterstützen, erfordert daher von allen in den Prozess der Begleitung Involvierten – auch in der Medienbranche – eine „reflektierte Parteilichkeit" (Oelschlägel, 2005, S. 275 f.). Das entgegengebrachte Unverständnis und die Ausgrenzung (Herman, 1992, S. 51 ff.) führen zu Phänomenen der „ethical loneliness" (Stauffer, 2015). Verlassenheitsgefühle und Einsamkeit bedingen einen Vertrauensverlust in sich, andere und die Gesellschaft (S. 15). Nur durch die Erfahrung von Mitmenschen, die stark genug sind, die Erzählungen auszuhalten, sie bezeugen und die Glaubwürdigkeit wiederherstellen, kann eine neue und andere Situation entstehen (ebd., S. 109 f.). Auch Keupp (2020) kritisiert: „In einer Gesellschaft, in der die Skandalisierung zu einem der beliebtesten Volkssportarten geworden ist und Enttabuisierung Normalitätsstatus erlangt hat, wirkt es auf den ersten Blick paradox, dass die gewaltförmigen Grenzverletzungen in – zum Teil prominenten – Institutionen so lange aus den öffentlichen Diskursen ausgeklammert waren" (S. 307).

7.6   Wiedergutmachung gibt es nicht – aber was dann?

„Im Prinzip war das mehr oder weniger wie eine Ohrfeige. Und keine Wiedergutmachung. Und das war ja auch keine Entschädigung, das war ja eine … Form von Sachleistung, und wie die ganze Sache abgelaufen ist, war unglaublich", fasst Fiona Faber (Abs. 215) den Tenor der Interviewaussagen zum Thema Fonds zusammen. Auch Erik Schneider formuliert die Problematik des Fonds sehr deutlich: *„Wir haben in der Kindheit erlebt, dass man uns alle unsere Rechte aberkennt. Und heute mit 60, 65 Jahren, gibt es Leute, die … wieder besser wissen, was für mich das Beste ist. Ich werde also als 64-jähriger Mensch wieder entrechtet. … Mit welcher Arroganz und mit welcher Frechheit ist man eigentlich in der Regierung auf die Idee gekommen, dass man dazu das Recht hat?"* (Abs. 163). Ob nun in Bezug

auf die kurze Laufzeit, die schwierigen Bedingungen der Beantragung, die Bürokratie beim Abrufen des Fonds – für die Interviewten wurde die Zielsetzung
des Fonds, die Folgen wiedergutzumachen oder wenigstens abzumildern, nicht
erreicht: *„Kann man als Gutmachung nicht sehen"* (Martina Jopmann, Abs. 263,
vgl. auch Andrea Manthay, Abs. 109–111; Kurt Wiegand, Abs. 563–565; Gloria
Hansen, Abs. 263; Bernhard Baake, Abs. 177–199). Dass der Fonds nicht für alle
ehemaligen Heimkinder als gelungen betrachtet werden kann, haben auch verschiedene Untersuchungen ergeben, allen voran die ursprüngliche Evaluation des
Fonds durch das Institut für sozialpädagogische Forschung Mainz (ISM; Moos
et al. 2018). Nicht nur Frau Manthay, sondern eine Reihe weiterer ehemaliger
Heimkinder ist daher der Meinung: *„Er muss wieder aufgemacht werden, und
er muss gerecht ablaufen"* (Andrea Manthay, Abs. 239–241). Herr Wiegand sagt
bedauernd: *„Jeder von uns hat die Hoffnung eigentlich schon aufgegeben, weil den
Anfang hatten sie ja gemacht, und der war eigentlich auch, ja, ein guter Ansatz, aber
sie hätten weitermachen können und nicht mittendrin wieder aufhören"* (Abs. 563–
565; vgl. auch Fiona Faber, Abs. 297). Tatsächlich muss man sich auf dieser Basis
die Frage stellen, ob der Fonds, der mit dem Ziel antrat, jenseits der Stiftungs-
und Versorgungsfrage solle „eine überzeugend ausgesprochene und gesellschaftlich transparent gemachte moralische Rehabilitierung der Betroffenen" (Künast,
2008, S. 35) stattfinden, diese Aufgabe in seiner bisherigen Form erfüllt hat. Für
die in dieser Untersuchung betroffene Gruppe der Interviewten gibt es offenbar
noch keine befriedigende gesellschaftliche Anerkennung und Entstigmatisierung,
denn nur ein kleiner Teil von ihnen sieht darin mehr als einen bürokratischen
Aufwand: *„Das war immerhin ein Anfang"* (Daniela Decker, Abs. 327; vgl. auch
Stefan Strasser, Abs. 275; Jens König, Abs. 238).

In Anbetracht des vernichtenden Urteils über den Fonds erstaunt das positive Erfahrungsspektrum der Interviewten mit der begleitenden Fondsberatung
zunächst: *„Die Einzigen, die ich ... positiv in Erinnerung habe"*, betont Frau Manthay (Abs. 109). *„Was Besseres konnte mir nicht passieren"*, berichtet auch Fiona
Faber (Abs. 227). Beklagt wird lediglich die Begrenzung des Beratungsangebots
(u. a. Gloria Hansen, Abs. 70). Auch Hans Kühnert stellt die Wichtigkeit heraus, dass *„da richtige Hilfe rüberkommt, nicht finanzielle oder sonst welche Hilfe.
Sondern Hilfe, die man im Alltag braucht"* (Abs. 431). Auf diese Weise könnte
an die ehemaligen Heimkinder ein geeignetes Unterstützungsspektrum vermittelt werden, das sich fast alle Interviewten auch weiterhin wünschen. Dadurch
könnte zwar das erlittene Leid nicht wiedergutgemacht, jedoch könnten Betroffene zumindest bei der Bewältigung der Folgeschäden adäquat unterstützt werden
(vgl. dazu die Überlegungen zu gemeindenahen Ansätzen bei Caspari, 2021,
S. 249–252). Herr Baake empfiehlt aus seiner Erfahrung heraus die Förderung von

Initiativen und Strukturen, die den Zusammenhalt in Gruppen Betroffener fördern, besonders in den bereits angesprochenen angeleiteten Selbsthilfegruppen: *„Dass du Workshops machen kannst ..., die den Zusammenhalt ..., die Heilung fördern"* (Abs. 205–209). Frau Faber ist Mitinitiatorin eines Modellprojekts, das auf Spendenbasis eine sozialräumliche Einrichtung aufzubauen versucht, und empfiehlt dieses Modell zur Umsetzung für alle Bundesländer (Fiona Faber, Abs. 277). Das Projekt beinhaltet neben gezielter Beratung und bedarfsweiser Vermittlung in geeignete Psychotherapieplätze eine Reihe von selbsthilfeorientierten Einzel- und Gruppenangeboten. Die enthaltenen Angebote würden *„vor allen Dingen Menschen [helfen], die alleine leben .... Denn viele sind alleine, die da kommen"* (Fiona Faber, Abs. 183–187, Erg. v. Verf.). Frau Neussert hingegen sieht die Problematik einer Selbsthilfegruppe nur für Betroffene, denn *„wenn da so viele Heimkinder auf einmal alle über ihre Dinge [sprechen], ... das wär mir einfach zu viel"* (Abs. 274; Erg. v. Verf.). Bereits in der Vergangenheit wurde die Aufrechterhaltung eines deutschlandweiten Netzwerks von „Stützpunkten" (RTH, 2010, S. 32) gefordert, an denen Geschädigte fortlaufend informiert, beraten und unterstützt werden, die ihnen aber auch die Möglichkeit bieten, das in den Jahren der Fondslaufzeit entwickelte Zugehörigkeitsgefühl beizubehalten und weiter auszubauen (Martensen & Gahleitner, 2019) – jeweils angepasst an die individuellen Bedürfnisse der Betroffenen (GD, Abs. 113). Auch wurden bereits Konzepte vorgeschlagen für Projekte, die bereits vorhandene regionale Aktivitäten von Betroffenen mit berücksichtigen: „In den Einrichtungen selbst sollten Betroffene konzeptionell wie personell mit beteiligt sein" (Gahleitner & Loerbroks, 2011, S. 230; vgl. auch Caspari et al., 2018, 2021, S. 423 f.).

In der Gruppendiskussion wird dies aufgegriffen und mehr aufrichtige Partizipation und Einbindung von Betroffenen in alle sie betreffenden Prozesse gefordert. Unterschiedliche Gruppen sollten besser miteinander vereint werden, statt gegeneinander zu arbeiten (GD, Abs. 110). Auch die Betroffenen treibt dies um: Es *„müssen halt einfach die Betroffenen mit ins Boot geholt werden"* (Bernhard Baake, Abs. 199; vgl. auch Andrea Manthay, Abs. 167). Zentraler wird diese Forderung mit fortschreitendem Alter und der Frage, ob und wenn ja, wie eine Unterbringung in einem Altersheim möglich ist: *„Das ist wirklich ein ... wichtiger Punkt, den, ich glaube, viele gar nicht auf dem Schirm haben, wie schwierig das ist für Leute, die nachher irgendwann, wenn sie älter sind, ins Heim müssen"* (GD, Abs. 117). Sich vorzustellen, nach all den lebenslangen Folgen aus der Heimunterbringung im Alter wieder von Pflegenden abhängig zu sein und kein selbstbestimmtes Leben mehr führen zu können, ist besonders für diese Zielgruppe extrem heikel: *„Alles kann passieren, aber nicht zum Schluss mein Ende im Heim verbringen müssen. Ich habe selber jahrelang im Pflegeheim gearbeitet,* *und ich weiß, wie es da zugeht: Man ist nur eine Nummer. Man wird versorgt mit Essen, mit Getränken. Man wird nach Plan gebadet oder geduscht, je nachdem. Aber das Persönliche, die Zuwendung ist nicht möglich mit dem Personalschlüssel, den wir alle haben. Und die Angst haben ganz, ganz viele"* (GD, Abs. 116). Die – berechtigte – Angst, wieder an Menschen zu geraten, die kein Hintergrundwissen haben und daher nicht sensibel mit den Betroffenen umgehen, ist groß: *„Weil auch die, die später die Leute im Heim pflegen müssen, gar nicht wissen: Was ist da eigentlich passiert? Und deswegen auch gar nicht darauf eingehen können. Und das wird noch ... für viele ein richtiges Problem werden"* (GD, Abs. 117). Der Wunsch, genau dieses Thema ausführlich in die Politik zu tragen, um jetzt intervenieren zu können, ist entsprechend zentral: *„Das könnte man ja unbedingt auch einbringen in unsere Obersten da oben, dass die das auch auf dem Schirm haben"* (GD, Abs. 122). Dass Politik ehemalige Heimkinder *„auf dem Schirm"* (ebd.) haben sollte, ist allen Interviewten ein Anliegen. Eine nachhaltige Verständigung zwischen Verantwortlichen und Opfern bedarf „der Anerkennung der Realität der Gewalt", sagt Keupp (2020, S. 308). Um es mit Adorno (1977) auszudrücken: „Es kommt wohl wesentlich darauf an, in welcher Weise das Vergangene gegenwärtig wird: ob man beim bloßen Vorwurf stehenbleibt oder dem Entsetzen standhält durch die Kraft, selbst das Unbegreifliche noch zu begreifen" (S. 568).

Schlussgedanken

Die gesellschaftliche Aufarbeitung und Auseinandersetzung mit der Thematik der Heim- und Fürsorge-Erziehung in der BRD wie der DDR muss sich letztlich daran messen, wie diese Maßnahmen bei den Betroffenen selbst angekommen sind, insbesondere bei denjenigen, die sich in ihrem Bewältigungsprozess besonders vielen Herausforderungen ausgesetzt sahen und sehen (Martensen & Gahleitner, 2019). In den vorliegenden Interviews mit Menschen mit frühen tiefen Verletzungen durch sexualisierte und weitere institutionell gestützte Gewaltformen muss Aufarbeitung sich erweisen als „Sprachrohr von denen, denen mit viel Gewalt ... das Schweigen erzwungen wurde" (Keupp, 2020, S. 308). Dies muss proaktiv geschehen. „Betroffene haben viele gute Gründe sehr genau abzuwägen wem gegenüber und in welchen Situationen sie anderen anvertrauen, was ihnen gerade widerfährt bzw. was ihnen als Kind angetan wurde" (Kavemann et al., 2022, S. 9; vgl. auch Mehrick, 2021). Von Staat und Gesellschaft – und von Professionellen – muss das Vertrauen der Betroffenen deshalb erst wieder zurückgewonnen werden. Für eine angemessene Aufarbeitung bedarf es eines aktiven Verhaltens von Politik und Gesellschaft sowie der Fachcommunity, eines Aufbrechens „viktimisierender Kultur" (Briere, 1996, S. 84; vgl. auch Herman, 1992/2018; Keilson 1979/2005). Dies widerspricht allerdings bisherigen Erfahrungen: „Man will von der Vergangenheit loskommen" beschreibt Adorno (1977, S. 555) den niemals gelungenen Aufarbeitungsprozess des Holocaust. Hans Kühnert sieht das ähnlich, wenn er abschließend sagt: *„Das kriegen wir nicht, nicht in 100 Jahre oder sonst wann. Ja, das kriegen wir nicht ... aufgearbeitet"* (Abs. 82). Im Hinblick auf diese Erfahrungen „ist es bemerkenswert, in wie großer Zahl und mit welcher Energie betroffene Frauen und Männer seit vielen Jahren mit ihren Geschichten in die Öffentlichkeit gegangen sind" (Kavemann et al., 2022, S. 89).

Die Betroffenen in den Interviews dieser Untersuchung betonen insbesondere das Versagen von Rechtssystem und Staat. Dieses Versagen wird von zahlreichen Studien bestätigt (vgl. aktuell Kavemann et al., 2022). Unter dem Terminus „Transitional Justice" (Mihr et al., 2018) wurde der Aufarbeitungsbegriff daher in einen breiteren Kontext gefasst und weiterentwickelt. Die Herstellung von Gerechtigkeit – im Sinne der Verurteilung der Täter:innen, im Sinne der Wahrheitsfindung über Unrecht, Ursachen sowie Wiedergutmachung gegenüber den Betroffenen und im Sinne der Maßnahmen, die eine Wiederholung verhindern (Kavemann et al., 2022; vgl. auch Andresen, 2019) – wird hier als gesellschaftliche Aufgabe verstanden, die neben dem und über das Strafrechtssystem hinaus zu betreiben ist. Es geht um die „Überwindung wirkmächtiger Strukturen, die Unrecht ermöglichen" (Andresen, 2019, S. 26). Dazu gehören z. B. das Sichtbarmachen von Unrecht, das Aufdecken von Formen und Strukturen der Gewalt, die Institutionalisierung von Wissen und Zeug:innenschaft (als Grundlage für Anerkennungsprozesse) und das Entwickeln von Strategien, um Unrecht und Gewalt in Zukunft zu verhindern. Denn die Gesellschaft hat hier die Verantwortung und die moralische Pflicht, die Bedarfe jener Betroffenen aufzunehmen, die den Mut gefunden haben, sie in den Interviews und ihrem Leben in mühsamer Kleinarbeit zu entwickeln. Wie dabei deutlich wurde, wünschen sich die Betroffenen vor allem Orte, wo Gerechtigkeit, Unterstützung und Lebensqualität (Gloria Hansen, Abs. 348–349) möglich und lebbar sind, wo erlittenes Unrecht als solches anerkannt und umfassend verstanden wird. Letztlich geht es darum, dass Betroffene spüren, ihnen kann echter Respekt entgegengebracht werden (Kurt Wiegand, Abs. 435–437): Als *„Empathie mit Augenhöhe"* benennt dies Gloria Hansen (Abs. 173). Das bedeutet das Angebot einer bedarfs- und alltagsorientierten, niedrigschwelligen, betroffenenkontrollierten Unterstützung (u. a. Gloria Hansen, Abs. 381–382; Fiona Faber, Abs. 278; Bernhard Baake, 104–112), und zwar in allen Bereichen. Institutionen und Angebote werden benötigt, *„wo Betroffene sind ..., die sich gegenseitig unterstützen, wo dieses Vertrauen auch einfach da sein kann. ... Und, wo, wo's dann Selbsthilfegruppen gibt ..., wo vielleicht eine Fachberatungsstelle mit integriert ist, die ... nach'nem betroffenenorientierten Umgang arbeitet"* (Bernhard Baake, 104–112).

Aufarbeitung kann daher besonders für diese Betroffenengruppe nicht gleichgesetzt werden mit einfacher Dokumentation und individueller Therapie, sondern sie ist mit der Aufgabe verbunden, institutionelle und gesellschaftliche Strukturen zu beleuchten, die die Gewalt und das Unrecht ermöglicht haben. Außerdem sollen durch sie Möglichkeiten geschaffen werden, wieder mehr Chancengleichheit herzustellen, individuell, institutionell und auf der gesellschaftlichen Ebene (vgl. Capability-Ansatz bei Nussbaum, 2011; Sen, 2010). Kavemann et al. (2022), die Untersuchungen zum Gerechtigkeitsempfinden Betroffener angestellt haben, resümieren: „Die Unterscheidung zwischen Unglück und Unrecht ist zentral – sowohl für die Aufarbeitung im Individuellen als auch im Gesellschaftlichen" (S. 9); eine „Fortsetzung von Ungerechtigkeit im weiteren Verlauf des Lebens kann einen Prozess von sequentieller Traumatisierung" (S. 10; vgl. auch Keilson, 1979/2005) bewirken. „Anerkanntes Unrecht kann ebenso wie anerkanntes Leid zu Mitleid und Hilfeangeboten führen, darüber hinaus bringt es jedoch Ansprüche mit sich: auf gesellschaftliche Anstrengungen zur Wiederherstellung des Rechts und zu Wiedergutmachung bzw. Entschädigung" (Kavemann et al. S. 10). Daher haben die Interviewten ganz konkrete Wünsche an die Forschung: Nicht Produktion für die Schublade oder ausschließlich für universitäre Kontexte (wie so oft erlebt) sollte hier das Ziel sein, sondern gewünscht ist Forschung mit konkreten Auswirkungen. Optimal wären Veränderungen in der Wahrnehmung der Gesellschaft, politische Konsequenzen und rechtliche konkrete Schritte (Gloria Hansen, Abs. 366, 368, 378; vgl. auch Andrea Manthay, Abs. 349–351), z. B. „eine Petition zum Umsetzen von … Strafgesetzen" (Gloria Hansen, Abs. 368), ein leichterer Zugang zum OEG und StraRehaG sowie traumasensiblere Gerichtsverfahren (Fiona Faber, Abs. 133; Ute Hamann, Abs. 243) oder Anregungen für eine Qualitätsentwicklung heutiger Heime (Martina Jopmann, Abs. 329–330), die keineswegs immer den früheren pädagogischen Vorstellungen völlig entwachsen sind. Aus diesem Anstoß heraus ist die Leipziger Erklärung entstanden (vgl. https://www.testimony-studie.de/leipziger-erklaerung). Keupp (2020) zufolge heißt Aufarbeitung stets, Verborgenes für andere sichtbar werden zu lassen: „Genauso wie wir heute alles daransetzen müssen, Missbrauch keinen Raum zu geben, genauso entschlossen müssen wir die Untaten der Vergangenheit zum Thema unserer Gegenwart machen" (S. 308). Doch selbst wenn die gesellschaftliche Auseinandersetzung heute bereits angestoßen ist, stellt sich immer wieder die Frage: „Wie tief reichen diese Aktivitäten wirklich" (ebd.)?

Literatur

Ackard, D. M., & Neumark-Sztainer, D. (2002). Date violence and date rape among adolescents: Associations with disordered eating behaviors and psychological health. *Child Abuse & Neglect, 26*(5), 455–473. https://doi.org/10.1016/S0145-2134(02)00322-8.

Adorno, T. W. (1977). Was bedeutet: Aufarbeitung der Vergangenheit. In T. W. Adorno, *Gesammelte Schriften. Bd. 10.2: Kulturkritik und Gesellschaft. Teilbd. 2: Eingriffe. Stichworte. Anhang* (S. 555–572). Suhrkamp (Original erschienen 1959).

Alaggia, R., Collin-Vézina, D., & Lateef, R. (2019). Facilitators and barriers to Child Sexual Abuse (CSA) disclosures: A research update (2000–2016). *Trauma, Violence & Abuse, 20*(2), 260–283. https://www.ncbi.nlm.nih.gov/pmc/articles/PMC6429637/pdf/10.1177_1524838017697312.pdf. https://doi.org/10.1177/1524838017697312.

Allroggen, M., & Jud, A. (2018). Häufigkeiten von Übergriffen in Institutionen. In J. M. Fegert, M. Kölch, E. König, D. Harsch, S. Witte, & U. Hoffmann (Hrsg.), *Schutz vor sexueller Gewalt und Übergriffen in Institutionen: Für die Leitungspraxis in Gesundheitswesen, Jugendhilfe und Schule* (S. 83–89). Springer. https://doi.org/10.1007/978-3-662-57360-0_8.

Allroggen, M., Gerke, J., Rau, T., & Fegert, J. M. (2018). *Umgang mit sexueller Gewalt in Einrichtungen für Kinder und Jugendliche. Eine praktische Orientierungshilfe für pädagogische Fachkräfte*. Hogrefe. https://doi.org/10.1026/02839-000.

Allroggen, M., Rau, T., & Fegert, J. M. (2014). Sexuell belästigendes Verhalten unter Schülern – Häufigkeit, Entstehungsbedingungen und Handlungsoptionen. *Deutsche Medizinische Wochenschrift, 139*(3), 89–93. https://doi.org/10.1055/s-0033-1349659.

American Psychiatric Association (APA). (2000). *Diagnostic and statistical manual of mental disorders. DSM-IV-TR* (4., rev. Aufl.). APA.

American Psychiatric Association (APA) (2018). *Diagnostisches und statistisches Manual psychischer Störungen DSM-5* [Diagnostic and statistical manual of mental disorders] (P. Falkai, & H.-U. Wittchen, Übers., 2., korr. Aufl.). Hogrefe (englisches Original erschienen 2013).

Andresen, S. (2019). Was Aufarbeitung von Unrecht bedeutet. Ein Beitrag zur Klärung. In S. Andresen, D. Nittel, & C. Thompson (Hrsg.), *Erziehung nach Auschwitz bis heute. Aufklärungsanspruch und Gesellschaftsanalyse* (Frankfurter Beiträge zur Erziehungswissenschaft, Bd. 22, S. 23–44). BoD.

© Der/die Herausgeber bzw. der/die Autor(en), exklusiv lizenziert an Springer Fachmedien Wiesbaden GmbH, ein Teil von Springer Nature 2023
S. B. Gahleitner et al., *Sexualisierte Gewalt in der Heimerziehung der DDR*, Sexuelle Gewalt in Kindheit und Jugend: Forschung als Beitrag zur Aufarbeitung, https://doi.org/10.1007/978-3-658-40922-7

Andresen, S. (2020). Aufarbeitung sexueller Gewalt gegen Kinder und Jugendliche. Impulse für die sozialwissenschaftliche Gewaltforschung. *WestEnd. Neue Zeitschrift für Sozialforschung, 17*(1), 103–113.

Antonovsky, A. (1997). *Salutogenese. Zur Entmystifizierung der Gesundheit* (Forum für Verhaltenstherapie und psychosoziale Praxis, Bd. 36). DGVT (englisches Original erschienen 1987).

Arbeitsgemeinschaft für Kinder- und Jugendhilfe (AGJ). (2012). *Aufarbeitung der Heimerziehung in der DDR. Bericht.* AGJ. https://brj-berlin.de/wp-content/uploads/2014/03/Auf arbeitung_Heimerziehung.pdf.

Armstrong, L. (1985). *Kiss daddy goodnight. Aussprache über Inzest* [Kiss daddy goodnight] (H. Herborth, Übers.). Suhrkamp (englisches Original erschienen 1978).

Arp, A. (2012). Alltagserinnerungen von ehemaligen Heimkindern aus Spezialheimen der ehemaligen DDR. In Jenaer Zentrum für empirische Sozial- & Kulturforschung e. V. (Hrsg.), *Strukturen und Prozesse in den Spezialheimen der DDR in Thüringen. Forschungsbericht für das Ministerium für Soziales, Familie und Gesundheit des Freistaates Thüringen* (S. 74–166). Jenaer Zentrum für empirische Sozial- & Kulturforschung.

Arp, A. (2016). Soziale Lage ehemaliger DDR-Heimkinder in Thüringen 20 Jahre nach der Wiedervereinigung. In K. Laudien, & A. Dreier-Horning (Hrsg.), *Jugendhilfe und Heimerziehung im Sozialismus. Beiträge zur Aufarbeitung der Sozialpädagogik in der DDR* (Schriftenreihe des Deutschen Instituts für Heimerziehungsforschung; S. 39–60). BWV.

Arp, A. (2017). Annäherung an die Gewalterfahrungen ehemaliger Heimkinder aus DDR-Spezialheimen. Eine Oral-History-Untersuchung. *Bios, 30*(1–2), 235–258. https://doi.org/10.3224/bios.v30i1-2.15.

Arp, A., Butz, K., & Kalies, J. (2012). Leben nach dem Kinderheim: Folgen der Heimerziehung in der DDR. Eine Annäherung. In M. Hofmann, A. Arp, K. Butz, R. Gebauer, J. Kalies, & T. Ritter (Hrsg.), *Zur sozialen Lage ehemaliger DDR-Heimkinder in Thüringen. Forschungsbericht im Auftrag des Thüringer Ministeriums für Soziales, Familie und Gesundheit* (S. 18–72). Jenaer Zentrum für empirische Sozial- & Kulturforschung. https://bildung.thueringen.de/fileadmin/content/tmsfg/abteilung4/ref erat31/forschungsbericht_soziale_lage_ddr-heimkinder.pdf.

Aschmann, B. (Hrsg.). (2022). *Katholische Dunkelräume. Die Kirche und der sexuelle Missbrauch.* Brill Schöningh. https://doi.org/10.30965/9783657791217.

Assmann A. (2016). *Formen des Vergessens* (Historische Geisteswissenschaft, Bd. 9, 5., unveränd. Aufl.). Wallstein (Erstaufl. erschienen 2016).

Assmann A. (2017). *Geheimnis, Schweigen, Reden.* Vortrag bei der ersten öffentlichen Anhörung der Unabhängigen Aufarbeitungskommission, 30.01.2017 in Berlin. https:// www.aufarbeitungskommission.de/wp-content/uploads/Transkript_Geheimnis-Schwei gen-und-Reden_Oeffentliches-Hearing-Sexueller-Kindesmissbrauch-Familie_Aufarbe itungskommission.pdf.

Assmann A. (2020). *Formen des Vergessens* (Historische Geisteswissenschaft, Bd. 9, 5., unveränd. Aufl.). Wallstein (Erstaufl. erschienen 2016).

Backes, S. (2015). Sexueller Missbrauch in Heimen. In J. M. Fegert, & M. Wolff (Hrsg.), *Kompendium „Sexueller Missbrauch in Institutionen". Entstehungsbedingungen, Prävention und Intervention* (S. 258–273). Beltz Juventa.

Bange, D. (1994). *Die dunkle Seite der Kindheit. Sexueller Mißbrauch an Mädchen und Jungen. Ausmaß – Hintergründe – Folgen* (2., überarb. Aufl.). Volksblatt (Erstaufl. erschienen 1992).

Bange, D. (2017). Sprechen und forschen über das Unsagbare. Sexueller Missbrauch, sexuelle oder sexualisierte Gewalt – Was unterschiedliche Begriffe bedeuten und wie sie entstanden sind. *DJI Impulse*, 13(2 [Nr. 116]), 28–31. https://www.dji.de/fileadmin/user_u pload/bulletin/d_bull_d/bull116_d/DJI_2_17_Web.pdf.

Bange, D., & Deegener, G. (1996). *Sexueller Mißbrauch an Kindern. Ausmaß, Hintergründe, Folgen*. Beltz PVU.

Bar-On, D. (1996). Ethical issues in biographical interviews and analysis. In R. Josselson (Hrsg.), *Ethics and process in the narrative study of lives* (S. 9–21). SAGE. https://doi. org/10.4135/9781483345451.n2.

Barth, J., Bermetz, L., Heim, E., Trelle, S., & Tonia, T. (2013). The current prevalence of child sexual abuse worldwide: A systematic review and meta-analysis. *International Journal of Public Health, 58*(3), 469–483. https://doi.org/10.1007/s00038-012-0426-1.

Beauftragter der Bundesregierung für die neuen Bundesländer (Hrsg.). (2012). *Aufarbeitung der Heimerziehung in der DDR. Expertisen.* AGJ. https://www.agj.de/fileadmin/files/pub likationen/Expertisen_web.pdf.

Beitchman, J. H., Zucker, K. J., Hood, J. E., daCosta, G. A., Akman, D., & Cassavia, E. (1992). A review of the long-term effects of child sexual abuse. *Child Abuse & Neglect, 16*(1), 101–118.

Bender, D., & Lösel, F. (2016). Risikofaktoren, Schutzfaktoren und Resilienz bei Misshandlung und Vernachlässigung. In U. T. Egle, P. Joraschky, A. Lampe, I. Seiffge-Kreake, & M. Cierpka (Hrsg.), *Sexueller Missbrauch, Misshandlung, Vernachlässigung* (4., erw. und überarb. Aufl., S. 77–103). Schattauer.

Benz, A. (2016). „Umerzogen" in den Heimen der DDR. In W. Benz, & B. Distel (Hrsg.), *„Gemeinschaftsfremde". Zwangserziehung im Nationalsozialismus, in der Bundesrepublik und der DDR* (S. 187–218). Verlag Dachauer Hefte.

Bereswill, M. (2018). Sexualisierte Gewalt und Männlichkeit – Ausblendungen und einseitige Zuschreibungen. In A. Retkowski, A. Treibel, & E. Tuider (Hrsg.), *Handbuch Sexualisierte Gewalt und pädagogische Kontexte. Theorie, Forschung, Praxis* (S. 111–118). Beltz Juventa.

Bergmann, C. (2022). *Erfahrungen in DDR-Kinderheimen. Bewältigung und Aufarbeitung.* Vortrag bei der Abschlusstagung des Testimony-Forschungsverbunds „Erfahrungen in DDR-Kinderheimen. Bewältigung und Aufarbeitung", 01.06.2022 in Leipzig.

Bergmann, C., & Power, K. (2022). Die Doppelt-Eingeschlossenen. In S. Andresen, D. Deckers, & K. Kriegel (Hrsg.), *Das Schweigen beenden. Beiträge zur Aufarbeitung sexuellen Kindesmissbrauchs* (S. 51–55). UKASK. https://www.aufarbeitungskommi ssion.de/wp-content/uploads/Das-Schweigen-beenden_Beiträge-zur-Aufarbeitung-sex uellen-Kindesmissbrauchs_BF.pdf.

Berliner Regionalgruppe Ehemaliger Heimkinder, Emrich, A., Ebner von Eschenbach, M.-F., Gahleitner, S.B., Gries, J., Kappeler, M., Laudien, K., Loerbroks, K., Ruhl, N. M., Sachse, C., & Scherer, H. (2011). *Heimerziehung in Berlin: West 1945–1975, Ost 1945–1989. Annäherungen an ein verdrängtes Kapitel Berliner Geschichte als Grundlage weiterer Aufarbeitung.* Archiv der Jugendkulturen. https://www.christian-sachse.de/hei merziehung/heimerz_bln1.pdf.

Beyler, G. (2018). Gedenkstätte Geschlossener Jugendwerkhof Torgau. *Sächsische Heimat-blätter, 64*(3), 340–342. https://journals.qucosa.de/shb/article/download/254/312/310. https://doi.org/10.52410/shb.Bd.64.2018.H.3.S.340-342.

Birck, A. (2001). *Die Verarbeitung sexualisierter Gewalt in der Kindheit bei Frauen in der Psychotherapie*. Behandlungszentrum für Folteropfer.

Böhme, W., Dehlsen, M., & Fischer, A. (1973). *Kleines Politisches Wörterbuch* (2., unveränd. Aufl.). Dietz (Erstaufl. erschienen 1972).

Böhnisch, L. (2019). *Lebensbewältigung. Ein Konzept für die Soziale Arbeit* (Zukünfte; 2., überarb. und erw. Aufl.). Beltz Juventa. https://doi.org/10.1007/978-3-658-15666-4_21.

Bretz, E., Bodenstein, F., & Petermann, F. (1994). Sexueller Mißbrauch von Kindern und Jugendlichen Diagnostik und Prävention. *Kindheit und Entwicklung, 3*(7), 39–53.

Briere, J. N. (1992). *Child abuse trauma. Theory and treatment of the lasting effects* (Interpersonal violence, Bd. 2). SAGE.

Briere, J. N. (1996). *Therapy for adults molested as children. Beyond survival* (2., überarb. und erw. Aufl.). Springer.

Briere, J. N., & Elliott, D. M. (1994). Immediate and long-term impacts of child sexual abuse. *The Future of Children, 4*(2), 54–69. https://dpi.wi.gov/sites/default/files/imce/sspw/pdf/inspireimpacts_csa.pdf.

Brockhaus, U., & Kolshorn, M. (1993). *Sexuelle Gewalt gegen Mädchen und Jungen. Mythen, Fakten, Theorien*. Campus.

BT-Drs. 16/9875 (Deutscher Bundestag. Drucksache vom 19.06.2008). (2008). *Fortschreibung der Gedenkstattenkonzeption des Bundes. Verantwortung wahrnehmen, Aufarbeitung verstärken, Gedenken vertiefen*. Deutscher Bundestag. http://dipbt.bundestag.de/doc/btd/16/098/1609875.pdf.

BT-Drs. 17/6143 (Deutscher Bundestag. Drucksache vom 08.06.2011). (2011). *Opfern von Unrecht und Misshandlungen in der Heimerziehung wirksam helfen*. Deutscher Bundestag. https://dserver.bundestag.de/btd/17/061/1706143.pdf.

Bundesministerium des Innern und für Heimat (BMI). (2022). *Polizeiliche Kriminalstatistik 2021. Ausgewählte Zahlen im Überblick*. BMI. https://www.bka.de/SharedDocs/Downloads/DE/Publikationen/PolizeilicheKriminalstatistik/2021/FachlicheBroschueren/IMK-Bericht.pdf.

Bundesministerium für Familie, Senioren, Frauen und Jugend (BMFSFJ), & Fonds Heimerziehung. (2019). *Abschlussbericht der Lenkungsausschüsse der Fonds „Heimerziehung in der Bundesrepublik Deutschland in den Jahren 1949 bis 1975" und „Heimerziehung in der DDR in den Jahren 1949 bis 1990"*. BMFSFJ. https://www.bmfsfj.de/resource/blob/137722/36ce82cf91fd7db8dae03a854e93d99a/abschlussbericht-lenkungsausschuesse-der-fonds-heimerziehung-data.pdf.

Bundschuh, C. (2011). Sexualisierte Gewalt in Einrichtungen der Kinder- und Jugendhilfe. Strategien von TäterInnen und tatbegünstigende Strukturen. *Verhaltenstherapie mit Kindern & Jugendlichen, 7*(2), 89–96.

Bundschuh, C. (2015). Sexualisierte Gewalt in der Erziehungshilfe. In M. Macsenaere, J. Klein, M. Gassmann, & S. Hiller (Hrsg.), *Sexuelle Gewalt in der Erziehungshilfe. Prävention und Handlungsempfehlungen* (S. 33–55). Lambertus.

Busch, B., Dill, H., & Mosser, P. (2020). Betroffene und ihr gesellschaftspolitisches Engagement gegen sexualisierte Gewalt. *Verhaltenstherapie & psychosoziale Praxis, 52*(2), 317–328.

Butollo, W., & Gavranidou, M. (1999). Intervention nach traumatischen Ereignissen. In R. Oerter, v. C.Hagen, G. Röper, & G. Noam (Hrsg.), *Klinische Entwicklungspsychologie* (S. 459–477). Beltz.

Caspari, P. (2021). *Sexualisierte Gewalt. Aufarbeitung und Bewältigung aus einer reflexiv-sozialpsychologischen Perspektive.* DGVT.

Caspari, P. (2022). Was kann das Konzept der Handlungsbefähigung zur Erklärung von Bewältigungsverläufen nach sexualisierter Gewalt beitragen? *Forum Gemeindepsychologie, 27*(1), Art. 4. http://gemeindepsychologie.de/200.html.

Caspari, P., Dill, H., & Weinhandl, K. (Hrsg.). (2022). Handlungsbefähigung – Beiträge zu einem wegweisenden gemeindepsychologischen Konzept anlässlich des 70. Geburtstages von Florian Straus [Themenheft]. *Forum Gemeindepsychologie, 17*(1). http://gemeindep sychologie.de/195.html.

Caspari, P., Dill, H., Caspari, C., & Hackenschmied, G. (2021a). *Irgendwann muss doch mal Ruhe sein! Institutionelles Ringen um Aufarbeitung von sexualisierter Gewalt und Machtmissbrauch an einem Institut für analytische Kinder- und Jugendlichenpsychotherapie* (Sexuelle Gewalt in Kindheit und Jugend: Forschung als Beitrag zur Aufarbeitung). Springer VS. https://doi.org/10.1007/978-3-658-35513-5.

Caspari, P., Dill, H., Hackenschmied, G., & Straus, F. (2021b). *Ausgeliefert und verdrängt – Heimkindheiten zwischen 1949 und 1975 und die Auswirkungen auf die Lebensführung Betroffener. Eine begleitende Studie zur Bayerischen Anlauf- und Beratungsstelle für ehemalige Heimkinder* (Sexuelle Gewalt in Kindheit und Jugend: Forschung als Beitrag zur Aufarbeitung). Springer VS (Original erschienen 2018). https://doi.org/10.1007/978-3-658-31476-7..

Censebrunn-Benz, A. (2022). *Stiefkinder der Republik. Das Heimsystem der DDR und die Folgen.* Herder.

Censebrunn-Benz, A., & Wenzel, M. (2021). *Den Betroffenen eine Stimme geben.* Geschlossener Jugendwerkhof Torgau.

Chen, L. P., Murad, H., Paras, M. L., Cobenson, K. M., Sattler, A. L., Goranson, E. N., Elamin, M. B., Seime, R. J., Shinozaki, G., Prokop, L. J., & Hirakzadeh, A. (2010). Sexual abuse and lifetime diagnosis of psychiatric disorders: Systematic review and meta-analysis. *Mayo Clinic Proceedings, 85*(7), 618–629.

Classen, C. C., Palesh, O. G., & Aggarwal, R. (2005). Sexual revictimization. A review of the empirical literature. *Trauma, Violence & Abuse, 6*(2), 103–129. https://doi.org/10.1177/1524830052275087.

Claus, K., Lehndorfer, P., Rörig, J.-W., Andresen, S., Schwedes, K., Ayata, U., & Helfferich, C. (2021). *Bilanz und Perspektive: „Den Stimmen der Betroffenen und ihren Forderungen Gewicht verleihen".* Podiumsdiskussion bei der Abschlusstagung der Unabhängigen Beauftragten für Fragen des sexuellen Kindesmissbrauchs (UBSKM) „Sprechen hilft? Rückblick auf die Kampagne der ersten UBSKM nach 10 Jahren", 09.03.2021 (virtuell). UBSKM. https://www.uniklinik-ulm.de/fileadmin/default/Kliniken/Kinder-Jugend psychiatrie/Videos/Abschlusstagung_Projekt_Briefe_2021.mp4.

Cohen, L., Manion, L., & Morrison, K. (2011). *Research methods in education* (7., überarb. Aufl.). Routledge.

Collishaw, S., Pickles, A., Messer, J., Rutter, M., Shearer, C., & Maughan, B. (2007). Resilience to adult psychopathology following childhood maltreatment: Evidence from a community sample. *Child Abuse & Neglect, 31*(2), 211–229. http://isiarticles.com/bun dles/Article/pre/pdf/35334.pdf.

COM/2004/824 (Commission of the European Communities – final report vom 22.12.2004). (2004). *Final report from the commission to the European parliament and the council on the Daphne Programm (2000–2003)* (Dokumente der Kommission der Europäischen Gemeinschaften). Commission of the European Communities. http://eur-lex.europa.eu/ LexUriServ/LexUriServ.do?uri=COM:2004:0824:FIN:EN:PDF.

Denzin, N. K. (1970). *Sociological methods.* A sourcebook (Methodological perspectives): Butterworths.

Deutscher Bundestag. (2008). *Empfehlung des Petitionsausschusses. Sitzung am 26. November 2008 zur Petition die Situation von Kindern und Jugendlichen in den Jahren 1949 bis 1975 in der Bundesrepublik Deutschland in verschiedenen öffentlichen Erziehungsheimen betreffend.* Deutscher Bundestag. http://www.vehev.org/images/Petitionsausschuss.pdf.

Die Beauftragte des Landes Brandenburg zur Aufarbeitung der Folgen der kommunistischen Diktatur (LAkD). (2019). *Novellierung der SED-Unrechtsbereinigungsgesetze.* LAkD. https://aufarbeitung.brandenburg.de/novellierung-der-sed-unrechtsbereinigungsgesetze.

DiLillo, D., & Long, P. J. (1999). Perceptions of couple functioning among female survivors of child sexual abuse. *Journal of Child Sexual Abuse, 7*(4), 59–76.

Domhardt, M., Münzer, A., Fegert, J. M., & Goldbeck, L. (2015). Resilience in survivors of child sexual abuse: A systematic review of the literature. *Trauma, Violence & Abuse, 16*(4), 476–493. https://doi.org/10.1177/1524838014557288.

Draucker, C. B., & Martsolf, D. S. (2008). Storying childhood sexual abuse. *Qualitative Health Research, 18*(8), 1034–1048. https://doi.org/10.1177/1049732308319925.

Dreier, A., & Laudien, K. (2012). *Einführung. Heimerziehung der DDR.* Landesbeauftragte für Mecklenburg-Vorpommern für die Unterlagen des Staatssicherheitsdienstes der ehemaligen Deutschen Demokratischen Republik.

Dufour, M. H., Nadeau, L., & Bertrand, K. (2000). Les facteurs de résilience chez les victimes d'abus sexuel: État de la question. *Child Abuse & Neglect, 24*(6), 781–797.

Düring, D. (2021). Umerziehung zur Sozialistischen Persönlichkeit im System der DDR-Spezialheimerziehung. *Forum Erziehungshilfen, 27*(2), 74–78.

Ebbinghaus, R., & Sack, M. (2013). Ehemalige Heimkinder der DDR. Was hilft bei der. Bewältigung ihrer komplexen Traumatisierung? *Trauma & Gewalt, 7*(2), 108–117.

Enders, U. (2012). Das geplante Verbrechen. Strategien der Täter und Täterinnen. In U. Enders (Hrsg.), *Grenzen achten. Schutz vor sexuellem Missbrauch in Institutionen. Ein Handbuch für die Praxis* (S. 63–108). Kiepenheuer & Witsch.

Etzel, A., Helfferich, C., Kavemann, B., & Forschungsgruppe von Betroffenen (2021). *Erfahrungen mit und Forderungen an Unterstützung.* Vortrag bei der Abschlusstagung der Unabhängigen Beauftragten für Fragen des sexuellen Kindesmissbrauchs (UBSKM) „Sprechen hilft? Rückblick auf die Kampagne der ersten UBSKM nach 10 Jahren", 09.03.2021 (virtuell). UBSKM. https://www.uniklinik-ulm.de/fileadmin/default/Kli niken/Kinder-Jugendpsychiatrie/Dokumente/7_Praesentation_Qualitativ_Unterstuet zung_Etzel_Kavemann.pdf.

Fegert, J. M., & Wolff, M. (Hrsg.). (2006). *Sexueller Missbrauch durch Professionelle in Institutionen. Prävention und Intervention. Ein Werkbuch* (Votum; 2., aktual. Aufl.). Juventa (Erstaufl. erschienen 2002).

Fegert, J. M., & Wolff, M. (Hrsg.). (2015). *Kompendium „Sexueller Missbrauch in Institutionen". Entstehungsbedingungen, Prävention und Intervention.* Beltz.

Fegert, J. M., Gerke, J., & Rassenhofer, M. (2018). Enormes professionelles Unverständnis gegenüber Traumatisierten. Ist die Glaubhaftigkeitsbegutachtung und ihre undifferenzierte Anwendung in unterschiedlichen Rechtsbereichen eine Zumutung für von sexueller Gewalt Betroffene? *Nervenheilkunde, 37*(7–8), 525–534. https://doi.org/10.1055/s-0038-1668320.

Fegert, J. M., Rassenhofer, M., Schneider, T., Seitz, A., & Spröber, N. (2013). *Sexueller Kindesmissbrauch – Zeugnisse, Botschaften, Konsequenzen. Ergebnisse der Begleitforschung für die Anlaufstelle der Unabhängigen Beauftragten der Bundesregierung zur Aufarbeitung des sexuellen Kindesmissbrauchs, Frau Dr. Christine Bergmann* (Studien und Praxishilfen zum Kinderschutz). Beltz Juventa.

Fegert, J. M., Rassenhofer, M., Schneider, T., Seitz, A., König, L., & Spröber, N. (2011). *Endbericht der wissenschaftlichen Begleitforschung zur Anlaufstelle der Unabhängigen Beauftragten zur Aufarbeitung des sexuellen Kindermissbrauchs Dr. Christine Bergmann, Bundesministerin a. D.* Universitätsklinikum.

Feldhoff, B. (13. Oktober 2016). Zwischen gesellschaftlicher Anerkennung und individueller Rehabilitierung. Eine (Zwischen-)Bilanz der Aufarbeitung der DDR-Heimerziehung. *Deutschland Archiv Online, 6*, Art. 235221. https://www.bpb.de/235221.

Feldhoff, B. (2018). Die politische, gesellschaftliche und wissenschaftliche Dimension der Aufarbeitung der DDR-Heimerziehung. In B. Baumgart, B. Feldhoff, P. Mützel, & R. Weber, *Zwischen Marginalisierung und Anerkennung. Eine Bestandsaufnahme zur Aufarbeitung der Heimerziehung in der DDR* (Auf Biegen und Brechen, Sonderbd., S. 11–51). Leipziger Universitätsverlag.

Felitti, V. J. (2002). Belastungen in der Kindheit und Gesundheit im Erwachsenenalter: Die Verwandlung von Gold in Blei [The relationship of adverse childhood experiences to adult health: Turning gold into lead] (G. Schüßler, Übers.). *Zeitschrift für Psychosomatische Medizin und Psychotherapie, 48*(4), 359–369. http://www.fruehe-kindheit.net/download/Gold-zu-Blei-2002.pdf. https://doi.org/10.13109/zptm.2002.48.4.359..

Ferenczi, S. (1933). Sprachverwirrung zwischen den Erwachsenen und dem Kind. Die Sprache der Zärtlichkeit und der Leidenschaft. *Internationale Zeitschrift für Psychoanalyse, 19*(1/2), 5–15.

Fergusson, D. M., Horwood, J. L., & Lynskey, M. T. (1996). Childhood sexual abuse and psychiatric disorder in young adulthood. 2: Psychiatric outcomes of childhood sexual abuse. *Journal of the American Academy of Child & Adolescent Psychiatry, 35*(10), 1365–1374.

Fergusson, D. M., Horwood, L. J., & Lynskey, M. T. (1997). Childhood sexual abuse, adolescent sexual behaviors and sexual revictimization. *Child Abuse & Neglect, 21*(8), 789–803. https://doi.org/10.1016/S0145-2134(97)00039-2.

Fergusson, D. M., McLeod, G. F. H., & Horwood, L. J. (2013). Childhood sexual abuse and adult developmental outcomes: Findings from a 30-year longitudinal study in New Zealand. *Child Abuse & Neglect, 37*(9), 664–674.

Finkelhor, D. (1984). *Child sexual abuse.* New theory and research: Free Press.

Finkelhor, D., & Browne, A. (1985). The traumatic impact of child sexual abuse: A conceptualization. *American Journal of Orthopsychiatry, 55*(4), 530–541.

Finkelhor, D., & Browne, A. (1986). Initial and long-term effects: A conceptual framework. In D. Finkelhor (Hrsg.), *Sourcebook on childhood sexual abuse* (S. 180–198). SAGE.

Finkelhor, D., Shattuck, A., Turner, H. A., & Hamby, S. L. (2014). The lifetime prevalence of child sexual abuse and sexual assault assessed in late adolescence. *Journal of Adolescent Health, 55*(3), 329–333. https://doi.org/10.1016/j.jadohealth.2013.12.026.

Finkelhor, D., Turner, H. A., Shattuck, A., & Hamby, S. L. (2013). Violence, crime, and abuse exposure in a national sample of children and youth: An update. *JAMA Pediatrics, 167*(7), 614–621. https://www.unh.edu/ccrc/sites/default/files/media/2022-02/violence-crime-and-abuse-exposure-in-a-national-sample-of-children-and-youth-an-update.pdf, https://doi.org/10.1001/jamapediatrics.2013.42.

Fischer, G., & Riedesser, P. (2020). *Lehrbuch der Psychotraumatologie* (5., aktual. und erw. Aufl.). Reinhardt. https://doi.org/10.36198/9783838587691.

Flatten, G., Hofman, A., Liebermann, P., Wöller, W., Siol, T., & Petzold, E. (2001). *Posttraumatische Belastungsstörung. Leitlinie und Quellentexte.* Schattauer.

Flick, U. (2011). *Triangulation. Eine Einführung* (Qualitative Sozialforschung, Bd. 12, 3., aktual. Aufl.). VS. https://doi.org/10.1007/978-3-531-92864-7.

Fonagy, P. (1999). Frühe Bindung und die Bereitschaft zu Gewaltverbrechen. In A. Streeck-Fischer (Hrsg.), *Adoleszenz und Trauma* (2., unveränd. Aufl., S. 91–127). Vandenhoeck & Ruprecht (Erstauflage erschienen 1998).

Fröhlich-Gildhoff, K., & Rönnau-Böse, M. (2022). *Resilienz* (6., unveränd. Aufl.). Reinhardt (letzte überarb. Aufl. erschienen 2015). https://doi.org/10.36198/9783838558615.

Gabriel, M., d. Andrade, M., Martensen, M., & Gahleitner, S. B. (in Druck). Lebens- und Bewältigungswege von ehemaligen Heimkindern der DDR mit sexualisierter Gewalterfahrung. In H. Glaesmer, B. Wagner, S. B. Gahleitner, & H. Fangerau (Hrsg.), *Kinder und Jugendliche in Heimen der DDR. Traumatische Erfahrung und deren Bewältigung über die Lebensspanne.* Klett-Cotta.

Gahleitner, S. B. (2002). Research on interpersonal violence – A constant balancing act. In M. Kiegelmann (Hrsg.), *The role of the researcher in qualitative psychology* (Qualitative Psychology Nexus, Bd. 2, S. 159–168). Huber. urn:nbn:de:bsz:291-psydok-9437.

Gahleitner, S. B. (2005). *Sexuelle Gewalt und Geschlecht. Hilfen zur Traumabewältigung bei Frauen und Männern* (Forschung psychosozial). Psychosozial.

Gahleitner, S. B. (2017). *Soziale Arbeit als Beziehungsprofession. Bindung, Beziehung und Einbettung professionell ermöglichen.* Beltz.

Gahleitner, S. B., & Loerbroks, K. (2011). Was hilft ehemaligen Heimkindern bei der Bewältigung ihrer Erfahrungen? Qualitative Voraussetzungen für adäquate Unterstützungsangebote ehemaliger Heimkinder in Berlin. In E. Berndt (Hrsg.), *Heimerziehung in Berlin West 1945–1975 Ost 1945–1989. Annäherungen an ein verdrängtes Kapitel Berliner Geschichte als Grundlage weiterer Aufarbeitung* (S. 226–246). eGangway. http://heimerziehung.files.wordpress.com/2011/08/heimerz_bln1.pdf.

Gebauer, R. (2012). Zur sozialen Lage ehemaliger Heimkinder in Thüringen. In M. Hofmann, A. Arp, K. Butz, R. Gebauer, J. Kalies, & T. Ritter (Hrsg.), *Zur sozialen Lage ehemaliger DDR-Heimkinder in Thüringen. Forschungsbericht im Auftrag des Thüringer Ministeriums für Soziales, Familie und Gesundheit* (S. 73–101). Jenaer Zentrum für empirische Sozial- & Kulturforschung. https://bildung.thueringen.de/fileadmin/content/tmsfg/abteilung4/referat31/forschungsbericht_soziale_lage_ddr-heimkinder.pdf.

Gerke, J. (2021). *Quantitative Auswertung der Erfahrungen im Hilfe- und Unterstützendensysstem.* Vortrag bei der Abschlusstagung der Unabhängigen Beauftragten für Fragen des sexuellen Kindesmissbrauchs (UBSKM) „Sprechen hilft? Rückblick auf die Kampagne der ersten UBSKM nach 10 Jahren", 09.03.2021 (virtuell). UBSKM. https://www.uniklinik-ulm.de/fileadmin/default/Kliniken/Kinder-Jugend psychiatrie/Dokumente/6_Praesentation_Quantitativ_Hilfesystem_Gerke.pdf.

Gewirtz-Meydan, A., & Finkelhor, D. (2020). Sexual abuse and assault in a large national sample of children and adolescents. *Child Maltreatment, 25*(2), 203–214. https://www.unh.edu/ccrc/sites/default/files/media/2022-03/sexual-abuse-and-assault-in-a-large-national-sample-of-children-and-adolescents.pdf. https://doi.org/10.1177/107755951987 3975.

Glaesmer, H., Wagner, B., Gahleitner, S. B., & Fangerau, H. (Hrsg.). (in Vorb.). *Kinder und Jugendliche in Heimen der DDR. Traumatische Erfahrung und deren Bewältigung über die Lebensspanne.* Klett-Cotta.

Glaser, B. G., & Strauss, A. L. (2010). *Grounded Theory. Strategien qualitativer Forschung* [The discovery of grounded theory] (A. T. Paul, & S. Kaufmann, Übers.; Gesundheitswissenschaften: Methoden; 3., unveränd. Aufl.). Huber (englisches Original erschienen 1967).

Glöckler, U. (2011). *Soziale Arbeit der Ermöglichung. „Agency"-Perspektiven und Ressourcen des Gelingens* (VS Research). VS. https://doi.org/10.1007/978-3-531-93120-3.

Goffman, E. (1972). Die moralische Karriere des psychisch gestörten Patienten [The moral career of the mental patient] (H. Benkeser, Übers.). In H. Keupp (Hrsg.), *Der Krankheitsmythos in der Psychopathologie. Darstellung einer Kontroverse* (Fortschritte der klinischen Psychologie, Bd. 2, S. 122–135). Urban & Schwarzenberg (englisches Original erschienen 1959).

Goffman, E. (2020). *Asyle. Über die soziale Situation psychiatrischer Patienten und anderer Insassen* [Asylums] (N.T. Lindquist, Übers.; 22., unveränd. Aufl.). Suhrkamp (englisches Original erschienen 1961).

Gorrissen, G., & Lohest, K. P. (2021). Erinnern, Anerkennen, Entschuldigen, Folgeschäden lindern. Gratwanderungen aus Sicht der Länder bei den Fonds zur Heimerziehung. *Forum Erziehungshilfen, 27*(2), 87–89.

Grundmann, M. (2006). *Sozialisation. Skizze einer allgemeinen Theorie* (Soziologie). UVK.

Grundmann, M. (2010). Handlungsbefähigung – Eine sozialisationstheoretische Perspektive. In H.-U. Otto, & H. Ziegler (Hrsg.), Capabilities – Handlungsbefähigung und Verwirklichungschancen in der Erziehungswissenschaft (2., unveränd. Aufl., S. 131–142). VS (Erstaufl. erschienen 2008).

Grunwald, K., & Thiersch, H. (Hrsg.). (2016). *Praxis Lebensweltorientierte Soziale Arbeit. Handlungszugänge und Methoden in unterschiedlichen Arbeitsfeldern* (Grundlagentexte Pädagogik; 3., vollst. überarb. Aufl.). Beltz.

Hagemann-White, C. (2016). Grundbegriffe und Fragen der Ethik bei der Forschung über Gewalt im Geschlechterverhältnis. In C. Helfferich, B. Kavemann, & H. Kindler (Hrsg.), *Forschungsmanual Gewalt. Grundlagen der empirischen Erhebung von Gewalt in Paarbeziehungen und sexualisierter Gewalt* (S. 13–32). Springer VS. https://doi.org/10.1007/978-3-658-06294-1_2.

Hall, K. (2008). Childhood sexual abuse and adult sexual problems: A new view of assessment and treatment. *Feminism and Psychology, 18*(4), 546–556. https://doi.org/10.1177/0959353508095536.

Hannemann, M. (1995). Heimerziehung in der DDR. In Enquete-Kommission „Aufarbeitung von Geschichte und Folgen der SED-Diktatur in Deutschland" (Hrsg.), *Materialien der Enquete-Kommission „Aufarbeitung von Geschichte und Folgen der SED-Diktatur in Deutschland". Bd. 3: Rolle und Bedeutung der Ideologie, integrativer Faktoren und disziplinierender Praktiken in Staat und Gesellschaft der DDR. Teilbd. 2* (S. 1207–1222). Nomos.

Harnach, V. (2011). Sexueller Missbrauch aus der Perspektive der Opfer. In M. Baldus, & R. Utz (Hrsg.), *Sexueller Missbrauch in pädagogischen Kontexten. Faktoren. Interventionen. Perspektiven* (S. 117–142). VS. https://doi.org/10.1007/978-3-531-93353-5_6.

Harnach, V. (2021). *Psychosoziale Diagnostik in der Jugendhilfe. Grundlagen und Methoden für Hilfeplan, Bericht und Stellungnahme* (Soziale Dienste und Verwaltung; 7., überarb. Aufl.). Juventa.

Hartmann, E., & Hoebel, T. (2020). Stichwort: Verschwiegene Gewalt. *WestEnd. Neue Zeitschrift für Sozialforschung, 17*(1), 67–69.

Helfferich, C. (2016). Qualitative Einzelinterviews zu Gewalt: Die Gestaltung der Erhebungssituation und Auswertungsmöglichkeiten. In C. Helfferich, B. Kavemann, & H. Kindler (Hrsg.), *Forschungsmanual Gewalt: Grundlagen der empirischen Erhebung von Gewalt in Paarbeziehungen und sexualisierter Gewalt* (S. 121–142). Springer VS. https://doi.org/10.1007/978-3-658-06294-1_7.

Helfferich, C., Etzel, A., & Kavemann, B. (2021a). *Wahrnehmung der Kampagne „Sprechen hilft".* Vortrag bei der Abschlusstagung der Unabhängigen Beauftragten für Fragen des sexuellen Kindesmissbrauchs (UBSKM) „Sprechen hilft? Rückblick auf die Kampagne der ersten UBSKM nach 10 Jahren", 09.03.2021a (virtuell). UBSKM. https://www.uniklinik-ulm.de/fileadmin/default/Kliniken/Kinder-Jugendpsychiatrie/Dokumente/3_Praesentation_Quantitativ_Kampagne_Lipke.pdf.

Helfferich, C., Etzel, A., & Winter, M. A. (2021b). *Die Leistung zu leben – Qualitative Ergebnisse der Studie und eine Kommentierung aus der Betroffenenperspektive.* Vortrag bei der Abschlusstagung der Unabhängigen Beauftragten für Fragen des sexuellen Kindesmissbrauchs (UBSKM) „Sprechen hilft? Rückblick auf die Kampagne der ersten UBSKM nach 10 Jahren", 09.03.2021b (virtuell). UBSKM. https://www.uniklinik-ulm.de/fileadmin/default/Kliniken/Kinder-Jugendpsychiatrie/Dokumente/5_Praesentation_Qualitativ_Leistungleben_Helfferich_Etzel.pdf.

Helming, E. (2011). „Wir waren deren Eigentum. Wir konnten uns nicht wehren" – weggesperrt im rechtsfreien Raum-Sexuelle Gewalt in Kinderheimen der DDR. *DJI Impulse, 7*(3 [Nr. 95]), 27–30. https://www.dji.de/fileadmin/user_upload/bulletin/d_bull_d/bull95_d/DJIB_95.pdf.

Helming, E., & Kindler, H. (2011). Sexuelle Gewalt in Institutionen. Ergebnisse aus dem Forschungsprojekt des Deutschen Jugendinstituts e. V. *Thema Jugend, 1*(4), 13–15. http://www.thema-jugend.de/fileadmin/redakteure/archiv/ThemaJugend/TJ_4-2011_02.pdf.

Helming, E., Kindler, H., Langmeyer, A., Mayer, M., Mosser, P., Entleitner, C., Schutter, S., & Wolff, M. (2011). *Sexuelle Gewalt gegen Mädchen und Jungen in Institutionen. Abschlussbericht des DJI-Projekts: „Sexuelle Gewalt gegen Mädchen und Jungen in Institutionen"*. DJI. https://www.dji.de/fileadmin/user_upload/bibs/DJIAbschlussber icht_Sexuelle_Gewalt.pdf.

Henry, J. (1997). System intervention trauma to child sexual abuse victims following disclosure. *Journal of Interpersonal Violence, 12*(4), 499–512.

Herman, J. L. (1992). *Trauma and recovery. From domestic abuse to political terror.* Harper Collins.

Herman, J. L. (1993). Sequelae of prolonged and repeated trauma: Evidence for a complex posttraumatic syndrome (DESNOS). In J. R. T. Davidson & E. B. Foa (Hrsg.), *Posttraumatic stress disorder: DSM-IV and beyond* (S. 213–228). American Psychiatric Press.

Herman, J. L. (2018). *Die Narben der Gewalt. Traumatische Erfahrungen verstehen und überwinden* [Trauma and recovery. From domestic abuse to political terror] (V. Koch, & R. Weitbrecht, Übers.; 5., aktual. Aufl.). Junfermann (englisches Original erschienen 1992).

Hille, S. (2001). *Erleben und Bewerten von Sexualität nach sexuellem Mißbrauch. Eine qualitative Studie aus der Perspektive betroffener Frauen.* Diplomarbeit. FU Berlin.

Hirsch, M. (1996). Zwei Arten der Identifikation mit dem Aggressor – Nach Ferenczi und Anna Freud. *Praxis der Kinderpsychologie und Kinderpsychiatrie, 45*(5), 198–205. http://nbn-resolving.de/urn:nbn:de:bsz:291-psydok-39099.

Hoebel, T., & Koloma Beck, T. (2019). Theorizing Violence. Über die Indexikalität von Gewalt und ihrer soziologischen Analyse. *Zeitschrift für Theoretische Soziologie, 8*(1), 4–11.

Hofmann, M., Arp, A., Butz, K., Gebauer, R., Kalies, J., & Ritter, T. (2012). *Zur sozialen Lage ehemaliger DDR-Heimkinder in Thüringen.* Forschungsbericht im Auftrag des Thüringer Ministeriums für Soziales, Familie und Gesundheit. Jenaer Zentrum für empirische Sozial- & Kulturforschung. https://bildung.thueringen.de/fileadmin/content/tmsfg/abteilung4/referat31/forschungsbericht_soziale_lage_ddr-heimkinder.pdf.

Homfeldt, H. G. (2014). Agency und psychosoziale Intervention. In S. B. Gahleitner, G. Hahn, & R. Glemser (Hrsg.), *Psychosoziale Interventionen* (Klinische Sozialarbeit – Beiträge zur psychosozialen Praxis und Forschung, Bd. 6, S. 54–70). Psychiatrie-Verlag.

Honneth, A. (2021). *Kampf um Anerkennung. Zur moralischen Grammatik sozialer Konflikte* (11., unveränd. Aufl.). Suhrkamp (letzte überarb. Aufl. erschienen 2003; Erstaufl. erschienen 1992).

Horowitz, M. J. (2020). *Treatment of stress response syndromes* (2., überarb. Aufl.). APA (Erstaufl. erschienen 2002).

Hottenrott, L. (2012). *„Roter Stern – Wir folgen deiner Spur". Umerziehung im Kombinat der Sonderheime für Psychodiagnostik und pädagogisch-psychologische Therapie (1964–1987). Eine Bestandsaufnahme* (Auf Biegen und Brechen, Bd. 2). Gedenkstätte Geschlossener Jugendwerkhof Torgau.

Hottenrott, L. (2016). Lebenswege. Sonderakten des Geschlossenen Jugendwerkhofs Torgau (1964–1989) und Rolle der Medizin in der DDR-Heimerziehung. *Monatsschrift Kinderheilkunde, 164*(S1), 103–108.

Hughes, K., Bellis, M. A., Hardcastle, K. A., Sethi, D., Butchart, A., Mikton, C., Jones, L. M., & Dunne, M. P. (2017). The effect of multiple adverse childhood experiences on health: A systematic review and meta-analysis. *The Lancet Public Health, 2*(8), e356–e366. http://www.thelancet.com/pdfs/journals/lanpub/PIIS2468-2667(17)30118-4.pdf. https://doi.org/10.1016/S2468-2667(17)30118-4.

Imbusch, P. (2017). Die Rolle von „Dritten" – eine unterbelichtete Dimension von Gewalt. In P. Batelka, M. Weise, & S. Zehnle (Hrsg.), *Zwischen Tätern und Opfern. Gewaltbeziehungen und Gewaltgemeinschaften* (S. 7–74). Vandenhoeck & Ruprecht. https://doi.org/10.13109/9783666300998.47.

Irle, E., Lange, C., Sachsse, U., & Weniger, G. (2022). Neurobiologie komplexer Traumafolgestörungen. In M. Sack, U. Sachsse, & J. Schellong (Hrsg.), *Komplexe Traumafolgestörungen. Diagnostik und Behandlung von Folgen schwerer Gewalt und Vernachlässigung* (2., aktual. und erg. Neuaufl., S. 27–50). Schattauer.

Jahn, U. (2010). *Jugendwerkhöfe und sozialistische Erziehung in der DDR.* Landesbeauftragte des Freistaates Thüringen für die Unterlagen des Staatssicherheitsdienstes der Ehemaligen DDR.

Janoff-Bulman, R. (1985). The aftermath of victimization: Rebuilding shattered assumptions. In C. R. Figley (Hrsg.), *Trauma and its wake. The study and treatment of post-traumatic stress disorder* (S. 15–35). Brunner/Mazel.

Jenaer Zentrum für empirische Sozial- & Kulturforschung. (Hrsg.). (2012). *Strukturen und Prozesse in den Spezialheimen der DDR in Thüringen. Forschungsbericht für das Ministerium für Soziales, Familie und Gesundheit des Freistaates Thüringen.* Ministerium für Soziales, Familie und Gesundheit des Freistaates Thüringen.

Jörns, G. (2006). Das System der Jugendhilfe in der DDR. In Initiativgruppe geschlossener Jugendwerkhof Torgau (Hrsg.), *Geschlossene Heimunterbringung im Kontext sozialistischer Erziehung in der DDR* (Auf Biegen und Brechen, Bd. 1, S. 25–38). Geschlossener Jugendwerkhof Torgau.

Julius, H., & Boehme, U. (1997). *Sexuelle Gewalt gegen Jungen. Eine kritische Analyse des Forschungsstandes* (2., überarb. und erw. Aufl.). Hogrefe.

Kantor, V., Verginer, L., Glück, T. M., Knefel, M., & Lueger-Schuster, B. (2022). Barriers and facilitators to accessing mental health services after child maltreatment in foster care: An Austrian survivors' perspective. *European Journal of Trauma und Dissociation, 6*(1), Art. 100228. https://doi.org/10.1016/j.ejtd.2021.100228..

Kappeler, M. (2008). Heimerziehung in der Bundesrepublik Deutschland (1950–1980) und der Deutschen Demokratischen Republik. *Forum Erziehungshilfen, 14*(2), 68–74.

Kavemann, B., & Rothkegel, S. (2014). Trauma Sexualisierte Gewalt in Kindheit und Jugend. Vergessen und Erinnern – Sprechen und Schweigen. *Trauma & Gewalt, 8*(3), 202–213.

Kavemann, B., Graf-van Kesteren, A., Rothkegel, S., & Nagel, B. (2016). *Erinnern, Schweigen und Sprechen nach sexueller Gewalt in der Kindheit. Ergebnisse einer Interviewstudie mit Frauen und Männern, die als Kind sexuelle Gewalt erlebt haben.* VS. https://doi.org/10.1007/978-3-658-10510-5.

Kavemann, B., Nagel, B., Doll, D., & Helfferich, C. (2019). *Erwartungen Betroffener sexuellen Kindesmissbrauchs an gesellschaftliche Aufarbeitung. Studie* (Geschichten die zählen). UKASK. http://www.soffi-f.de/files/Studie_Erwartungen%20an%20Aufarbeitung_B.Kavemann%20u.a..pdf.

Kavemann, B., Nagel, B., Etzel, A., & Helfferich, C. (2022). *Wege zu mehr Gerechtigkeit nach sexueller Gewalt in Kindheit und Jugend. Abschlussbericht des Forschungsprojekts* (Geschichten die zählen). UKASK.

Keilson, H. (2005). *Sequentielle Traumatisierung bei Kindern. Untersuchung zum Schick-sal jüdischer Kriegswaisen* (Edition psychosozial; unveränd. Nachdr. der Erstausg.). Psychosozial-Verlag (Original erschienen 1979).

Kendall-Tackett, K. A., Williams, L. M., & Finkelhor, D. (2005). Die Folgen von sexuellem Mißbrauch bei Kindern: Review und Synthese neuerer empirischer Studien [Impact of sexual abuse on children: A review and synthesis of recent empirical studies] (G. Amann, R. Wipplinger, & M. Anwar, Übers.). In G. Amann, & R. Wipplinger (Hrsg.), *Sexueller Mißbrauch. Überblick zu Forschung, Beratung und Therapie* (3., überarb. und erw. Aufl.; S. 179–212). DGVT (englisches Original erschienen 1993).

Keupp, H. (2017). *Überleben und? Wie die Gewalterfahrungen verarbeitet werden.* Vortrag bei der Tagung der Evangelischen Akademie Tutzing „Kindheitsverletzungen", 21.10.2017 in Tutzing.

Keupp, H. (2020). Wie kann individuelle und gesellschaftliche Aufarbeitung gelingen? *Verhaltenstherapie & psychosoziale Praxis, 52*(2), 305–315.

Keupp, H. (2022). Ein Konstrukt im Werden: Saugwurzeln der Handlungsbefähigung. *Forum Gemeindepsychologie, 27*(1), Art. 1. http://gemeindepsychologie.de/197.html.

Keupp, H., Straus, F., Mosser, P., Gmür, W., & Hackenschmied, G. (2017a). *Sexueller Missbrauch und Misshandlungen in der Benediktinerabtei Ettal. Ein Beitrag zur wissenschaft-lichen Aufarbeitung* (Sexuelle Gewalt in Kindheit und Jugend: Forschung als Beitrag zur Aufarbeitung). Springer VS.

Keupp, H., Straus, F., Mosser, P., Gmür, W., & Hackenschmied, G. (2017b). *Schweigen, Aufdeckung, Aufarbeitung. Sexualisierte, psychische und physische Gewalt im Benedikti-nerstift Kremsmünster* (Sexuelle Gewalt in Kindheit und Jugend: Forschung als Beitrag zur Aufarbeitung, Bd. 2). Springer VS.

Kindler, H., & Derr, R. (2018). Prävention von sexueller Gewalt gegen Kinder und Jugend-liche. Fortschritte, gegenwärtiger Stand und Perspektiven. *Forum Sexualaufklärung und Familienplanung, 23*(2), 3–10. https://service.bzga.de/pdf.php?id=bd788fb27ee7f8f5bb da3f3ea9f7336c.

Kindler, H., & Fegert, J. M. (2015). Missbrauch in Institutionen. Empirische Befunde zur grundlegenden Orientierung. In J. M. Fegert, & M. Wolff (Hrsg.), *Kompendium „Sexuel-ler Missbrauch in Institutionen". Entstehungsbedingungen, Prävention und Intervention* (S. 167–185). Beltz.

Kindler, H., Nagel, B., Helfferich, C., Kavemann, B., & Schürmann-Ebenfeld, S. (2018). Missbrauch und Vertrauen. Pädagogische Prävention einer Re-Viktimisierung bei Mäd-chen mit sexuellem Missbrauch in der stationären Jugendhilfe. In S. Andresen, & R. Tippelt (Hrsg.), *Sexuelle Gewalt in Kindheit und Jugend. Theoretische, empirische und konzeptionelle Erkenntnisse und Herausforderungen erziehungswissenschaftlicher Forschung* (Zeitschrift für Pädagogik – Beihefte, Bd. 64, S. 125–137). Beltz.

Kinzl, J., Biebl, W., & Hinterhuber, H. (1991). Die Bedeutung von Inzesterlebnissen für die Entstehung psychiatrischer und psychosomatischer Erkrankungen. *Der Nervenarzt, 62*(8), 565–569.

Kittel, C. (2016). Heime für Säuglinge und Kleinkinder in der DDR. In K. Laudien, & A. Dreier-Horning (Hrsg.), *Jugendhilfe und Heimerziehung im Sozialismus. Beiträge zur Aufarbeitung der Sozialpädagogik in der DDR* (Schriftenreihe des Deutschen Instituts für Heimerziehungsforschung; S. 127–148). BWV.

Kittel, C., & Wapler, F. (2013). Rechtsfragen der Heimerziehung in der BRD und DDR Ein Vergleich. *Trauma & Gewalt, 7*(2), 144–151.

Knorr, S. (2018). Zum Umgang mit sexuellem Missbrauch in der DDR und dessen Folgen aus psychosozialer Sicht. In C. Sachse, S. Knorr, & B. Baumgart, *Sexueller Missbrauch in der DDR. Historische, rechtliche und psychologische Hintergründe des Sexuellen Missbrauchs an Kindern und Jugendlichen in der DDR* (Sexuelle Gewalt in Kindheit und Jugend: Forschung als Beitrag zur Aufarbeitung; S. 173–246). Springer VS. https://doi.org/10.1007/978-3-658-20874-5_4.

Kolshorn, M. (2018). Die Ursachen sexualisierter Gewalt – Ein komplexes Bedingungsgefüge. In A. Retkowski, A. Treibel, & E. Tuider (Hrsg.), *Handbuch Sexualisierte Gewalt und pädagogische Kontexte. Theorie, Forschung, Praxis* (S. 138–148). Beltz.

Komitee der ABI. (1974). *Kontrolle der Lebensbedingungen in den Normal- und Spezialkinderheimen sowie Jugendwerkhöfen.* ABI.

Krahé, B. (2009). Sexuelle Aggression und Opfererfahrung unter Jugendlichen und jungen Erwachsenen. Prävalenz und Prädiktoren. *Psychologische Rundschau, 60*(3), 173–183. https://www.uni-potsdam.de/fileadmin01/projects/sozialpsychologie/images/pdf/Krahe_Rundschau_2009.pdf. https://doi.org/10.1026/0033-3042.60.3.173.

Krahé, B. (2018). Zum Zusammenhang kindlicher Missbrauchserfahrungen mit sexueller Aggression und Viktimisierung im Jugend- und jungen Erwachsenenalter. In P. Briken, A. Spehr, G. Romer, & W. Berner (Hrsg.), *Sexuell grenzverletzende Kinder und Jugendliche* (6., unveränd. Aufl., S. 46–57). Pabst (Erstaufl. erschienen 2010). https://doi.org/10.7788/gik.2010.57.1.280.

Krahé, B., & Scheinberger-Olwig, R. (2002). *Sexuelle Aggression. Verbreitungsgrad und Risikofaktoren bei Jugendlichen und jungen Erwachsenen.* Hogrefe.

Kratzer, L., Knefel, M., & Büttner, M. (2022). Differenialdiagnostik und Komorbidität komplexer Traumafolgestörungen. In M. Sack, U. Sachsse, & J. Schellong (Hrsg.), *Komplexe Traumafolgestörungen. Diagnostik und Behandlung von Folgen schwerer Gewalt und Vernachlässigung* (2., aktual. und erg. Neuaufl., S. 124–163). Schattauer.

Krause, H.-U. (2004). *Fazit einer Utopie. Heimerziehung in der DDR – Eine Rekonstruktion.* Lambertus.

Kreyssig, U. (2005). Zum Zusammenhang von sexuellem Mißbrauch und Sucht. In G. Amann & R. Wipplinger (Hrsg.), *Sexueller Mißbrauch. Überblick zu Forschung, Beratung und Therapie* (3., überarb. und erw. Aufl., S. 315–328). DGVT.

Künast, R. (2008). Entschädigung für ehemalige Heimkinder. *Zeitschrift für Rechtspolitik, 41*(2), 33–36.

Kupfer, A. (2015). *Wer hilft helfen? Einflüsse sozialer Netzwerke auf Beratung* (Beratung, Bd. 16). DGVT.

Lalor, J., & McElvaney, R. (2010). Child sexual abuse, links to later sexual exploitation/highrisk sexual behavior, and prevention/treatment programs. *Trauma, Violence & Abuse, 11*(4), 159–177. https://doi.org/10.1177/1524838010378299.

Lamnek, S., & Krell, C. (2016). *Qualitative Sozialforschung* (6., überarb. Aufl.). Beltz.

Lange, C. (2000). Sexuelle Belästigung und Gewalt. Ergebnisse einer Studie zur Jugendsexualität. In Behörde für Schule, Jugend und Berufsbildung Hamburg (Hrsg.), *Weiblichkeit und Sexualität* (Sexualwissenschaft und Sexualpädagogik, Bd. 5, S. 17–27). Amt für Schule.

Laudien, K. (2015). Heimerziehung in der DDR. Ergebnisse eines Forschungsprojektes und einer Fachtagung. *Soziale Arbeit, 64*(4), 135–142. https://www.dzi.de/wp-content/uploads/2021/08/15_SozArb_04_Laudien.pdf. https://doi.org/10.5771/0490-1606-2015-4-135.

Laudien, K., & Dreier-Horning, A. (Hrsg.). (2016). *Jugendhilfe und Heimerziehung im Sozialismus. Beiträge zur Aufarbeitung der Sozialpädagogik in der DDR* (Schriftenreihe des Deutschen Instituts für Heimerziehungsforschung). BWV.

Laudien, K., & Sachse, C. (2012). Expertise zu Erziehungsvorstellungen in der Heimerziehung der DDR. In Beauftragter der Bundesregierung für die neuen Bundesländer (Hrsg.), *Aufarbeitung der Heimerziehung in der DDR. Expertisen* (S. 125–298). AGJ. https://www.christian-sachse.de/Expertisen_DDR_Heimerziehung.pdf.

Leitenberg, H., & Saltzman, H. (2000). A statewide survey of age at first intercourse for adolescent females and age of their male partners: Relation to other risk behaviors and statutory rape implications. *Archives of Sexual Behavior, 29*(3), 203–215. https://doi.org/10.1023/A:1001920212732.

Lübbe, H. (1989). Historisches Bewusstsein heute. In W. Weidenfeld (Hrsg.), *Geschichtsbewusstsein der Deutschen, Materialien zur Spurensuche einer Nation* (2., unveränd. Aufl., S. 139–154). Verlag Wissenschaft und Politik (Original erschienen 1987).

Luthar, S. S., Cicchetti, D., & Becker, B. (2000). The construct of resilience: A critical evaluation and guidelines for future work. *Child Development, 71*(3), 543–562.

Maercker, A., & Augsburger, M. (2019). Die posttraumatische Belastungsstörung. In A. Maercker (Hrsg.), *Traumafolgestörungen* (5., neu konzip. Aufl., S. 13–45). Springer.

Maercker, A., & Horn, A. B. (2012). Socio-interpersonal perspective on PTSD: The case for environments and interpersonal processes. *Clinical Psychology and Psychotherapy, 20*, 465–481. https://doi.org/10.1002/cpp.1805.

Mannschatz, E. (1952). *Beiträge zur Methodik der Kollektiverziehung* (Heimerziehung, Bd. 5). Volk und Wissen.

Mannschatz, E. (1979). *Schwererziehbarkeit und Umerziehung* (Diskussionsmaterial). Institut für Jugendhilfe.

Martensen, M. P., & Gahleitner, S. B. (2019). Bilanz der Hilfen für ehemalige Heimkinder. Entschädigungsfonds und Anlauf- und Beratungsstellen. *Soziale Arbeit, 68*(4), 122–130. https://doi.org/10.5771/0490-1606-2019-4-122..

Maschke, S., & Stecher, L. (2017). *SPEAK! Die Studie. Sexualisierte Gewalt in der Erfahrung Jugendlicher. Öffentlicher Kurzbericht.* Philipps Universität Marburg. https://www.speak-studie.de/assets/uploads/kurzberichte/201706_Kurzbericht-Speak.pdf.

May, M. (2018). Spezifische Probleme ehemaliger DDR-Heimkinder im Alter. Bericht aus dem Workshop „Altersprobleme – Spezifische Altersprobleme Betroffener und daraus erwachsende Bedarfe". In K. Laudien (Hrsg.), Aufarbeitung und soziale Betreuung ehemaliger Heimkinder. Dokumentation der erweiterten Fachbeiratssitzung der Berliner Anlauf- und Beratungsstelle am 14. Juni 2016 (S. 21–37). BWV.

May, M. (2011). *(Zu) Hören. Erfahrungen aus Gesprächen mit ehemaligen DDR-Heimkindern.* TMSFG. https://bildung.thueringen.de/fileadmin/jugend/aufarbeitung-heimerziehung-ddr/_zu_h__ren_-_erfahrungen_aus_gespr__chen_mit_ehemaligen_ddr-heimkindern.pdf.

Mayring, P. (2020). Qualitative Inhaltsanalyse. In G. Mey, & K. Mruck (Hrsg.), *Handbuch Qualitative Forschung in der Psychologie. Bd. 2: Designs und Verfahren* (2., erw. und überarb. Aufl., S. 3–17). Springer. https://doi.org/10.1007/978-3-658-26887-9_18.

Mayring, P. (2022). *Qualitative Inhaltsanalyse. Grundlagen und Techniken* (13., überarb. Aufl.). Beltz (Erstaufl. erschienen 1983). https://doi.org/10.1007/978-3-658-37985-8_43.

Mayring, P., & Gahleitner, S. B. (2010). Qualitative Inhaltsanalyse. In K. Bock, & I. Miethe (Hrsg.), *Handbuch qualitative Methoden in der Sozialen Arbeit* (S. 295–304). Budrich. https://doi.org/10.2307/j.ctvhktjdr.31.

Maxwill, P. (2022). Sie verdankt dem System alles, er verflucht seine Peiniger bis heute. *Spiegel online,* 27.05.2022. https://www.spiegel.de/panorama/gesellschaft/ddr-kinder heime-sie-verdankt-dem-system-alles-er-verflucht-seine-peiniger-bis-heute-a-666f9914-a0fe-4b6e-9e83-fd5e2c5c40f3.

Mehrick, M. (2021). *Zerplatzte Sprechblasen. 10 Jahre Aufarbeitung aus Erzählendenperspektive.* BoD.

Menne, B., & Ebbinghaus, R. (2022). Befunde und Diagnosestellung. In M. Sack, U. Sachsse, & J. Schellong (Hrsg.), *Komplexe Traumafolgestörungen. Diagnostik und Behandlung von Folgen schwerer Gewalt und Vernachlässigung* (2., aktual. und erg. Neuaufl.; S. 86–96). Schattauer

Messman-Moore, T. L., & Long, P. J. (2002). The role of childhood sexual abuse sequelae in the sexual revictimization of women. An empirical review and theoretical reformulation. *Clinical Psychology Review, 23*(4), 537–571. https://doi.org/10.1016/S0272-7358(02)002 03-9..

Methner, A. (2016). Das Kombinat der Sonderheime für Psychodiagnostik und pädagogisch-psychologische Therapie. In K. Laudien, & A. Dreier-Horning (Hrsg.), *Jugendhilfe und Heimerziehung im Sozialismus. Beiträge zur Aufarbeitung der Sozialpädagogik in der DDR* (Schriftenreihe des Deutschen Instituts für Heimerziehungsforschung; S. 61–82). BVV.

Miethe, I. (2019). Dominanzkultur und deutsche Einheit. *Berliner Debatte, 30*(4), 5–19.

Mihr, A., Pickel, G., & Pickel, S. (Hrsg.). (2018). *Handbuch Transitional Justice. Aufarbeitung von Unrecht – hin zur Rechtsstaatlichkeit und Demokratie* (Springer Reference Sozialwissenschaften). Springer. https://doi.org/10.1007/978-3-658-02392-8.

Mitscherlich, A., & Mitscherlich, M. (2016). *Die Unfähigkeit zu trauern. Grundlagen kollektiven Verhaltens* (26., unveränd. Aufl. d. Neuausg. v. 1977). Piper (Original erschienen 1967).

Mitzscherlich, B., Ahbe, T., & Diedrich, U. (2020). Fallstudie. Sexueller Kindesmissbrauch in Institutionen der DDR. Fallstudie zu den Anhörungen und Dokumenten der Aufarbeitungskommission. In Unabhängige Kommission zur Aufarbeitung sexuellen Kindesmissbrauchs (Hrsg.), Geschichten, die zählen. Bd. 1: Fallstudien zu sexuellem Kindesmissbrauch in der evangelischen und katholischen Kirche und in der DDR (Sexuelle Gewalt in Kindheit und Jugend: Forschung als Beitrag zur Aufarbeitung; S. 175–238). Springer VS (Original erschienen 2019). https://doi.org/10.1007/978-3-658-27797-0_2..

Moggi, F., & Clémençon, R. (1993). Beziehungsnähe und Gewaltanwendung. Entstehungsbedingungen von Depressionen und interpersonalen Störungen bei inzestbetroffenen Frauen. *Psychosozial, 16*(2 [Nr. 54]), 7–24.

Moos, M., Kühnel, S., & Binz, C. (2018). *Leid und Unrecht anerkennen?! Einschätzungen zu den Fonds Heimerziehung aus Perspektive der Betroffenen*. ISM. https://www.ism-mz.de/fileadmin/uploads/Downloads/Bericht_Evaluation_Fonds_Heimerziehung_ism.pdf.

Mosser, P. (2020). Handeln und Agieren als Formen der Ermächtigung. Betroffene von sexualisierter Gewalt auf ihrem Weg in die Öffentlichkeit. *Verhaltenstherapie & psychosoziale Praxis, 52*(2), 331–350.

Mullen, P. E. (2005). Der Einfluss von sexuellem Kindesmissbrauch auf die soziale, interpersonelle und sexuelle Funktion im Leben des Erwachsenen und seine Bedeutung in der Entstehung psychischer Probleme. In G. Amann, & R. Wipplinger (Hrsg.), *Sexueller Missbrauch. Überblick zu Forschung, Beratung und Therapie. Ein Handbuch* (3., überarb. und erw. Aufl., S. 301–314). DGVT.

Nestmann, F. (2010). Soziale Unterstützung – Social Support. In W. Schröer & C. Schweppe (Hrsg.), *Enzyklopädie Erziehungswissenschaft Online* (S. 1–39). Beltz.

Neumann, D. A., Houskamp, B. M., Pollock, V. E., & Briere, J. (1996). The long-term sequelae of childhood sexual abuse in women: A meta-analytic review. *Child Maltreatment, 1*(1), 6–16.

Niedersächsisches Landesamt für Soziales, Jugend und Familie (o. J.). *Hilfe für Opfer von Gewalttaten nach dem Opferentschädigungsgesetz (OEG)*. Niedersächsisches Landesamt. https://soziales.niedersachsen.de/startseite/soziales_amp_gesundheit/soziales_ent schadigungsrecht/opfer_von_gewalttaten/hilfe-fuer-opfer-von-gewalttaten-174.html.

Nussbaum, M. C. (2022). *Die Grenzen der Gerechtigkeit. Behinderung, Nationalität und Spezieszugehörigkeit* [Frontiers of justice] (R. Celikates, & E. Engels, Übers.; 3., unveränd. Aufl.). Suhrkamp (englisches Original erschienen 2006).

Oelschlägel, D. (2005). Repolitisierung der Gemeinwesenarbeit. In K. Störch (Hrsg.), *Soziale Arbeit in der Krise. Perspektiven fortschrittlicher Sozialarbeit* (S. 259–277). VSA.

Olbricht, I. (1997). Folgen sexueller Traumatisierung für die weitere Lebensgestaltung. In I. Olbricht (Hrsg.), *Jubiläumsschrift der Abteilung für Psychosomatik in der Wicker-Klinik, Bad Wildungen* (S. 51–65). Wicker-Klinik.

Oleschinski, B., Haase, N., Klein, B., & Rösner, H. (1997). Der Geschlossene Jugendwerkhof Torgau. In Ministerium für Bildung, Jugend und Sport des Landes Brandenburg (Hrsg.), *Einweisung nach Torgau. Texte und Dokumente zur autoritären Jugendfürsorge in der DDR* (Geschichte, Struktur und Funktionsweise der DDR-Volksbildung, Bd. 4, S. 93–178). Basis Druck.

Oppermann, C., & Schröder, J. (2021). Wissenschaftliche Aufarbeitung sexualisierter Gewalt – Voice, Choice und Exit-Optionen für die Betroffenen. *Forum Erziehungshilfen, 27*(2), 80–82.

Pampel, B. (1995). Was bedeutet „Aufarbeitung der Vergangenheit"? Kann man aus der „Vergangenheitsbewältigung" nach 1945 für die Aufarbeitung nach 1989 Lehren ziehen? *Aus Politik und Zeitgeschichte, 45*(1–2), 27–38.

Paolucci, E. O., Genius, M. L., & Violato, C. (2001). A meta-analysis of the published research on the effects of child sexual abuse. *The Journal of Psychology, 135*(1), 17–36.

Pereda, N., Guilera, G., Forns, M., & Gómez-Benito, J. (2009). The prevalence of child sexual abuse in community and student samples: A meta-analysis. *Clinical Psychology Review, 29*(4), 328–338. https://doi.org/10.1016/j.cpr.2009.02.007.

Piontek, M. (1992). *„Mißbraucht". Meine verratene Kindheit* (ungek. Taschenbuchausg.). Suhrkamp.

Poppe, G., & Poppe, N, (2021). *Die Weggesperrten. Umerziehung in der DDR. Schicksale von Kindern und Jugendlichen.* Propyläen.

Rappaport, J. (1985). Ein Plädoyer für die Widersprüchlichkeit: Ein sozialpolitisches Konzept des „empowerment" anstelle präventiver Ansätze. *Verhaltenstherapie & psychosoziale Praxis, 17*(2), 257–278.

Rassenhofer, M., Etzel, A., Gerke, J., Lipke, K., Hoffmann, U., Helfferich, C., Kavemann, B., & Fegert, J. M. (2021). *Sprechen hilft? Rückblick auf die Kampagne der ersten Unabhängigen Beauftragten zur Aufarbeitung des sexuellen Kindesmissbrauchs nach 10 Jahren.* SoFFI. http://soffi-f.de/files/Briefeprojekt-Broschuere%20_final.pdf.

Rassenhofer, M., Spröber, N., & Fegert, J. M. (2015). Ergebnisse der Anlaufstelle der UBSKM in Bezug auf Institutionen. In J. M. Fegert & M. Wolff (Hrsg.), *Kompendium „Sexueller Missbrauch in Institutionen" – Entstehungsbedingungen, Prävention und Intervention* (S. 50–58). Beltz Juventa.

Rau, T., Ohlert, J., Fegert, J. M., & Allroggen, M. (2016). Disclosure von Jugendlichen in Jugendhilfeeinrichtungen und Internaten nach sexueller Gewalterfahrung. *Praxis Kinderpsychologie Kinderpsychiatrie, 65*(9), 638–654. https://doi.org/10.13109/prkk.2016.65.9.638.

Raupp, U., & Eggers, C. (1993). Sexueller Missbrauch von Kindern. Eine regionale Studie über Prävalenz und Charakteristik. *Monatsschrift Kinderheilkunde, 141*(4), 316–322.

Reddemann, L., & Sachsse, U. (1997). Stabilisierung. *Persönlichkeitsstörungen: Theorie und Theriaca, 1*(3), 113–147.

Reininghaus, F., & Schabow, E. (2013). *„Meine Kindheit kann mir niemand wiedergeben". Einweisung von Kindern und Jugendlichen in Spezialheime und Jugendwerkhöfe der DDR bis 1989.* Bürgerbüro.

Retkowski, A., Treibel, A., & Tuider, E. (2018). Einleitung: Pädagogische Kontexte und sexualisierter Gewalt. In A. Retkowski, A. Treibel, & E. Tuider (Hrsg.), *Handbuch Sexualisierte Gewalt und pädagogische Kontexte. Theorie, Forschung, Praxis* (S. 15–30). Beltz.

Richter-Appelt, H. (1995). Sexuelle Traumatisierungen und körperliche Misshandlungen in der Kindheit. Geschlechtsspezifische Aspekte. In S. Düring, & M. Hauch (Hrsg.), *Heterosexuelle Verhältnisse* (Beiträge zur Sexualforschung, Bd. 71, S. 57–76). Psychosozial-Verlag.

Riedesser, P., Fischer, G., & Schulte-Markwort, M. (1999). Zur Entwicklungspsychologie und -pathologie des Traumas. In A. Streeck-Fischer (Hrsg.), *Adoleszenz und Trauma* (2., unveränd. Aufl., S. 79–90). Vandenhoeck & Ruprecht (Erstauflage erschienen 1998).

Rieske, T. V., Scambor, E., & Wittenzellner, U. (2018). Aufdeckungsprozesse – Dimensionen und Verläufe. In A. Retkowski, A. Treibel, & E. Tuider (Hrsg.), *Handbuch Sexualisierte Gewalt und pädagogische Kontexte. Theorie, Forschung, Praxis* (S. 700–708). Beltz.

Röper, G., & Noam, G. (1999). Entwicklungsdiagnostik in klinisch-psychologischer Therapie und Forschung. In R. Oerter, v. C. Hagen, G. Röper, & G. Noam (Hrsg.), *Klinische Entwicklungspsychologie* (S. 218–239). Beltz-PVU.

Rossilhol, J.-B. (2002). *Sexuelle Gewalt gegen Jungen. Dunkelfelder.* Tectum.

Roth, G. (1997). *Zwischen Täterschutz, Ohnmacht und Parteilichkeit. Zum institutionellen Umgang mit „Sexuellem Mißbrauch".* Kleine.

Runder Tisch „Heimerziehung in den 50er und 60er Jahren" (RTH). (2010). *Abschlussbericht.* AGJ. https://www.fonds-heimerziehung.de/fileadmin/de.fonds-heimerziehung/content.de/dokumente/RTH_Abschlussbericht.pdf.

Russel, D. E. H. (1986). *The secret trauma. Incest in the lives of girls and women.* Basic Books.

Sachse, C. (2010). *Der letzte Schliff. Jugendhilfe der DDR im Dienst der Disziplinierung von Kindern und Jugendlichen (1945–1989).* Landesbeauftragte für Mecklenburg-Vorpommern für die Unterlagen des Staatssicherheitsdienstes der Ehemaligen DDR. https://www.landesbeauftragter.de/fileadmin/user_upload/downloads/publikationen/Der_letzte_Schliff-Inhalt_Web.pdf.

Sachse, C. (2013). Erziehungsmethoden in den Spezialheimen der DDR. *Trauma & Gewalt, 7*(2), 94–107.

Sachse, C. (2018). Historische Aspekte sexuellen Missbrauchs von Kindern und Jugendlichen in der DDR. In C. Sachse, S. Knorr, & B. Baumgart, *Sexueller Missbrauch in der DDR. Historische, rechtliche und psychologische Hintergründe des Sexuellen Missbrauchs an Kindern und Jugendlichen in der DDR* (Sexuelle Gewalt in Kindheit und Jugend: Forschung als Beitrag zur Aufarbeitung; S. 9–131). Vieweg. https://doi.org/10.1007/978-3-658-20874-5_2.

Sachse, C., Knorr, S., & Baumgart, B. (2017). *Historische, rechtliche und psychologische Hintergründe des sexuellen Missbrauchs an Kindern und Jugendlichen in der DDR.* Expertise der Union der Opferverbände Kommunistischer Gewaltherrschaft e. V. (UOKG) (Geschichten die zählen). UBSKM. https://www.aufarbeitungskommission.de/wp-content/uploads/2017/10/Expertise-DDR_online.pdf. https://doi.org/10.1007/978-3-658-20874-5_2.

Sachse, C., Knorr, S., & Baumgart, B. (2018). *Sexueller Missbrauch in der DDR. Historische, rechtliche und psychologische Hintergründe des Sexuellen Missbrauchs an Kindern und Jugendlichen in der DDR* (Sexuelle Gewalt in Kindheit und Jugend: Forschung als Beitrag zur Aufarbeitung). Springer VS. https://doi.org/10.1007/978-3-658-20874-5.

Sack, M., & Ebbinghaus, R. (2012). Was hilft ehemaligen Himkindern in der DDR bei der Bewältigung ihrer komplexen Traumatisierung? In Beauftragter der Bundesregierung für die neuen Bundesländer (Hrsg.), *Aufarbeitung der Heimerziehung in der DDR. Expertisen* (S. 299–392). AGJ. https://www.christian-sachse.de/Expertisen_DDR_Heimerziehung.pdf.

Scambor, E., Rieske, T. V., Wittenzellner, U., Könnecke, B., & Puchert, R. (2018). Verläufe von Aufdeckungsprozessen bei männlichen Betroffenen von sexualisierter Gewalt in Kindheit und Jugend. In T. V. Rieske, E. Scambor, U. Wittenzellner, B. Könnecke, & R. Puchert (Hrsg.), *Aufdeckungsprozesse männlicher Betroffener von sexualisierter Gewalt in Kindheit und Jugend. Verlaufsmuster und hilfreiche Bedingungen* (Sexuelle Gewalt und Pädagogik, Bd. 4; S. 57–182). Springer VS.

Schaumann, N., Gudat, R., & Andresen, S. (2022). Von der Bedeutung der Dritten im Disclosure-Prozess. Die Rolle pädagogischer Fachkräfte als Adressat*innen von Erfahrungen sexualisierter Gewalt. *Trauma & Gewalt, 16*(1), 28–38. https://doi.org/10.21706/tg-16-1-28.

Schierbaum, K. (2011). Physische und psychische Gewalt in den Jugendwerkhöfen der ehemaligen DDR. In B. der Kinderschutz-Zentren (Hrsg.), *Sexuelle Gewalt an Kindern und Jugendlichen in Institutionen* (S. 225–242). Kinderschutz-Zentren.

Schlegel, M. (1. April 2010). Den Erziehern ausgeliefert. Missbrauch in der DDR: Ein Opfer berichtet. *Tagesspiegel.* https://www.tagesspiegel.de/politik/missbrauch-in-der-ddr-ein-opfer-berichtet-5254249.html.

Schlingmann, T. (2000). Selbsthilfe – Ein taugliches Konzept für Männer, die als Junge Opfer sexualisierter Gewalt geworden sind? In H.-J. Lenz (Hrsg.), *Männliche Opfererfahrungen. Problemlagen und Hilfeansätze in der Männerberatung* (S. 236–250). Juventa.

Schmid, M., Fegert, J. M., & Petermann, F. (2010). Traumaentwicklungsstörung: Pro und Contra. *Kindheit und Entwicklung, 19*(1), 47–63.

Schneider, J., & Sack, M. (2000). Die Debatte um das „False Memory Syndrom". Zum Streit um den Wahrheitsgehalt von wiedergewonnenen Erinnerungen Erwachsener an sexuellem Mißbrauch in der Kindheit. *Psychotherapie in Psychiatrie, psychotherapeutischer Psychosomatik und klinischer Psychologie, 5*(2), 154–167.

Schönbucher, V., Maier, T., Mohler-Kuo, M., Schnyder, U., & Landolt, M. A. (2014). Adolescent perspectives on social support received in the aftermath of sexual abuse: A qualitative study. *Archives of Sexual Behavior, 43*(3), 571–586.

Schötensack, K., Elliger, T. J., Gross, A., & Nissen, G. (1992). Prevalence of sexual abuse of children in Germany. *Acta Paedopsychiatrica, 55*(4), 211–216.

Schrapper, C., & Schröer, W. (2021). Heimerziehung und das Recht der Betroffenen auf Aufarbeitung. *Forum Erziehungshilfen, 27*(2), 94–96.

Schröer, W., & Schrapper, C. (Hrsg.). (2021). Erinnern – Aufklären – Anerkennen – Perspektiven gewinnen [Themenheft]. *Forum Erziehungshilfen, 27*(2)

Schruth, P. (2021a). Ehemalige Heimkinder und das Strafrechtliche Rehabilitierungsgesetz der DDR. *Forum Erziehungshilfen, 72*(2), 122–124.

Schruth, P. (2021b). Zerriebene „Genugtuung". Zur Aufarbeitung der ehemaligen Heimerziehung in Deutschland. *Forum Erziehungshilfen, 27*(2), 90–93

Sen, A. K. (2010). *Die Idee der Gerechtigkeit.* Beck (englisches Original erschienen 2009).

Sengbusch. (1995). Das System der Jugendwerkhöfe in der DDR. In Enquete-Kommission „Aufarbeitung von Geschichte und Folgen der SED-Diktatur in Deutschland" (Hrsg.), *Materialien der Enquete-Kommission „Aufarbeitung von Geschichte und Folgen der SED-Diktatur in Deutschland". Bd. 3: Rolle und Bedeutung der Ideologie, integrativer Faktoren und disziplinierender Praktiken in Staat und Gesellschaft der DDR. Teilbd. 3* (S. 1812–1843). Nomos.

Shipman, K., Zeman, J., Penza, S., & Champion, K. (2000). Emotion management skills in sexually maltreated and nonmaltreated girls: A developmental psychopathology perspective. *Development and Psychopathology, 12*(1), 47–62.

Sippel, C. S., Wieser, M., & Decker, O. (Hrsg.). (2022). Erinnerung im Widerspruch – Psychologie, Repression und Aufarbeitung (in) der DDR [Themenheft]. *Psychosozial, 45*(3 [Nr. 169]). https://doi.org/10.30820/0171-3434-2022-3-5.

Sosic-Vasic, Z., Connemann, B. J., Tumani, V., Otte, S., Streb, J., Dudeck, M., & Vasic, N. (2015). Anhaltender sexueller Missbrauch in der Kindheit und Langzeitfolgen für die Entwicklung. Diagnostische und therapeutische Herausforderungen der komplexen posttraumatischen Belastungsstörung. *Psychotherapeut, 60*(6), 527–535. https://doi.org/10.1007/s00278-015-0056-1.

Spaccarelli, S., & Fuchs, C. (2005). Kognitive Bewertung und Coping bei sexuellem Mißbrauch an Kindern. In G. Amann & R. Wipplinger (Hrsg.), *Sexueller Mißbrauch. Überblick zu Forschung, Beratung und Therapie. Ein Handbuch* (3., überarb. und erw. Aufl., S. 341–366). DGVT.

Stadler, L., Bieneck, S., & Pfeiffer, C. (2012). *Repräsentativbefragung Sexueller Missbrauch 2011* (Forschungsbericht, Bd. 18). KFN. https://kfn.de/wp-content/uploads/For schungsberichte/FB_118.pdf.

Staniloiu, A., Markowitsch, H. J., & Kordon, A. (2018). Psychological causes of autobiographical amnesia: A study of 28 cases. *Neuropsychologia, 110*(1), 134–147. https://doi. org/10.1016/j.neuropsychologia.2017.10.017.

Statista. (2022). *Anzahl der polizeilich erfassten Kinder, die Opfer von sexuellem Missbrauch wurden, von 2010 bis 2021*. Statista. https://de.statista.com/statistik/daten/studie/38415/ umfrage/sexueller-missbrauch-von-kindern-seit-1999/.

Stauffer, J. (2015). *Ethical loneliness. The injustice of not being heard*. Columbia University Press. https://doi.org/10.7312/columbia/9780231171502.001.0001.

Stoltenborgh, M., v. Ijzendoorn, M. H., Euser, E. M., & Bakersmans-Kranenburg, M. J. (2011). A global perspective on child sexual abuse: Meta-analysis of prevalence around the world. *Child Maltreatment, 16*(2), 79–101. https://doi.org/10.1177/1077559511140 3920.

Straus, F. (2013). Schlüsselkompetenz für ein gelingendes Leben. Handlungsbefähigung als Konzept zur Stärkung junger Menschen. In Deutsche Vereinigung für Jugendgerichte und Jugendgerichtshilfen (DVJJ) (Hrsg.), *Jugend ohne Rettungsschirm. Dokumentation des 29. Deutschen Jugendgerichtstages vom 14.-17. September 2013 in Nürnberg* (Schriftenreihe der Deutschen Vereinigung für Jugendgerichte und Jugendgerichtshilfen, Bd. 43, S. 295–303). Forum-Verlag Godesberg.

Straus, F. (2015). Handlungsbefähigung und Empowerment in Selbsthilfegruppen. *Verhaltenstherapie & psychosoziale Praxis, 47*(2), 297–304.

Straus, F., & Höfer, R. (2017). *Handlungsbefähigung und Zugehörigkeit junger Menschen* (Thema, Bd. 1). SOS Kinderdorf. urn:nbn:de:sos-171-4.

Summit, R. C. (1983). The child sexual abuse accomodation syndrome. *Child Abuse & Neglect, 7*(2), 177–193. https://doi.org/10.1016/0145-2134(83)90070-4.

Tameling, A., & Sachsse, U. (1996). Symptomkomplex, Traumaprävalenz und Körperbild von psychisch Kranken mit selbstverletzendem Verhalten (SVV). *Psychotherapie, Psychosomatik, medizinische Psychologie, 46*(2), 61–67.

Terr, L. C. (1995). Childhood traumas. An outline and overview. In G. S. Everly & J. M. Lating (Hrsg.), *Psychotraumatology. Key papers and core concepts in post-traumatic stress* (The Plenum series on stress and coping; S. 301–319). Plenum (Original erschienen 1991).

Terr, L. C. (2002). Was passiert mit Erinnerungen nach traumatischen Belastungen. In A. Streeck-Fischer, U. Sachsse & I. Özkan (Hrsg.), *Körper, Seele, Trauma. Biologie, Klinik und Praxis* (2., durchges. Aufl., S. 23–42). Vandenhoeck & Ruprecht.

Trube-Becker, E. (1992). *Mißbrauchte Kinder. Sexuelle Gewalt und wirtschaftliche Ausbeutung* (Kriminalistik-Diskussion, Bd. 8). Kriminalistik-Verlag.

Ullmann, S. E., & Brecklin, L. R. (2002). Sexual assault history and suicidal behavior in a national sample of women. *Suicide and Life Threatening Behavior, 32*(2), 117–130.

Unabhängige Beauftragte zur Aufarbeitung des sexuellen Kindesmissbrauchs (UBSKM). (2011). *Abschlussbericht der Unabhängigen Beauftragten zur Aufarbeitung des sexuellen Kindesmissbrauchs, Dr. Christine Bergmann.* UBSKM. https://beauftragter-missbrauch. de/fileadmin/user_upload/Materialien/Publikationen/Berichte/Abschlussbericht-der-Una bhaengigen-Beauftragten-zur-Aufarbeitung-des-sexuellen-Kindesmissbrauchs.pdf.

Unabhängige Kommission zur Aufarbeitung sexuellen Kindesmissbrauchs (UKASK). (2019). *Geschichten, die zählen. Bilanzbericht 2019. Bd. 1.* UKASK. https://www.aufarb eitungskommission.de/wp-content/uploads/2019/05/Bilanzbericht_2019_Band-I.pdf.

Unabhängige Kommission zur Aufarbeitung sexuellen Kindesmissbrauchs (UKASK). (2020). *Die Geschichte der Heimkindheiten endlich konsequent aufarbeiten* (Stellungnahme, 23.04.2020). UKASK. https://aufarbeitung.sachsen-anhalt.de/fileadmin/Biblio thek/Politik_und_Verwaltung/Stasi-Unterlagen/LStU_PDF/Stellungnahme_Heimkindhe iten_Aufarbeitungskommission.pdf.

Unabhängige Kommission zur Aufarbeitung sexuellen Kindesmissbrauchs (UKASK) (Hrsg.). (2020). *Geschichten, die zählen. Bd. 1: Fallstudien zu sexuellem Kindesmissbrauch in der evangelischen und katholischen Kirche und in der DDR* (Sexuelle Gewalt in Kindheit und Jugend: Forschung als Beitrag zur Aufarbeitung). Springer VS. https:// doi.org/10.1007/978-3-658-27797-0..

v.d. Kolk, B. A., Burbridge, J. A., & Suzuki, J. (1999). Die Psychobiologie traumatischer Erinnerungen. Klinische Folgerungen aus Untersuchungen mit bildgebenden Verfahren bei Patienten mit posttraumatischer Belastungsstörung. In A. Streeck-Fischer (Hrsg.), *Adoleszenz und Trauma* (2., unveränd. Aufl., S. 57–78). Vandenhoeck & Ruprecht (Erstaufl. erschienen 1998).

v.d. Kolk, B. A., Pelcowitz, D., Roth, S., Mandel, F. S., McFarlane, A. C., & Herman, J. L. (1996). Dissociation, somatization, and affect dysregulation. The complexity of adaptation to trauma. *American Journal of Psychiatry, 153*(7 [Festschrift Suppl.]), 83–93.

Vergau, J. (2000). *Aufarbeitung von Vergangenheit vor und nach 1989. Eine Analyse des Umgangs mit den historischen Hypotheken totalitärer Diktaturen in Deutschland.* Tectum.

Völker, R. (2002). *Sexuelle Traumatisierung und ihre Folgen. Die emotionale Dimension des sexuellen Missbrauchs.* Leske + Budrich.

Wagner, S. (2016). Ein unterdrücktes und verdrängtes Kapitel der Heimgeschichte. Arzneimittelstudien an Heimkindern. *Sozial.Geschichte Online, 8*(2 [Nr. 19]), 61–113. urn:nbn:de:hbz:464-20160915-082815-3.

Wapler, F. (2012). Rechtsfragen der Heimerziehung in der DDR. In Beauftragter der Bundesregierung für die neuen Bundesländer (Hrsg.), *Aufarbeitung der Heimerziehung in der DDR. Expertisen* (S. 5–123). AGJ. https://www.christian-sachse.de/Expertisen_DDR_ Heimerziehung.pdf.

Weiß, W. (2021). *Philipp sucht sein Ich. Zum pädagogischen Umgang mit Traumata in den Erziehungshilfen* (Basiswissen Erziehungshilfen; 9., vollst. überarb. Aufl.). Beltz.

Wetzels, P. (1997). *Gewalterfahrungen in der Kindheit. Sexueller Mißbrauch, körperliche Mißhandlung und deren langfristige Konsequenzen.* Nomos.

Wildt, M. (2010). Zum System der Spezialheime in der DDR. *Soziale Arbeit, 59*(4–5), 184–188. https://www.dzi.de/wp-content/uploads/2021/08/10_SozArb_04_05_wildt.pdf.

Wirtz, U. (2005). *Seelenmord. Inzest und Therapie* (13., unveränd. Aufl.). Kreuz (Erstaufl. erschienen 1989).

Witt, A., Brown, R. D., Plener, P. L., Brähler, E., & Fegert, J. M. (2017). Child maltreatment in Germany: Prevalence rates in the general population. *Child and Adolescent Psychiatry and Mental Health, 11*(1), Art. 47. https://www.ncbi.nlm.nih.gov/pmc/articles/PMC562 1113/pdf/13034_2017_Article_185.pdf. https://doi.org/10.1186/s13034-017-0185-0.

Witt, A., Sachser, C., Plener, P. L., Brähler, E., & Fegert, J. M. (2019). Prävalenz und Folgen belastender Kindheitserlebnisse in der deutschen Bevölkerung. *Deutsches Ärzteblatt, 116*(38), 635–642. https://cdn.aerzteblatt.de/pdf/116/38/m635.pdf.

Witzel, A. (1982). *Verfahren der qualitativen Sozialforschung. Überblick und Alternativen* (Campus Forschung, Bd. 322). Campus.

Witzel, A. (2000). Das problemzentrierte Interview. *Forum Qualitative Sozialforschung*, 1(1), Art. 22.

Woodhouse, S., Brown, R., & Ayers, S. (2018). A social model of posttraumatic stress disorder: Interpersonal trauma, attachment, group identification, disclosure, social acknowledgement, and negative cognitions. *Journal of Theoretical Social Psychology, 2*(2), 35–48. https://doi.org/10.1002/jts5.17.

World Health Organization (WHO). (2019). *ICD-11. International Classification of Diseases. 11th revision. The global standard for diagnostic health information.* WHO. https://icd. who.int/en/.

Wustmann, C., & Eisewicht, P. (2020). Fallstudie. Sexueller Kindesmissbrauch in Familien in der DDR. Fallstudie zu den Anhörungen und Dokumenten der Aufarbeitungskommission. In Unabhängige Kommission zur Aufarbeitung sexuellen Kindesmissbrauchs (UKASK) (Hrsg.), *Geschichten, die zählen. Bd. 1: Fallstudien zu sexuellem Kindesmissbrauch in der evangelischen und katholischen Kirche und in der DDR* (Sexuelle Gewalt in Kindheit und Jugend: Forschung als Beitrag zur Aufarbeitung; S. 241–273). Springer VS (Original erschienen 2019). https://doi.org/10.1007/978-3-658-27797-0_3.

Wyatt, G. E., Newcomb, M. D., & Riederle, M. H. (1993). *Sexual abuse and consensual sex. Women's developmental patterns and outcomes.* SAGE.

Zimmermann, P. (2010). *Sexualisierte Gewalt gegen Kinder in Familien. Expertise im Rahmen des Projekts „Sexuelle Gewalt gegen Mädchen und Jungen in Institutionen"* (Wissenschaftliche Texte). DJI. https://www.dji.de/fileadmin/user_upload/sgmj/ Expertise_Zimmermann_mit_Datum.pdf.

The manufacturer's authorised representative in the EU is Springer
Nature Customer Service Centre GmbH, Europaplatz 3, 69115 Heidelberg,
Germany. If you have any concerns regarding our products, please
contact ProductSafety@springernature.com

Printed and bound by CPI Group (UK) Ltd, Croydon, CR0 4YY
28/04/2026
02098506-0004